中國社會科學院經濟研究所 編
封越健 主編
徐衛國 王大任 樊果 參編

中國社會科學院經濟研究所藏
徽州文書類編・散件文書

四

社會科學文獻出版社
SOCIAL SCIENCES ACADEMIC PRESS (CHINA)

國家清史編纂委員會・文獻叢刊

本册目録

六、清乾隆至咸豐年間保業合同 〇〇一

（一）清乾隆至咸豐年間（祁門縣）康氏保業合同 〇〇三

清乾隆十二年十月（祁門縣）康啓儼等立毋許私繳老契破敗山場公産束心合文約 〇〇三

清乾隆十九年正月（祁門縣）康啓珂等立誠心保守祀産文約 〇〇五

清咸豐六年十一月（祁門縣）康起鋕等立議嚴禁盜賣祠内山場束心合文約 〇〇七

（二）清乾隆至咸豐年間其他家族保業合同 〇〇九

清乾隆三十一年十一月某某縣某姓及楙等立申飭遵守合同管理租則祭産文約 〇〇九

清乾隆四十年七月某某縣李任和等立議管理祠産賬目合同 〇一一

清乾隆五十六年七月（休寧縣）汪先岸等立禁將産業投賣僕姓合墨 〇一三

清嘉慶二十四年五月（休寧縣）張光義等立經管祀匣章程合議墨 〇一五

清咸豐二年六月某某縣某姓明训等立墳山拼價一半存祠束心歸公扶祠文約 〇一七

四　本冊目録

卷十　鄉規民約和社會關係文書　○一九

一、明正德至萬曆年間〔祁門縣〕桃源洪氏僕人應主文書　○一九

明正德九年十二月〔祁門縣〕胡乞等為借洪家墳山安葬父叔立聽自使喚文書暨嘉靖十三年十二月安葬胡天保母〔胡〕魁立應對差使批　○二一

明嘉靖十四年十二月〔祁門縣〕潘九等為暫供洪大昇舊墳浮殯父柩立應付使喚文約　○二二

明萬曆十二年十一月〔祁門縣〕胡喜孫等為求本主洪六大房山地安葬母親立應付文約　○二三

明萬曆四十六年十月〔祁門縣〕陳發為安葬祖母父親立看守房東洪壽公祖墳還文書　○二四

二、明嘉靖至清乾隆年間〔祁門縣〕甘服還文約　○二五

明嘉靖廿八年七月〔祁門縣〕汪仲理等為砍伐墳山樹木立願賠木價不敢入山侵害依期交納租銀還文約合同　○二七

明萬曆十一年三月〔祁門縣〕胡乞保等為盜葬母柩立子孫毋得私自盜葬還文約　○二八

明萬曆廿一年五月某某縣洪和等為盜砍房東山主山木立賠還文約　○二九

明萬曆三十九年三月〔祁門縣〕倪寧互為男喜祥砍伐墳塋樹木立並無再犯如違聽自理治文約附批文　○三○

本册目録

四

明萬曆四十四年七月〔祁門縣〕馮岩泮等
立爲程姓僕人毒河取魚伊東葉宅出銀解納官銀聽憑葉姓蓄水養魚文約 〇三一
明萬曆四十四年七月〔祁門縣〕馮岩泮等
立爲程姓僕人毒河取魚伊東葉宅出銀解納官銀聽憑葉姓蓄水養魚文約〔背〕 〇三二
清乾隆十三年三月〔祁門縣〕凌明松等立具孝順父母兄弟無許爭競還服約 〇三三

三、明萬曆至民國年間禁山合同 〇三五

〔一〕清乾隆年間某某縣張宗房等禁山合同 〇三七

清乾隆二十二年二月某某縣張宗房等立合村公議朝山等處不得私自盜砍合墨 〇三七
清乾隆三十九年八月某某縣張宗房等立合村四圍山場照前嚴禁合同 〇三八

〔二〕明萬曆至民國年間其他禁山合同 〇三九

明萬曆三十八年六月〔祁門縣〕程天倫等立報慈庵嚴禁本家閒人駐庵攪擾
並禁本僧不許招惹閒人往來私室合同文書 〇三九
清康熙十年四月某某縣汪大義等立祖遺廳屋禁止堆積放物等事禁條合墨 〇四〇
清康熙十五年九月〔休寧縣〕程和仲等立嚴禁盜砍樹木禁山合同 〇四二
清康熙二十五年正月某某縣吴德英户支下吴時禮等
立嚴禁與張上村下門婚姻人情來往議合約 〇四三
清康熙三十三年三月某某縣張允傳等立嚴禁侵害本家墳山禁約 〇四五
清康熙三十八年三月〔休寧縣〕某姓汝良等立禁砍瑄公墓蔭木禁墨 〇四七

四　本册目録

清康熙四十一年十月（休寧縣）朱時熙等立嚴禁侵害祖塋禁墨　〇四八
清乾隆七年十月（休寧縣）汪惇敘等立不得私自砍伐祖墳陰木合議禁墨　〇五〇
清乾隆十年三月某某縣某姓文奎等立嚴禁盜砍盜竊來龍水口墳山菜蔬樹木花果條規合同　〇五二
清乾隆二十七年四月某某縣汪兆恭等立買受本山二家同心插旗禁養成材之後對半均分合同約　〇五四
清嘉慶六年六月（祁門縣）江惟善等各姓立黄畲源附近山場各村嚴禁租種芭蘆及賣與異鄉合禁議墨　〇五五
清嘉慶九年六月（祁門縣）汪廷沛等立合族封禁祖墳山場毋許採挖合文　〇五六
清嘉慶十五年十二月歙縣許新澤等三姓四族立本村禁止侵戕樹木合同　〇五八
清道光八年二月某某縣謝錫淮等立合族人等無得私自竊取水口山場柴木合同禁約　〇六一
清道光二十二年七月某某縣程春和等合衆股等立封禁山場復議嚴加禁約處罰偷竊合同　〇六二
清道光二十三年十月某某縣吴世禄等立墳林嚴禁盜葬砍伐鑿挖並合族樂輸買坦以爲族人厝葬公所合同議墨　〇六四
清同治九年二月（祁門縣）陳正輝等立約興材木嚴禁賭煙興利杜害禁規合同文約　〇六六
清同治十二年七月某某縣某姓廷會等合族立嚴禁賭博煙燈並無故生端横行鄉里以清地方事務議字　〇六九

本册目録

清光緒三十二年二月（休寧縣）寧溪等四村朱葉李陳吳五姓立議合禁養山柴薪照股鬮分合同　〇七一
民國二十年十月某某縣胡積善堂秩下六房人等立封禁墳山合同　〇七三

四、清康熙至同治年間民間甘約及借貸承包契約

〇七五

（一）清康熙至同治年間（休寧縣）汪氏關於祠堂祖墳甘約

〇七七
清康熙二十一年四月（休寧縣）汪氏貴德門仲房立奉名賢雲嶽公神主入祠祔饗輸銀批　〇七七
清乾隆十五年八月（休寧縣）汪之洪等立看守汪興祀會墳山松木約　〇七八
清乾隆三十二年三月（休寧縣）汪上苑等立爲違禁砍伐五十七代祖敬德公蔭木自願醮墳罰約償還樹價甘約　〇七九
清乾隆三十二年三月（休寧縣）（汪）琳立爲不合誤分五十七代祖敬德公蔭木樹價自願醮墳罰約不得復蹈前轍甘約　〇八一
清同治六年四月（休寧縣）劉三順立爲不合毁斷汪府族祖墓碑罰賠重立鼓吹祭墓甘約　〇八二

（二）清康熙至咸豐年間其他甘約及借貸承包契約

〇八三
清康熙五十年二月某某縣程生立爲誤挖汪宅祖墳柴腦罰修造拜台戒約　〇八三
清康熙五十四年正月某某縣某姓可進立領義學會本九色銀領約　〇八四
清康熙五十五年正月某某縣汪佑懷立領義興會九六色銀領約　〇八五

四 本冊目録

清道光三十年三月（休寧縣）朱旺發等立違禁掘挖柴腦不敢再犯甘約 〇八六
清咸豐九年十二月旌德縣聞荷花立承攬同善會皮材包約 〇八七
附咸豐十年正月五月付錢批

五、清康熙至民國年間禁約文書 〇八九

清康熙四十五年二月某某縣邵于際立子媳各管各業毋得竊取家用物件糧食戒約 〇九一
清康熙四十七年閏三月某某縣陳聖龍等立議今年無許私割蒿草合文約 〇九二
清乾隆元年三月某某縣汪文祥等立議山場劃界山草不得盜割合文 〇九三
清乾隆十八年三月黃氏元和公秩下人等立收回焚毀貪賄賣宗摻收僞派宗譜如有此弊同心理論合墨 〇九四
清乾隆三十年二月某某縣某姓忠本立聽母教誨不得打罵妻室禁約 〇九六
清乾隆四十五年五月（祁門縣）澂墩慶三門（鄭）昱産等立造扇貨真價實條規束心嚴禁文約 〇九七
清乾隆五十九年三月某某縣章士岩等立山場本年封禁無許砍斲合同 〇九九
清嘉慶元年八月（祁門縣）某都十八排年人等立齊心嚴禁鋤種苞蘆文約 一〇〇
清道光二十一年四月（祁門縣）合疃衆姓經手凌得雋等立公議嚴禁聚賭犯者罰戲嚴切禁約抄稿 一〇二
清宣統三年三月（休寧縣）二十三都三五兩圖程坤等立蓄養山場不得盜砍柴薪樹木合議墨約 一〇四

民國十年七月某某縣三都十五莊余永鰲等立維持風俗禁止不法之事合議　一〇六
民國廿五年三月（休寧縣）巧坑同興會曹三責等立議加禁森林照股砍伐合同　一〇七

卷十一　官府公文告示　一〇九

一、明成化至清康熙年間祁門縣工匠輪班勘合、對換合同、保甲門牌　一〇九

明成化六年某月至弘治十五年正月
工部給付祁門縣竹匠方省宗等輪班勘合依樣抄寫式　一一一
明弘治十八年二月（祁門縣）徐仲餘等立對換山場毋許越界侵佔合同圖文　一一六
清康熙二十七年某月祁門縣給二保保長李秋九保甲十家門牌　一二一

二、清嘉慶至光緒年間徽州府及休寧縣等官府告示　一二七

（一）清嘉慶至咸豐年間休寧縣等官府給十三都一圖告示　一二九

清嘉慶十五年十二月休寧縣給十三都一圖四甲汪興九門等
户務宜遵照成規完納錢糧印照　一二九
清嘉慶二十四年二月休寧縣爲十三都一圖四甲汪氏
永禁鱥賣祀産盜伐墳蔭告示　一三〇

四 本册目録

清道光十三年二月徽州營分防上溪口汛總司嚴禁〔休寧縣〕十三都一圖墳山盜伐樹木掘挖柴腦侵害墳塋告示　一三一
清道光二十七年六月休寧縣爲上溪口鬭聖廟賴棍鬧事示仰該處人等務須守法安業嚴禁遇事生波告示　一三二
清咸豐元年十月休寧縣爲申禁寄居細民及僕户人等嫁娶概不准擅用彩輿鼓吹告示　一三三

（二）**清同治年間休寧縣有關茶業貿易及納税告示**　一三四

清同治三年十二月休寧縣𡊨廈分司曉諭各茶行船行茶商販運茶末茶杆霜采等茶過境徵收釐錢勿得夾帶影射告示　一三四
清同治四年四月休寧縣爲南源榆村販茶園户茶商茶葉務須憑同官牙採買由行代客報數請引以杜偷漏告示　一三七
清同治四年四月休寧縣爲南北源及西鄉地方茶販商户買賣茶觔務憑官牙公平交易不准私牙把持包攬告示　一三八
清同治五年二月休寧縣示諭值年茶牙及茶行商販收賣新茶務俟貢茶辦足再行收買告示　一三九

（三）**清光緒年間徽州府有關〔歙縣〕鮑南堨灌溉及維修經費告示**　一四〇

清光緒十三年四月徽州府經廳曉諭〔歙縣〕鮑南堨堨首等各照舊章限時挨水輪流起閉毋許徇私灌溉告示　一四〇
清光緒十四年六月徽州府曉諭〔歙縣〕鮑南堨業主佃户按畝派捐歸還修堨墊款應交水利之穀照常交納告示　一四一
清光緒十四年六月徽州府經廳曉諭〔歙縣〕鮑南堨業佃人等按畝攤捐修堨墊款歲捐之穀照常交納告示　一四六

〔四〕清光緒年間其他官府告示　一四七
清光緒十年五月署湖南巡撫龐〔際雲〕嚴禁往分川界内減價之淮鹽不得侵入湘省淮銷引地售賣告示　一四七
清光緒二十四年七月徽州營左軍守府嚴禁休寧闔邑諸色人等毋得開廠宰割耕牛盜竊耕牛代售販運告示　一四八
清光緒二十五年九月徽州府嚴禁歙縣三十都三圖街口莊後方姓祖墳毋得稍有侵害告示　一五三
清光緒二十八年十二月休寧縣完納及散完錢糧務各遵照定章以杜浮收告示　一五八

三、清咸豐年間徽州府爲防禦太平軍公文附清河縣八約抄稿　一六一
清咸豐〔三年〕徽州知府達秀爲粤匪蔓延勸諭閤屬紳富捐資守禦啓　一六三
清咸豐某年徽州府某某議守望相助十四條呈文稿　一六六
清咸豐某年徽州府某某議守望相助十二條呈文稿　一七四
清咸豐某年徽州知府達秀議守望事宜十二條稿　一八二
清咸豐某年徽州知府達秀頒示守望事宜十二條　一八九
清咸豐某年某某某爲守望又經一月理合造册報銷等事稟文附批文　一九五
清咸豐某年清河縣知縣吴棠八約抄稿　一九六

四　本册目録

四、清同治至民國年間官府告示及出抵股份合同　一九七

（一）清同治至民國年間茶務告示　一九九

清同治六年二月休寧縣爲買賣茶葉務須憑行執秤收買由行完繳釐銀就近請領休照告示　一九九

清同治六年二月休寧縣爲製備貢茶依限申解給值年茶牙及茶行商販務俟貢茶辦足後再行收買新茶告示　二〇〇

清同治六年三月皖南牙釐總局給茶莊等招牙辦税禁弊條款告示　二〇一

清同治六年三月休寧縣屯溪茶引總局遵章改爲落地税給各鄉茶販經紀人等概令憑行交易告示　二〇四

清同治六年五月休寧縣爲新茶上市嚴禁在各行號烘揀處所窺竊滋事告示　二〇五

清同治六年七月休寧縣爲茶號暨藝業人等買賣交易應聽客便永禁把持壟斷告示　二〇六

清同治六年十一月兩江總督曾〔國藩〕爲皖南茶捐不准多取分文告示　二〇七

清同治六年十一月徽州牙釐分局爲茶引正項經費之外不准額外私取分毫告示　二〇八

清同治七年四月休寧縣爲禁止恃强攬揀茶觔乘機偷竊以安商賈告示　二〇九

清同治七年四月休寧縣爲買賣茶觔務憑官牙不准私牙把持包攬壟斷告示　二一〇

清同治八年三月兩江總督馬〔新貽〕爲皖南茶捐各衙門暨各局卡不准多取分文告示　二一一

清同治八年四月休寧縣爲買賣茶觔務須憑牙行議價過秤完繳税釐請領休照方准販運出境告示　二一二

四

本册目録

清同治八年六月休寧縣太廈分司爲屯溪地方新茶上市毋得包攬强揀擾害商旅告示 二一三

清同治十一年三月休寧縣爲製備貢茶依限申解給各茶行商販等候貢茶辦足後再行收買新茶告示 二一四

清同治十一年八月徽州府爲休寧縣屯溪李新成等八茶行照舊在榆村地方代客買茶他行毋得藉端阻誤告示 二一五

民國五年四月祁門縣爲西五區十七十八十九等都茶商園户一體抽捐以籌保衛團經費告示 二二〇

〔二〕清光緒五年徽州府關於重修歙縣鮑南堨告示 二二一

清光緒五年十一月徽州府曉諭歙縣鮑南堨業主佃户人等量力捐輸趕修坍損石磅告示 二二一

清光緒五年十一月徽州府經廳曉諭歙縣鮑南堨業佃人等遵奉憲示按畝捐費重修坍損石磅告示 二二二

〔三〕清同治至民國年間其他官府告示及出抵股份合同 二二三

清同治五年三月休寧縣給十三都嚴禁私召異鄉棚民開墾告示 二二三

清同治五年十二月歙縣嚴禁盜砍偷伐休寧監生王儁買受衣字山竹木告示 二二四

清光緒三年二月某某縣胡超翰等立願同出抵集賢賓麵館股份字抄白 二二五

清光緒三年二月某某縣胡超翰等立願同出抵集賢賓麵館股份字抄白（背） 二二七

清光緒三十四年三月休寧縣催繳本年上忙新賦并三十三年分奏銷錢糧及三十一二兩年舊欠銀米告示 二二八

〔清〕某朝某年城守營禁止〔祁門縣〕歷溪約地方開場聚賭告示 二二九

民國三年四月歙縣禁止在九都十圖汪姓墳山内盜葬侵害告示　二三〇
民國七年七月安徽省實業廳禁止盜竊侵害森林佈告　二三一
民國十五年三月績溪縣爲偷竊五禾蔬菜桑葉等項一經查獲即行究辦告示　二三二
民國二十二年五月安徽省財政廳爲吴燮庭在休寧縣東亭地方開設永達船行佈告　二三三
民國二十二年九月休寧縣牙帖税捐局爲牙行應行注意事項摘要佈告　二三四
〔民國某年某月〕休寧縣不准斗山黄茅一帶旅店窩賭窩贓佈告實貼斗山曉諭　二三五
〔民國某年某月〕休寧縣不准斗山黄茅一帶旅店窩賭窩贓佈告實貼黄茅曉諭　二三六

五、清同治至光緒年間績溪縣諭　二三七

清同治十一年九月績溪縣給十一都二推收書汪道五立將新墾田地
及未報房屋山塘認真稽查造册呈縣諭　二三九
清同治十二年十二月績溪縣給十一都推收書汪道五立將新墾田畝查明造册送縣諭　二四〇
清光緒元年六月績溪縣給一都等倉書汪星武立即查明官田造册送縣諭　二四一
清光緒二年八月績溪縣給倉書汪星武立即查明官田造册送核諭　二四二
清光緒二年八月績溪縣給倉書江玉輝立即查明官田造册送核諭　二四三
清光緒二年十月績溪縣給一都等倉書汪星武立即查明官田造册送核諭　二四四
清光緒二年十月績溪縣給五都倉書江玉輝立即查明官田造册送核諭　二四五
清光緒三年七月績溪縣給十一都推收書汪道五速將新墾及隱朦田畝查明造册呈報諭　二四六

卷十二　其他成包文書　二四七

一、明成化至崇禎年間財産、宗族、商業、社會關係文書　二四七

（一）明成化至崇禎年間祁門縣柯源方氏文書　二四九

明成化九年二月（祁門縣）鄭宗文等立斷山約　二四九

明嘉靖十七年八月（祁門縣）胡發立謹守方道寶祖墳墓林不致被侵文約　二五〇

明嘉靖二十九年五月（祁門縣）方道保等重立合山禁革盜砍竹木議約　二五一

明萬曆三年八月（祁門縣）饒政榮等立奉本府告示查理牙行以平市價合同文約　二五三

明萬曆十年正月（祁門縣）江應等立基地祖墳山互不侵損合同　二五五

明萬曆二十年五月祁門縣方懋本等立認納匠户班銀及條編税糧等合同　二五六

明萬曆廿六年二月（祁門縣）方正高等立屋地對換文約　二五八

明萬曆廿七年七月（祁門縣）方正高等立鬮分山産分單合同
附天啓七年八月方體仁等立分管栗樹批　二五九

明萬曆三十年三月（祁門縣）方正顯等立分派租山合業合同　二六〇

明萬曆三十年七月（祁門縣）方得陛等立出資封禁墳山竹木成材照名均分禁約　二六一

明萬曆卅七年八月（祁門縣）方萬榮爲回宗復姓立繳付原承祖墳山地並印契合同　二六三

明萬曆四十年閏十一月（祁門縣）方備興等立照股催納税糧銀兩完納錢糧等事合同文書　二六四

明萬曆四十二年十一月（祁門縣）方正璉等立拼砍蔭木鬻銀生販以備里役預征合同文約 二六六
明天啓七年四月（祁門縣）方正仁等立貼補承造端午龍舟議約合同 二六七
明崇禎六年五月（祁門縣）方正魁等立照糧朋貼承役工食照股均出各項使費合同議約 二六八
明崇禎十四年四月（祁門縣）侯潭鄉約排年汪德彰等立清約輪管公務合同文書 二六九
明崇禎十五年三月（祁門縣）饒希華等立承管山産興養林木合同 二七一

（二）明萬曆年間其他文書 二七二

明萬曆卅九年十一月休寧縣張祥立承户當差合同
附清乾隆三十四年八月張起泰立完糧期限成色數量批 二七二
明萬曆四十六年十一月某某縣謝朝陽等立輪流經營商店生意合同文書 二七三

二、明弘治至萬曆年間休寧縣文書 二七五

明弘治十七年閏四月（休寧縣）汪希用等爲崇奉汪王等神立承祖産土輪流收租完糴生放合同 二七七
明萬曆三十一年十一月休寧縣夏積懋立賣田赤契 二八二

四 本冊目録

三、明嘉靖至崇禎年間財産及宗族文書 二八五

（一）明萬曆至崇禎年間（祁門縣）十東都胡氏承租山場及股買園地文書 二八七

明萬曆四十四年八月（祁門縣）許壽等立將山場分與胡爵等撥種栽插約 二八七

明崇禎八年正月（祁門縣）胡天孫等均立股買股分竹園地合同 二八八

（二）明嘉靖至崇禎年間財産及宗族文書 二八九

明嘉靖十一年三月某某縣李燿等立鬮分房基地合同 二八九

明嘉靖四十年三月某某縣李鈴等立各房扒補地基合同 二九一

明萬曆二年九月（休寧縣）程廷采等立兑換房基地合同 二九三

明萬曆二十一年六月某某縣黄元德等立丁糧均派均當議單 二九四

明萬曆廿九年十二月某某縣胡成得立貼備税糧合同 二九五

明崇禎十年某某縣許振玉等立禁挖筍砍竹盜害山場合同 二九六

明崇禎十四年八月（祁門縣）朱承祖等立議定田地税糧收入祖户供解合同 二九八
附崇禎十七年十二月朱廷松立津貼銀批

四、清康熙至道光年間財産及税糧、承攬、宗族等文書 三〇一

（一）清康熙年間（休寧縣）張氏保護祖墳合同 三〇三

清康熙四十三年三月（休寧縣）張朝鼎等立公禁不得侵礙祖塋議墨合同 三〇三

清康熙六十一年六月（休寧縣）張有嘉等爲祖墳被侵立分認訟費合同 三〇四

四 本册目録

〔二〕清嘉慶年間休寧縣張氏商人承租基地水碓石山契約 三〇五

清嘉慶元年九月〔休寧縣〕吉昌信記立承租基地約 三〇五

清嘉慶元年九月浮梁縣康志仁等康陳盛張四姓立出租共有店基地約 三〇六

清嘉慶元年十月浮梁縣汪用衍等汪凌陳余章五姓立出租碓約 三〇八

清嘉慶元年十月浮梁縣汪用衍等汪凌陳余章五姓立出租碓約 三一〇

清嘉慶四年正月休寧縣張錫五立久遠承租石山約 三一二

〔三〕清康熙至道光年間其他租約、稅糧、分單、承攬、出替等文書 三一三

清康熙四年九月〔祁門縣〕李蘭若等立出租山場攏約 三一三

清康熙四十五年七月某某縣朱璋璜等立田稅照卯完納現役之年照畝倍貼議墨 三一五

清雍正十一年十二月某某縣張光旭等立分糧清累議墨

附雍正十二年正月張光旭等立新置園業稅畝清單 三一六

清雍正十一年十二月某某縣張光旭等立分糧清累議墨

附雍正十二年正月張光旭等立新置園業稅畝清單 三二一

清乾隆十八年二月某某縣某姓子文等立議劃分門户差役及房屋山場平地合墨 三二六

清道光九年六月某某縣汪焕初立議約承攬茭草字 三二七

清道光十二年正月某某縣沈星堂等立吴良佐出替蘇州啓豐碗店公同草議 三三〇

五、清康熙年間輪充里役及合造窯業合同 三三一
清康熙七年十一月某某縣某姓繼憲等立輪充里役貼銀議墨 三三三
清康熙三十一年七月某某縣胡君愛等立議合股造作新窯合墨 三三五
清康熙五十二年八月某某縣胡繼耀等立議合股造作小窯合同 三三七
六、清康熙年間〔祁門縣〕赤橋方氏合同文書 三三九
清康熙十四年十一月〔祁門縣〕孫清復等立賣山同心開造合葬合同 三四一
清康熙二十年八月〔祁門縣〕方顯烈等立合做中間牆脚合同 三四二
清康熙三十四年十二月〔祁門縣〕〔方〕元龍等爲祖塚被佔聞官理論訟費均出同心出力議墨 三四三
清康熙三十七年七月〔祁門縣〕〔方〕聲振等立對換基地各管各業議墨 三四五
卷十三 其他散件文書 三四七
一、財産關係文書 三四七
〔一〕買賣對換分業稅契約文書 三四九
明正統六年四月〔祁門縣〕汪魁立出賣墓地及山赤契 三四九

本册目録

明嘉靖二十一年六月祁門縣江瑄立賣莊田赤契　三五〇
附嘉靖廿一年七月徽州府給李繁昌税契號紙萬曆二年正月李尚孝賣田批
明嘉靖四十一年八月休寧縣方元順等立賣田赤契　三五一
附嘉靖四十一年九月休寧縣給契尾
清同治二年十二月休寧縣給二十二都四圖税書　三五五
爲編立孫志成户户丁玉堂收税完糧事信牌　三五六

（二）租佃文約

明成化十七年二月（祁門縣）胡福興立承攬守山合同　三五六
明正德四年十二月（祁門縣）謝云付立承攬守山文約　三五七
明嘉靖三十六年三月（祁門縣）徐七保等立承攬山林興養文約　三五八
明萬曆四十七年三月（祁門縣）洪鳳池等立承攬山林興養文書　三五九
清康熙十四年十二月某某縣胡彩等立承山打石燒灰承約　三六一
清乾隆三十四年十月（祁門縣）陳正璜立承攬山林興養文約　三六二
附乾隆卅七年四月議納租等事照
清乾隆五十九年九月（祁門縣）奇峰（鄭氏）墩澂慶三門約立出佃山執照　三六三
清道光二十七年十二月某某縣方長立領養耕牛字　三六五
清道光廿九年七月某某縣杭源人等胡玉川等立合議租穀合文　三六六

本册目録

二、商業借貸文書

（一）清乾隆年間（歙縣）王氏借貸文書 三七一

清乾隆三十八年三月（歙縣）王扶清立抵樹借銀契 三七一

清乾隆六十年七月（歙縣）王家禄立抵地借錢票 三七二

（二）商業文書 三七三

明崇禎十二年七月某某縣孫廷表等立各出本銀在丹陽同開雜貨紙店合夥文書 三七三

清乾隆四十八年六月（歙縣）戴景榮立出替怡盛面坊替約附怡盛磨坊傢伙交單 三七四

三、宗族文書

明萬曆三十二年四月某某縣吴錦立鄙語鬮書 三七九

清康熙二十九年八月（歙縣）朱可遠等立侄光播繼嗣承繼文書 三八〇

清道光六年十一月某某縣張寧時立家規 三八二

清道光廿五年二月某某縣姜學像等立學像長子士道承管長房佐松户承繼議據 三八三

某年某月某某縣某姓置辦嫁妝清單 三八五

四 本册目録

四、社會關係文書　三八九
（一）明萬曆至清康熙年間（祁門縣）洪氏規約　三九一
明萬曆三十一年七月（祁門縣）胡喜孫等蒙房東壽公六房造屋住歇立還應主文書　三九一
明萬曆卅八年六月（祁門縣）吴記富等照舊主永遠應付立應付文書　三九三
明萬曆四十年十二月（祁門縣）吴寄富等
立照舊應付洪壽公六大房衆主聽用還應主文書　三九四
明崇禎四年十月（祁門縣）洪公壽等衆姓會議立復造石堨合同　三九五
清康熙七年八月（祁門縣）洪族衆相一公等
立修理塔兒堨并水圳照田征銀文書　三九七
（二）其他社會關係文書　四〇〇
明隆慶六年八月（祁門縣）朱仙保爲子初乞情願另配不應出贅立還文書　四〇〇
明萬曆五年二月（祁門縣）朱鈿因背主逃走立還限約　四〇一
明萬曆十七年六月某某縣方如春等集議塘租收支值年塘首照管蓄水放水合同　四〇二
明萬曆四十二年十二月某某縣汪治等立津貼承充里役銀兩議單合同　四〇三
明崇禎九年三月某某縣倪興龍等
投到房東胡宗本祠名下做造莊屋住歇立還應役文約　四〇五
明崇禎十六年七月（祁門縣）陳汝正等
立剿淫正法保産扶孤合同文約附『准照』批　四〇六
明崇禎十六年十一月某某縣程文祖爲乞到房東坦地
安葬祖父交祖應役立還文約　四〇八

清乾隆三十五年四月（祁門縣）康良熠等立議康起松備銀歸祠永好合同文約　四〇九
清乾隆四十六年二月某某縣汪文玉等立莊僕陳佑退役文約　四一一
清嘉慶二年九月（歙縣）程善昇等立出雇乳母文書　四一二
清咸豐十一年六月某某縣堨長具打水應遵舊例毋許越界通知帖　四一三
民國十三年七月某某縣吕鈞齋等立伐樹派費造堨灌田合同約議　四一四
某年某月某某縣二十一都桑茶各項禁會爲重申嚴禁以安民業立禁約字　四一五

五、官府文書

　四二一
清乾隆八年祁門縣給二十都一二圖陳之驊等煙户總牌　四二三
清道光十六年正月歙縣論程敬持充當二十二都七圖七甲程瑩璣柱税書劄附户單　四二五
清同治四年某月休寧縣十家聯牌（空白）　四二九
清同治六年三月屯溪茶引總局新定茶章　四三一
清同治六年七月休寧縣爲茶號暨藝業人等買賣交易應聽客便永禁把持壟斷告示　四三二
清同治十一年四月署兩江總督江蘇巡撫何（璟）給黟縣商人仁記販運皖茶落地税照　四三三
清同治十一年八月徽州府爲休寧縣屯溪李新成等八茶行照舊在榆村地方代客買茶他行毋得藉端阻誤告示　四三四

清光緒五年四月祁門縣給十東都十西都禁種苞蘆告示　四三九
清光緒五年十一月徽州府經廳曉諭歙縣鮑南堨業佃人等遵奉憲示按畝捐費重修坍損石磅告示　四四四
清光緒六年三月皖南牙釐總局給商人老姚販木完納釐金執照　四四五
清光緒十四年六月徽州府曉諭（歙縣）鮑南堨業主佃户按畝派捐歸還修堨墊款應交水利之穀照常交納告示　四四六
清光緒二十四年某月婺源縣奉旨編查保甲一家門牌（空白）　四五一
清光緒二十七年五月皖南茶釐總局爲嚴禁各卡留難勒索給茶商汪集興護照　四五二
清宣統元年九月休寧縣不准私行開墾黄口河間沙洲告示　四五三
清宣統二年三月祁門縣禁止交湖諸色人等不得於河道廬墓田畝有礙處挖蕨告示　四五八

六、訴訟文書

四五九
清乾隆二十二年十一月某某縣汪美立具保領汪諭狀　四六一
清道光九年九月廿七日徽州府檄催祁門縣將汪志好等謀買山業案訊斷緣由詳府憲牌　四六二
清光緒元年十一月績溪縣胡裕廣控胡德有成熟故荒案案卷　四六三
清光緒四年五月十九日績溪縣許建功爲持强霸水向理逞凶事稟狀附績溪正堂檢呈並傳訊批　四七五

四

本册目録

附編　徽州以外散件文書

一、清嘉慶至民國年間絶賣田蕩契約

（一）清同治至民國年間（安吉縣）於氏絶買田蕩契約　四七七
清同治某年某月（安吉縣）金鳳棲立絶賣民田契抄白　四七九
附民國二十四年秋七月抄批　四七九
清同治某年某月（安吉縣）金鳳棲立絶賣田畝細單抄白　四八〇
附民國二十四年秋七月抄批
清光緒元年某月（安吉縣）葉文秀立絶賣並斷根民田契　四八一
清光緒二年某月（安吉縣）葉其標立絶賣民田契　四八二
清光緒四年某月（安吉縣）林良清立絶賣田民契　四八三
清光緒六年某月（安吉縣）林良清立割絶斷根賣民田契抄白　四八四
附民國二十四年秋七月抄批
民國四年元月（安吉縣）梁品芳立割絶斷根賣民田並蕩契抄白　四八六
附民國二十四年秋七月抄批
（二）清嘉慶至民國年間其他絶賣田地契約　四八八
清嘉慶十三年十二月某某縣某姓佩文等立杜斷賣田契　四八八
清光緒某年某月安吉縣李希章立杜絶賣民田赤契　四九〇
民國十二年陰曆十二月安吉縣王郭氏等立杜絶賣田赤契　四九一

本冊目録

民國某年某月某某縣董金玉等立民田割絶斷找契　四九二

二、訴訟文書　四九三

（一）清光緒九年青陽縣審理客民楊萬卉控陶萬春牽豬抵欠案案卷　四九五

清光緒九年七月青陽縣審理客民楊萬卉控陶萬春牽豬抵欠案案卷封面　四九五

清〔光緒九年七月十四日〕宿松縣楊萬卉控陶萬春牽豬抵欠案訴狀　四九六

清光緒九年七月十四日青陽縣提訊楊萬卉等二人點名單、驗傷單、供單、堂諭及七月十五日青陽縣給差役李得等查明調息稟復行稿　四九七

清〔光緒九年七月十四日〕〔宿松縣楊萬卉〕失單　五〇四

（二）清光緒年間青陽縣審理客民田萬春錢債糾紛案殘卷　五〇五

光緒二十一年十二月青陽縣審理客民田萬春控僧精一等奪佔欺滅情事案案卷封面　五〇五

清光緒二十一年十二月初四日青陽縣朝陽庵田萬春控僧精一等奪佔欺滅抗背肆橫訴狀加青陽縣正堂批及十二月初六日票仰差役胡茂等查明稟復行稿　五〇六

清光緒二十一年十二月十八日青陽縣翠雲庵住持僧精一控田萬春挾隙詐索捏控拖累訴狀加青陽縣正堂批　五一〇

清光緒二十二年正月初八日青陽縣正堂飭提田萬春僧精一訟案原被告及鄉約行稿　五一二

清光緒二十二年正月胡茂等爲提到田萬春僧精一訟案原被告及鄉約稟文　五一四

四

本册目録

清光緒二十二年正月廿五日青陽縣提訊田萬春等點名單加批、吴新城等供單含青陽縣堂諭、二月初三日提訊田萬春等點名單、僧精一等供單含青陽縣堂諭 五一五
清光緒十五年十二月青陽縣天臺山各庵僧儒人等立願舉田萬春侍奉香燈等事公議字附無用廢紙批 五二三
清光緒某年青陽縣朝陽庵僧常松債項清單附無用批 五二四
清光緒十九年十一月初二日僧本境立收田萬春本利本洋票 五二五
清光緒五年正月廿二日〔青陽縣〕萬榮耀等立杜賣民山契 五二六
清光緒某年某人呈驗青陽縣天臺山朝陽庵及翠雲庵等地形圖 五二七
清光緒二十二年二月廿三日田萬春懇請開釋並討還帳簿具稟及二月廿九日僧精一具遵斷呈繳田萬春回籍川資完案遵依 五二八
清光緒二十二年二月廿九日〔青陽縣〕翠雲庵僧精一具呈繳田萬春回籍川資狀 五三一
清光緒二十二年三月初二日前任青陽縣知縣汪某爲移交田萬春案洋錢卷宗給新任知縣顧某移文附三月初三日洋照收批文 五三二
〔清光緒二十二年〕三月初七日青陽縣提訊田萬春點名單加批附田萬春供單含堂諭 五三三
清光緒二十二年三月初八日王正興具保田萬春在外候訊保狀加批 五三五
〔清光緒二十二年〕三月初八日青陽縣胡茂等帶田萬春王正興點名單加准保候訊批 五三六
清光緒二十二年三月初十日青陽縣正堂傳飭原被告及鄰證鄉約復訊行稿暨三月初八日田萬春控僧精一等訴狀含青陽縣正堂批 五三七

清光緒二十二年三月十八日（青陽縣）田發等爲傳到僧祥雲及田萬春稟文加批暨三月十八日提訊僧祥雲及田萬春點名單加批 五四〇
（清光緒二十二年）三月十八日僧祥雲及田萬春供單含堂諭 五四三
清光緒二十二年三月卅日青陽縣正堂復訊田萬春控僧精一案傳集原被告及鄰證鄉約行稿 五四五
清光緒二十二年四月初九日（青陽縣）田發等爲傳到僧祥雲等五名無從傳集僧精一等二名稟文加正堂批 五四七
清光緒二十二年四月初九日（青陽縣）田發等帶到僧祥雲等五名點名單附僧長光等供結含堂諭 五四八
清光緒二十二年四月初九日翠雲庵僧祥雲具領回給田萬春回籍川資領狀 五五二
清光緒二十二年四月初九日六合縣田萬春具在青陽縣朝陽庵安分奉佛香燈切結 五五三
清（光緒二十一年）四月初九日（青陽縣）批 五五四

三、其他

五五五
清嘉慶元年七月（浮梁縣）汪趙夏黄等姓立給趙黑子山憑執照附某姓泐立賣茶窠批 五五七
清嘉慶十八年正月（浮梁縣）趙汪王朱等姓立給王舜十公分山文憑 五五九
清道光二十三年正月池州幫李鏡禦等四十六船立籌款存公例貼頭船議約 五六一
清光緒元年某月寧國縣爲清釐田糧給任廣才細號執照聯單 五六三

四 本册目録

清光緒三年二月湖北省給潛江縣甘恒豐絲繭行牙帖　五六四
清光緒三年九月寧國縣給任廣亮承種官地應交本年租銀收條　五六七
清光緒二十四年閏三月安徽鑄造銀圓總局劄旌德縣飭典商籌款解鑄領銷銀圓文　五六八
清光緒二十四年十二月寧國府飭旌德縣出示嚴禁不准錢鋪壓低龍洋兑價劄　五六九
〔清光緒三十二年某月〕虞廷等請飭金衢嚴三府官紳籌款選生赴日學習鐵路專科稟文含批文暨光緒三十二年七月遂安縣統計學費學生照會　五七一
清宣統三年二月湖廣總督兼湖北巡撫瑞〔澂〕頒發復准湖北省變通牙帖章程　五七七
附録　文書來源信息　五八一

六、清乾隆至咸豐年間保業合同

〔一〕清乾隆至咸豐年間（祁門縣）康氏保業合同

立東心合文約爵祿二公六大房秩下康啟儼、良燦等向有承祖所共各保山場本處自二保調字號以起叉叁保陽字四保雲字八保吊字十保代字號止自儒信二公立有謄契簿貳本每房收壹本其契照簿挨號點明歸籠後因儒公習夲舉業得入宮墻是以將契文字約竹籠付弟信公收貯自祖至今世守無異近因人丁蕃衍人心不一恐有變賣之弊今二房秩下嘀議托憑親鄰寫立合同叁紙存匣一紙爵祿二房每收一紙自領文約之後各宜遵守毋許私繳老契破敗公產如違押令取續仍執此文送官追究若知情不舉及倚強欺弱臨事推諉者公罰白銀伍兩入聚衆匣斷不姑恕今欲有憑立此合同文約存照

再批　祖遺山場契文字約係信公收貯但業經幾朝歷年已久或先有移失若不能依謄契簿逐張撿出秩下要用之際理尋約契付衆無詞若實在無存杰心無愧遁年拾月十五吴賬之日先灵座前表心無滑異說照

押

乾隆拾貳年拾月拾玖日

立東心合同文約爵祿二公秩下

（一）

四

清乾隆十二年十月（祁門縣）康啓儼等立毋許私繳老契破敗山場公產東心合文約

經手 啟佺

啟儼

啟珂

啟璲

啟昂

良燦

燦收壹紙

良燻

良熠

良傑

書

中見親 鄭紹文

鄭詹南賓

（二）

清乾隆十九年正月（祁門縣）康啓珂等立誠心保守祀產文約

立誠心保祀文約康　魁公秩下啟珂等盖聞人之生世追思本源之德必有酧宗
报祖之費鄉黨宗族當成里仁之風豈無門户衆務之要亘古迄今莫不同其一
理也今　魁公秩下集衆惟念上祖之垂蔭誠念先人之刻苦置遺山場田産自
祖以来世守無異今因人丁蕃衍賢愚不一恐無歸束是以闔族嘀議設立合文
自茲以後但凡各項衆業各宜踴躍保守毋得糸毛变易祀内遞年所存租谷利谷
族内人等必要經手之人眼仝現銀坐賣將銀入匣公存毋得私自賒借谷收祀内銀
錢族内併他姓人等倘有移借務必將田或賣或當須令佃人立約以便監交其餘别
産併立借字一槩不當不借如或循順私情授受立追経手賠還所有銀錢谷利出入
支収随時謄清行簿俟算賬之日眼仝開匣塞註庄簿倘有移漏不清逕手賠還毋得
異説倘有異棍侵横竊盗　祖林青山樹木即當鳴理正　法毋得為私棄公推諉躲縮自
立合文之後各宜遵守倘有梗頑不肖耻踰不遵仍踏前轍侵私横行先以不孝罪治如恃強

（一）

不法合衆即将此約呈　官理究若有循私賣情一同罪論断不姑恕今立合同五紙存祀

匣壹紙爵禄二房各执弍紙永遠存照

再批遞年議定経管祀事二人祀内拨出銀　　洋貼経管之人以為辛勤之資照

乾隆拾九年正月拾六日立合同文約康魁公秩下

合同五紙存祀匣壹紙

爵公秩下　良賢收壹紙　良傑收壹紙

禄公秩下　良燦收壹紙　良熠收壹紙

啟珂（押）子代　良銘（押）

啟瑛（押）子代　良傑（押）

啟禹（押）侄代　良熠（押）

良燦（押）　良銓（押）

良錞（押）　良鍾（押）

良熑（押）

良賢（押）

（二）

清咸豐六年十一月（祁門縣）康起鉉等立議嚴禁盜賣祠內山場束心合文約

立議束心合文約康興仁堂秩下經手人起鉉大運大同等
盖吾族自十五世祖 復卿公始遷樟源承伏二保三保山場不少至
十七世祖 德俊公又加買受是以二三保山場我族十得八九近因人丁
繁衍賢愚不等有不肖子孫將祠內山場立契出賣與他姓者亦不
少于是合族公議再不加嚴禁將来山場盡歸他姓甚至 祖墳俱
難保守自旀以往如有復蹈故轍盜賣衆産者不但革出祀外并將
是身家業盡行收入祠內驅出境外永不入祀再自己買受山場
非本族授受亦不可賣族內若無人要即與仁堂內買如有私賣
與他姓并頂與他姓者亦照上賣衆産列驅逐斷不寬庬恕再本族有
人做中者亦與私賣人同罪自立合文之後各宜謹遵無違是實
今欲有凴立此束心合文四紙存匣一紙各房执一紙永遠存照

（一）

四

清咸豐六年十一月（祁門縣）康起鋕等立議嚴禁盜賣祠内山場束心合文約

咸豐六年丙辰歲十一月二十四日立束心合文約康興仁堂秩下經手人

起鋕　大迎
大運　錫蕃子代
大同　錫疆子代
大寬　有松
大怡　應郁
大昆子代書　應照母代

緝熙書

（二）

〔二〕清乾隆至咸豐年間其他家族保業合同

立申飭遵守合同文約位中公祠秩下及楙及灝蘊瑍蘊瑶四大房人等原承
上祖英才公祠至域公祠輪流頭首已經衆提存祀経管近有續置田租山埸碓基等項盡係存留
祖父祠内保守坟墓修理之費今叔姪僉議將所存田租内扒加八租陸拾秤存
公祖安公爲祀四旲輪流經管以作標掛等項爲此特立文約為憑窃恐日後子孫繁衍倘有不肖者妄行
私鬻破壞祭産獲罪於　先人自啟釁論於賢子孫因托憑族長為証專立存留文書所有土叚逐一開
載于後自定之後各房子孫永遠遵守毋許私行質鬻如有等情聽賢子孫賫文陳
官責令取續治以不孝罪名如再抗違逐出祠外永不入杞祭拜嗣後子姪經管祭祀事体各宜秉公持正
毋得狥私侵尅設有餘積充拓杞業今欲有憑立此合同文約四紙各収壹紙永遠存照

計開管理租則祭産派後

六保
梨樹塢　加八租弍秤〇十一両　苦竹塢正塢　加八租十七斤四両　古塘坑大弯坵　減租三斤
梨樹坵　減租九斤四両　言坑梨樹塢　加八租弍秤十斤　李家塢口　加八租三秤
蘆塢　租十弍斤　住腸塢　租五斤　大源塢　減租十山斤　減空八斤
石梘塢　減租山秤十六斤　斜坑裡截　加六租七秤十四斤十両　生坟塢大坵　減租山秤
黄梅坳　加六租山秤〇弍斤　沙叚　加八租山秤〇弍斤
楓樹塢口　原租加六十七秤乜[illegible]　又減空三秤　陳家門前　減租六斤　減空四斤

（一）

三保 塚林下 租五斤
十四都 綵毛坵 加六租三秤○八斤
方塍段 減租八斤 減九五山秤十五斤
存祠田產
六保 安成坵 加八租十山斤四两
王龍住前 架六四秤
坟下上单 減九十斤
大王二塢 加六租三秤
金釵塢口 加八租弍秤○四斤半
七保 八畝段 減乾小麦山秤十斤
三保 九十里 加六租三秤○七斤半
本地碓基一所
一本堂 胙谷山秤
蘊績山契壹紙

八保 長段 加七租四秤○五斤
流真坑 原租五秤○五斤八两
斜坑中截 加八租弍秤九斤
宋王大塢 加八租弍秤
古塘坑峽里 加八租三秤○山斤
後頭塢塘南 加六租山秤十斤
金釵塢 加八租弍秤十七斤
九保 黄鳩塢 減九弍秤
張村源 架六租弍秤○四斤
黄陳源高地信鷄山隻鴨子四个
蘊琚山契壹紙

九保 黄土坵 租五斤十两
長秧坵 加八租山秤○山斤
弓手段 加八租弍秤十三斤
石碑頭 加六租七秤十弍斤 減九山秤
大坵深坵 加八租三秤
齊坑源頭 租十斤八两
古塘坑 加八租三秤十四斤
十二都下梘 加八租山秤 又庄基分籍
低壟
淡竹塢苗山一旦 加六租三秤十山斤半
海曉山契壹紙

乾隆三十一年十一月十一日立申飭遵守合同文約位中公祠秩下經手及棶（押）及灝（押） 蘊瑛（押） 蘊瑶（押）
中見姪夢蓮（押） 姪孫興龍（押） 之良（押） 華邦（押） 代書永嘉（押）

清乾隆四十年七月某某縣李任和等立議管理祠産賬目合同

立議合同李務本堂秩下人等緣本堂歷来賬目結算清楚並無混亂曚朧詎意雍正年間以後管事者雖不乏人無如賬目殘缺間有結算之日亦不過補苴技倆以致賬目疊疊不能歸楚而秩下人等借端挪扯蒙蔽弊不勝言今本堂協同公議所有從前支下各人收入等項槩不推求聽其問心而已自今以後衆舉管事人六位一切收支須要眼同登記公明清結不許藉口前人挪欠比擬肥私如有此情察出公罰在支下不管事人等亦不得魆地鼓簧饒舌致令内相攻訐以廢祀事倘遇大故必須邀率三門人等公同妥議以決行止而秩下不管事之人亦毋庸袖手旁觀多方推諉今立合同一様七張各執壹張存照

再批自議之後司事人等務要培植祀事不得狥情私相授受倘有此情以不孝罪論

（一）

乾隆肆拾年七月初一日立合同務本堂

秩下同議人任和　震和　順和（押）　莊（押）

兆坡（押）　文星　天桂　在文（押）

邦基　觀德十　起炳（押）　如珩

洪元（押）　寬仁　將盛（押）　銘

德寶　將華（押）　大理（押）　士捷（押）

士扶（押）

秉筆大邦（押）

一管事人名　順和（押）　莊（押）　在文（押）

大邦（押）　將盛（押）　士扶（押）

（二）

清乾隆五十六年七月〔休寧縣〕汪先岸等立禁將産業投賣僕姓合墨

立議合墨汪世忠祠支丁先岸　紫垣　振民　敏正等緣承
祖遺下十二姓僕衆住屋墓山均係我族各户産業前因叛役跳梁蒙
前縣宪憲勘訊詳奉
撫　藩各憲批飭發落取遵立案近因族中尊丁罔顧　祖規名分媿將　祖遺山地各業投賣僕姓浔價無多
甚至盜賣無分之産内串族匪為証于中分價種種不一而足若輩甘於無恥　祖宗飲恨九原殊堪心傷姑除
既往不較用是合族支丁齊集
祖宗神前公議嗣後如有各丁已分下僕基山地等項業産寔在力不能守者許其賣入本族及各會祠酌值付價同
存保　祖之念各顧廉恥之心倘竟仍前串賣僕姓并在契作中及經手推僉之族丁均以不肖論概行逐革不
許入祠如有恃横合族呈
官究治立此合墨一樣五張存祠一張四門各執一張永遠遵守

立議支丁名書於后

亨門
先岸（押）　雲占（押）　良治（押）　暉吉（押）　礼叙（押）　廷芳（押）　有容（押）

文門
紫垣（押）　士英（押）　輔周　鳴宇（押）

（一）

四

清乾隆五十六年七月〔休寧縣〕汪先岸等立禁將産業投賣僕姓合墨

行門
振民（押） 名顯 次子（押）代 守清（押） 尹玉（押） 守祥（押） 運三（押） 彩玉（押）
相五（押） 君玉（押） 君正 還章（押） 明廷（押） 天馭（押） 昭美（押）
佩蒼（押） 佩三（押） 國先（押） 玉書（押） 巨美（押） 榮千（押） 亦荀（押）
忠門
敏正（押） 滙宗（押）

乾隆五十六年七月　日立議合墨汪世忠祠

（二）

清嘉慶二十四年五月〔休寧縣〕張光義等立經管祀匣章程合議墨

立合議墨人叙倫堂秩下張光義等緣本重承高祖星牧公創建堂宇上妥
先靈下安支裔自曾祖象佩侊公等分釁三家另提恒產設立貯匣以為孫枝日新月盛永遠世守成盛舉
也不幸憲琦二公早殁匣無經管雖有業進盖知者魁吞每遇分價尔搶我奪出入均不開支乾隆五拾五年
長房光昭外回將匣欲理向憲星公訊明伊不開導反填向叱以致弛廢後至嘉慶元年三房光書承管進
出勉數亦無多餘今春往楚恰值明鳳回里是以邀集公議將匣清理查閱乾隆十七年起至四十〇年止簿帳
開載收支分明四十五年起至五十五年止結簿各該乙百肆拾兩五十六年起至六十年止無帳稽查四十六年祀買光美
楓樹塢山一號後伊仍嘉慶十六年魁行復賣殊非情理俟後豐裕贖回入匣五十六年光龍美將湧發坑學田魁當
永祥吴宅長房於嘉慶二年備價贖回此祖權且長房收息俟匣盈餘提價償還仍歸入匣嘉慶八年憲奇
公空十排会領項各甲坐追伊家實無措办故念同重誼義將金竹坑井號山賣出湊伊歸還項訖前坑年田
嘉慶弍拾年光普借當伊家進年認價谷七秤交支年者收俟後伊家贖回仍歸原田查五十五年至本年
止各房支丁所空欠項另謄於簿俟後支下子孫興旺之日歸還祀內既前已往均不細計照閱以前私懷
祀已非但國課無供抑且廳宇傾圮成何体統再不早立章程恐後更難整頓特此邀同公議祀匣議
與長房經管不得徇情偏弊倘遇業分價支下知者通知長房取收註明清白分文無弊以免廢貯之咎
如再仍蹈前轍鳴鼓共攻以不孝罪論今特立合議墨一樣三張各執一張永遠遵守為拠

(一)

清嘉慶二十四年五月〔休寧縣〕張光義等立經管祀匣章程合議墨

一議奉重規例均遵前議訂有豐嵗候祀內豐裕再行設酌

一議祀匣事務錢進出俱係長房經管倘遇業分價支下人等不得向取如有隱匿察出倍罰

一議大賽公將田臨徙房做年貫祖亦照前典經管人收今議取價錢三錢以免三三房爭收論事

一議將內除用度之外倘有盈餘支下不准私領如遇合式產業公同踏實嘖酌方買不得擅自擅專

嘉慶式拾四年仲夏月　日　立合議墨人　張光義（押）

光美（押）

光普（押）

光達（押）

光明

明德（押）

明鳳（押）

明彥（押）

明魁

見議東筆門弟　洪錦（押）

明綸（押）

合同（半書）

光前裕後

四

立束心歸公扶祠文約晨公祠秩下二大房人等原我　祖祠空虛少有蓄積所有井桐坑黄荆塢茶科塢三號全業墳山先年節届節拚其價悉歸秩下各業主照分並無分文歸祠存留將来祠内或無公事之日猶可支吾恐有需費之時何處措手是以合祠僉議各自情愿將三號全業墳山無論大小旦分自後節届節拚其價提歸一半存祠蓄積以便日後置産有資興隆可望仍一半歸秩下各業主併各續買照分毋得異説此合祠扶公之盛舉亦我祠永遠之幸事也今恐無凴立此束心文約二紙二房各收一紙永遠爲據

[illegible]

（一）

大清咸豐貳年六月十六日立東心文約晨公祠秩下二大房人等

明訓　應椿

欽際　應桂

方達　欽楠

方麟　欽罡

方善　鴻儀

方栢　顯爵

方考　顯安

欽位　起順

應棠　奉書雲梯

應棣

（二）

卷十　鄉規民約和社會關係文書

一、明正德至萬曆年間〔祁門縣〕桃源洪氏僕人應主文書

四

明正德九年十二月〔祁門縣〕胡乞等爲借洪家墳山安葬父叔立聽自使喚文書暨嘉靖十三年十二月安葬胡天保母〔胡〕魁立應對差使批

四

明嘉靖十四年十二月（祁門縣）潘九等爲暫供洪大昇舊墳浮殯父柩立應付使喚文約

五都住人潘九、二保等因父病危，思無
殯地，托到五都饒琰兄弟浼求本家住
後洪大昇山內墳塋邊舊路前暫借浮
殯。喪柩自後洪家[illegible]風水，立將將
柩另移，毋敢停執。自後洪家扒掃，且
故自當應副使喚，不敢推拒。如違，聽自
陳理。今恐無憑，立此為照。
嘉靖十四年十二月十三日立約人潘九（押）
潘二保（押）
中見人饒琰（押）
依口代書人饒璜（押）

四

明萬曆十二年十一月（祁門縣）胡喜孫等爲求本主洪六大房山地安葬母親立應付文約

立應付僕人胡喜孫、胡記五原父胡初、母潘氏同身兄弟於先年間蒙主洪
壽六大房造屋與住，取田與耕，看守恩主墳塋，向來立還應主文約遵
守無異。今母潘氏於萬曆十二年十月十二日病故，身與父弟思議無山
安葬，自思挽憑親族懇求本主洪六大房將五都土名茶園山墳內
迁地乙柩葬母潘氏，其地深進七尺，對客五尺。身思父胡初年老，仍
懇求本主穴內左邊存留一柩，日後安葬其父胡初百年之日安葬，
亦要請主到山看明，亦不得私自安葬。其本身兄弟子孫恩深恩主
義重，不敢私自離他處居住，應付工夫悉照前文永遠遵守，無
得背義抵拒等情。如違，甘當不孝罪論。立此應付文約爲照。

萬曆十二年十一月十八日立應付文約僕人胡喜孫（押）

胡記五（押）

男胡社隆（押）

胡親隆（押）

中見母舅潘勝保（押）

族叔胡九（押）

四

明萬曆四十六年十月（祁門縣）陳發爲安葬祖母父親立看守房東洪壽公祖墳還文書

立还文書僕人陳發原祖母吳氏再嫁與祖胡喜孫是父大甦同叔
小甦從幼随母蒙祖視如親子恩養成人討親婚配身父甦故今蒙
房東洪寿公與正塢山安葬祖母吳氏父大甦身況伯父胡社布
自情愿立还文書看守　洪寿祖坟應付祭掃听差婚姻喪祭使
喚毋得生情悖義并情知違听　主呈理毋詞今恐无憑立此文書子
孫永遠應付為照

再批还年清明前五日該着一人同老庄胡僕同来挑祭儀其清明日做
候打掃墳塢祖坟毋得至期不到如違听　主責罰

萬曆四十六年十月十一日立还文書僕人陳發　押
同伯胡社布　押

二、明嘉靖至清乾隆年間〔祁門縣〕甘服還文約

四

明嘉靖廿八年七月（祁門縣）汪仲理等爲砍伐墳山樹木立願賠木價不敢入山侵害依期交納租銀還文約合同

三四都汪仲理等是祖汪志宗等曾於成化年間瑤坊方氏黙葬本家住地西边汪思誠等祖户汪元美
墳山号內憑中立还文約存証今年七月內因爲移屋仲理等又不合强到汪焜汪詒等前祖墳山內白虎砍伐
成材株楓柿栗等木共計捌根是汪良識等狀投里長行間是汪理等知虧憑托中人金九取浼愿倍木价銀伍兩正
以礼醮謝墳塋自後本家子孫再不敢入山侵害砍伐樹木其山地仍听仲理等照旧租納栽養耕種逐年依
期交納租之銀叁錢陸分不致少欠如違听自賫文告理甘罰銀叁兩公用仍依此文爲始今恐無憑立此合同文約一樣
二帋各収一帋爲照

嘉靖廿捌年七月廿九日立

还文約合同約人汪仲理（押）
汪道（押）
汪三保（押）
汪佛保
汪達
汪貞保（押）
余景（押）
汪機（押）
胡護（押）
汪倫
金九（押）
黄天（押）
淩外甥（押）

諭解里長

同立还文約

合同壹樣二張各收壹張照

四

明萬曆十一年三月〔祁門縣〕胡乞保等爲盜葬母柩立子孫毋得私自盜葬還文約

五都住人胡乞保同姪胡祖佑原祖投到
房東洪壽公名下山脚坐落五都，土名洪
家但塘山下末伺立文塋祖在山，近年族
身具於萬曆十年自不合將母柩欺行
盜葬，不行通知，是
洪主状告本縣，自知情虧，托憑里老
將柩扛移他處，今立文之後，子孫毋得
私自盜葬，如違，听自呈
恐口無憑，立此文约为照。官理治。

萬曆十一年三月初六日立文人胡乞保〇
同姪胡祖佑十
老人謝福
里長洪壁
中見人葉大才（押）
依口代筆黃高（押）

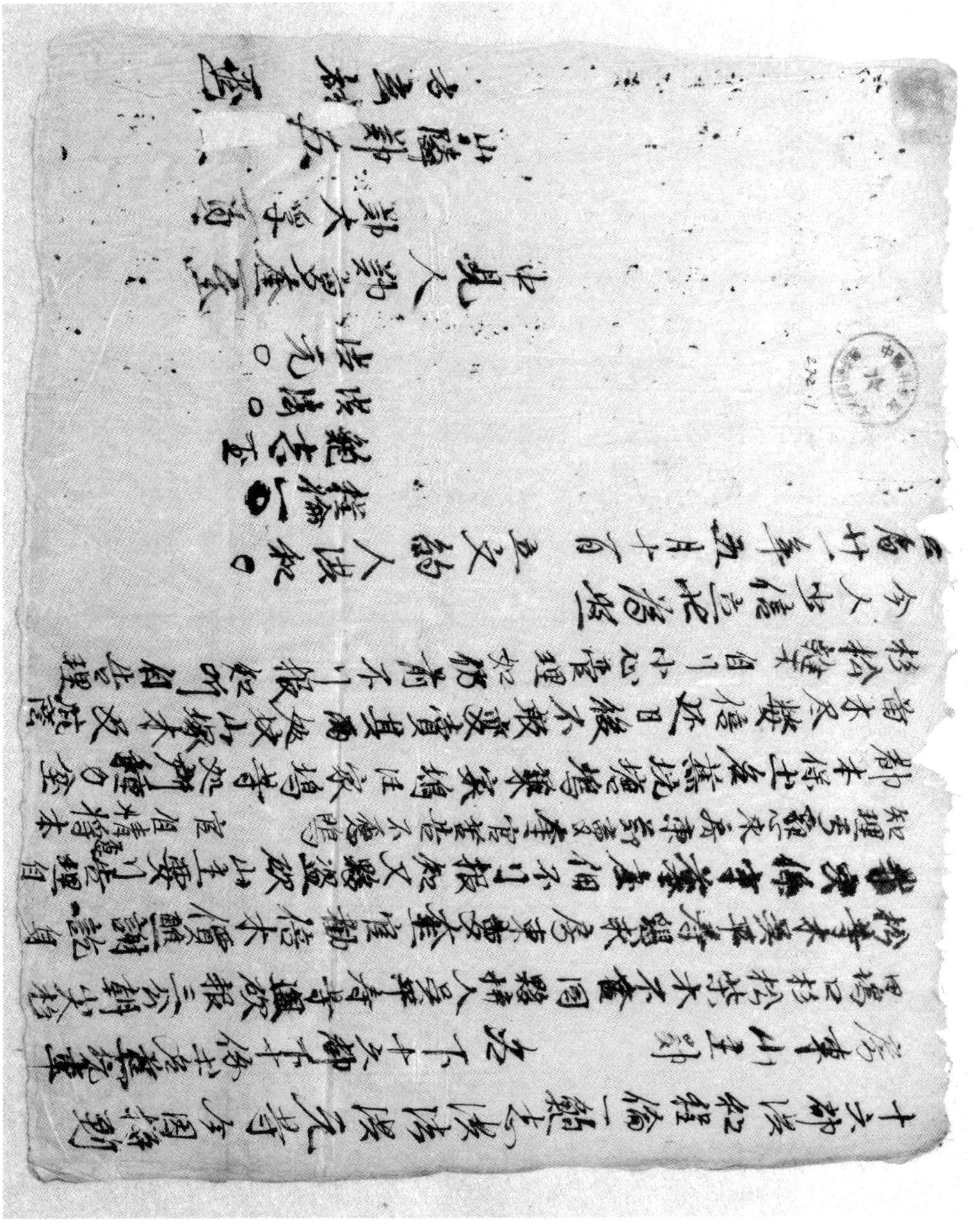

四

明萬曆廿一年五月某某縣洪和等爲盜砍房東山主山木立賠還文約

四

明萬曆三十九年三月（祁門縣）倪寧互爲男喜祥砍伐墳塋樹木立並無再犯如違聽自理治文約附批文

十六都倪寧互爲同男喜祥年幼無知於本年二月清明標祀在麻榨塢
鄭憲副墳前伐損桂花樹以致鄭達暘狀告
縣主唐爺批送　南廳行拘間不願跪訟听憑中人倪本杭出寫立文約自今已後並無再犯如
違聽自鄭貴文　理治　恐無憑立此爲照
萬曆叁十玖年叁月二十二日立文約人倪寧互
中見人　倪本杭
鄭慈德
倪大和
黃可法
倪鏵祥
陳多祖
代筆　倪思介

墳塋樹木風水所関倪喜祥無故而伐損之情屬可恨初次姑從輕擬如再有犯准盜砍論存照

四

明萬曆四十四年七月〔祁門縣〕馮岩泮等立爲程姓僕人毒河取魚伊東葉宅出銀解納官銀聽憑葉姓蓄水養魚文約

十八都馮岩泮等，緣因程姓僕人程相、程社春在宅豎造投居住佃
童錫洲佃種，其鼓毒河取魚，污及河道，不思 官有例禁，洲河向
有丈稅，身姓鳴中理論，要行告 縣，蒙中邀出伊東葉 宅
理處，勸諭對立界，本上至丈溪渡口，下至吳家洲前，勸諭葉積
祀出備白銀拾六兩，付身姓收領，以作遞年解納 官稅。身念親
情難却，甘相甘愿，不愿訐訟，經中勸之後，聽憑葉姓蓄水
養魚，永保庄基，身姓日後毋得設詞生端，恐口無憑，立此
約永遠存照。

萬曆四十四年七月二十日 立約人馮岩泮（押）
仝 有元（押）
中見 增元（押）
吳五孫（押）
玄生（押）
汪敘聰（押）
張隆溪（押）

四

明萬曆四十四年七月（祁門縣）馮岩泮等立爲程姓僕人毒河取魚伊東葉宅出銀解納官銀聽憑葉姓蓄水養魚文約（背）

具述服約人長二三四五凌明松等因自身不
孝是身在遇親族日後要孝順父母不得冲撞父
母無許口角相打手用鉄器傢伙倘有失悮傷
人自身兄弟永不孝論之罪日後兄弟再要違議無
許口角爭競亦不許動用鉄器傢伙各人之皮各人追
愛各許服毒溺水如有等情尽係各人承當如違等情
所自族內鳴　官理治自今述服約之後永遠
存照　再批長二三子面言貼父柴每年各人炭叁秤乞　每月各人壹担照

乾隆十三年三月初九日　具述服約人長子凌明松（押）
仝　次子凌明柏
凌明樟（押）
親見　胡美先（押）
中見　林万先（押）
族見　凌啟嵩（押）
族侄　凌啟連（押）
凌明華（押）
族侄孫　凌大松（押）

四

清乾隆十三年三月〔祁門縣〕凌明松等立具孝順父母兄弟無許爭競還服約

三、明萬曆至民國年間禁山合同

〔一〕清乾隆年間某某縣張宗房等禁山合同

立議合墨張宗房吳德英本村有朝山及後龍金字面并水口中洲末撇梅潭溪洲等處向行嚴禁以護鄉局無異近因人心不一以致橫行盜砍敗壞鄉局深爲痛恨今合村公議照前復行加禁杉松雜木上供國課下護鄉局其回歸業次日後長養成林倘有出拚樹木之日言定拾分之內取叁分與業主以供國課其柒分合村存衆公用無得異說餘山各自管業亦不得借端等情自今復行嚴禁之後各宜凜遵日後不得私自盜砍如有再犯者罰戲壹臺如風捉獲來報者謝錢壹錢決不食言恐後無憑立此議墨一樣四張各執壹張爲據

乾隆二十二年二月　日立議合墨　張宗房　吳德英

張明遠　吳德鋐
張伯勲　吳文起
張茂水　吳德嚴
張攀高　吳希聖
張亨萬　吳民聖
張繩武　吳德全
張心怡　吳德佐

清乾隆二十二年二月某某縣張宗房等立合村公議朝山等處不得私自盜砍合墨

奉
憲示嚴禁約人張宗房、吳德英等向行議有合同爲據。今因吳國雄、吳德寧
等犯禁，後龍山併朝山，今承衆位親友江泉廣、張永彩、吳致先、保長
吳聖儀等情講，合村依息四圍山場照前嚴禁，日後男婦不許入
山枝椏不得私取，倘有知風來報者謝銀伍錢，捉獲賍者謝銀壹
兩，亦有容情同罰，如有恃強不遵者，呈官處治，決不徇情，特此
通知，各執存照。

乾隆三十九年八月　日立議加禁合同　張宗房（押）
吳德英（押）

中見　江泉廣（押）
張永彩（押）
吳致先（押）

保長　吳聖儀（押）

〔二〕明萬曆至民國年間其他禁山合同

立合同文書人六都善和程天倫同曾　人清溪寺今因報慈庵係[illegible]葬
余氏夫人在上其子伯源公見為孝思廬墓墓前有祠祠前因當道題請勅建報慈庵延僧供奉香燈
飯僧田租數百逐畝刻石並自宋紹興以來然矣當時本家條約甚嚴住持得人閒雜人等不得入庵騷擾
引誘不惟清規無紀香燈不缺而田產頓增數百續遭逆住僧與本家無籍交通以致租產蕩廢庵宇頹敗神像毀
四一空本家族里斯文已經呈　縣嚴治矣乃於萬曆三十五年間覲祠思庵集議敦請珠溪寺僧悟林悟林推
舉其徒清溪應募住庵其僧素稱戒葷斷酒恬靜寡慾衆為庵中得人慶且僧房重建庵重修禮神器物漸行置
辦大約將完且美矣近緣族中閒有假名為僧支持賣利僧物以致清溪不安意欲辭去是族為香火阻留寫立合
同文書嚴禁本家不許閒人駐庵攪擾如再仍前攪擾假名誘引等項鳴衆公治并禁本僧不許招惹閒人往來私
室致生物議仍要照舊恪守釋家清規法界毋得假故因性私回如違亦聽本家公治今恐無憑立此合同樣二兩各收一為照

萬曆三十八年六月初八日立合同文書人程天倫（押）　程德成（押）　程銲（押）　程季安（押）

程禮（押）　程寄社（押）　程來生（押）　程天照

斯文　程大藩（押）　程登瀛　程敬之（押）　程萬里

程文鄁　程良極（押）　程良莫（押）　程人龍

程以諧　程良猷　程良謀　程雲鵬

程大壯（押）　程道章　程瓚　程大有

本營　程有蘊（押）　書

同立合同住持僧　清溪（押）

明萬曆三十八年六月（祁門縣）程天倫等立報慈庵嚴禁本家閒人駐庵攪擾並禁本僧不許招惹閒人往來私室合同文書

四

清康熙十年四月某某縣汪大義等立祖遺廳屋禁止堆積放物等事禁條合墨

立議合墨人汪大義大禮大傑大賓大紳等本家 大房承 祖遺造土名宋家塢（即釵釧）廳屋 祖宗創
造之意盖為後嗣春秋祀 祖婚姻嫁娶延待賓客具行禮法之廳也近因枝下不肖子孫堆積污
穢或貯柴炭灰糞或貯木料物件或住績邑斫柴之人或住猪客以作經紀牙行之室大失 祖宗
造廳創業之意何成禮法之廳乎茲大紳等率衆枝孫於本月廿一日為始議將各家物件盡行撤
去共立合墨禁條于後嗣後敢有仍前堆積放物等事衆議罰銀叁両以為修廳并後會香火樓
之常貯如違抗此鳴 官以作不孝例論究治無辭本家 大總房子孫各宜凜遵毋貽後悔恐後無
憑立此禁條合墨 張各執壹張子孫永遠遵照

（一）

四

清康熙十年四月某某縣汪大義等立祖遺廳屋禁止堆積放物等事禁條合墨

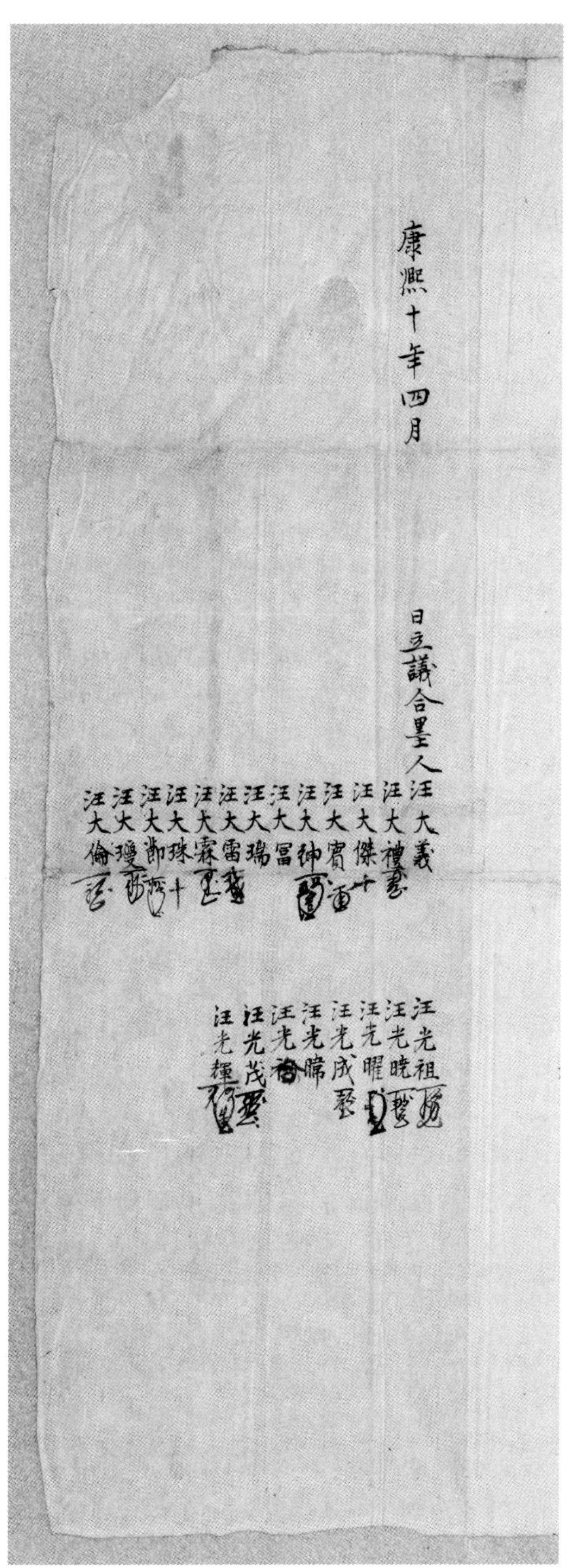

康熙十年四月　　日立議合墨人　汪大義
汪大禮
汪大傑
汪大賓
汪大紳
汪大冨
汪大瑞
汪大雷
汪大霖
汪大珠
汪大節
汪大璦
汪大倫
汪光祖
汪光曉
汪光曜
汪光成
汪光晥
汪光裕
汪光茂
汪光輝

（二）

清康熙十五年九月〔休寧縣〕程和仲等立嚴禁盗砍樹木禁山合同

立禁山合同程和仲程伯思等今有土名牛安宕墳山于上蓄
養松木及各色雜木經今百有餘年俱已合抱屢彼盗砍責戒
不悛深為可恨今衆合議嚴禁查明本山共存大木貳百零捌根
俱係合抱自今以後衆行嚴禁不許盗砍其剃椏及挖松根
俱以盗木論即本家有分法人等私自上山盗砍亦以盗論
不淂藉口横行如有此情衆共呈
官究治斷不徇情今恐無憑立此合同存照

康熙十五年九月　　日立禁山合同程和仲（押）
程德明十
程伯思（押）
程濟之
程來彥（押）
程青紉（押）
程瑞庚（押）
程子執（押）
程子豈（押）
程不遺（押）
程星子（押）
程元明（押）
程玉節（押）
程子策（押）
程脩永（押）
代書　程履先（押）

在山樹木俱已照明註數如有盗砍拿獲之後
任公理論仍要照數查還數目每砍壹根賠
銀叁兩無辭倘有拿獲來報者本家先行
給賞斷不賍累報人再批

清康熙二十五年正月某某縣吳德英户支下吳時禮等立嚴禁與張上村下門婚姻人情來往議合約

立議合約吳德英户支下人等今因人心不[illegible]一本家定行嚴禁男婦大小一槩不許與張上村下門婚姻喜慶亦不許往行如有犯者公議罰銀壹兩清明祭祀衆用不伏者投里論決不輕恕今恐無憑立此議約存炤

各家女眷有私自人情來往查出罰銀伍錢

康熙二十五年正月　日　立議約吳德英等（押）

（一）

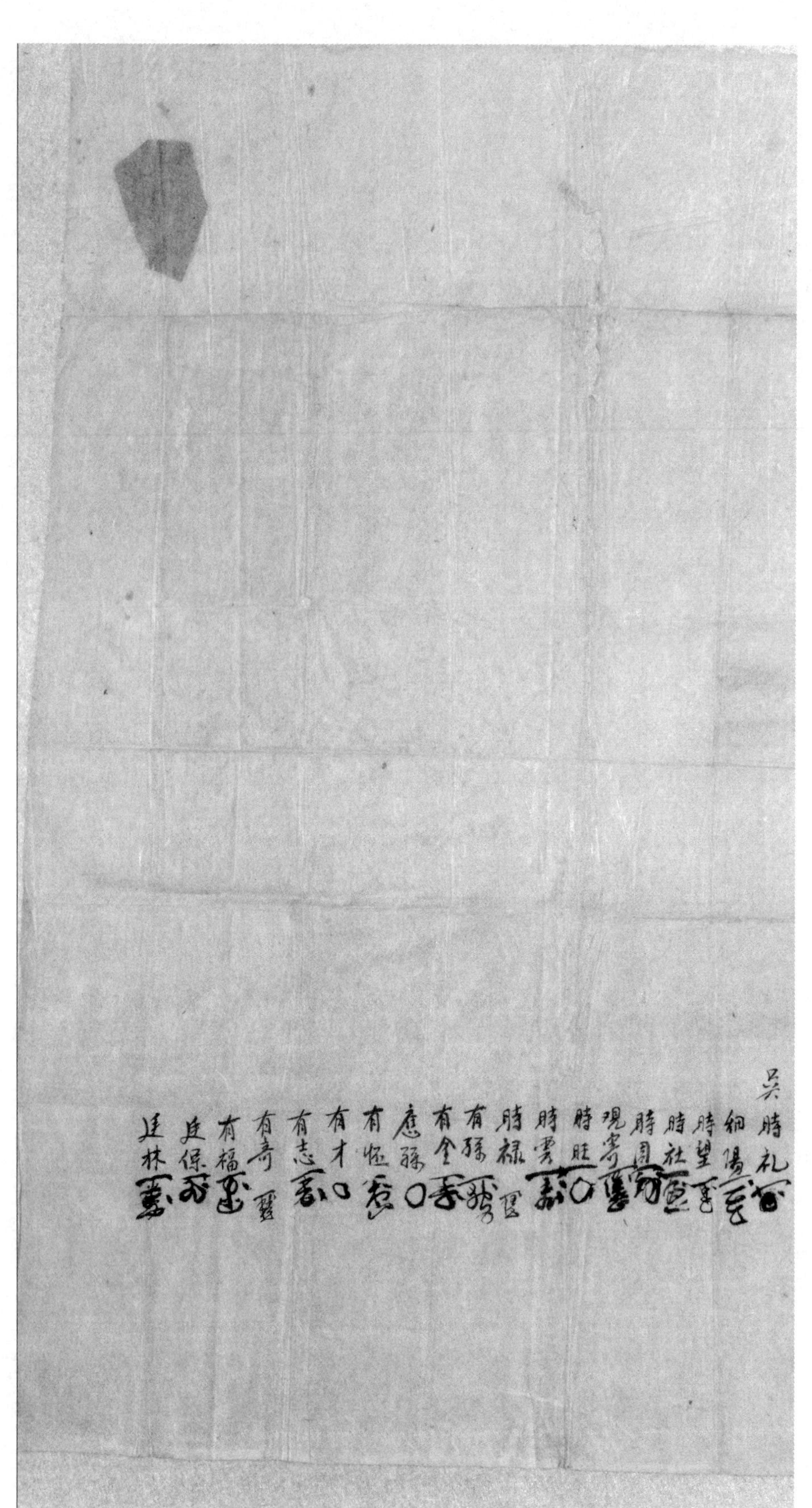

吳時礼
細陽
時望
時社
時周
現壽
時旺
時雲
時禄
有孫
有全
應孫
有恆
有才
有志
有壽
有福
廷保
廷林

（二）

四

清康熙三十三年三月某某縣張允傳等立嚴禁侵害本家墳山禁約

立公禁約通族張允傳允位明桂等今有本家來龍墳山此係一姓命脉所關昔 上祖栽種樹竹蓄養柴薪無非蔭庇屋基風水向來嚴禁註簿賞罰咸遵無違是以人丁茂盛財産豐隆近來人心更異不繼前人之志抛棄祖規違禁滅例莫能培埴反縱婦女登山強行侵害終日爬柴挖腦砍根剝皮動山泥而溝渠溢塞不通樹根暴露悉咸枯朽不能得生柴笋勿能滋養况朝暮驚動

祖宗神靈不安以致人稀財寡利害匪輕有分者輸課無辦無業者獲利榮家衆等目覩心傷不堪之甚今通族復行合議立約嚴禁召人看守如有仍前不悛許守人拿獲公罰若恃強不服者齎集公呈送

官理治倘坐視不理徇私容庇者

神 祖鑒之

一禁本山不許爬柴如有犯者罰銀叁錢

一禁本山不許挖笋如有犯者罰銀叁錢

一禁本山不許剝樹皮挖樹根撿椏枝如有犯者罰銀伍錢

一禁不許放牛登山如有犯者罰銀伍錢

一婦女登山罪坐夫男亦罰銀伍錢如違公呈理治

（一）

四

清康熙三十三年三月某某縣張允傳等立嚴禁侵害本家墳山禁約

康熙三十三年三月　　日立公禁山約張允傳

允位
明桂
明綬
明旦
明岸
明實
明成

明燦
明鴻
世裕
兆熊
起翔
兆龍
起翊
兆昇

（二）

清康熙三十八年三月〔休寧縣〕某姓汝良等立禁砍瑄公墓蔭木禁墨

立禁墨族長汝良日清今因有旌城族支下培昌之子時龍年幼
不諳世務悞砍楊木塢
瑄公墓界內小蔭松木朵根于本月十七日有養山僕人報知合族
登山驗明衆議令時龍年幼從輕諭令祭　祖自後
瑄公墓四至之內蔭木不得擅砍如違听衆公罰無辭立此禁墨
爲照

其墓四至　上至山頂　下至山脚
左至眺水　右至眺水

康熙叁十捌年三月　　日悞砍木人時龍（押）

清康熙四十一年十月（休寧縣）朱時熙等立嚴禁侵害祖塋禁墨

奉正里立禁墨族衆朱時熈時勲夢斗隆正等爲嚴禁侵害保祖安生事祖宗墳墓命脉
攸關稍有驚損禍患無窮本家有祖塋土名吴塘山世守無異誠恐支下不肖子孫賊行
侵献有傷祖塚與其遭侵而鳴論不若預禁以杜害是以族衆集議立墨一存匣一勒石永
禁支下人等不許侵塟献賣併砍伐蔭木庶祖靈得安而子孫得保自禁之後各宜永遵如
有不肖子孫或圖利而盗賣或謀吉而侵塟或伐蔭而驚祖者族衆擒入光裕堂先以家法
治之再行送
官究處決不輕恕各宜慎之特立禁約存匣

（一）

清康熙四十一年十月（休寧縣）朱時熙等立嚴禁侵害祖塋禁墨

康熙肆拾壹年孟冬月　日立禁墨人朱時熙　朱時輔（押）　朱時勲　朱時韜

朱夢蘭（押）　朱夢薰（押）　朱夢斗（押）　朱夢武（押）　朱隆正（押）

夢桂　夢明（押）　夢鳳　隆騰（押）　夢象

夢麟（押）　夢祥　隆增 下除瑞（押）　夢禹（押）　夢源

有仁（押）　有智　有禎　有信　有泰

有謙（押）　有陶（押）　有讓　有勤　有祥（押）

有功（押）　有謨　有諒　有祺（押）　有道（押）

有礼　有德　有詳（押）　有芳（押）　有英

有華　有勳　有爵（押）　有禄　有誼

有廣　有吉　有松　德新　德瑞

德理

（二）

四

清乾隆七年十月〔休寧縣〕汪惇敘等立不得私自砍伐祖墳陰木合議禁墨

立合議墨禁約溪口汪惇叙旌城吳廷奐汪隆宗等今有土名油芫坦查木塢兩處 祖坟係溪口旌城共業于上蓄养蔭木計叁拾根外又斧傷樹弍根共計叁拾弍根因本年旌城造水口亭旌城悮斫蔭木壹株又經旌城自知錯悮未向溪口族衆通知随即登山看驗因誼属一族且係錯悮勿論今集衆議將在山所存蔭木嗣後不得私自砍伐倘有此情從公理論其現砍之樹壹株憑衆原作惇叙堂喜助旌城造亭今欲有憑立此合墨一様兩張各执一張永遠存照

（一）

乾隆七年十月

日立合議禁墨溪口汪惇敘

旌城汪隆宗

溪口當輪汪期遠（押）

下首汪晉玉（押）

旌城支丁汪上苑（押）

汪懷瓘（押）

汪玉符（押）

汪汝楠（押）

汪耀芳（押）

汪聞臣（押）

汪聲遠（押）

汪光庭（押）

汪芝洪（押）

合業吳廷虎

合墨一樣兩張各收一張存照

（二）

清乾隆十年三月某某縣某姓文奎等立嚴禁盜砍盜竊來龍水口墳山菜蔬樹木花果條規合同

立合同承恩祠支孫文奎等
竊惟人烟輻輳藉水口之廻環里黨興隆賴松杉之庇護望扶蘇之嘉植生趣常多仰茂育之良
材栽培宜急且佳城鬱鬱　祖考之靈爽攸存而蔭木蒼蒼後裔之殷繁所繫入村墟而問俗
有其地者斯有其人撫景物而怡情徵其盛者斯徵其德豈宜肆其剪伐更加深以侵傷乃有
無知之徒只圖微利至愚之輩不念大綱非斧斤可入山林乃白日而相殘害非喪塟之營窀
穸乃掘根而擾神魂似此為厲多端安得發祥有永更田畝為衣食所自出而園地為日
用所常需損禾稼則命脉攸關竊菜蔬則口腹不給並為不義亦即非仁均屬：流是為寡
恥支下有犯固必明懲外人勾通亦無輕恕謹合族衆公立條規已禀
縣主奉煌煌之示更申鄉禁布懇懇之詞惟祈改心早為革面如其怙惡仍蹈前愆必具呈
公勿貽後悔盜樹者固有必懲之罪收贓者並無可貸之情為此申明各宜遵凜
條規列後
一禁來龍水口並各處墳山樹木毋許盜砍雕椏掘根削皮違者六門公同呈究
一設公匣六門輪管凡墳山來龍水口樹木或被風雨摧折或自枯朽值年之人會議砍伐變價歸公存匣
一於次年春祭日交盤所有用過及存銀兩照實開列清賬粘貼祠內公同查核倘有侵蝕查出議罰
一凡公事開支值年之人邀集六門公議不得私收私用違者議罰

（一）

一匣內存銀毋許私自挪用並私放生息及狥情借貸如違議罰（押）償斷不姑狥

一來龍水口墳山並田園菜蔬樹木花菓倘有盜竊六門公同搜尋查寔初犯罰戲一本再犯革出宗祠外姓偷盜者亦

罰戲一本再犯呈　公究治不得姑狥

一盜樹木獲賍來報者謝銀伍錢遇捧樹柿來報者謝銀壹錢偷竊菜蔬及瓜菓指名來報者謝銀

貳錢墳山放牛竹園偷笋來報者謝銀三錢

乾隆十年三月　　日立合同承恩祠支孫文奎（押）

珍分　源慶（押）　源煥（押）　源登（押）　源友（押）　源應（押）　源相（押）　源順（押）

本仁（押）　本倫（押）　兆鵬　　龍章（押）　仮（押）　本集　貴觀　士十

本黑十　光禹

琦分　兩龍（押）　世明（押）　世榮（押）　佛順　觀福（押）　观運（押）　梓佑（押）

兆貴（押）　二喜（押）　祥春十　文秀十　秋喜（押）

瑶分　起鳳（押）　宜昆（押）　嘉盛　永齡（押）　上椿（押）　林壽　（押）　曾壽　赦

長毛　十

天分　嘉凝（押）　長順（押）　來順十　吉順十　桂順（押）　德順十　观祥（押）

观林（押）　春順（押）

正分　成龍（押）　天如（押）　成芝十　成名（押）　成朋（押）　天士（押）　天貴十

兆興（押）　兆楚　天祥十　天生十　兆盛（押）　三貴十　天應十

兆旺　天秀十

安分源勝

（二）

清乾隆十年三月某某縣某姓文奎等立嚴禁盜砍盜竊來龍水口墳山菜蔬樹木花果條規合同

四

清乾隆二十七年四月某某縣汪兆恭等立買受本山二家同心插旗禁養成材之後對半均分合同約

立議合同約人汪兆恭同汪義尚等今有買受本宅燈會山壹號本都五保土名
大碣上䅶稽山其山四至東至田西至降及自墳南至西塢口灣心直上至坟北至碣
灣心直上今將本山二家同心插旗禁養毋許閑人入山砍斫如有窃盜捕獲者二
各同心懲治併截火費用二各均出毋得私己賣情亦不得縱容弟郎子侄入山
窃取如有等情捕查出罰銀叁兩整與不遵禁人用仍要押着掛旗嚴禁照舊禁
養日後成材之日二家各已買受併已承祖併共買受二各對半均分毋得異言自
議合同禁養之後二家毋得争論山分多寡執此合同為憑各已買受併共買受
並㨿在合同之内故因对半為業今恐無憑立此合同一樣二帋各執一帋永
遠存照

[半書]

乾隆弍拾柒年四月　　日立議合同約人汪兆恭（押）
汪義尚（押）
代筆　陳文輝（押）

此契文義尚收合同各收存

四

立合禁議墨江、方、洪、李、胡、謝、邵、吴等，緣黄畬源附近山場各村均有僉業契據，近因有人租種芭芦，江、方兩姓邀齊各村同議合禁，□論衆業、己業，均毋租種芭芦及以山業賣與異鄉召種芭芦之人。自議之後，黄畬源江、方兩姓每年交租銀拾貳兩，付各村分收。嗣後更加嚴切，同心合禁。如有違議者，各村併力重罰，均毋借端推諉。至凡黄畬源附近之山，亦皆嚴禁，不得租種芭芦及賣與異鄉等情。倘有違議者，亦照此例，各村公同重罰。若蓄養樹木、樵柴薪及葬墳塋，各村應照經理契據爲憑，不得以分租銀藉口濫佔。恐口無憑，立此合墨各執一紙存照。

嘉慶六年六月初八日　立合禁墨　江惟善(押)　江尚德(押)
方世德(押)　洪叙倫(押)
李修本(押)　李常春(押)
李叙倫(押)　李尚義(押)
李寶善(押)　李叙倫(押)
李叙義(押)　李義和(押)
李仁謙(押)　邵寶善(押)
胡叙倫(押)　胡繼善(押)
謝樹德(押)　吴五叙(押)
江榮壽(押)　江叙本(押)
李積善

議有各村僉業契據，不及細查，權議逐年每股的租艮[illegible]，惟卯完逐年收租艮者，計各名于后：
李常春　子喜　修本　叙倫　叙義
宗義　叙倫　義和　尚義　謝樹德
吴五叙　胡叙倫　繼善　江叙本　榮壽
邵寶善　渭叙倫
各村公議，逐年各至前八日，江、方兩姓將租艮送至各門交納，毋得違期延[illegible]，如有此情，公論使罰，如强公呈理論，決無

清嘉慶六年六月（祁門縣）江惟善等各姓立黄畬源附近山場各村嚴禁租種芭蘆及賣與異鄉合禁議墨

清嘉慶九年六月〔祁門縣〕汪廷沛等立合族封禁祖墳山場毋許採挖合文

立議合文人宋溪敘倫堂汪廷沛等夫族烟繁盛賴山水盤[illegible]運祚綿長昔聖人有觀形望勢卜宅相居之宜而天地無全功藉
人力以裁成或鑿井穿池或疏溝導渠或栽倍蔭〻木削有餘補不足蔽風避煞居興烟繁族衍衣冠文物簪纓弗替山川之靈效捷
於影響誠如是也凡山或基四圍宜包藏最忌凹風〻吹氣散居不興旺書云凹方風射而人丁绝水聲號泣而少壯夭亡山谷之基宜趨避
者此也若吾〻[illegible]址朝山逼壓兩腋缺空水聲號泣此大病也急宜培補上首北缺宜栽竹木以蔽風下首南宿宜倍蔭木以避火燭下
首埃坑接托碣以靜水此處[illegible]之培補急先務也知此者疾首蹙額自愧力短心長不達此者爲言迂濶憶勿謂地理之機玄但言目覩之要旨原
吾住址上首竹木叢[illegible]蔭木森茂財盛丁繁斯時也上首窃竹盗筍下砍刁杇挖樁缺空風来較昔日〻甚亦除寡〻孱〻其何說乎爰是舊
年冬至合族相商將游[illegible]鎖之嶺上首山壹號土名東山下及山脚下竹園兩契公議蓄養蔽風該山苗木柴薪以及山下竹園概行禁養毋
許採挖如違盜筍偷柴[illegible]罰祠内壹年各祚不給外人鳴官究治自議之後諸皆格遵下首亦需栽培興[illegible]水本水源祖墳山場以及住址来龍
庇蔭𫎇係第壹要務[illegible]集族相商將祖墳山場以住址来龍庇蔭要緊者開後註明章程概行挿牌鳴鑼封禁自今合族封禁之後秩下子
孫永遠格遵如有違約恃[illegible]擅入禁山採薪刁樹杇者亦如前議罰祠内壹年各祚併冬至神主㞑罰不給外人鳴官究治不貸如吾族出外者居實尚多倘
有不肖者私自開禁盜拚[illegible]封龍庇蔭命脉攸關即秩下内眷人等概許入山阻斫賞此鳴官究治依仍如議加禁此培補之大畧若孝子賢孫倍
禁倍補風藏氣聚居興族[illegible]必有可觀者焉今欲有憑立此合文八紙各執壹紙永遠格遵存照　天字號　外加日字號壹紙

公禁各山開列於後

（一）

清嘉慶九年六月〔祁門縣〕汪廷沛等立合族封禁祖墳山場毋許採挖合文

壹號宋溪住後本村來龍山[illegible]至冤公山外下底至牌樓外下邊山嘴脊直上上至降公議伊梓[illegible]公墳兩穴每年劉墳
[illegible]梓標[illegible]清[illegible]不遮蔽兩前[illegible]度及墳腦左右永禁不許借端劉斫文照

壹號晏下塢仲榮公墳山[illegible]龍東西兩培

壹號韓村滸公墳山及[illegible]塝

壹號塘坑金釵形[illegible][illegible]至桐子塝

壹號方坑口高椅形輪[illegible]山裡至王墳外至周陳屋基下底山嘴

以上山場係墳各公[illegible]既經合議公禁蓄養苗木成材之後脩葺祠宇者

自當合族相商[illegible]春亦必From祠內需用之情仍後撿擇公估價值出拚

永議此[illegible]登山出拚住基上下兩底永禁不斫其墳山來龍雖議成

材之後祠宇需用亦不許[illegible]禁除脩祠宇之外不許開禁文照

嘉慶九年六月初十日立合文書人

立議合文宋溪敘倫堂汪廷沛 十 領天字號

廷雲 （押）

廷亮 （押）

廷明 十

廷焆 （押） 領玄字號

廷熿 （押）

文喜 十 領黃字號

文琦 乂 領宇字號

文鍌 五 外甥男代押 領宙字號

文鑒 忠

文茂 （押） 領洪字號

文榜 （押） [illegible]押

文學 〇 母代押 領荒字號

文嘉 十

盛福 十

登烶 十

廷齡 領日字號 （押）

四

清嘉慶十五年十二月歙縣許新澤等三姓四族立本村禁止侵戕樹木合同

公立合同人三姓四族族長許姓三分門長許
新澤許正業許藹餘許載南吴璞山汪位東汪
佩五緣身等本村水口建造亭臺廟貌庇護閤
村住宅所有來龍朝山以及上下村口等處樹
木並許姓前山各處祖墳及各姓祖墳蔭木亦
與水口攸關歷俱禁止侵戕近有棍徒違禁盜
砍經該地保及該支丁呈稟究治今奉

（一）

清嘉慶十五年十二月歙縣許新澤等三姓四族立本村禁止侵戕樹木合同

縣主傅集身等堂諭公立合同永遠禁止嗣後各族
同心協力互相保守倘有不法之徒傷戕水口
亭臺廟貌盜砍各處蔭木以及拔椏剝皮者毋
論何族支丁良賤均即鳴鼓共攻呈官究治各
姓不得狥私容隱所有壩樹汪吳二姓遵前已
歸文會此外各姓祖墳及水口山樹木倘遇風
暴損折椏枝及樹身倒壞者憑公查明係何姓
業上聽其收回他姓不得爭論遵此水口亭臺
各處蔭木永保無虞閤村居民胥安得垂久遠
為此遵諭公立合同為據

（二）

嘉慶十五年十二月　日公立合同人許新澤〇
許正業
許藹餘
許載南
吴璞山
汪位東
汪佩五

（三）

四

清道光八年二月某某縣謝錫淮等立合族人等無得私自竊取水口山場柴木合同禁約

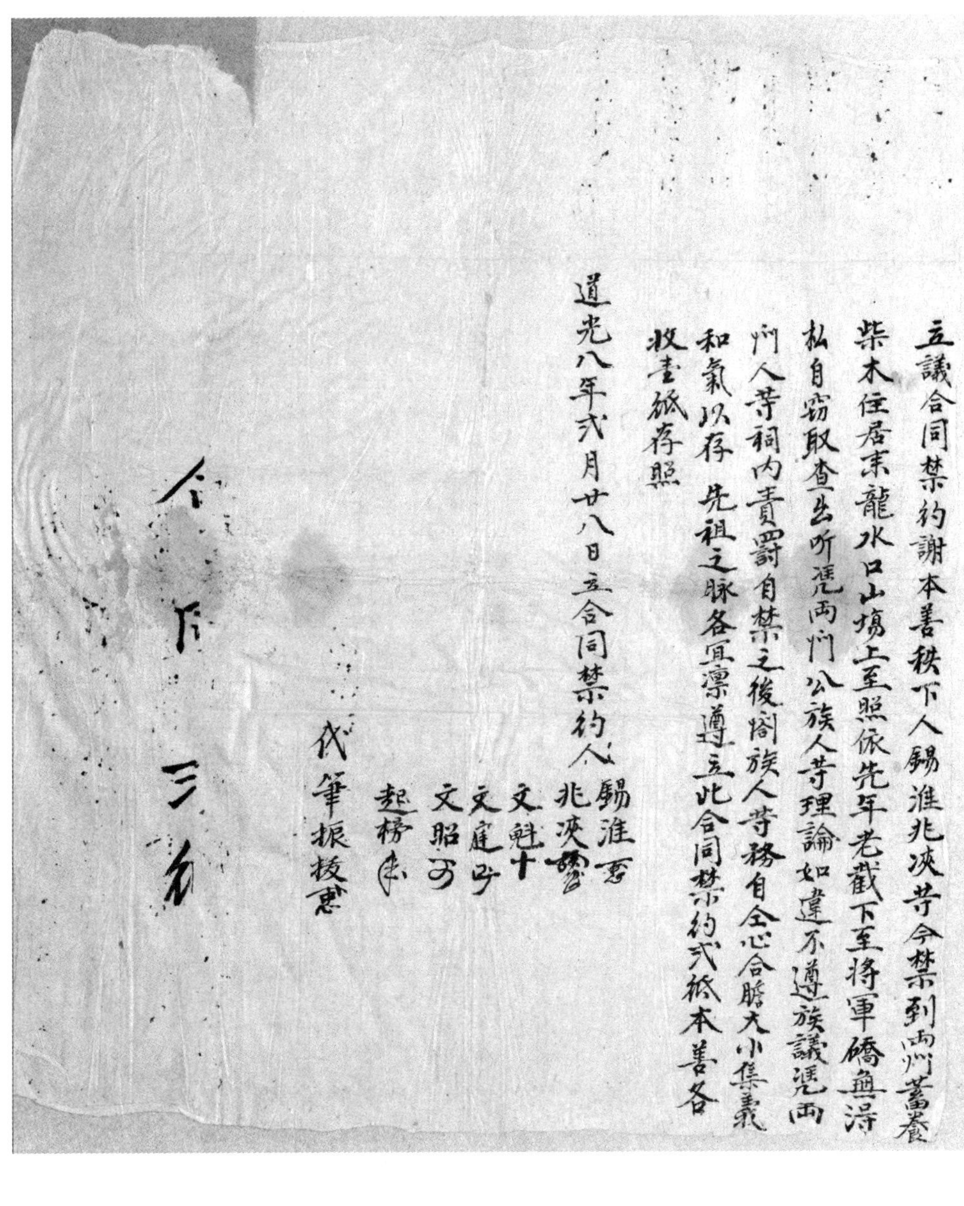

立議合同禁約謝本善秩下人錫淮、兆浹等今禁到兩門蓄養柴木住居東龍水口山場，上至照依先年老截，下至將軍橋，無得私自竊取。查出，所憑兩門公族人等理論。如違不遵族議，憑兩門人等祠內責罰。自禁之後，闔族人等務自全心合膽，大小集義和氣，以存先祖之脉，各宜凛遵。立此合同禁約式紙，本善各收壹紙存照。

道光八年式月廿八日立合同禁約人 錫淮
兆浹
文魁
文庭
文照
起榜

代筆 振棱

清道光二十二年七月某某縣程春和等合衆股等立封禁山場復議嚴加禁約處罰偷竊合同

立復議嚴加禁約書人程春和、瑞雲、汪廣遊、高桂、士百、詞、吳長保合衆股等，緣土名西坑山、櫃木塢兩處山塲

界內蓄養茶叢樹木竹笋柴薪等項，遞年所取花息以輸錢粮而資民計，先年本係封禁定議規條，

善者不遵，未免參差，以致匪類潛潛放肆，侵害不堪。至於業者，每從取息，而無業者日夜何計？若不早爲

復整重禁，而匪風日熾，豈容此類滋潛成蠹，是以合同衆議復加嚴約，自禁之後，務祈協力同心，早夜巡

視，如見外人侵害偷竊各物等獲者，酬足錢壹百文；或股分內尚有人見獲者，酬足錢弍百文。本股內貪

利之輩私越偷竊者，見獲照外人偷竊倍罰，革股並辭。其拏獲偷竊之數，協同理論議罰，照

依價五倍加罰。倘伊不服，協同鳴官究辦，至使用之費照股分派，毋得推諉，並不得隱匿獲花

如有私花隱獲者，日後察出，亦照外人偷竊者例罰。所有復議定章，敢之後各協同心，廣保無虞咸

亦而後業者不致虛此議，各股甘心自願，並無異言，故立同共三紙，各執一紙存照

道光二十二年七月　日立復議同合同首

(一)

程春和
程瑞臺
程在洲
吴長孫十
汪積有十
曾百福
汪高孫十
程祝山

陳正賜
姜廣遠
江 其
葉積茂十
方裕啟十
曾長志十
曾長富十
吴來田十

陳正青十
汪積志十
汪廣雷
曾震仁十
汪廣富十
曾正春十
葉祥密十
方子虎十

葉春九十
吴文興十
項正義
汪三十十
曾百進十
程觀桂十

（二）

四

清道光二十三年十月某某縣吴世禄等立墳林嚴禁盜葬砍伐鑿挖並合族樂輸買坦以爲族人厝葬公所合同議墨

立合同議墨吴仕榮公支裔族長世祿房長永和永長永坤等緣我　祖仕榮公所遺百基凹墳林
壹處又毗連虎爪墳林壹處歷代厝葬墳墓縱横坐向各别已無隙地即間有空地皆是　祖墳命
脉攸關近来有不肖支丁不顧　祖墳命脉魆地開穴移柀入山盜葬不是斬頭即是挖脚只圖自已不
顧他人雖經歷禁而未恪遵所以本年閤族又經立墨嚴禁請　示勒碑嗣後一切柀柩斷不許送進
厝葬而本山現有厝柩式拾九柀日後只可原厝原葬不許另移另開若有獘竇即行抬柀出林併
本地名不許厝葬至於墳林内蔭木柴薪石骨泥土一概不許砍伐鑿挖以杜侵　祖害族之獘第念
我族支丁繁衍恐有覔地無資者其柀柩非暴露於荒陬即久停於蔓草甚至年湮代遠杳不
知祖墓厝葬何方祭奠無依恨孰甚焉是以閤族支丁集祠公議踴躍樂輸新買坦壹大片
以爲族人厝葬公所其坦土名凫塘口又名青埲下又名庄边埲计萓租四砠粟租叁砠係湯字　號
计田稅叁分正又地稅式分八厘式毫正閤族看定方向請　示勒碑釘石分作三級厝葬单柀横濶五尺
雙柀横濶八尺四柀五柀照此另加凡屬本族支丁愿送柀柩入山听凴厝葬從上級起依級挨序不得
恣情倒亂亦不得虛空濶佔倘日後各覔有吉地亦听移出安葬毋許據佔空穴至如幼童柀柩概行
不准送進倘有魆地厝葬者本族支丁知覔即邀仝族房合其起舉搬移毋得徇情異說自議之後
各房支丁務宜共遵本族體恤一脉之意奕世同心永保百基凹虎爪兩處　祖墳命脉無違前禁
若再有不肖支丁覬覦生端侵害　祖墳即行照前禁墨起舉重處决不寬貸恐口無憑立此
合同議墨一樣五張各執一張永遠爲據
再批百基凹虎爪兩處墳林閤族公議齊集查明所有各房支下浮厝棺數共計式拾九具另開各棺
某名某氏单内註明某棺與某葬墳毗連以杜不肖支丁移動侵害其单一樣式張公存匣内一張
族長世祿收執一張又照　又加議墨壹張存匣　并

（一）

道光弍拾叁年拾月　日立合同議墨吴仕榮公支裔族長世祿（押）

仝議支裔　永和（押）　閏棟（押）
永長（押）　閏徑（押）
永坤（押）　閏德（押）
永鏡（押）　閏列（押）
永熿（押）　閏科（押）
永珩（押）　閏桓（押）
永儀（押）　閏橋（押）
永浩（押）　閏稷（押）
永琥（押）　閏禨（押）
永佳（押）　閏衬（押）
永源（押）　閏標（押）
宗太（押）
宗勳（押）
奉書支裔閏基（押）

合同議墨共計六張
公議存仕榮公匣壹張
族長世祿收執壹張
支裔永和收執壹張
支裔永坤收執壹張
支裔永珩收執壹張
支裔永佳收執壹張

又批百基凹虎爪兩處坟林所有餘地山業空穴公議概存保祖永遠世守勿替如有違議盜賣盜典者即行送官究治如有貪吉謀買謀典者强送棺柩入山厝葬本族知覺当即將伊棺柩搬移出山外仍即指名呈官究辦又照

（二）

清道光二十三年十月某某縣吴世禄等立墳林嚴禁盜葬砍伐鑿挖並合族樂輸買坦以爲族人厝葬公所合同議墨

四

清同治九年二月〔祁門縣〕陳正輝等立約興材木嚴禁賭煙興利杜害禁規合同文約

立興利杜害合同文約人陳正輝國芳永慰朝基等竊思山茂田腴財用乃足黜邪崇正風俗斯醨 輝等世居裏桃源地方山多田少向興竹木以資財用茂林修竹遠近蔥蘢賭博洋烟先後申禁一時鮮游惰之失業者近因人心不古山林殘毀利用無資烟賭私行澆風漸啟此欲興利杜害者宜早約束於將來也爰是合衆公議凡四保山場約興材木各家子弟嚴禁賭烟公議禁規列后各宜遵守違者憑衆公議處罰有恃強梗衆者出邑鳴 官懲治庶林木日見其叢生而人心胥歸於各正矣立此合文四帋存照

一會內四保山場不論己衆所開成熟者聽其興種花利已荒者概興松杉竹木春笋家外人等毋得入山戕害若自行取用先期出帖其桠杪非自興養者不准擅伐

一山木成林出拚不論己衆每两取五分入興山會餘價先取四分歸力坌仍六坌照契稅分價無據者毋得爭競

一賭博烟館前經勒石嚴禁恐日久廢弛今復立約扶禁毋得賭博及私開烟館

（一）

四

清同治九年二月〔祁門縣〕陳正輝等立約興材木嚴禁賭煙興利杜害禁規合同文約

一會內四保山場承種興苗之人務要先行報衆接首事入山訂界簿載力坌如無
人承種會內興養苗木出拚之日先行出帖照據領價如無業主者該山亦歸會
內
一興養苗木野火爲害最甚如有私放野火加倍議罰失火者察實另議見火者務
即鳴鑼赴救
一來龍朝山水口坟山關係最重如有戕害者加倍議罰
一會內錢文公議存殷實之家如有公用公仝開支毋許私自移借等情
一以上禁規違者公議罰戲全本加倍者亦照前議不遵者各家先行懲治至恃強
梗衆者即鳴　官懲治其費以會內開支如會內不敷即照四叚出備大經堂出
一半持徽堂出一叚養保堂出一叚首事紳者毋得推諉至在山竹木倘有戕害

（二）

四

清同治九年二月（祁門縣）陳正輝等立約興材木嚴禁賭煙興利杜害禁規合同文約

不遵處罰者業人先行報案不得開支公費眾即隨具公呈以公費開支如有携
斧鋸及賭具烟鎗報眾者議賞
同治九年二月　日立合同文約人陳正輝（押）朝煥（押）開鉞（押）正綬（押）
求慰（押）朝運（押）開泰（押）正咸（押）
國芳（押）朝明（押）文琳（押）開森（押）
正元（押）光宋　朝遜（押）開萌（押）
應亨（押）桂風（押）朝鐵（押）朝陞（押）
正心（押）邦偉（押）正時（押）廷傑（押）
應震（押）正順（押）肇訓（押）開蓬（押）
應星（押）正俸（押）達禧（押）開黃（押）
朝基（押）文瑛（押）朝輝（押）開蒲（押）
應晨（押）朝禮（押）朝熙○子代肇魁（押）
啟昌（押）邦倫（押）開茂（押）正旺（押）
正國（押）

（三）

四

清同治十二年七月某某縣某姓廷會等合族立嚴禁賭博煙燈並無故生端橫行鄉里以清地方事務議字

立議字廷會知廷双本清等為復加嚴禁賭博烟燈並無故生端橫行鄉里以靖地方事竊賭博烟館
疊奉憲禁無甬細贅近有無知之徒胆敢橫行恃強欺弱滋生事端為害地方殊深痛恨為此合族公
議開列祠規嚴禁一切倘有不法之徒胆敢賭博開設烟館並恃強橫行無故生端公同稟官究办
一切費用出于公車不得累及經手之人而經手人亦當執公办理毋得畏首畏尾退縮不前倘有挾仇
誣扳一經查實亦當公同究治倘有經手人狗情推諉從重議罰事屬風化攸関里仁為美爰立此議
字一樣六紙各户執一紙存照

同治拾二年柒月　初二　日立議字廷會十　本年（押）
廷知十　椿福（押）
廷双（押）　起彬（押）
本恕（押）　松林（押）
本木十　良興
元宝十　明進（押）

本清十　福秀

文明　玉生十

文銀　全有

文潤　重陽十

文快　滿太十

連喜十　全衡

章喜　文恒

起成十　起楷

樹進十　賜宝十

起怡　錦寿

長愈　全益

本安十　双梅十

（二）

清光緒三十二年二月（休寧縣）寧溪等四村朱葉李陳吴五姓立議合禁養山柴薪照股鬮分合同

立議合禁養山合同人寧溪西岸后塘周村朱葉李陳吴五姓人
等今有山業數號土名西岸口裡塢前嶺塢苦竹元下曹坑牛角塢等處
山塢數號共計之後歷來荒蕪有礙國課今合村公禁不憑保
釘牌合禁所有外姓各宅主業查出理論退交山主以維
國課自禁之後所有柴薪悉照股分拈鬮抽分其杉松樹木按
歲村三日或砍或拚公仝會議毋得一人擅專惟恩在股諸人
協力維持幸勿各懷異見自相猜忌如有股外人等膽敢盜砍舉
報之時務須照章議罰毋得徇情如庇股內若犯前徇情弊加倍
議罰幸各慎之是所切禱為同望各鄉眾力共襄善舉是幸恐
口無憑立此合同樣合四紙各執壹紙存照為據
股分數目開列於後

（一）

四

清光緒三十二年二月（休寧縣）寧溪等四村朱葉李陳吴五姓立議合禁養山柴薪照股鬮分合同

朱奕发　壹股十
朱社全　又　又　忠
朱旺兴　又　又　十
朱灶順　又　又　忠
朱日仂　又　又
朱新發　又　又　忠
朱新年　又　又　十
朱旺丁　又　又　忠
朱德佳　又　又
朱明法　又　又
朱玉仂　又　又
朱泉　又　又

西岸
葉远華　壹股十
葉欣和　又　又
葉旺兆　又　又　十
葉成泉　又　又
葉飛巧　又　又　十
葉榮華　又　又　十
陳懷渭　又　又
陳花仂　又　又　忠
陳貴仂　又　又　十
陳炊林　又　又
陳四十　又　又　十
李仁玉　又　又

后塘
李社秀　壹股
李興備　又　又　十
李守明　又　又　十
李虎仂　又　又　十
李百順　又　又　十
李太趣泉　又　又　十
吴阿趣　又　又
吴林仂　又　又　十
吴宿仂　又　又　十
吴法貴　又　又　十
吴晉丁　又　又　十
吴松林　又　又　十

所有在内田畝之墳割高弍丈為則，叢山數丑各開列，壹晚茶園墳，本文為則照批。

今因内……同字改……

寧溪　批

光緒叁拾貳年二月　日立議合議墨四村五姓仝押

代書朱德佳

（二）

民國二十年十月某某縣胡積善堂秩下六房人等立封禁墳山合同

立合同人胡積善堂秩下六房人等緣我祠承祖丈受併買受本
都五保土名紫竹塢清業墳山壹號該山安葬有沃公及敏德孺人墳
墓兩種自昔至今歷三百餘年無論何人概行不許入山尋穴近因
秩下有人欲在敏德孺人墳塋下首開挖生基此風一開效尤者衆
將來不但清業墳山難保且恐有害于祖墳爰是召集六房房長暨
董事人會商議決將該山嚴行封禁嗣後無論何人如有故違不
但逐出祠外並罰大洋伍百元以申公禁而儆將來茲立合文五帋各
收壹帋為據

（一）

民國二十年拾月六日立

仁字號　敬石祠收
義字號　隆公祠收
禮字號　正祠收
智字號　懋祠收
信字號　積善堂收

禮字號

（二）

四、清康熙至同治年間民間甘約及借貸承包契約

〔一〕清康熙至同治年間〔休寧縣〕汪氏關於祠堂祖墳甘約

貴德門仲房今奉

名賢雲嶽公神主入祠祔饗輸銀拾叁兩整又輸祠內原

存地拾柒步零叁厘共合會例叁拾兩之數其地稅候冊

年于公祀戶下撥入汪興祠戶內輸納立此為照

其銀同日付足訖

康熙貳拾壹年壬戌肆月　日貴德門仲房批

見族　豐之　自南　貞白　見懷　于盤　郁之　國儒　森然　楚材　尔承　于發　介如

清康熙二十一年四月〔休寧縣〕汪氏貴德門仲房立奉名賢雲嶽公神主入祠祔饗輸銀批

四

清乾隆十五年八月〔休寧縣〕汪之洪等立看守汪興祀會墳山松木約

立看守坟山松木約人汪之洪、汪上苑、汪声远、汪天啟、汪南友，今有淡口族内汪興祀會全業山壹號，土名由莊塢，海字三千零六十六號，于上松木現在共有卅五根，蓄蔭祖墓。今身等自愿代爲看守養山，嗣後如有本村及外人等登山盜砍者，身等即到淡口報明，倘隱匿不明（報），一併呈官究處。恐口無憑，立此看守文約存照。

其本山内枯木四根，倘有風吹雪壓倒，身即到淡口報明，听候着落。

不得隱匿，又批。

乾隆十五年八月　日立看守坟山人汪之洪（押）

汪上苑（押）

汪声远（押）

汪天啟（押）

汪南友（押）

央中鄉正吳有章（押）

立甘約族城支丁汪上苑聲遠天義泰来同盛耀芳殿英南石桓
王二順汝楠等今有
五十七代祖敬德公墓前大蔭木一株身等無知於旧八月違禁砍
伐理應呈究身等自知理虧哀求各族門長免受 官譴自
愿醮坟罚約償还樹價銀
立嗣後在族城各祖墓有大小
蔭木身等永遠監守不敢侵伐設有他人侵害惟身等是
問無辭欲後有憑立此甘約存照

（一）

清乾隆三十二年三月（休寧縣）汪上苑等立爲違禁砍伐五十七代祖敬德公蔭木自願醮墳罰約償還樹價甘約

清乾隆三十二年三月（休寧縣）汪上苑等立爲違禁砍伐五十七代祖敬德公陰木自願醮墳罰約償還樹價甘約

乾隆三十二年三月　日立甘約人汪上苑（押）　汝楠（押）
聲遠（押）　耀芳（押）
天義（押）　六順（十）
泰來（押）
國盛（押）
懷瑾（押）
殿英（押）
甫名（十）
恒玉（十）
憑中地保吴有章（押）

（二）

四

清乾隆三十二年三月（休寧縣）（汪）琳立爲不合誤分五十七代祖敬德公蔭木樹價自願醮墳罰約不得復蹈前轍甘約

立甘約陳潭支丁琳，今因旌城支丁梯石等盜砍
五十七代祖敬德公蔭木，身自不合，誤分樹價，
被衆察出，理應呈究，自知理虧，哀求各
族門長免受官譴，自願醮墳罰約，嗣後
不得復蹈前轍。欲後有凴，立此甘約永遠
存照。

乾隆三十二年三月　　日立甘約人琳（押）

凴保吳有章

清同治六年四月（休寧縣）劉三順立爲不合毀斷汪府族祖墓碑罰賠重立鼓吹祭墓甘約

立甘約人刘三順緣
汪府十三旋祖墓在江潭下村頭地方投墓石圍墻
外立有石碑多年於本月十二日是身子五吉無
知不合同薛哩錫霞陽仂將碑撬倒毀斷經
汪府查明鳴保送 官究懲身自知不應請四央叩
從寬免送情愿照前碑石質尺寸罰賠重
立限一月完竣鼓吹祭墓如敢延擱任從送官
無辭今恐無憑立此甘約存照
又批以後汪府祖墓身愿就近承看照應
同治六年四月 日立甘約人刘三順押
憑中地保
畲補吳福壽押
汱復興十

〔二〕清康熙至咸豐年間其他甘約及借貸承包契約

立戒約人程生今因子八十自不合于本月十三日悞于
汪宅祖坟山上挖掘柴脑當被本宅登山撞陌
拿獲投明地方正行送官究治自知理虧央乞親
隣求情愿罰討戒約仍罰脩造拜台以免送官責
懲以後倘有前情听從一同究處今恐無憑立此戒
約為炤

康熙五十年二月 日立戒約人程生（押）
子程八十（十）
見汪文美（押）
汪仲三（押）

清康熙五十年二月某某縣程生立爲誤挖汪宅祖墳柴腦罰修造拜台戒約

清康熙五十四年正月某某縣某姓可進立領義學會本九色銀領約

立領約可進今領到
義學會本九色銀肆两柒錢零五厘其利照會例申筭約至
來年本利一併送還不悞此照
康熙五十四年正月　　日立領約可進（押）
親筆

四

清康熙五十五年正月某某縣汪佑懷立領義興會九六色銀領約

領券

今領到

義興會九六色銀弍拾兩整，每週年一分起息，

倘有公事需用，隨時俟取，此照。

康熙五十五年正月廿八日立領約汪佑懷（押）

見收 姪陽（押）

敬修（押）

清道光三十年三月〔休寧縣〕朱旺發等立違禁掘挖柴腦不敢再犯甘約

立甘約人旌城朱旺發、吳花哩、汪福宝等，緣身等不合戲于旌城地方違禁掘挖柴腦，今經十三村憑保公同理論，身等自知干法犯違禁，再四求情，從寬免送究治。自後本處並鄰近各處，無論公山、己業以及荒山，身等決不敢復行掘挖。如敢再犯，任從鳴官究處。倘有別人掘挖者，身等即行通知，如若徇隱，一併甘罪無辭。恐口無憑，立此甘約為據。

道光三十年　三月　日立甘約人朱旺發十

吳花哩（押）

汪福宝十

憑地保汪恒壽（押）

代筆汪恒壽（押）

清咸豐九年十二月旌德縣聞荷花立承攬同善會皮材包約附咸豐十年正月五月付錢批

立承攬包約旌邑聞荷花，今承攬到
同善會皮材拾具，議定工料一併在內，共計大錢
拾肆千文正，當收定錢陸千文，其材准于開春交
楚不誤。欲後有憑，立此承攬約存照。

十年正月卅日付錢五千文　五月初四日付錢叁千文　付楚

咸豐九年十二月　日立承攬約聞荷花（十）

見中　吴栢懸

五、清康熙至民國年間禁約文書

四

清康熙四十五年二月某某縣邵于際立子媳各管各業毋得竊取家用物件糧食戒約

立業戒約人父于際，今身年老，家事田產已托親友分開，共屋居住。二子二媳各宜遵守，俱要和氣，毋許爭差。其有分過之物，各管各業，家內物件并日來糧食等項，毋得竊取。倘有不遵，看查出，見一罰十，以不肖之論。恐口無憑，立此戒約為據。

立此一樣二紙，各執一紙為照。

康熙四十五年二月　日立業戒約邵于際（押）

親人畢君耀（押）

吳仲和（押）

潘君榮（押）

朱尔道（押）

朱玉鉉（押）

代筆堂侄邵可章（押）

四

清康熙四十七年閏三月某某縣陳聖龍等立議今年無許私割蒿草合文約

立議合文約人陳聖龍、汪文富等，特衆商議，歷古傳今，並無歇息違
年割挑蒿草，因此歲限甚醜，虎出變地，出現閏月之年，衆議各戶
自愿小心，特議今年歇息蒿草，無許私割毫毛。如違私割蒿草，繞
衆共罰紋銀伍錢，罰造大路拾丈，併無異說，各不許徇。有愚頑不
遵，各把田主與衆執約鳴官理論，各戶謹遵。又憑與衆，立此合
文議約存照。

康熙肆拾七年閏三月弍八日立議合文約人陳聖龍（押）等 汪文富（押）
吳來泰（押）
汪文輝（押）
張光照（押）
吳來法（押）
汪有福（押）
汪有興（押）
汪文貴（押）
陳光龍（押）
金臘德（押）
張光祖（押）
汪文福（押）
張臘九（押）
吳來龍（押）
吳來福（押）
葉五九（押）
汪國勝（押）
唐進党（押）

四

立議合文河東汪文祥等、上界葉鑌保等，今因割草互相爭鬧，
以致二界托中理論。蒙中劝諭，河東佃人等江家塚背坮旧採取，
其餘山場除杉木坑大塢、小塢、毛栗樹塢、江家塢、汪二塢、畫
山、周家塢、林家塢等处山草不得盜割。議定立夏後三日，河
東福户人等過長春橋割草，上界人等不得阻撓。所有各家
田畔山草，各管各田，河東人等不得擅取。如違，听上界執文
理論。自立合文之後，二界永遠遵守。如有恃強擅割者，罰白
銀叁兩公用，仍依此文為準。今恐無憑，立合文一樣式帋，二
界各收一帋存照。

合文一樣式帋各收一樣存照

乾隆元年三月廿八日立議合文河東汪文祥（押）
方兆勝（押）
湯社九等（押）
上界葉鑌保（押）
汪　庚（押）
汪国祥（押）
張貞癸（押）
吳五九等 ○
中見東程廷臣（押）　程公茂（押）
程從殷（押）　程振遠（押）
程景綾（押）　程尹三（押）
程子青（押）　程洪度　筆

清乾隆元年三月某某縣汪文祥等立議山場劃界山草不得盜割合文

清乾隆十八年三月黃氏元和公秩下人等立收回焚毀貪賄賣宗摻收僞派宗譜如有此弊同心理論合墨

立合墨人元和公秩下各派人等，今因婺邑横槎派于乾隆己巳年開局纂修黄氏統宗大譜，貪賄賣宗，摻收偽派。今衆派合祭，現察出者如祁邑月岑暗入琲琅派內，改名上嚴源派；休邑高市巷派、和村派；黟邑黄荆塘等處。其未細查者，想弊端不可勝計。是以衆議欲鳴公理處，横槎自知理虧，甘寫服約，愿將已費之譜盡行收回，送至一本堂焚燬，其譜板亦送至一本堂再議改正。但横槎貪慾無厭，雖立服約，未必如數收回毁板，以及私賣另生枝節等情亦未可料。如有此等情弊，務必同心協力，秉公理論，不得退縮推諉，附和致干忝宗不孝之罪。今欲有憑，立此合墨叁十弍張，一樣，現在與祭之派每派各執一張存照。

（一）

乾隆十八年三月

十一日立合墨元和公支下霞塢派政和

和村派積慶
樂園派尚裕
龍源派餘慶
建邑和村派鴻淦
富公派两派
西塘坑口派起富
黟邑西城派皇本
古城派[illegible]
横嶺派日暗
石山派福全
蓬厦派天益
莘红派文折
西塘派永[illegible]
西塘坑口派文魁
下村派永欽
張阐派永振
鄭村派文富

石邑赤岑派文銘
休邑高塢塢派廷珮
山泓派廷選
琲琅派德文
山後派重高
西坑派錫[illegible]
上黄派[illegible]
黄村派樽啟
古林派岳美
婺邑石门黄村派朝佐
歙邑球塘派覌礼
歙羅坐派之珍
郎坑派大寿
池邑竦塘派全義

（二）

四

清乾隆三十年二月某某縣某姓忠本立聽母教誨不得打罵妻室禁約

立禁約侄忠本今因妻室私往娘家蒙　叔串諭收晋自
今禁定叁年所有等事听　母教悔自身不得打罵如有打罵
干罰白銀五錢以作酒酌公用不得推奈今欲有憑立此禁約
存照　　再批娘家来接不在議約之內照

乾隆三十年二月二十二日立禁約侄忠本（押）

中　叔　禹禎（押）
　　　　禹光（押）
　　侄　國聖（押）
　　　　国順（押）

四

清乾隆四十五年五月（祁門縣）瀲墩慶三門（鄭）昱産等立造扇貨真價實條規束心嚴禁文約

立束一嚴禁文約瀲門墩　門人等緣本村生理者少造扇、仰事俯畜靡不取　心不一圖
出多不顧羞恥青箋黃箋以假叅真甚至自挑出門傷本賤賣無客至村將来收扇無利兼之生出難以發脫本
村無人肯買且欲棄扇又無別事莫可如何爰合衆嘀議演戲齊心戒除弊端庶貨真價實不患魚目混珠亦不
患卞和難售矣所有條規列後今恐無憑立此存照

一禁浮邑人造來箋毋許買違者照箋倍罰

一出門破箋則定長八寸六分闊四分每箋一伯個冬價合錢壹伯六十文春價加十文毋許魆地增價私買違
者查出照價倍罰賣者亦然

一禁三黃箋只造十九皮毋許造二十二皮大露黃無許夾字大黃箋亦只造十九皮如違查出罰銀五兩入衆

一扇每年正月初十公議春價八月初一公議冬價出門自賣者不得比本村扇價低賣違者罰銀五兩入衆

一青箋扇在各人自寫字號不得冒充違者查出罰銀三兩入衆

一賣扇青箋以伯把[illegible]搭以伯二十把為率

扇刀每年每把出銀　演戲次日首人接[illegible]賬

以上條規如有恃強不[illegible]者照刀次罰合衆公[illegible]

為政（押）
子安（押）
子有（押）
子壽（押）
華璞
受富

四

清乾隆四十五年五月（祁門縣）澂墩慶三門（鄭）昱産等立造扇貨真價實條規束心嚴禁文約

乾隆四十五年五月念八日立束心嚴禁文約澂敦慶三門人等

受福 起雲

澂門 昱産 澄門 華表 子長

日怡 晟産 永在 兆輝 光宗 茂雲

萬相 樂産 蘊璋 兆炫 斎本 百昌

日惠 槐産 學文 為光 受教 明道

德孫 復産 樹勲 為卿 培林 國聖

得時 升産 元庚 兆煜 方盛 華陽

泰平 盛産 魁元 蘊珉 方成 華開

慶門 法枝 當禄 蘊現 存樸 華宇

佯曉 家壽 洋元 蘊珄 存慶 加禎

建仰 爾昌 蘊坤 兆熀 光昌 加傳

定旦 松裔 添金 植本 光熙 明典

定邦 晉産 為卿 培仁 廷林 嗣宗

茅裔 秀裔 兆吉 培棠 祖福 加龍

同産 魁良 培栻 三女 金祖

紋生 起亮 中本

廷忠

子寶

代筆 建周

（二）

清乾隆五十九年三月某某縣章士岩等立山場本年封禁無許砍斲合同

立合同人章士岩弟士栢侄三寿今因來籠山封禁高太祖八老元保
朝奉二房買治年買到柱屋後慶字乙百廿号山税半畝合元昇朝乙半
派如三股三寿興福二人六股之乙士岩全安二人六股之乙士栢六股之乙
伯祖以居去油洸口合山乙半乾隆廿九年士岩仝三寿侄仝買到士第
士錢士鑄山乙角合岩下二共三股之一合三寿二共三股之乙弟士栢六股之
興福全安二人六股之本年三脚屋前砍斫雜木燒炭有五十相三天股
君分本年封禁無許分下人等事自砍斫如有自事砍斫其罰白鏹
乙兩正日衆清明會供用屋後上下石剃岑各家遠常養屋前田後
擘卅年兩以桃斫均分今欲有凭立此合同為用

乾隆伍拾玖年三月初九日立合同人章士岩（押）
士栢
侄三寿
興福
全安
代筆人胡文先（押）

四

清嘉慶元年八月（祁門縣）某都十八排年人等立齊心嚴禁鋤種苞蘆文約

立齊心嚴禁文約本都十八排年人等，原因五十三年蛟水陡發，沖塌田地，損壞屋房，實係鋤種苞芦所害。合都紳衿耆民
約保曾請
謝主給示嚴禁，并稟通稟各
大憲准其徽屬遵照一体办理。經今九載，無不遵禁，獨樵溪一隅屢禁屢犯。今幸
趙主審斷責懲，給示嚴禁，誠恐都內後有不法之徒又啟覬隙，為此再加嚴禁。每家責令親房斯文老成自行責懲，如
或頑梗不化，眾排年合行攻擊，所有費用，照田畝敷出，不得退拗。各宗親房老成斯文毋得狥庇。共立合同十九紙，各户收
一紙，存匣一紙為照。

中見 奇峰約 鄭士開等（押） 鄭岐山等（押）
清溪約 鄭若川等（押） 鄭次三等（押）

大清嘉慶元年八月[illegible]日 立齊心嚴禁文約十八排

乙畬二甲汪世昌 建奇等（押） 士炯等
三甲倪永旺 光旭等（押） 光蕃等（押） 光禹等（押） 昭琇等（押）
四甲倪愈豐 昭鐸等 押 人連等（押）
五甲倪復旺 光邦等（押） 昭柄等（押） 國廷等（押）
六甲倪永盛 昭貴等（押） 昭岱等（押）
七甲倪必顯 起鵬等（押）
八甲倪世興 光椿等（押） 昭貴等（押）
九甲倪祿植 [illegible]

十甲汪世盛　熿等
二畫一甲倪永興　国華等
二甲胡日昇　啟勲等　炳等
三甲倪進祿　昭霦等　昭治等
四甲汪世興　光貴等　步雲等　光熊等　承澤等　昭續等
六甲倪祚慶　光元等　世冠等　光伉等　昭信等　昭蘇等　昭霞等
七甲吳宾豐　必朋等　祁彥等　升進等　鳳鳴等　雲山等
八甲胄大成　起琥等
九甲汪世隆　鳳齡等　士昀等
十甲倪起德　光章等　一飛等　昭演等　昭珍等　前植等
昭潔等

（二）

清嘉慶元年八月〔祁門縣〕某都十八排年人等立齊心嚴禁鋤種苞蘆文約

四

清道光二十一年四月（祁門縣）合曈衆姓經手凌得儁等立公議嚴禁聚賭犯者罰戲嚴切禁約抄稿

立嚴切禁約合曈地方衆姓經手人等公議演戲禁止賭博嚴申大禁以保地方以懲聚賭事
竊見窩賭之家風俗敗壞無不破産傾家乃官府示禁重犯地方亦因賭之大害甚於水火
子弟不聽教訓於是合曈公議齊集人心該地方設立禁條原非私舉上至乂口橋下至乾田
坳所有禁内概行嚴禁家外人等毋得違禁聚賭倘有狗情以容隱或貪利以偏拘豈強者倚
勢横以弱者緘口畏縮為此置酒衆集齊心寫立禁條以儆後患如有犯者罰戲壹部倘若強
梁不服會同呈官理論經手者毋得畏縮地方不至受害風俗自然淳良謹以寫立禁約一樣
四紙各执壹紙謹以存照

此合同四紙各执壹紙

（一）

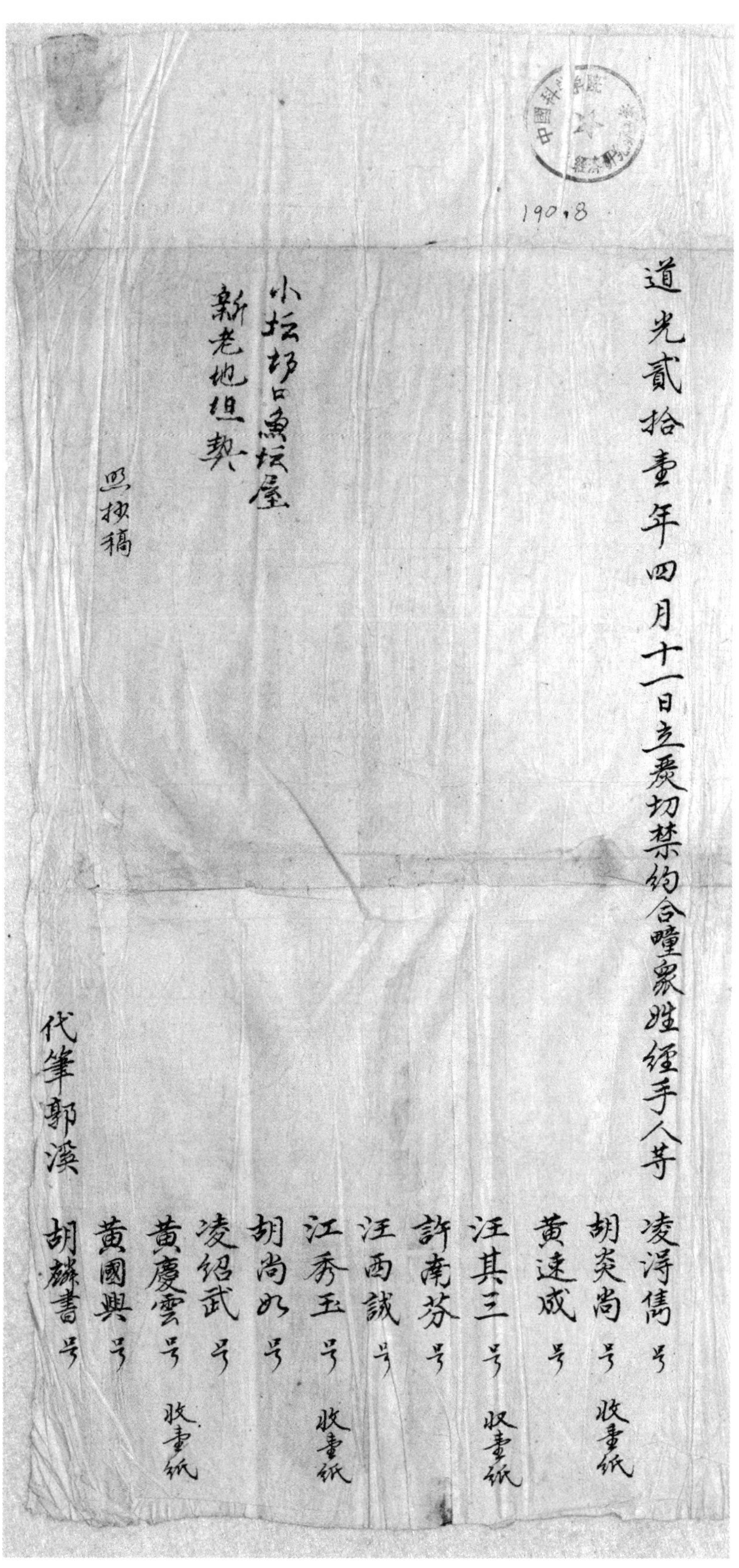

道光貳拾壹年四月十一日立嚴切禁約合曈衆姓經手人等

凌得雋 号
胡炎尚 号 收壹紙
黃達成 号
汪其三 号 收壹紙
許甫芬 号
汪西試 号
江秀玉 号 收壹紙
胡尚如 号
凌紹武 号
黃慶雲 号 收壹紙
黃國興 号
胡麟書 号

代筆郭溪

照抄稿

小坵坊口魚坵屋
新老地坦契

（二）

清道光二十一年四月（祁門縣）合曈衆姓經手凌得雋等立公議嚴禁聚賭犯者罰戲嚴切禁約抄稿

四

清宣統三年三月（休寧縣）二十三都三五兩圖程坤等立蓄養山場不得盜砍柴薪樹木合議墨約

立合議墨约人二十三都三五兩啚衆等缘係蘇田等処西边山塢一帯歷
已荒無又有山中墓塚居多钱糧各完各户山中樹木俱無因与地方
桥道来往客商实係难行今合议约立禁村中等処西边上下一帯山塢上至
下充塢下至金鍾塢及大小山塢山頂山降山塝尽行立禁蓄養所有日後所分
柴薪作為常年蓄養经費樹木作為桥道之需此為地方公益起見
山業亦可免稅此山未禁之先並無樹木柴薪今合议约禁之後不得入盗
砍柴薪樹木倘有入山盗砍柴薪樹木者公衆议罰如違者鳴公理論立此合
議约禁之後各宜全心禁養柴薪樹木成林不得自相殘害今欲有凴立此合
議墨约各执壹張存照

（一）

宣統三年三月日立合議墨約人

程坤十 趙昰十 朱進福隱
王登雲十 朱好福十 程柏松（押）
汪樹芝十 朱德福十 王業竹十
王承鑣（押） 朱　福十 吳賜鑾（押）
程丁邦十 朱順福來 方来富十
程七旬十 朱現福十 程杏荘十

廿張
第八張

（二）

清宣統三年三月（休寧縣）二十三都三五兩圖程坤等立蓄養山場不得盜砍柴薪樹木合議墨約

四

民國十年七月某某縣三都十五莊余永鰲等立維持風俗禁止不法之事合議

民國廿五年三月（休寧縣）巧坑同興會曹三貴等立議加禁森林照股砍伐合同

立訂議合同剷切加禁森蓑巧坑曹下村同興會人等緣因當養森蓑早經分別禁止立過有約
禁近年來有不良份子故意破壞以致森蓑影響是非淺鮮茲吾村同興會對於禁山是有常章以按年
鳴鑼封山凡未開山以先不論會內會外人等一律不得私自砍伐并且對於森蓑昔議以股份而論加入會者得繳
納入會洋弍元進有出去開山之時須照股數到山砍伐並不得以少股而多砍伐凡對在會內者各家人力有多寡而
言仍有子徒從中取巧者會內決不徇情非罰不可禁山之界限以內在開山之日始以照股應得不准私自砍伐桠子如其不遵禁
例得由會內處罰山上之桠子在未封禁期间之內並不准私行主動更不得陽奉陰違期外任伐倘使不良之輩窃盗森
木及故意蹤害者倍重處罰凡在會內者公然團結一体并毋私心個人分以村界本會禁例罰金分別列後禁山原界裡
至船形為界外至石亭為界陰塆横路為界陽塆大降為界若被外村侵佔須当一体對付故援同人會議於
訂議合同三紙各執一紙恐口不憑立此合同存照為據

公議禁例于後

（一）

四

民國廿五年三月（休寧縣）巧坑同興會曹三貴等立議加禁森林照股砍伐合同

一条例　縱火燒山依照森林章程究法办
二条例　盗砍森林及故意破壞者罚洋伍元拿獲窃犯物证赏洋贰元
三条例　黑夜偷窃者罚洋伍元拿獲窃犯物证赏洋贰元
四条例　砍伐椏子罚洋贰元

民國念伍年三月　日立订议合同加禁字人　余新華十　好貴（押）弟代

曹三□子程良福十

汪得財十　汪觀煬（押）　百春（押）

曹秉貴十　曹儲貴十　李招偶十　汪瑞林十　龔老甲（押）　程和奥（押）

曹大貴十　曹金良十　陳和春十　符謙善十　程榮順（押）　陳順啟（押）

曹桂貴十　馮錫氏十　程天慶　金茂志十　程棠茂十　王閏生（押）十

曹本和（押）　吴來順十　汪覌九（押）　程玉坤十　程金桂　程秋貴（押）

程呢祜十　程德春十　程德坤（押）　刘助奥十　程佃奥十　程大奥（押）　汪永年十　程永貴（押）　程壽貴（押）　储海林十　程桂成（押）

（二）

卷十一　官府公文告示

一、明成化至清康熙年間祁門縣工匠輪班勘合、對換合同、保甲門牌

四

明成化六年某月至弘治十五年正月工部給付祁門縣竹匠方省宗等輪班勘合依樣抄寫式

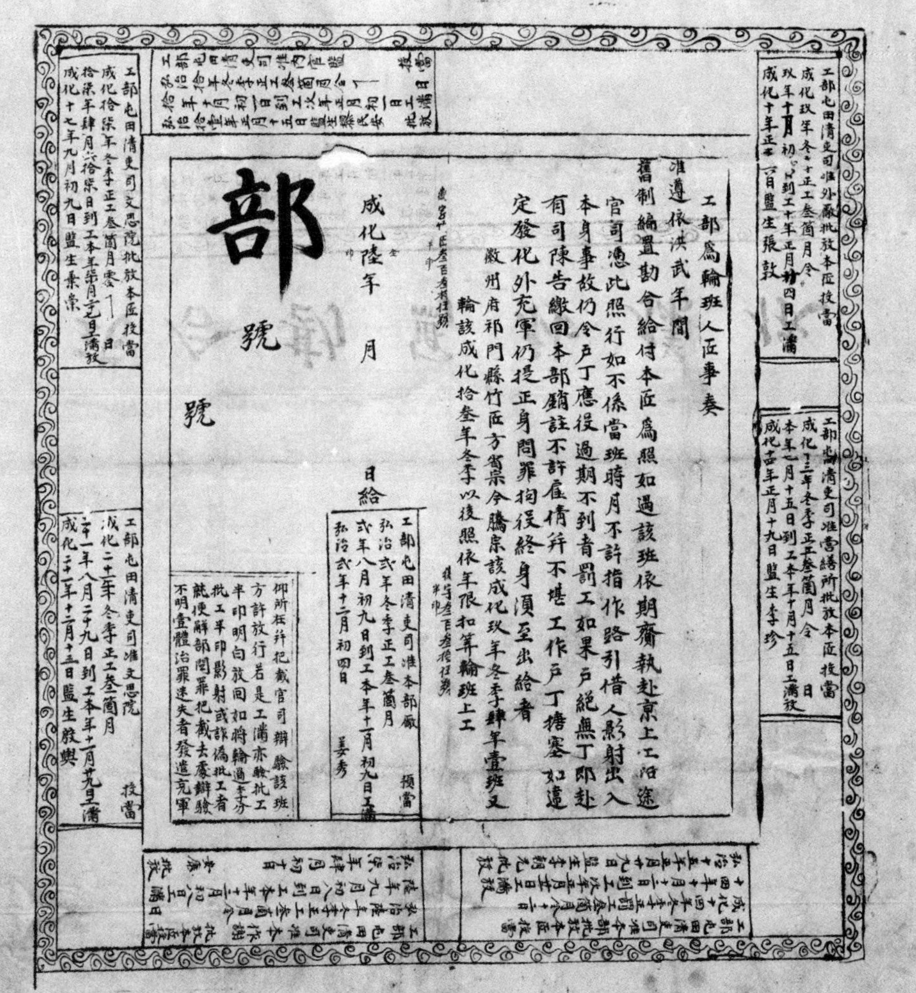

依樣抄寫勘合式

工部爲輪班人匠事奏
准遵依洪武年間
舊制編置勘合給付本匠爲照如遇該班依期齎執赴京上工沿途
官司憑此照行如不係當班時月不許指作路引借人影射出入
本身事故仍令户丁應役過期不到者罰工如果户絶無丁即赴
有司陳告繳回本部銷註不許雇倩并不堪工作户丁搪塞如違
定發化外充軍仍提正身問罪拘役終身須至出給者
徽州府祁門縣竹匠方省宗今騰宗該成化玖年冬季肆年壹班又
輪該成化拾叁年冬季以後照依年限扣筭輪班上工

成化陸年　月　日給

部　號　號

工部屯田清吏司准外厰批放本匠投當
成化玖年冬季正工叁箇月令
玖年十月初□日到工十年正月初四日工滿
成化十年正月　日監生張欽

工部屯田清吏司准營繕所批放本匠投當
成化二十年冬季正工叁箇月令
本年七月十五日到工本年十月十五日工滿放
成化二十一年正月十九日監生李珍

工部屯田清吏司文思院批放本匠投當
成化拾柒年冬季正工叁箇月零一日

工部屯田清吏司准文思院　投當
成化二十年冬季正工叁箇月
二十一年八月二十九日到工本年十一月廿九日工滿
成化二十二年十二月十三日監生殷興

工部屯田清吏司准本部廠　投當
弘治貳年冬季正工叁箇月
貳年八月初九日到工本年十一月初九日工滿
弘治貳年十二月初四日　姜秀

抑所在并把截官司辨驗該班
方許放行若是工滿亦驗批工
半印明白放回
批工半印影射或詐偽批工者
就便解部問罪把截去處辨驗
不明查體治罪遣失者發遣充軍

（全圖）

依樣抄寫

工部屯田清吏司准外廠批放本匠投當
成化玖年冬季正工叁箇月令
玖年十月初四日到工十年正月初四日工滿
成化十年正月 日監生張敦

工部爲輪班人匠事奏
准遵依洪武年間
舊制編置勘合給付本匠爲照
官司憑此照行如不係當班
本身事故仍令戶丁應役過
有司陳告繳回本部銷註不許
定發化外充軍仍提正身問罪
徽州府祁門縣竹匠方省
輪該成化拾叁年冬季

徽字 匠叁百叁拾 號

（一）上

……屯田清吏司准營繕所批放本匠投當
……化十三年冬季正工叁箇月令　日
……年七月十五日到工本年十月十五日工滿放
……化十四年正月十九日監生李珍

……照如遇該班依期齎執赴京上工沿途
……班時月不許指作路引借人影射出入
過期不到者罰工如果戶絕無丁即赴
不許雇倩并不堪工作戶丁搪塞如違
問罪拘役終身須至出給者
……方省宗今騰宗該成化玖年冬季肆年壹班又
……十冬季以後照依年限扣筭輪班上工

雜字叁百叁拾伍號
半印

工部屯田清吏司准本部批放本匠投當
成化十四年冬季正罰工叁箇月令十二日
十四年十月十二日到工次年正月十二日工滿放
弘治十五年正月廿九日監生李朝元批放

（一）下

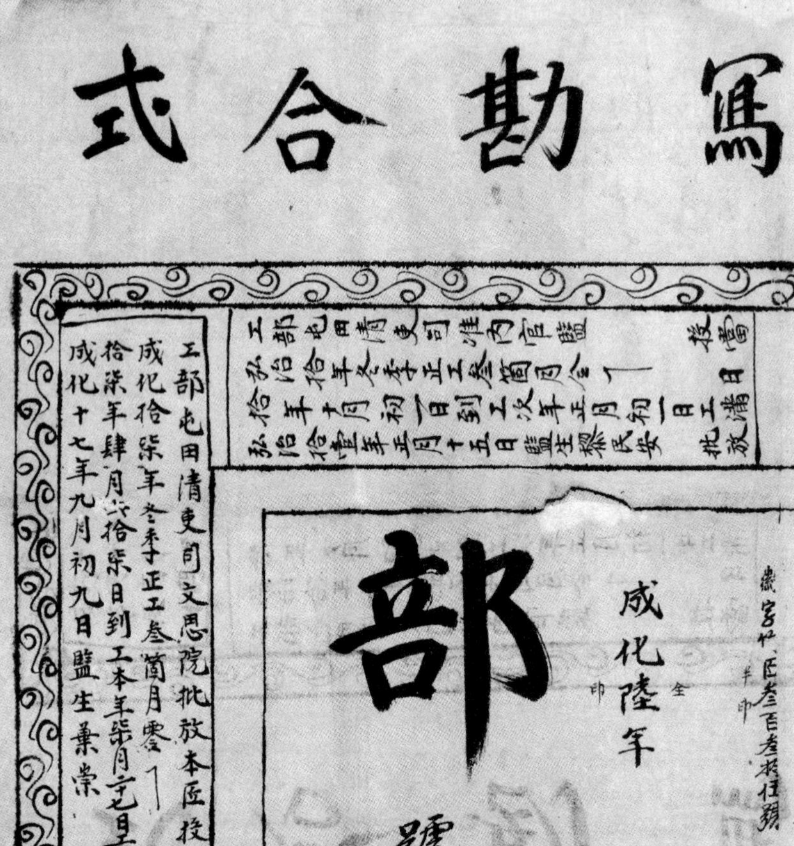

（二）上

徐字叁百叁拾任號 半印

日給

工部屯田清吏司准本部廠　　預當
弘治弍年冬季正工叁箇月
弍年八月初九日到工本年十一月初九日工滿
弘治弍年十二月初四日　姜秀

仰所在并把截官司辯驗該班
方許放行若是工滿亦驗批工
半印明白放回如將輪過季分
批工半印影射或詐偽批工者
就便辯部問罪把截去處辯驗
不明壹體治罪迷失者發遣充軍

工部屯田清吏司准文思院　　投當
成化二十年冬季正工叁箇月
廿一年八月二十九日到工本年十一月廿九日工滿
成化二十一年十二月十三日監生殷輿

工部屯田清吏司准本廠作頭謝　批放本匠投當
弘治陸年冬季正工叁箇月
陸年九月初八日到工本年十二月初八日工滿
弘治陸年肆月初十日　安康　批放

（二）下

四

明弘治十八年二月（祁門縣）徐中餘等立對换山場毋許越界侵佔合同圖文

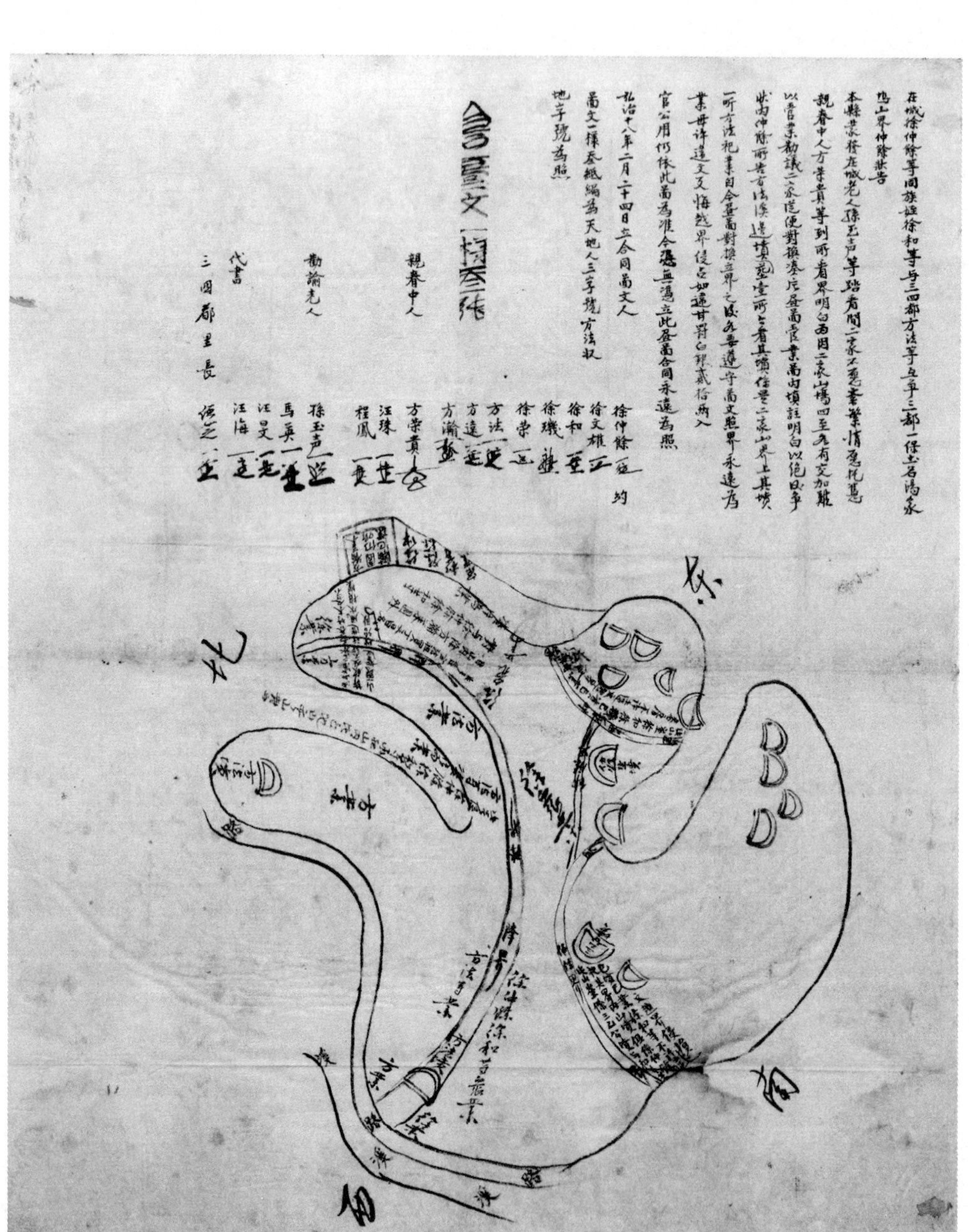

在城徐仲餘等同族姪徐和等与三四都方法等五年三都一保土名鴻家
塢山界仲餘掛告
本縣蒙發在城老人孫玉声等踏看間二家不愿事業情愿托憑
親眷中人方崇貴等到所看界明白西因二家山場四至先有交加難
以管業勸議二家從便對換秦庄叠畫官業畫内填註明白以絶日爭
其中仲餘所告吉法溪邊墳墓壹所上看其墳係是二家山界上其墳
一所方法祀業因今畫對換立界之後各要遵守畫文照界永遠為
業毋許違文反悔越界侵占如違甘罰白銀貳拾兩入
官公用仍依此畫為准今恐無憑立此畫合同永遠為照
弘治十八年二月二十四日立合同畫文人
畫文一樣叁紙編為天地人三字號方法收
地字號為照

合同文一樣叁紙

徐仲餘（押） 約
徐文雄（押）
徐和（押）
徐璣（押）
徐崇（押）
方法（押）
方遠（押）
方瀚（押）
親眷中人 方崇貴（押）
汪珠（押）
程鳳（押）
勸諭老人 孫玉声（押）
馬英（押）
汪旻（押）
汪海（押）
代書
三四都里長 [illegible]之（押）

（全圖）

明弘治十八年二月（祁門縣）徐仲餘等立對換山場毋許越界侵佔合同圖文

在城徐仲餘等同族姪徐和等与三四都方法等互爭三都一保土名湯家
塢山界仲餘狀告
本縣蒙發在城老人孫[illegible]等踏看間二家不思累繁情愿托憑
親眷中人方[illegible]貴等到所看界明白為因二家山塢四至各有交加難
以管業勸議二家從便對換湊片各圖管業圖內填註明白以絕爭
狀內仲餘所告方法溪邊墳地壹所亦看其墳係是二家山界上其墳
一所方法祀業自今各圖對換立界之後各要遵守圖文照界永遠為
業毋許違文反悔越界侵占如違甘罰白銀貳拾兩入
官公用仍依此圖為准今恐無憑立此各圖合同永遠為照
弘治十八年二月二十四日立合同圖文人 徐仲餘（押）約
徐文雄（押）
徐和（押）
徐璣（押）
徐榮（押）
方法（押）
方遠（押）
圖文一樣叁紙編為天地人三字號方法收
地字號為照

合同文一樣叁紙

（一）上

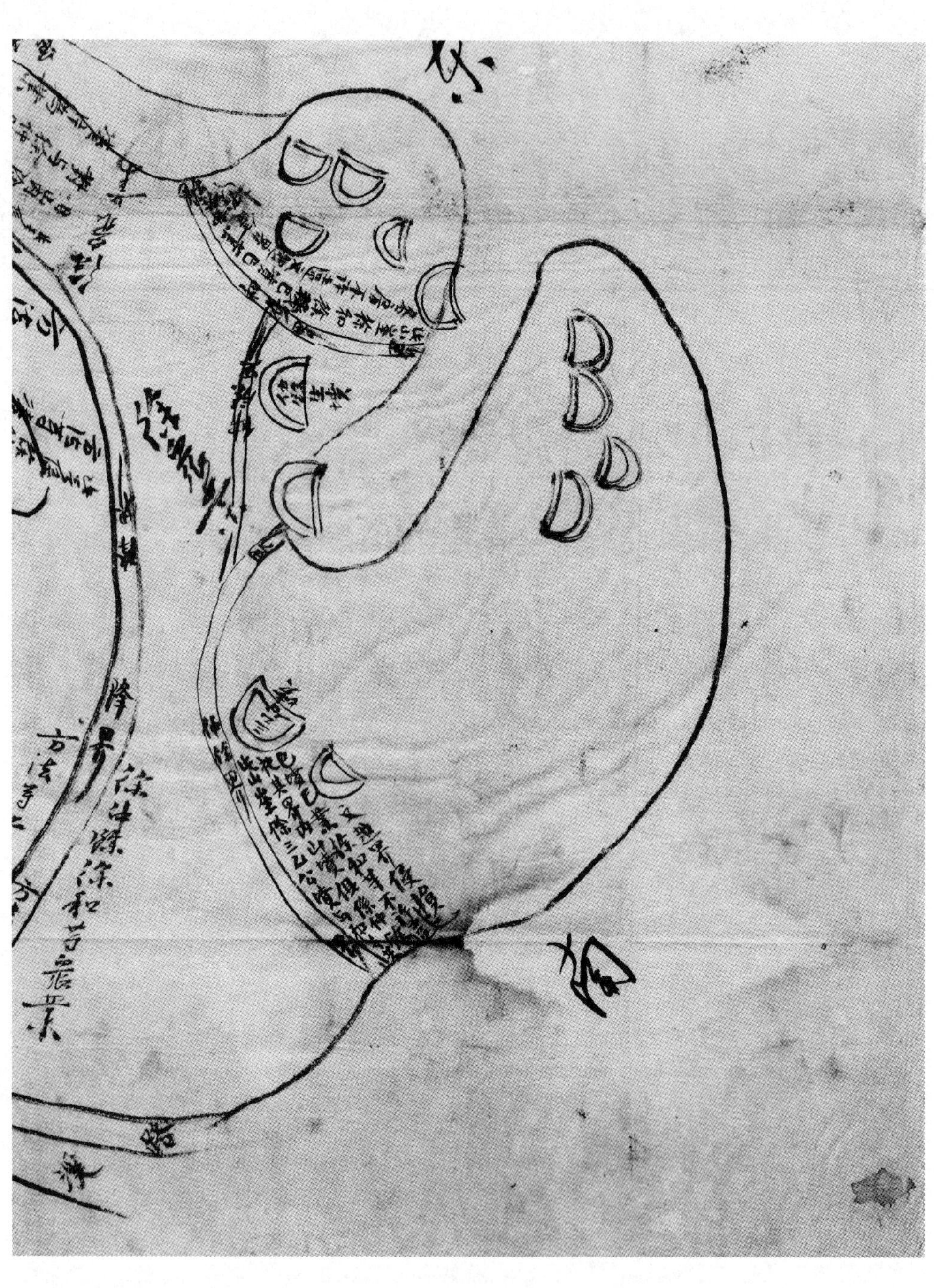

（一）下

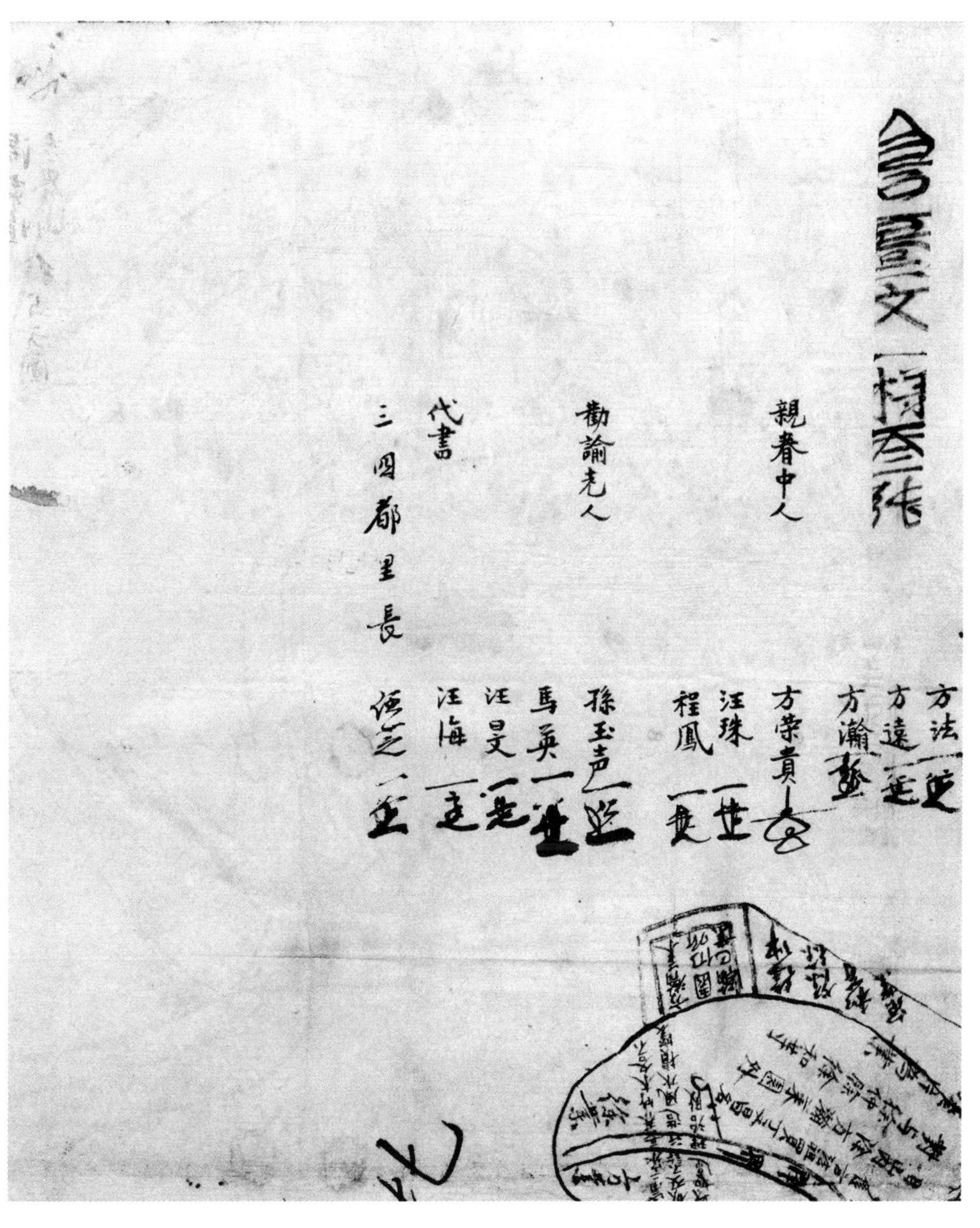

（二）上

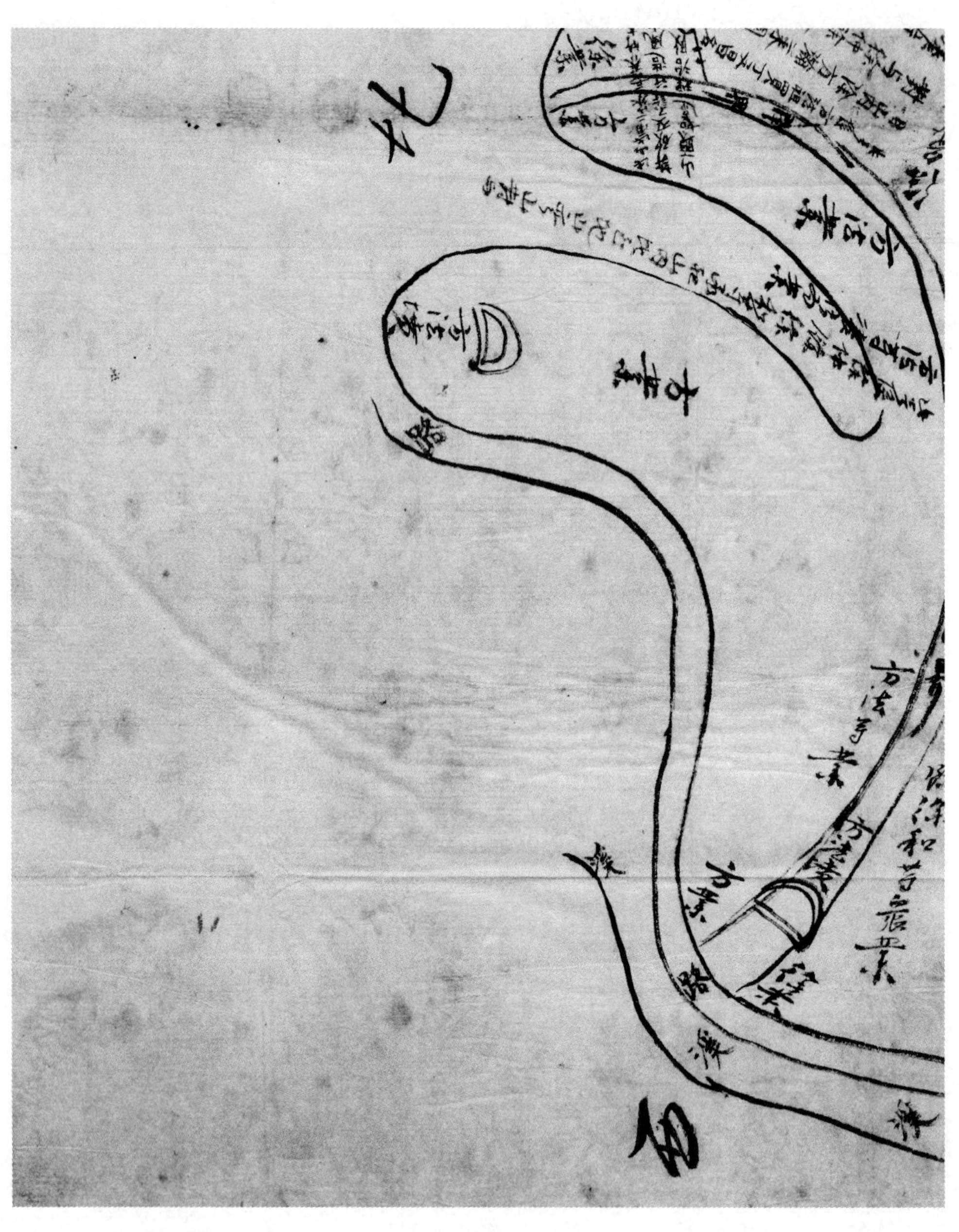

（二）下

清康熙二十七年某月祁門縣給二保保長李秋九保甲十家門牌

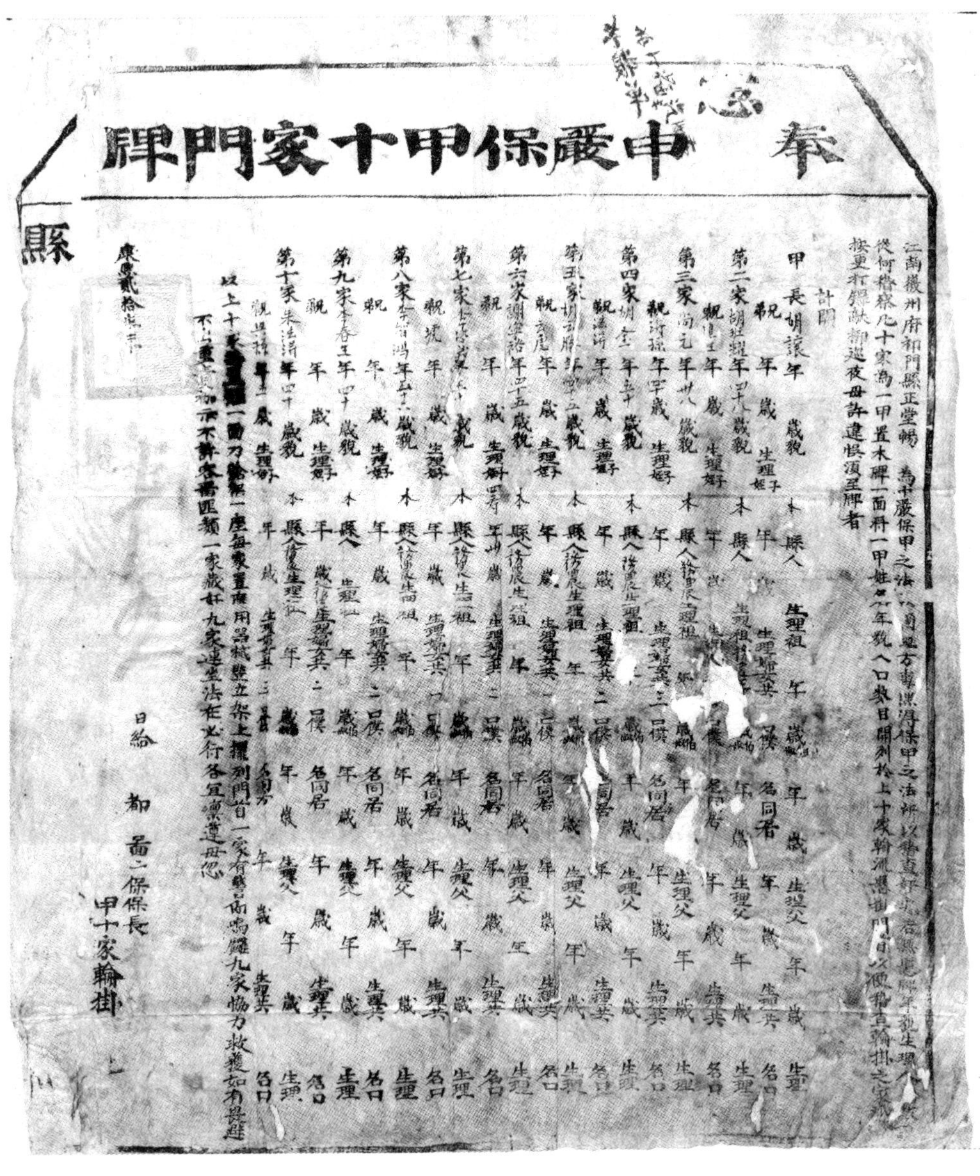

奉 申嚴保甲十家門牌

縣

江南徽州府祁門縣正堂暢　為申嚴保甲之法[illegible]

從何稽察凡十家為一甲置木牌一面冊一甲姓名年數人口數目開列於上十家輪流[illegible]

按更打鑼敲梆巡夜毋許違悞須至牌者

計開

甲長胡讓　年　歲　本縣人

第二家　胡[illegible]　年四十八歲

第三家　尚[illegible]　年廿八歲

第四家　胡[illegible]　年五十歲

第五家　胡[illegible]　年[illegible]歲

第六家　謝[illegible]　年四十五歲

第七家　[illegible]

第八家　李[illegible]　年五十[illegible]歲

第九家　李春[illegible]　年四十歲

第十家　朱法[illegible]　年四十歲

以上十家[illegible]一面刀鎗[illegible]一座每家置備用器械豎立架上擺列門首一家有警鳴鑼九家協力救護如有畏避

不[illegible]不許容留匪類一家藏奸九家連坐法在必行各宜凜遵毋忽

康熙貳拾柒年　月　日給　都　啚二保保長

甲十家輪掛

（全圖）

四

清康熙二十七年某月祁門縣給二保保長李秋九保甲十家門牌

奉　申嚴保甲

江南徽州府祁門縣正堂暢　為申嚴保甲之法[illegible]
從何稽察凡十家為一甲置木牌一面將一甲姓名年[illegible]
挨更打鑼敲梆巡夜毋許違悞須至牌者

計開

甲長胡讓年　歲貌　本　縣人　生理
兄弟　年　歲　生理子姪　年　歲
第二家胡班耀年四十八歲貌　本　縣人　生理
兄弟[illegible]年　歲　生理子姪　年　歲
第三家尚元年廿八歲貌　本　縣人務農生理
兄弟許孫年四十歲　生理子姪　年　歲
第四家胡奎年五十歲貌　本　縣人務農生理
兄弟法許年　歲　生理子姪　年　歲
第五家胡云勝年四十五歲貌　本　縣人務農生理
兄弟云虎年　歲　生理子姪　年　歲
第六家謝宗裕年四十五歲貌　本　縣人務農生理
兄弟　年　歲　生理子姪四壽年卅歲
第七家[illegible]年五十歲貌　本　縣人務農生理

（一）上

四

清康熙二十七年某月祁門縣給二保保長李秋九保甲十家門牌

[illegible]因地方事照得保甲之法所以稽查奸宄若無逐牌年貌生理人數

名年貌人口數目開列於上十家輪流懸掛門首以便稽查輪掛之家示

生理祖　年　歲　年　歲　生理父　年　歲　生理

生理婦女共　口僕　名同居　年　歲　生理共　名口

生理祖[illegible]　歲　年　歲　生理父　年　歲　生理

[illegible]　口僕　名同居　年　歲　生理共　名口

[illegible]生理祖　年　歲　年　歲　生理父　年　歲　生理

生理婦女共三口僕　名同居　年　歲　生理共　名口

[illegible]生理祖　年　歲　年　歲　生理父　年　歲　生理

生理婦女共二口僕　名同居　年　歲　生理共　名口

生理祖　年　歲　年　歲　生理父　年　歲　生理

生理婦女共　口僕　名同居　年　歲　生理共　名口

生理祖　年　歲　年　歲　生理父　年　歲　生理

生理婦女共二口僕　名同居　年　歲　生理共　名口

[illegible]祖　年　歲　年　歲　生理父　年　歲　生理

（一）下

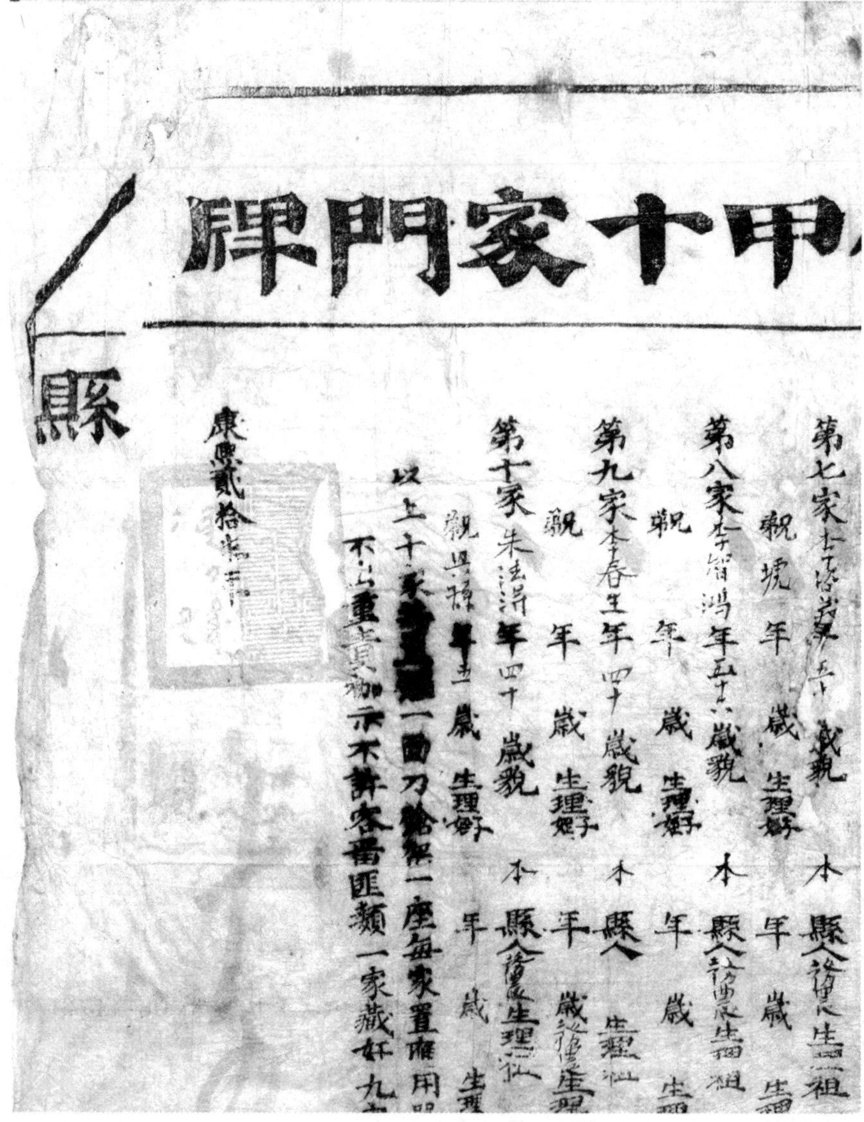

（二）上

四

□祖　年　歲　年　歲　生理父　年　歲　生理
生理婦　共一口僕　名同居　年　歲　生理共　名口
□祖　年　歲　年　歲　生理父　年　歲　生理
生理婦　共二口僕　名同居　年　歲　生理共　名口
□祖　年　歲　年　歲　生理父　年　歲　生理
生理婦　共二口僕　名同居　年　歲　生理共　名口
□叔　年　歲　年　歲　生理父　年　歲　生理
生理婦　共二口僕　名同居　年　歲　生理共　名口
□用器械豎立架上擺列門首一家有警鳴鑼九家協力救護如有畏避
□九家連坐法在必行各宜凜遵毋忽
日給　都　啚二保保長
甲十家輪掛

（二）下

清康熙二十七年某月祁門縣給二保保長李秋九保甲十家門牌

二、清嘉慶至光緒年間徽州府及休寧縣等官府告示

〔一〕清嘉慶至咸豐年間休寧縣等官府給十三都一圖告示

清嘉慶十五年十二月休寧縣給十三都一圖四甲汪興九門等户務宜遵照成規完納錢糧印照

特授休寧縣正堂加十級紀録十次李

為合族急公一郊全完額請立案給照遵守事。批十三都一啚四甲候補七品京官汪本申、原任直隷靜海縣知縣汪大枚、布政司理問職銜汪朝梓、副榜汪廷琳、附貢生汪本樂、監生汪兆鎮、汪鴻謨、汪懋績、汪朝梧、汪大楝、汪大椂、汪肇櫟、汪文燿、生員汪浩然、汪大治、汪騏、汪定邦、汪德馨、汪普、汪熙智、汪朗然、汪之珏、從九職銜汪九思、耆民汪尭揩、汪大鏐、汪世錦、汪兆銘、汪松敘、汪耀濤、汪裕麟、汪大澌、汪永紱等抱呈家屬汪陞 職等十三都一啚四甲祖户汪興支分九門，續立各户應完糧銀兵米，向係輪值祠會者總催，族繁人衆，不無拖欠。職貴德門糧銀兵米自乾隆五十四年議立規條，一郊全完，請給執照遵守在案。經今二十二年，奉行無悞，并立急公會，垂諸永久，合族稱善。今俱踴躍，均照職門急公成例，按年開徵，一郊全完，合族九門祖户汪興支下一甲全納。誠恐族繁人衆，日後或有頑户劣丁紊亂章程，踰期抗欠，為此額請俯准立案給照遵守。設有紊亂抗欠者，准即指名呈案懲治比追，庶免悞公，合族感戴。其嘉慶十五年以前糧銀兵米盡行洗甲完楚，合併聲明上呈等情。到縣。批呈前情[illegible]鈔完急公奉[illegible]上深足嘉尚，除准立案外，合給印照。為此照給汪興支下九門等户收執。嗣後該族各户錢糧務宜遵照成規，按年開徵，即行全完，循守勿替。設有頑户劣丁紊亂章程，任意抗欠者，一經指名呈案，定即摘提比追。須至給照者。

右給十三都一啚四甲汪興九門等户准此

嘉慶拾伍年拾貳月十八日給

縣 行

四

清嘉慶二十四年二月休寧縣爲十三都一圖四甲汪氏永禁魃賣祀産盜伐墳蔭告示

特授休寧縣正堂加十級紀録十次記功八次何　爲籲恩示禁祀蔭兩賴永戴仁澤事據十三都一啚四甲
常寺典簿汪本申直隸長垣縣縣丞汪本棣布政司理問職銜汪朝梧汪朝梓附貢生汪本樂生員汪浩然汪大治汪駉汪定
邦汪德馨汪晉汪熙智汪之珏監生汪永亨汪大樑汪書秀汪大杞汪肇機從九品職銜汪春洽汪九思族長汪世錦等抱呈家属汪陞呈称職
等族居十三都一啚上溪口地方始自前明建祠立祀原為本先報本之思植樹護塋更属保墓妥靈之舉子孫世守奕禩遵行故支各祀先
墓蔭封植家必立會産培蒸嘗奈迩年以來風俗澆漓人心詭偽非魃賣祀産即盜伐墳林各種情弊迭起循生切思
皇仁浩蕩圭田准留大禮昭明卯木不伐職世受
國恩沐叨祖蔭遠宦京師聞風悚惕若不防微杜漸恐致滋蔓難圖爰率通族合詞籲請伏乞俯准立案頒示永禁凡属職族如有不肖籍端覬覦
者無論公會已祀許鳴族衆指名呈究俾祀産賴保墳蔭免侵存歿啣環永戴仁澤上禀等情到縣據此除批示外合給示禁爲此示仰該族
支丁人等知悉自示之後如有不肖支丁倘敢魃賣祀産盜伐墳蔭藉端覬覦各種情弊無論公會已祀許該族衆指名赴
縣陳禀以憑嚴拏重究決不寬貸各宜凛遵毋違特示

右仰知悉

嘉慶貳拾肆年貳月廿日示

告示

仰　文

四

安徽徽州營分防上溪口汛總司加三級記名候陞劉　為嚴禁事據十三都一啚地保汪佑汪炳
汪時稟稱身等啚內向有坟山在四啚和村等處㘵冢纍纍近來突有啚內不法匪徒汪和尚汪春林等强在該
山掘挖柴腦侵害坟塋情實堪憫切思乾隆四十四年左都御史原任戶部郎中汪　曾經呈請
縣主示禁准立有案今和尚等敢藐　憲禁肆行掘挖身等理合聲明伏祈曉示禁止澤及枯骸
等情據此除飭巡目查拏外合行出示嚴禁為此示仰居民人等知悉嗣後尔等各守本分勿在
山前盜伐樹木掘挖柴腦由漸而深不但坟塋移動向水抑且淤泥壓于田中死者先人不能瞑目生者
農民不能耕種貽害非淺切查山業田賦均經完納稅課何得混行藐禁强挖除將此次捉獲掘挖柴
腦之汪和尚汪春林等姑念鄉愚從寬發落　本司意切愛民故不憚諄諄告誡倘怙終不悛仍蹈故轍
許令該山主及地保人等拿獲扭赴
本司聽候查問移觧重究決不寬貸各宜凜遵毋違特示　遵

右仰知悉

告示

道光拾叁年二月二十九日示

仰地保寔貼

清道光十三年二月徽州營分防上溪口汛總司嚴禁（休寧縣）十三都一圖墳山盜伐樹木掘挖柴腦侵害墳塋告示

署休寧縣右堂加五級紀録五次沈　爲嚴禁事據十三都一啚上溪口職員吴珍

等禀稱伊等村口建造

關聖神廟恭逢五月慶祝演戲突遭嘸棍何高等因雨停演強要接唱恨拂其慾糾党李奇材項長才俔討飯倡

衆拆臺并將臺上椅棹打毀等情當經飭差協仝捕保將何高李奇材項長才拘到交捕管押并將何高

訊供枷號滿日責放李奇材項長才責懲取結省釋仍着該差協保嚴拘俔討飯到案究治詳請立案外合行示

禁爲此示仰該處人等知悉嗣後尔等務須守法安業毋得遇事生波致罹法網宜各凜遵毋違特示

右仰知悉

道光二十七年六月　日示

告示

仰

四

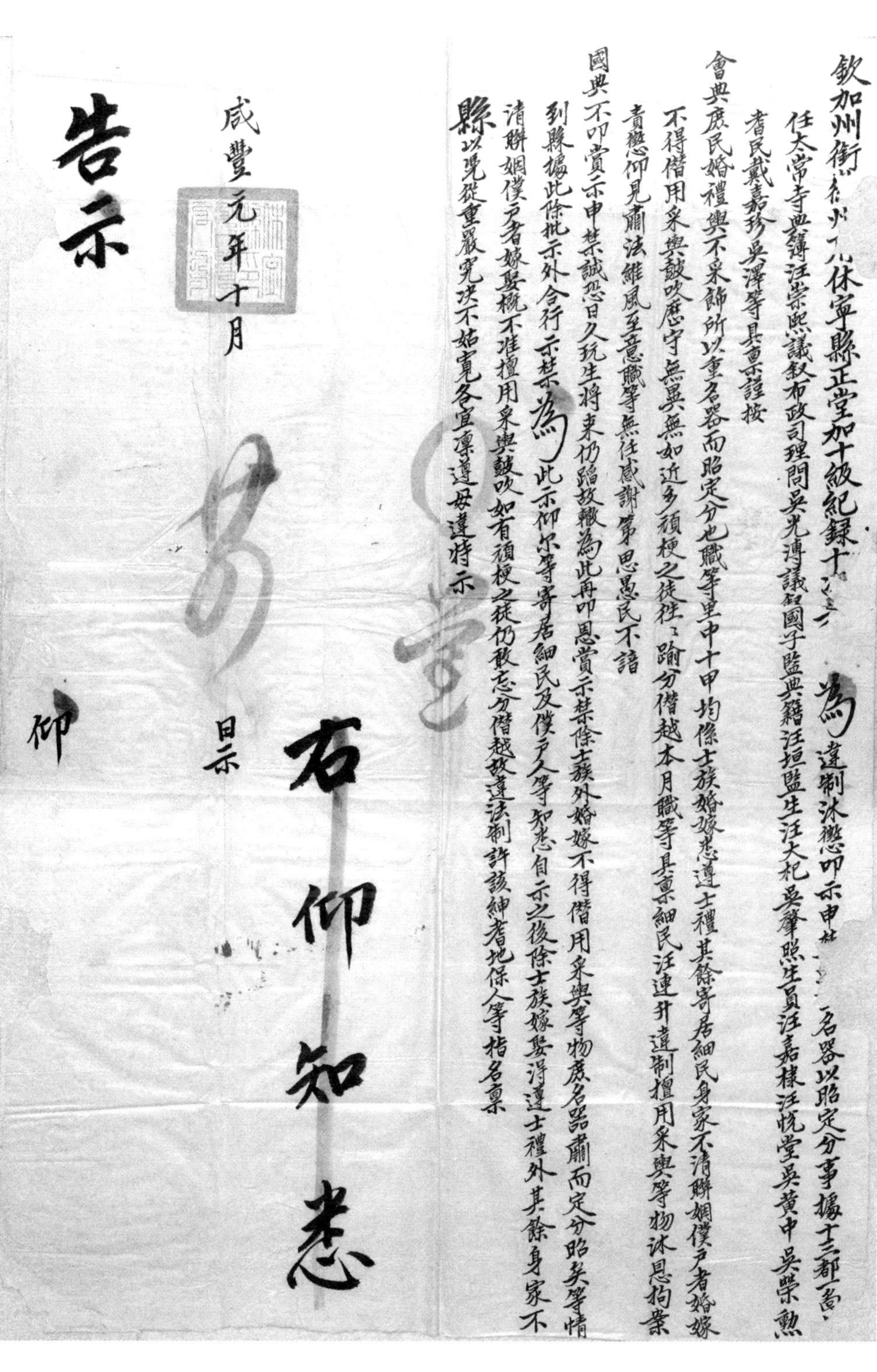

欽加州銜[illegible]休寧縣正堂加十級紀録十[illegible] 為違制沐懇叩示申禁[illegible]名器以昭定分事據十三都一啚
任太常寺典簿汪崇熙議叙布政司理問吴光溥議叙國子監典籍汪垣監生汪大杞吴肇照生員汪嘉棣汪恍堂吴黄中吴崇勳
耆民戴嘉珍吴澤等具禀詣按
會典庶民婚禮輿不采飾所以重名器而昭定分也職等里中十甲均係士族婚嫁悉遵士禮其餘寄居細民身家不清聯姻僕户者婚嫁
不得僭用采輿鼓吹歷守無異無如近多頑梗之徒往往踰分僭越本月職等具禀細民汪連升違制擅用采輿等物沐恩拘案
責懲仰見肅法維風至意職等無任感謝第思愚民不諳
國典不叩賞示申禁誠恐日久玩生將來仍蹈故轍為此再叩恩賞示禁除士族外婚嫁不得僭用采輿等物庶名器肅而定分昭矣等情
到縣據此除批示外合行示禁 為此示仰爾等寄居細民及僕户人等知悉自示之後除士族嫁娶得遵士禮外其餘身家不
清聯姻僕户者嫁娶概不准擅用采輿鼓吹 如有頑梗之徒仍敢忘分僭越故違法制許該紳耆地保人等指名禀
縣以憑從重嚴究决不姑寬各宜凜遵毋違特示

右仰知悉

咸豐元年十月 日示

告示

仰

清咸豐元年十月休寧縣爲申禁寄居細民及僕户人等嫁娶概不准擅用彩輿鼓吹告示

〔二〕清同治年間休寧縣有關茶業貿易及納税告示

欽加六品銜即補府經歷署休寧縣坮廈分司加三級紀録[illegible]帥　為

曉諭事案准

會辦屯溪茶局委員兵部主政汪　准

署休寧縣正堂沈　移開奉

道憲張　札開同治三年十二月初二日據歙縣街口釐卡委員候補縣丞丁濟東稟稱本年十月二十四日據歙縣南鄉茶商姚元美吳恒和凌永興張德馨

吳裕記吳大隆姚永升潘利順等稟稱為茶粗價賤請減釐捐以便貿易事切鄉間產茶春子茶外又有霜採之名乃霜降後老葉及茶桿茶末等貨

霜採價約兩千錢有零動桿末價約一千錢有動向來茶出街口界無論粗細每担捐釐錢九十六文嗣因軍需加捐計銀二兩四錢八分與洋莊細茶本利　今自應

照章完納霜採及桿末等茶價值甚賤若請引出境不但折本亦難脫售故數年來無人販運而境內實無銷場致多存擱此時各處以清蘇杭甯紹

皆通此貨如量價輕重酌減釐捐或照舊章每引九十六文則貿易可通俾商賈不擱血本而產户得救饑寒即釐捐所出亦可稍助軍餉為此叩請

恩鑒酌減捐釐俾得通行實為公私兩便並附茶樣三種各等情據此卑職查尚屬實在情形且茶樣亦與洋莊之茶粗細懸殊惟所稟三項價值過低將

來如可通行斷不止此閱從前旺時其價約可加倍而倍似宜仿照旺時之價酌為辦理然事關茶務卑職未敢擅專理合據情轉稟可否准予所請或

仍令請引之處批示遵行等情並呈茶樣三種到道據此除批據稟已悉查驗封呈茶樣三包一係做茶烘焙揉搓後篩出茶末一係揀茶揀出茶

桿一係揀茶揀出老黃葉每觔價值大約數十文不等皆非可入洋莊不過售銷內地貧民購用之物自不能責令照章請引完納引捐釐致查辦茶

（一）

前章原載有零星毛茶每石抽錢壹伯文以恤小販之條查所謂小販係指小販茶葉不過數十觔未能成引數者而言其毛茶係指未曾過揀而
其茶可做洋庄者而言故與該員此次封呈茶樣三種有別前據婺源縣楊令以茶商用袋裝毛茶出境焙成箱希圖巧漏正欵㩀禀經
爵閣督憲批准毛茶概行請引又據休歙兩縣經禀休歙之茶與婺不同復奉
爵閣督憲批令該二縣毛茶每石仍抽錢壹百文以恤小販迨休甯李令報解毛茶七千餘石洋庄一伯今七引始奉
爵閣督憲以小販何得有此大宗批飭本道衙門嚴查參辦並刊行告示嗣後無論毛茶袋茶箋茶生茶熟茶概照司馬秤一伯二十觔為一
引完納引捐厘三項正銀二兩四錢八分今年辦理茶務行銷內地江口之茶仍照向章道發捐照府給引照每引照共完銀九錢三分此外悉遵定章律
辦理該員所呈三種之茶蓋以本輕價賤並未議及然查核來禀係據茶商姚元美等公禀轉禀前來此三種茶觔又與未揀毛茶不同
既不能責令完納引捐厘欵自應分別辦理但事出茶商亦須防微杜漸准如禀仿照小販條則每石收厘錢壹伯文必須分別查驗填給厘票
放行不准夾帶未揀可做洋庄毛茶在內違則照罰仰即遵照並候通飭辦茶各縣委一體知照仿辦印發並報明
兩江爵閣督憲查考外合亟札飭札到該員縣即便遵照一體仿照辦理隨時具報毋違切切等因奉此合亟曉諭為此示仰各茶行

（二）

四

清同治三年十二月休寧縣𡊮廈分司曉諭各茶行船行茶商販運茶末茶杆霜采等茶過境徵收釐錢勿得夾帶影射告示

船行以及各茶商知悉，自示之後，如有販運茶末茶稈以及霜採等茶過境，必須隨時稟報，以便會同
茶局委員釐查。倘有夾帶末採，可做洋莊毛茶在內，定即照例討詳究該行戶。如敢扶同影射，定拘從重詳辦不貸。各宜凜遵毋違。特示。

右仰知悉

同治叁年拾貳月　日

告示

發王廣豐茶行寔貼

（三）

特授徽州府休寧縣正堂加十級紀録十次沈　爲懇恩示禁事。據王都一啚茶牙王中孚稟稱：緣奉
各大憲示諭，各地方有帖者捐換，無帖者捐充，以代茶商採辦，無論洋莊内地，多寡茶數，概行投行，由行代客報數請引，引後妥註該行字樣，倘有影射偷
漏，責承在行；如私相收售，或越境販賣，並不由行報數請引者，查出重究等因，存案，均沐恩示，剔私肥私充之弊。牙遵例於上年四月赴局捐請
南源王中孚户則茶帖，在榆村地方帶商附近採辦，均照憲章無違。詎南源榆村一帶私秤把持，不可勝數，牙以前例原委向陳，該處或稱由來已
久，或以屯溪茶行牌記搪塞，與實如故，仍私秤把持，事干例禁。毋庸牙瀆，再查南源榆村地方，東北連歙南，隣浙遂[?]，此爲數處岐路，若非請札
嚴查，實難除奸剔弊。近奉憲諭，委催本年貢茶，務期齊集應解毋違等因，且貢茶一節，尅期較[?]，而先行提辦，[illegible]若不先禁偷漏私秤，
難免商行翹辦，同翹先期，不惟貢難提及，而越境販賣日生，爲此稟明，粘叩憲恩，先行賞示嚴禁各弊，並請諭查，庶免刁生，益裕
貢餉等情到縣。據此，除批示外，合行示禁。爲此示仰該處販茶園户及各茶商知悉：嗣後該處附近地方買賣茶葉，無論多寡，務須憑同官牙採買，由行代客
報數請引，以杜偷漏。如有私牙盤踞，私秤把持，攔阻囤販，包攬偷漏，許該牙即指名稟
縣，以憑拏案訊明究辦。該地保得賄隱庇，察出併重究不貸。各宜凜遵毋違。特示。

右仰知悉

同治四年四月　日

縣

告示

清同治四年四月休寧縣爲南源榆村販茶園户茶商茶葉務須憑同官牙採買由行代客報數請引以杜偷漏告示

特授江南徽州府休寧縣正堂加十級紀錄十次沈　為公私兩害等事案據茶牙具
禀南北兩源及西鄉等處出産松蘿茶觔近有私牙盤踞各處居攔阻圖取執秤把持等情歷經各前縣飭
令在案現屆新茶登市訪有無帖私牙及籍帖移埠執秤把持包攬偷漏殊屬不法現奉
道憲示禁私牙嚴禁偷漏合行照案示禁　為此示仰該處茶販商户人等知悉爾等買賣茶觔
務憑官牙公平交易不准私牙把持包攬壟斷病商如敢抗違即行指名赴
縣以憑提訊究辦毋得故違致干咎戾切切特示

右仰知悉

同治四年四月　廿　日示

告示

柳

清同治四年四月休寧縣爲南北源及西鄉地方茶販商户買賣茶觔務憑官牙公平交易不准私牙把持包攬告示

四

清同治五年二月休寧縣示諭值年茶牙及茶行商販收賣新茶務俟貢茶辦足再行收買告示

欽加同知銜署江南徽州府休寧縣正堂加十級紀錄十次吳 為

示諭遵照事案奉

撫部院喬 札飭備辦同治五年分端陽年貢例

進品物珠蘭雨前各茶製備申解恭

進等因到縣奉經飭令值年茶牙依時採辦董心督惟查雨前春茶歷于穀雨前採辦如不敷用即于各商販購買就茶內篩心湊備正貢計觔給

價俾免遲悞歷經各前縣示諭遵辦在案茲值採辦貢茶之候合行照案示諭為此示仰該值年茶牙及各茶行商販知悉爾等收買新茶務俟

貢茶辦足再行收買設有不敷亦即遵照舊章通融俾各該商販等收買內即令內篩心按觔給價以副報解毋得留難滯商短價累民干咎切切特示

右仰知悉

同治五年二月廿三日示

告示

仰王廣豐茶行實貼

四

〔三〕清光緒年間徽州府有關〔歙縣〕鮑南堨灌溉及維修經費告示

清光緒十三年四月徽州府經廳曉諭〔歙縣〕鮑南堨堨首等各照舊章限時挨水輪流起閉毋許徇私灌溉告示

欽加五品銜特授江南徽州府經廳兼理刑司事加五級紀録五次徐 為曉諭事照得鮑南堨地方每年自立
夏日為始關閘灌田先南後北自下而上該堨甲等各照舊議章程巡視上下限時挨水輪流起閉毋許徇私灌溉以致不均茲屆栽揷禾秧之時恐有無知之徒恃强盗
水或堨口𦘕夫强撑殘損閘座致有缺水等弊各條列後合行曉諭為此示仰各管堨首及堨口沿渠地保並堨甲業佃人等知悉如有前項不法之徒恃强滋事立即指渠赴
廳以憑嚴拿究懲斷不寬貸該保等倘有徇庇情弊一經察出立提重究不貸各宜凛遵毋違特示

一立夏至處暑日九遇雨水愆期必須攔堵𦘕缺加沙堆垻不得通𦘕致有缺水之患
一堨甲遵照限定時刻交代放水挨坵開缺不得搀越徇私亦不許恃强爭先
一堨口至堨尾閘座原為關水而設如有無知之徒魆行盗水車灌該堨首立即禀究
一堨口至蝦皃形上下石壩向遭無知之徒勾鉤鱔魚以致侵損灰縫石料嗣後概禁不許勾鉤鱔魚違者立拿究懲
一堨首按照原議章程具認之人輪流司年管理不得私充强霸如違究办

右仰知悉

光緒拾叁年肆月初九日示

告示

仰

四

清光緒十四年六月徽州府曉諭（歙縣）鮑南堨業主佃户按畝派捐歸還修堨墊款應交水利之穀照常交納告示

即選道特授江南徽州府正堂加十級紀錄十次春 為

右仰知悉

光緒拾肆年陸月 日給

告示

仰 是貼

（全圖）

清光緒十四年六月徽州府曉諭（歙縣）鮑南堨業主佃户按畝派捐歸還修堨墊款應交水利之穀照常交納告示

即選道特授江南徽州府正堂

出示曉諭事據鮑南堨董事廩貢生吴正義生員黄德[illegible]職員程鵬高監生方允堤洪皎亭民人葉立衡鮑承培吴克仁抱呈程陞禀爲奉修

架搭水漏將水飛渡急救田禾猶幸秋成有獲此僅急濟一時終須重加修砌若以費絀廢棄而於民生國計干係匪輕生等何敢畏累昔

修砌完竣共計實用錢四百廿千文之譜蒙恩委勘諭議歸墊章程禀[illegible]恩此堨木堤石塝以及疏濬大堨每歲工用浩大現墾熟田

公於業主處扣租照此歲收歸墊仍屬不敷自同治二年奉辦至今致歲修積欠已成鉅款等墊莫償現在塝工墊用之款生等家道素寒

府憲馬檄委經廉督率堨首均係向業户按畝捐費惟現在業户每年已出歸墊谷斗若再專向業户劝捐誠恐力有不給再四思維

多而鉅款可集不致墊用無着其每年應交水利之谷仍照常交納不得藉捐[illegible]欠生等謹將合議歸墊章程并此次墊用工料細数清册一併呈

南堨各業主佃户人等知悉該堨上年六月石塝坍塌向係業佃按畝派捐與修示等應知該董等前經墊修堨塝工費今據該堨董佃

欠倘有不法棍徒藉生事端抱累阻公許該董等隨時指名具禀以憑拘究决不寬貸各宜凛遵毋違特示

（一）上

堂加十級紀録十次春　為

陞稟為奉修堨壩懇委勘明拟章归墊呈請核奪給示事窃鮑南一堨連絡八村農田均資灌溉詎料去年六月石壩坍塌十有餘丈比仿轆轤引水法用板橋

何敢畏累告退前於去冬曾經稟明在案先行入會各籌墊款興修趁冬令水淺下脚俟工竣再為請勘議章归墊蒙示妥速經理毋稍延悞比即遵示興工於今春

大現墾熟田未復旧額而收谷归墊價值僅得從前之半工匠反貴於前每年核計所收實不足归所墊之半不得已稟蒙前府憲示諭照旧章每畝加收谷一斗由佃交

等家道素寒多属輾轉挪移亟須議章归墊查鮑南以堨千載於茲遇興大工所捐非一大率向業户按畝派捐即嘉道以來兩興大工奉前府憲峻又奉前

示給再四思維仍仿光緒六年章程劝佃種各户每田畝捐錢三百六十文佃出其二業出其一由佃交公扣租查本堨現墾熟田中稔年歲約在一千三百數十畝每畝捐資無

畝數清冊一併呈送是否有當伏乞恩鑒訓遵給示曉諭俾各踴躍輸將以資公用則水利有濟闔堨業佃實為德便等情到府據此除批示外合將出示曉諭　為此示仰鮑

拟該堨董仍仿光緒六年章程每田畝捐錢三百六十文佃出其二業出其一由佃交公扣租所有每年應交水利之谷仍照常分別交納毋得藉捐抗

違特示

（一）下

四

清光緒十四年六月徽州府曉諭（歙縣）鮑南堨業主佃户按畝派捐歸還修堨塾款應交水利之穀照常交納告示

欠倘有不法棍徒藉生事端拖累隔公許該董等隨時指名具稟以憑拘究決不寬貸各宜凜遵毋違特示

右

遵

光緒拾肆年陸月　日

告示

（二）上

（二）下

四

清光緒十四年六月徽州府經廳曉諭（歙縣）鮑南堨業佃人等按畝攤捐修堨墊款歲捐之穀照常交納告示

欽賜六品藍翎署徽州府經廳兼理刑司事加三級紀錄五次龐　為

曉諭事照得鮑南堨水利上關　國課下繫民生去歲被水冲堨十丈有奇當經該管董事稟准墊欵興修誠為保全大局不辭勞瘁起見深堪嘉尚今春工竣造册呈報即經本廳親詣查勘核計工料共用去錢四百八十餘千按照熟田計算每畝應攤捐錢三百六十文仍照舊章佃户捐錢二百四十文業户捐錢一百二十文均歸佃户繳公扣租俾水利有濟而墊欵無虧矣除詳明

府憲示遵外合行出示曉諭為此示仰該堨業佃人等一体遵照務於秋收後即將應捐之錢一律照数繳清不得短少分文所有歲捐之穀仍舊照常交納倘有無知棍徒藉端阻撓把持拖欠許該董等指名禀控以憑拏办各宜凜遵毋違特示

右仰知悉

光緒十四年六月　廿三　日示

告示

仰　地保實貼

〔四〕清光緒年間其他官府告示

署理湖南巡撫部院龐　爲

嚴禁私鹽事照得有引官鹽例止准在行鹽引地發賣不得轉售別境前因兩淮欲收回鄂湘之五府二州川鹽
分銷引地議准淮鹽運往分川境內減價敵私鄂湘督銷局會稟章程凡淮鹺運往荆襄等處減價之鹽祇准於
分川界內銷售不得倒灌鄂省現行淮引地界即不准侵入湘省銷淮引地越界即以私論拏獲應行充公在案
茲據湘局稟稱螺山與岳州相距不遠今竟有不法船戶夾帶螺山減價淮鹽運赴岳州城陵磯一帶沿途洒賣
希圖漁利一經緝獲輒敢聚衆逞兇甚至假託回籍顯宦倚勢把持而湘陰益陽靖江一帶亦常有此項淮私侵
灌賣爲鹽法之害稟請須發告示嚴申禁令並檄飭各縣隨時查禁等情到本署部院據此除札行巴陵湘陰益
陽長沙等縣遵照查拏外合行出示嚴禁爲此示仰商民各色人等知悉爾等須知行鹽各有引地越界即以私
論嗣後凡運往分川界內減價之淮鹽不得侵入湘省淮銷引地售賣倘敢再蹈前轍一經拏獲到官即當照例
充公治罪決不姑寬如有聚衆或倚勢把持即飭地方官嚴拏究辦以重鹺綱而清引地切切特示

右仰通知

光緒十年五月　日

實貼　夾堤　曉諭

清光緒十年五月署湖南巡撫龐〔際雲〕嚴禁往分川界内減價之淮鹽不得侵入湘省淮銷引地售賣告示

清光緒二十四年七月徽州營左軍守府嚴禁休寧閻邑諸色人等毋得開廠宰割耕牛盜竊耕牛代售販運告示

賞戴花翎 特授徽州營左軍守府隨帶加一級姬 為

右仰知悉

光緒二十四年七月十六日示

告示

仰 和村地保審貼毋許損壞切切

（全圖）

清光緒二十四年七月徽州營左軍守府嚴禁休寧閤邑諸色人等毋得開厰宰割耕牛盜竊耕牛代售販運告示

賞戴花翎　特授徽州營左軍

出示嚴禁事案准吏部右侍郎吳紳廷芬吏部主事汪述祖江西補用道黃心渠浙江補用道汪昺吉四

豐泗汪亨吉胡肇熙吳爾寬監生吳世盛程金釗等公同禀稱竊私宰耕牛久干例禁而竊牛宰殺厰罪

惡棍在休歙交界處宰殺疊經誠鄉紳耆禀請各前縣及各守府出示嚴禁并提犯枷責飭地保具不准包容

賣捕保包庇不報難免無賄縱情弊致四鄉耕牛屢被匪竊伏思歷年私宰歙西落棍固為罪魁而休居效尤亦宜

請示加禁移文歙縣會拿並飭捕保查拏李蒂李細徊等飭二四都十四五都地保出具不准包庇宰殺售賣切結

磐農艱不忍受其意外圖害除禀堂憲外為此公同具禀遣抱環求賞示嚴禁札飭歙汛會拿并飭兵目嚴禁

以免日久玩生並請諭飭承办書吏嗣後每屆交秋七月內照成案即擬示稿呈核永遠示禁等情前來據此除批示並移歙

而盜竊耕牛者及代售販運之徒務宜痛改前非各安生業倘敢故違一經訪聞或被告發定行拿案照例究

（一）上

軍守府隨帶加一級姬　為

汪昺吉四品封職胡欽順胡洪謨大挑教職胡洪度舉人朱恒程恩燦吳嗣箴副貢生金朝棟候選訓道范爾昌廩生金

鐵一廠罪更張休邑三四十四五等都均與歙邑毗連向有歙邑金宋誰私宰惡棍金帝方新混名大驢冬仍夥及三都長汀厚村等處

准包容隱庇切結各在案迄今日久玩生新有十五都毗連歙邑十八都之呉村痞棍李帝同姪李細個及秋冬之際公然宰切肩挑售

效尤亦宜合办其所以公然宰殺毫不畏法者以宰廠開在休歙交界地方一經告犯以為越境可免當此田園荒蕪農牛珍重之秋若不

責切結呈案轉瞬秋仲不但金帝李帝李細個等明目張胆宰殺不休竊牛者接踵而起致使貧民一牛竟有防不勝防之慎職等目

目嚴禁查拿宰殺售賣者治以應得之罪竊牛者加等治办棍徒廣知農法除暴安農耕牛保全再私宰本干例禁按年賞示嚴禁示

示並移歙汛會拿究办外合行示禁　為此仰闔邑諸色人等知悉爾等要知私宰耕牛久干例禁自示之後毋得開廠宰割

案照例究办姑不寬貸其各凜遵毋違特示

四

清光緒二十四年七月徽州營左軍守府嚴禁休寧閤邑諸色人等毋得開廠宰割耕牛盜竊耕牛代售販運告示

（二）上

四

清光緒二十四年七月徽州營左軍守府嚴禁休寧閤邑諸色人等毋得開廠宰割耕牛盜竊耕牛代售販運告示

右仰知悉

日示

仰和村地保實貼毋浮損壞切切

（二）下

清光緒二十五年九月徽州府嚴禁歙縣三十都三圖街口莊後方姓祖墳毋得稍有侵害告示

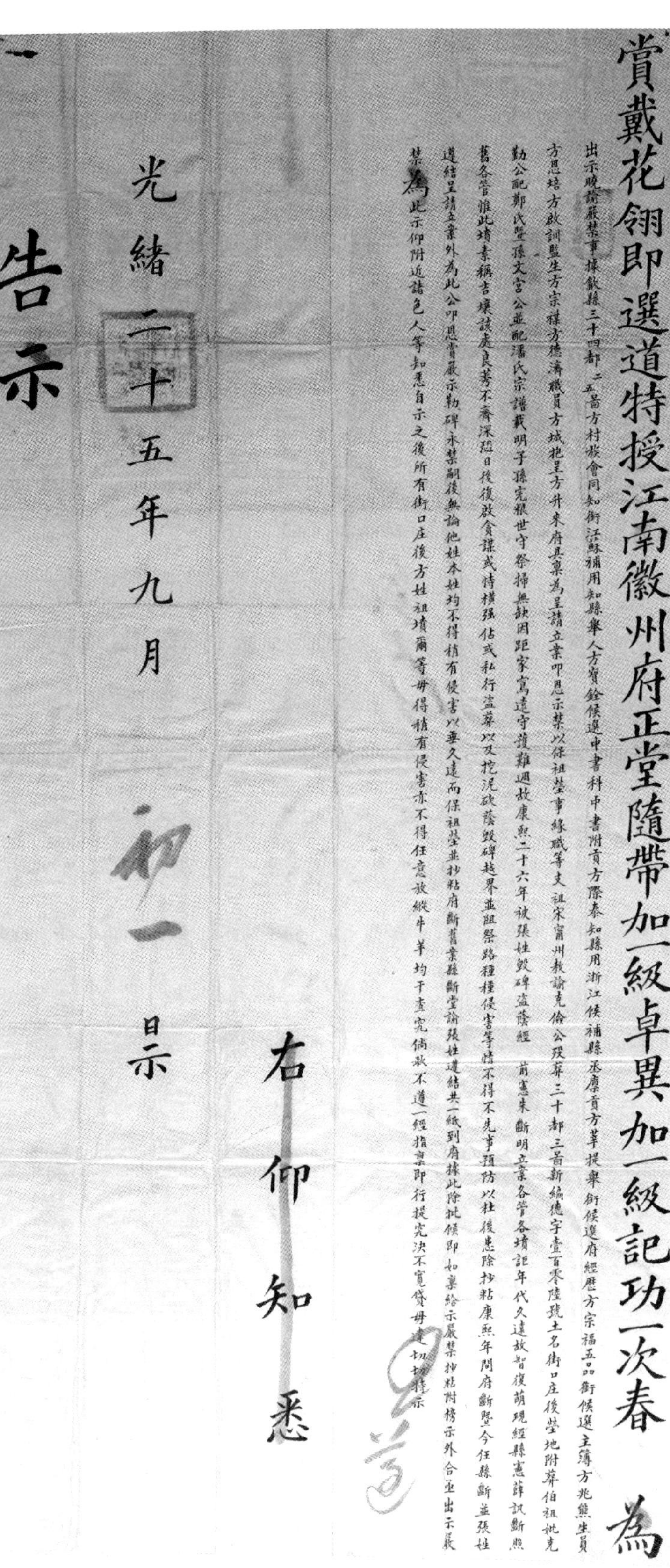

賞戴花翎即選道特授江南徽州府正堂隨帶加一級卓異加一級記功一次春　為

出示曉諭嚴禁事據歙縣三十四都二五啚方村族會同知銜江蘇補用知縣舉人方賓銓候選中書科中書附貢方際泰知縣用浙江候補縣丞廪貢方華提舉銜候選府經歷方宗福五品銜候選主簿方兆熊生員
方恩培方啟訓監生方宗禄方德濟職員方城抱呈方升來府具稟為呈請立案叩恩示禁以保祖塋事緣職等支祖宋甯州教諭克儉公歿葬三十都三啚新編德字壹百零陸號土名街口庄後塋地附葬伯祖妣克
勤公配鄭氏曾孫文宮公並配潘氏宗譜載明子孫完粮世守祭掃無缺因距家窵遠守護難週故康熙二十六年被張姓毀碑盜蔭經前憲朱斷明立案各管各墳詎年代久遠故智復萌現經縣憲薛訊斷照
舊各管惟此墳素稱吉壤該處良莠不齊深恐日後復啟貪謀或恃横强佔或私行盜葬以及挖泥砍蔭毀碑越界並阻祭路種種侵害等情不得不先事預防以杜後患除抄粘康熙年間府斷暨今任縣斷並張姓
遵結呈請立案外為此公叩恩賞嚴示勒碑永禁嗣後無論他姓本姓均不得稍有侵害以垂久遠而保祖塋並抄粘府斷舊案縣斷堂諭張姓遵結共一紙到府據此除批候即如稟給示嚴禁抄粘附榜示外合亟出示嚴
禁為此示仰附近諸色人等知悉自示之後所有街口庄後方姓祖墳爾等毋得稍有侵害亦不得任意放縱牛羊均干查究倘敢不遵一經指稟即行提究決不寬貸毋違切切特示

右仰知悉

光緒二十五年九月初一日示

告示

（全圖）

清光緒二十五年九月徽州府嚴禁歙縣三十都三圖街口莊後方姓祖墳毋得稍有侵害告示

賞戴花翎即選道特授江南徽州府正堂隨
出示曉諭嚴禁事據歙縣三十四都二五啚方村族會同知銜江蘇補用知縣舉人方寶銓候選中書科中書附
方恩培方啟訓監生方宗禖方德濟職員方城抱呈方升來府具稟為呈請立案叩恩示禁以保祖塋事緣
勤公配鄭氏暨孫文宮公並配潘氏宗譜載明子孫完粮世守祭掃無缺因距家窎遠守護難週故康熙
舊各管惟此墳素稱吉壤該處良莠不齊深恐日後復啟貪謀或恃横强佔或私行盜葬以及挖泥砍蔭毀
遵結呈請立案外為此公叩恩賞嚴示勒碑永禁嗣後無論他姓本姓均不得稍有侵害以垂久遠而保祖塋
禁為此示仰附近諸色人等知悉自示之後所有街口庄後方姓祖墳爾等毋得稍有侵害亦不得

（一）上

四

清光緒二十五年九月徽州府嚴禁歙縣三十都三圖街口莊後方姓祖墳毋得稍有侵害告示

隨帶加一級卓異加一級記功一次春　爲

中書附貢方際泰知縣用浙江候補縣丞廩貢方莘提舉銜候選府經歷方宗福五品銜候選主簿方兆熊生員

……事緣職等支祖宋甯州教諭克儉公歿葬三十都三啚新編德字壹百零陸號土名街口庄後塋地附葬伯祖妣克

……故康熙二十六年被張姓毀碑盜蔭經　前憲朱斷明立案各管各墳詎年代久遠故智復萌現經縣憲薛訊斷照

……砍蔭毀碑越界並阻祭路種種侵害等情不得不先事預防以杜後患除抄粘康熙年間府斷暨今任縣斷並張姓

……保祖塋並抄粘府斷舊案縣斷堂諭張姓遵結共一紙到府據此除批候即如稟給示嚴禁抄粘附榜示外合亟出示嚴

……亦不得任意放縱牛羊均干查究倘敢不遵一經指稟即行提究決不寬貸毋違切切特示

（一）下

光緒二十五年九月

告示

（二）上

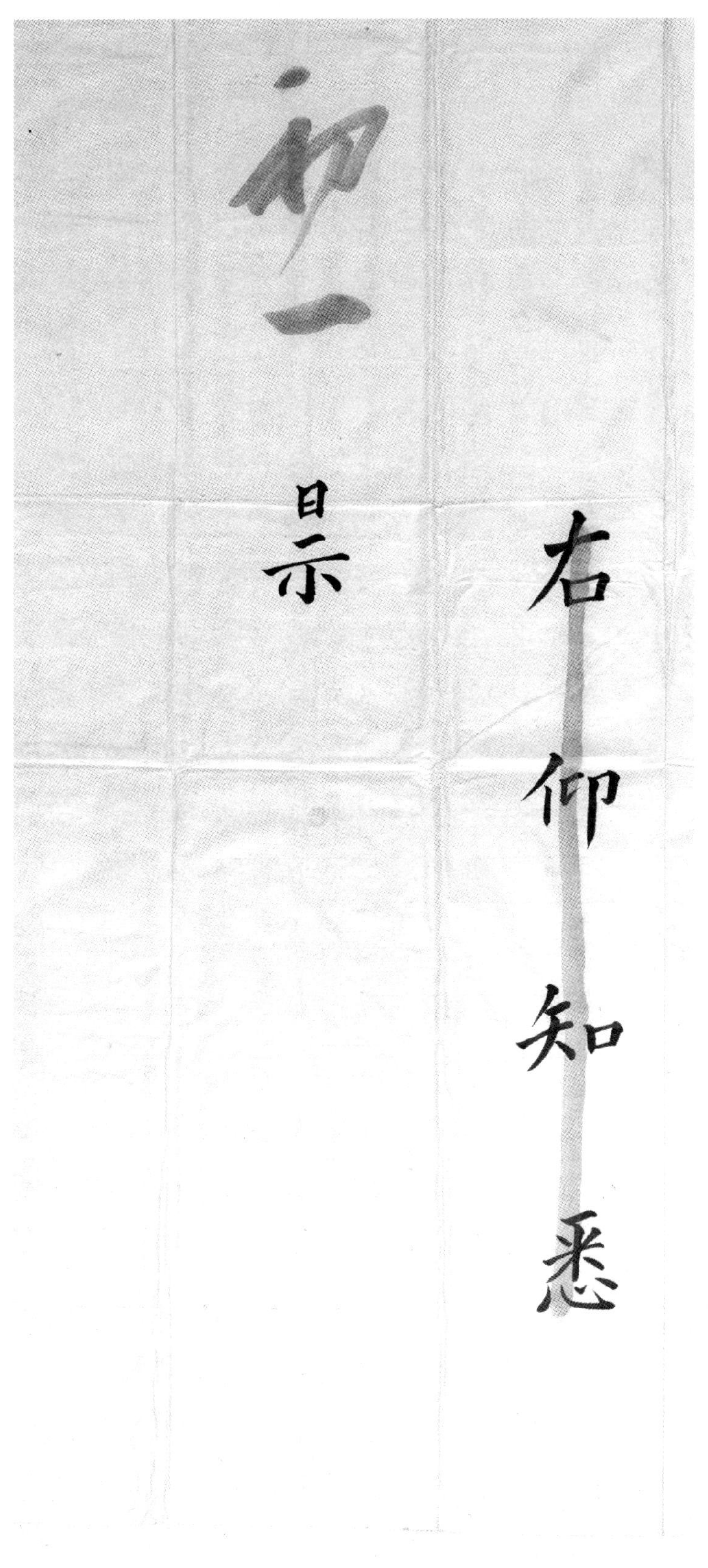

（二）下

四

清光緒二十八年十二月休寧縣完納及散完錢糧務各遵照定章以杜浮收告示

欽加提舉銜賞戴花翎署理江南徽州府休寧縣正堂加三級紀錄四次徐　為

示諭徵收定章以杜浮收事案奉

署藩憲聯　檄奉

督撫憲批司詳覆遵飭核議休寧縣徵收急公花户錢糧章程根救册揹備賜批示祇遵緣由奉批如詳飭遵等因合亟録批抄詳飭縣遵照並奉抄詳内開據徽州府詳稱飭據休寧縣查明本年急公花户一百二十九户上下兩忙共完錢粮銀九千五百三十五兩四錢四分五厘核與光緒二十一年起至二十七年止銀數雖時有增減尚無懸殊各户錢粮歷均按限清完從無蒂欠請仍循照舊章辦理嗣後即以急公花户汪應泰等一百二十九户作為定額不得再請添立户名以示限制俾官民兩無為難等情開造急公花户徵收銀數册揹送由該府詳請轉詳前來本署司伏查該府前詳所議休寧縣徵收章程二條急公花户錢粮向來赴庫完納有一卯全完有上下兩忙分完上忙不過三四月下忙不過九十月不煩差催年清年款賠賦庭粮全行包完因有裨於公家是以免繳公費計每銀一兩完庫平二八足銀一兩一錢二分六厘内正銀一兩耗銀八分解費四分三毫餘銀五厘七毫貼補省中交庫傾工之費有益無絀急公錢粮相沿已久擬請仍照向章徵收毋庸更改其隨徵畝捐每正銀一兩隨收足制錢三百文一併赴庫完納嗣後上忙有過四月下忙有過十月限期者即不得名為急公應照散完花户徵完如急公花户無力包完庭粮呈請願照散完花户改完者准其隨時查明辦理以免藉口至於徵收錢粮價值亦照揹開所議一散完花户錢粮按檔完納銀洋錢三項聽其自便每銀一兩遵照同治五年定章完庫平二八足銀一兩一錢九分八厘除正耗解費傾工外餘充公費合擬以銀完納者統以曹平二八足紋每百兩加平二兩六錢作為庫平一百兩不及百兩者亦應照此核算以英洋本洋龍洋完納者均照市上分厘隨時作價收足庫平二八足銀一兩一錢九分八厘除正耗傾工解費一兩一錢二分五厘三毫外餘銀一錢七分二厘七毫照章作為公費一切開銷在内至以銀完納者或以三項洋元作錢均聽其便其以洋元作錢者擬請照市上足制錢價值隨時核算所有隨徵畝捐每銀一兩足制錢三百文一律查照從前現已議照市面分厘將英洋本洋龍洋三項洋元分厘價值以及錢價漲落逐日牌示粮櫃以杜朦混如有私行多收者准即指名禀縣以憑嚴辦案核所議尚屬妥洽擬於徵收無弊紳民亦屬相安應請照辦至該縣急公花户銀數既據查明現有一百二十九户共完銀九千五百三十餘兩與二十七年以前完納銀數雖時有增減尚無甚懸殊應請飭以此數作為定額嗣後不得再行添立户名以示限制各等因到縣並據前都察院左都御史[illegible]紳花翎五品銜前吏部主事汪[illegible]候選府主簿汪開培二品封職前浙江候補道汪鳴吉花翎三品銜候選同知朱兆濤四品封職胡洪謨候選布政司理問朱第元同知銜江西試用府經歷唐[illegible]舉人金潤吳嗣職附貢生胡雄壽等聯名禀請出示曉諭並准勒石大堂俾得永遠遵守等情前來除將龍銀英洋本洋三項分厘價值及錢價漲落按照市面逐日懸牌粮櫃俾衆周知並給示勒石外合行出示曉諭為此示仰闔邑有粮業户人等知悉嗣後爾等完納急公及散完錢粮務各遵照定章完納其有以錢及龍銀英洋本洋等項折完者並各按照粮櫃懸牌價核算如該經櫃銀匠人等有敢私行多收准即隨時指名禀縣立提嚴辦決不姑寬切切特示

（一）

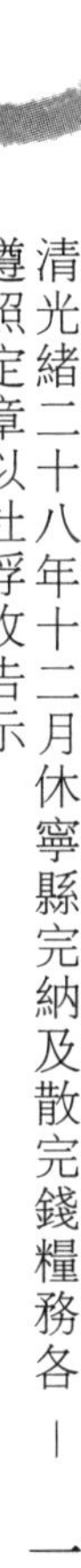
清光緒二十八年十二月休寧縣完納及散完錢糧務各遵照定章以杜浮收告示

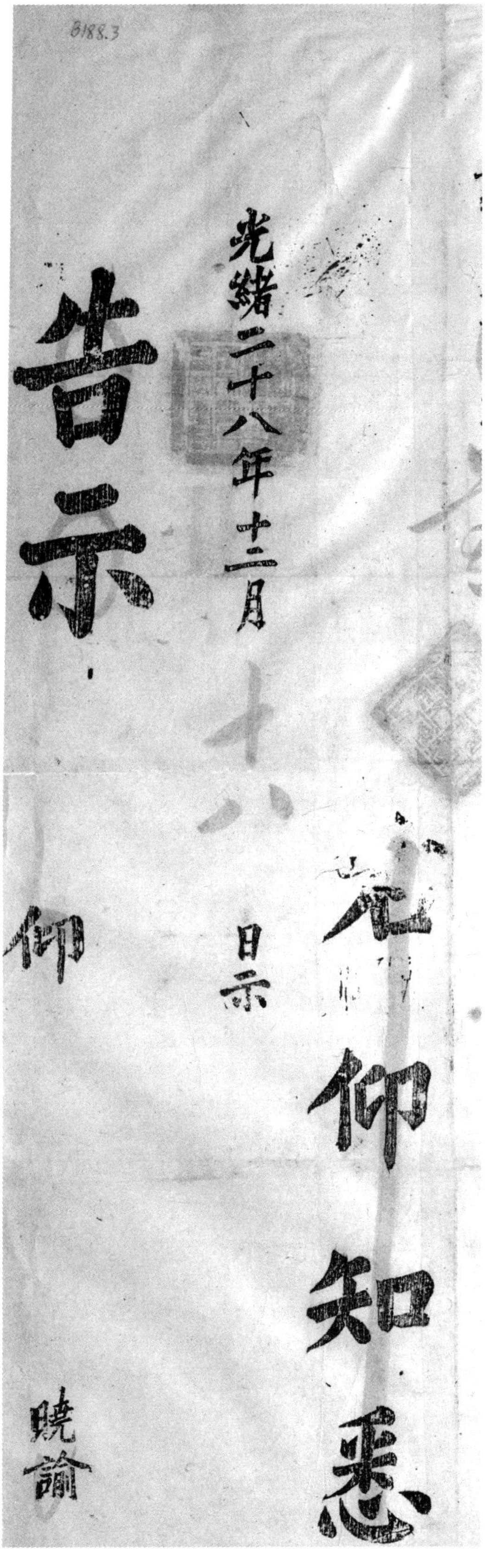

[illegible]仰知悉

仰　曉諭

日示

光緒二十八年十二月

告示

（二）

三、清咸豐年間徽州府爲防禦太平軍公文

附清河縣八約抄稿

四

清咸豐〔三年〕徽州知府達秀爲粤匪蔓延勸諭閤屬紳富捐資守禦啓

印
啟

竊照粤匪滋事蔓延數省前因安慶失守全省震驚當經
剴切勸諭閤屬紳富捐資守禦以期有備無患迄今未能
一律奉行惟郡城已設有守望局及於徽寧交界之叢山
關分界山新嶺箬嶺黄蘗嶺等處設守險局僱勇巡防深
慮經費不資正擬邀集諸紳妥籌商辦間奉
欽差工部左侍郎呂

（一）

四

清咸豐（三年）徽州知府達秀爲粵匪蔓延勸諭閤屬紳富捐資守禦啓

巡撫部院周　劄開准
軍機大臣字寄欽奉
上諭有人奏安徽省富紳如已故閩浙總督程祖洛前任南河
總督潘錫恩杭州府知府胡元熙編修章瓚家道均屬殷實
請飭令捐資辦理團練等語現因賊匪未靖令各部堂官及
翰詹科道保舉在籍紳士辦理本鄉團練保衛閭閻惟賴一
二富紳出資倡率庶鄉民觀感衆力易擎着吕賢基周天爵
傳諭潘錫恩胡元熙章瓚並程祖洛之子主事程枚功等量
力捐輸經費即着會同各該地方官辦理團練事宜此外如
有殷實紳商如摺内所稱旌德縣汪姓壽州孫姓並着該侍
郎等妥爲勸諭俾樂輸將以期於事有濟不得稍涉苛派轉
滋弊端原摺抄給閱看將此諭令知之欽此欽遵轉行到府

（二）

奉經轉行各屬遵辦並親向郡城紳士勸捐趕緊辦理現
據程著甫主政首先捐輸制錢五千串以為之倡一面廣
為勸捐以冀眾擎易舉庶藩籬自固外侮無虞凡我紳民
自必志切同仇輸將恐後誠恐紳等轉輾相勸或有未週
用特布告
羣公務祈各自量力踴躍捐輸共勷守險善舉一面趕辦
團練各保各村今日樂輸之多寡即將來
獎敘之崇卑共其勉旃企予望之特啟
新安郡守達秀具

（三）

謹遵

憲諭勸民守望相助籌費為先現集兩城士民共捐錢一千千

文團練壯募勇衹備守夜巡防所捐錢文擬分存許怡大錢店

程集成米店二店皆在郡城便於取用捐錢儘本月內一律

付出交該兩店當給收票立摺寫明收存錢若干摺上蓋

用本店圖章即請

府憲於摺上加蓋印信摺存公局每日取錢支給無摺不得付錢倘

該兩店支存無多約計止[illegible]日開銷即先期關會各紳照單

勸捐戶名下有如不敷再挑各戶趕緊加捐仍繳許程兩店

應付不得稍延該店亦不得以存錢不敷遽行停付

一擬守望相助團民勇衹備巡防守夜至於護衛城池公署自有

兵壯可守民勇不在調撥之列

一擬召募請

（一）

府出示集有若干選壹百五十人歸平郡邑兩城闔廂分段日夜巡邏

請派員督率規條由

府憲示定恪遵

一擬守望局即設斗山其地踞高為兩城適中之處便於照顧輪流巡查每日輪一人坐局年支應每夜輪兩人在斗山駐宿

兩城公議董事人專司收費支銷

辛壯勇巡更丁

亦設空屋四人承辦[illegible]

一防守器具祇用棍棒竹鎗不用鋒刃利器

[illegible]

一名募選定之人毋論匠工土工農佃每十人設一人首領其首領

須誠實可靠之人不准遊手之輩九人之中同該首領均責

以承保之人方准應募若其人平日不能約束雖膂力過人不

得保充倘有扈應故事及藉端騷擾者即着該首領稟官

究治另募補充如有首領不能約束者即着他首領公同稟

官究逐遇有疾病准即隨時告退仍請

府憲分委丞佐一二員彈壓稽查每日分班輪流守望每名給錢

（二）

二百文，首領加錢一百文，須常川在局，日間能候查察，夜間分撥輪[illegible]，每日薄暮給發守望人

巡更以昭勞逸
更，每日到局查驗一次。要員不備薪水，每月議食，議以五日一送。

〇一郡城人烟稠密，邑城依山曠野，山路紛岐，難於遍設柵防範。

徽郡謀食江廣者多，現在紛紛避亂歸來，絡繹不絕，其間（中）

有驚兵逃往，如其鎮靜遍行街市，毫無驚擾，既不逗遛

徽郡，伺其趕緊出境。如有土匪乘機謠惑，强丐藉以訛索，

沿门强討不遂，糾衆兇横，每日守望巡人即扭拿送縣，以嚴

懲以儆尤效。

一郡城[illegible]擬派卌十人，即分設府城隍廟、[illegible]帝廟、試院、鼓棚、[illegible]明觀、府土地祠、[illegible]文公祠、武廟、赤帝廟

公[illegible]縣派三十人，即分設孝子祠、[illegible]帝廟、[illegible]觀、史公祠、西门外十人，即

設將[illegible]橋、漁梁十人，即設九公廟、北[illegible]十人，即設大義[illegible]，日

則互相巡查，不許遠離，推[illegible]值夜，須分兩班。巡更不許[illegible]，如十人，今夜甲

輪二人[illegible]巡夜，[illegible]其文人[illegible]分置支[illegible]守候，不得遠離。

班五人，明夜換一班五人，二十人以十人，初一、初三、初五十人，則

初二初四初六一月之中只半月辛苦以均勞逸毋論風雨
不准偷安仍均在今設各該處住宿不得遠離
一巡夜竹柝金鑼燈籠燭火局中置備每夜值夜換須擊柝惟
兩城店鋪須密慎防火燭之虞如遇火燭之患卽鳴鑼捷
應以備趕緊撲滅此不過防患於未然至於救火器具宜
紳舊有者仍當再爲多置以備不虞棍徒乘機搶掠卽
拿禀究如查有奸宄匪跡宵小潛踪卽亂鳴鑼聲各處
守望住宿之人齊赴協捕附近之店户居民均須起視如
敢逞兇拒捕則照人拒捕例有格殺勿論之文紳富卽合

（四）

同擬實禀縣立案仍請
府縣憲明示例文俾匪徒知畏
○一菴觀寺院歇店轎行往來雜遝最易藏奸難責成住持捕保
稽察深恐有名無實並飯店設立循環簿扇選派丁役时刻
巡查仍聽官為經理惟寺觀飯店貼近之店鋪居民充當
當心察為伺察如有面生可疑来歷不明及語言恍惚者逗
遛久住即通知守望局察看屬實呈禀畢勿畏累不言
有干容隱之咎守望人等亦宜加意巡防不得藉口稽查
轉滋騷擾
一徽郡四面環山層峦叠嶂無廣告豐從前縱有偏遇偏災而
有流民入境現聞有避亂流民紛紛遷徙恐成羣結隊由徽
而來東北之績溪與寧郡旌德接壤西南之休寧祁婺

（五）

與池州江西連界水陸通衢祁則由休而來婺則由休之屯
溪至郡應請行知休婺祁績四縣當入境之時即照章啟
給口糧資送出界不必越嶺爬山徒勞跋涉[illegible]又夫[illegible]名東
分路以因採隨時酌加賞資以免搖言無疑
路四名兩名設新館兩名往績溪西路六名兩名駐巖鎮兩
名駐屯溪兩名駐休寧由休寧至三寶段三十里由屯溪至
三寶段亦三十里逐日採查此來彼往彼來此往遇有大股
流民即星速通知請移各縣資送東西四縣如能一律
辦理即移奉前途一體照辦是否可行謹候
酌核示遵

一徽郡採米全賴隣封現在物價甚平江浙流通可無乏食之虞徽
欽雖向無外販入境遵奉
憲示已廣為採買源源而來如有奸商囤積居奇一經查實
[illegible]通公同呈稟請從嚴例辦[illegible]

（六）

一城鄉情形雖有不同而守望則一不或有聚（族）積而居者或數（同）姓一村
者或量力捐輸或捐給米穀其大村鎮市興舖店多應如
何籌議差聽各鄉紳宦衿耆體察情形各自籌議定立
條規稟官查核其山僻小村無文會衿耆或附於大村處
未亦聽自行酌辦亦有城鄉守望人等如奉　府縣傳喚
問話即行前往不須花費分文
一徽城處萬山中虜邑惟婺祁二縣逕通江西其歙休黟績四縣以池
州寧國為虜蔽而以浙省之嚴州府建德縣杭州府虜之昌化
縣為門戶現在吃緊防範惟寧國府涇縣亦虜之㘭坑為第（坑）
一要隘應請移會寧國太守涇邑令一體巡查於㘭峰地方
設立卡寨隄防實以最為要著若過㘭峰（坑）一隘則涇（旌）邑兩邑小

（七）

徑可通者甚多恐巡防不易周備也

一偵探貴得實信也道路傳聞訛謬甚多不但有事駭人聽聞即
音信不真亦恐聞而鬆懈應請遴選強幹健步及便捷精細者
數人厚其資給流川往來使日日有信相通庶不至有懷疑揣測
之患其偵探經費即須預籌請
府縣憲辦理

所議各條是否有當伏乞
採擇施行守望仿保甲之法可期永久或一保設一人夫專司擊柝
或一段僱一更役防夜巡查或減給工食似可隨時酌量辦理
將來傳撤守望人等耕者仍聽為農工者各歸本藝當每
名酌量賞給錢數百文聽其各安舊業

（八）

清咸豐某年徽州府某某某議守望相助十二條呈文稿

謹遵

憲諭守望相助籌費為先現集西城關廂士民共捐錢壹千肆百餘串團練壯勇以備晝夜巡防

所捐錢文擬分存郡城許田程集成許恒泰兩錢店當給各捐户收票為據其分存

程許兩店之錢亦立摺寫明收存錢若干摺上蓋用本店圖章即請

府憲於摺上加蓋印信摺存公局每日需錢支給無摺不得付錢倘該兩店支存無多即關

會各紳照單載捐户名下有如不敷再批名户趕緊加捐以資接濟該店亦

不得以存錢不敷遽行停付

一擬守望局所團壯勇祇備晝夜巡防至于護衛城池公署自有兵壯可用此項壯

勇不在調撥之列

一擬召募請

（一）

府憲出示揀選壯勇壹百名、分派兩城關隅及城外地方日夜巡邏、請委員專督其

規條亦請

府憲示定恪遵、

一擬設守望局兩所、一在郡東門頭、（每日輪一人在局中照應，局人應等于巳刻到局一次）一在斗山、其地踞高、為兩城適中之處、便于照應巡邏、每夜輪兩人在斗山督率壯勇自二更起至五更止（分撥在兩城及城外關廂地方巡更）另專司收支、亦議正副董事各一人承辦、（此二人不輪值夜）俱不得稍懈、另有酌宜規條照布公局、遇有公事隨時公議酌行、

一擬壯勇器械、祇用木棍竹鎗、

一擬團練壯勇、每十人選一人為首領、其首領須誠實可靠、武藝習熟之人、纔許補充、凡應募者、必有保人方准挑選、若不遵約束、雖膂力過人、亦不可用、備

（二）

有犯規者、准該首領稟　官究治、另募補充、如首領不能約束、即行另換

遇有疾病、准即予退、仍請

府憲委員查點、每日分班操演、每夜分撥廿七名、赴斗山听候值夜紳士督率巡更、

（三）

以均勞逸、各壯勇每日每名給制錢弍百文、首領加錢壹百文、委員不備薪水、公議每五百送洋錢壹元、隨封錢弍百文、以為茶點之費、

一壯勇壹百名、分設十處、府城（三十名）分設府土地祠、府武廟、府城隍廟、每處十名、縣城（三十名）分設孝子祠、井巷鋪、吏公祠、每處十名、城外關廂地方（三十名）分設九公廟、將軍樓、大義閣、每處十名、日則按段巡查、聽候委員傳操、夜則（每處輪三人）赴斗山以備巡夜、其餘每處七人、仍各住該處所、不得遠離、仍有壯勇十名設于斗山寺司四路偵探、金鑼、

一夜巡燈籠、燭火局中置備、每夜分巡、按更吹鳴鑼、如遇火燭之患、即急鳴鑼声、接應救援、至于救火器具、官紳舊有者、仍當再為多置、以備不虞、如有棍徒乘機搶奪、准令壯勇拿獲、禀官究處、設遇宵小竊發、亦急鳴鑼声、召壯勇齊赴協捕、附近之居民鋪户均須趕視、如迴避遲延、究拒捕、則將人拒

（四）

府

捕、衙有格殺勿論之文，仍請

酌量詞達條例，曉示通衢，俾匪徒知畏。

一 徽郡四面環山，層巒疊嶂，足以守禦。現聞有避亂流民成羣結隊，跋涉來徽。查東

北之績溪，與寧郡之旌德接壤；西南之休寧、祁、婺，與池州、江西連界，水陸通衢。

祁則由休而來，婺則由休之屯溪至郡。應請行知休、婺、祁、績四縣，嚴防流民入境

之時，即照舊章散給口糧，遞送出界，一面分撥壯勇，前往偵探，隨時報知，

護送出境，以免內地驚擾。

一 徽郡米糧全賴鄰封接濟，現在江西、蘇州、寧國尚可通商，

害。除各商已廣為採買，自無乏食之虞，如有奸商囤積居奇，一經查實，公同呈請

從嚴懲治，以昭懲效尤。

（五）

一城鄉情形、雖有不同、而守望則一、鄉村市鎮、如何籌画團練之處、應聽該紳士耆民體察情形、各自安議規條、呈官查核、其山僻小村、無文會者、或附于鄰近大村、或聯結數村、均聽其自行酌办

（六）

一、徽府六縣，惟婺祁二縣逕通江西，其歙休黟績四縣，以池州寧國為屏蔽，而以浙省嚴州之淳安县、杭州之昌化縣為门户。現在吃緊防範，惟寧国府涇縣所屬之巧坑，為第一要隘。應請移會寧國太守、涇邑令一體巡查，于巧坑地方設立卡寨，提防窺望，最為要着。若巧坑一隘徑越，則涇旌兩邑小路可通者甚多，恐防巡未易周備也。

（七）

一偵探貴得實信也、道路傳聞、訛謬甚多、不但奇事駭人聽聞、即喜信不真、亦
咨問兩縣鄉、亦擬于壯勇中遴選強幹健步、及便捷精細者十名、厚其
資給、四路打探、流川往來、使日日有信相通、庶不至有漫無防禦之患。

（八）

四

清咸豐某年徽州知府達秀議守望事宜十二條稿

守望事宜

新安居萬山中爲賊匪所不能到居民本不至驚惶然居安思危籓籬宜固現本

大憲迭次札示俱以勸民守望相助爲至法至善也果能實力奉行地方自然益臻安靖矣本府恭酌舊制並與

各寅好公同商議得十二條均係因地制宜可收實效願與

闔郡紳耆商酌行之

一守望宜籌經費城鄉應令各自籌捐以備本地之用城中

恭孫老師意

紳富自當踴躍捐輸以爲各戶倡首各戶亦必量力傾助不以紳富未捐爲辭至于各店居鋪戶應即恭用別府捐租之法令府所轄城與西門外北門外南門外漁梁等處鋪

（一）

户限十日内先垫出一月粗息聽城中紳士保舉公正殷耆
數人會同地保驗看各鋪户租摺毋使混淆於鋪户應主
均有裨益如或曠日持久除紳富捐輸而外臨時酌量情
形再行籌畫至鄉間守望經費則各鄉各自籌議應令
各鄉文會紳士按各鄉上户中户量力捐輸其各鎮店鋪
均可仿照城中墊出一月粗息者聽各該處文會速行妥
議具覆一俟照辦或有附近小村願歸大村一同籌議者
聽其自便其各文會之村即由公正耆老妥爲經理一有成
議即各將條規開具清摺送府查閱
一城中守望宜用磚匠木匠與婆匠石匠鐵匠各行抽用合成
百人分爲二班每十人設一首領每夜用一班五十人在城中城

（二）

外巡編次日又換一班兩班輪流守望其值夜一班每名給大錢弍百文于每日薄暮時給發其值夜首領五人加給大錢四百文日夜常川在局但十人中一人首領須由九人保舉器械隨兩班人夫自備有虛應故事者查出另換如有疾病准其隨時告退有藉以騷擾者稟官究治

一鄉間守望須用農夫之有田畝者各村各立守望局各舉懂事為之經理其守望人夫亦分兩班輪流值夜各班各設首領給發錢數及保舉首領悉照城內章程器械亦隨自備視鄉村之大小定人數之多寡須由文會各紳及各鄉公正黔耆妥議送府察奪

奉李老師諭

一城鄉俱宜設立守望局城鄉紳士宜舉公正黔耆數

奉諸位老師諭

（三）

四

清咸豐某年徽州知府達秀議守望事宜十二條稿

弍人董理其事勸捐賴此數人收費給費亦即責此數人經
管值夜守望夫役每日必須到局一次其守望夫役首
領除有事巡邏外並事隨同董事常川在局所有守
望人夫每日給費議定分班首領令其分散每日局內需
用飲食等項若干亦由各處紳士傳節酌議
泰巖李蒿三位老師云
一守望人夫須備竹柝金鑼局內辦並事擊柝有事鳴鑼
如火燭若亂鳴鑼聲轉達外村則賊盜也外村聞之又亂
鳴鑼聲一刻可至百里併力捍禦自可收指臂之助
採蒿老師云
一居民稠密之所易起火患現在各處設立守望局若有
火燭之患更須嚴拿乘機搶掠之輩凡城鎮市鄉各
宜多置禦火器具存放局內守望人夫即可協特救援

（四）

一城鄉或有棍徒即當嚴拿究辦如本府親往查拏
應駐兩關何處守望人夫協力擒捕不得觀望遷延
至本府所調夫役總不使出徽境俾免遠涉之勞又令
奉李老師言
各紳及稔者人等亦不得混舉棍徒充當守望人夫
一城鄉各處守望人夫無論晝夜見有本府印票傳
喚諭話立即趕到不必驚駭并不須給費錢文
採蘇老師意
一各處寺觀易藏匪人凡有住持者責成住持稽察其
住持者責成地保巡查至於飯店轄行亦令其自行盤
詰現在飯店均令設立循環簿註明客商鄉貫蹤
跡按月將簿呈驗稽核而各處轄乃人夫雜處各卿更
宜派令親信丁役加意稽察凡面生可疑之輩概勿許

（五）

咨留如速拏究

一徽地多山易守凡如隘口如大洪嶺新嶺庚嶺箬嶺馬（採嚴老師云）
經嶺五嶺老竹嶺及婺源祁門與江西交界要路處
均更宜多選民壯防守毋得役使守望人夫

一徽地採米全賴浙江之蘭溪嚴州通商歷有成案
而其中有嚴州府為之間隔本府擬即劄飭嚴州
府及所屬各縣出示曉諭並多飭差役嚴拿一路匪
徒以便徽商船隻往來無阻蓋徽州糧道常通並
可作嚴州之保障本府自當備陳利害與嚴州各
屬商辦自必嚴密查拿匪徒斂跡斯採買一事可
以照常并無商人居奇之患

（六）

三

一他省難民須遵

撫憲示文無許入境其有徽民回徽者須向各村各祠

會具保方准安插所有分界處各縣探有確信即並

親詣驗查其應如何資送之處自有上舊章即由局斟酌

散給其或不由城市沿歷邊境而往他處者及當遣役恭黄生稟

明送暗防以杜勾結滋生事端

以上十二条似不外乎防堵而防堵之道亦不出乎此矣

若僅為暫計不為久計為聚計不為散計非本府

所敢出也

達太公祖頒示守望事宜十二條

新安居萬山中為賊匪所不能到居民本不至驚擾惶然居安思危藩籬宜固現奉
大憲迭次札示俱以勸民守望相助為重法至善也果能實力奉行地方自然益臻安堵矣本府恭酌
舊聞並與　各寅好公同商議得十一條均係因地制宜可收實效願與闔郡紳耆商酌行之

一守望宜籌經費城鄉應令各自籌捐以備本地之用城中紳富自當踴躍捐輸以為各戶倡首各戶亦（參孫老師意）
必量力傾助不以紳富樂捐為辭至于各鋪戶應照泰州別府捐租之法令府縣兩城東西北南三門
外等處鋪戶限十日內先墊出一月租息聽城中紳士保舉公正誠者數人率同地保驗看各鋪
戶租摺毋使混淆于鋪戶居主均有裨益如或曠日持久除紳富捐輸而外臨時酌量情形再行籌
畫至鄉間守望經費則各鄉各自籌議應令各鄉文會紳士按各鄉上戶中戶量力捐輸其各鎮店鋪
亦可仿照城中墊出一月租息并聽各該處文會速行妥議具覆一律照辦或有附近小村願歸大村一

（一）

同善議無聽其自便其無文會之村即由公正耆老妥爲經理一有成議各即將條規開具清摺送府

查閱

一城中守望可用磚木石漆鐵各匠合成百人分爲二班每十人設一首領每夜用一班五十人在城中城外巡邏

次日又換一班兩班輪流守望其值夜一班每名給大錢一百文于每日落暮時給發其值夜首領五

人加給大錢一百文日夜常川在局但十人中一人首領須由九人保舉器械隨兩班人夫自備有虛

名故不出查出另換如有疾病准其隨時告退有藉以躲懶者嚴究治

一鄉間守望須用農夫之有田畝者各村各立守望局各舉董事爲之經理其守望人夫亦分兩班輪流值夜

各班各設首領給發錢數及保舉首領悉照城內章程器械亦隨自備視鄉村之大小酌定人數

（二）

之多寡須由文會各紳及各鄉公正紳耆妥議送府察奪（恭李老師意）

一城鄉俱宜設立守望局城鄉紳士宜舉公正紳耆數人董理其事勸捐賴此數人收費給費亦即交此數人經管值夜守望夫役每日必須到局一次其守望夫役首領除己事迴避外其事隨同董事常川在局所有守望人夫每日給費須定各班首領令其分散每日局內需用飯食等項亦由各紳士撙節酌議（恭秉李葛三位老師意）

一守望人夫須備竹柝金鑼局內如無事擊柝有事鳴鑼聲（如火燭）若亂鳴鑼聲轉達外村則賊望

（三）

也外村聞之又亂鳴鑼聲一刻可至百里併力捍禦自可收指臂之助

一居民稠密之所易起火患現在各處設立守望局若有火燭之患更須嚴拿乘机搶掠之輩凡城鎮市並鄉各宜多置禦火器具存放局内守望人夫即可臨時救援

採葛老師意

一城鄉或有棍徒即當嚴拿究办如本府一聞親往查拿應隨酌調何處守望人夫協力擒捕不得觀望遷延至本府所調支役總不使出府境俾免遠涉之苦至合各紳及殷實人等亦不得混舉棍徒充當守望人夫

一城鄉各處守望人夫無論晝夜見有本府印票傳喚詞訟當即提到不必驚駭并不須給費錢文

採蔡老師意

一各處寺觀易藏匪人凡有住持者責成住持稽察無住持者責成地保巡查至於飯店轎

行亡令其自行盤詰現在飯店均令設立循環簿註明客商鄉貫蹤跡按期將簿呈縣
稽核而米客雜行人夫雜处尤易混匿蹤迹亦宜諭令親信丁役加意稽察凡面生可疑之輩概勿
任許容留如違并究

採辦差役票

一徽地多山易守凡各隘口如大洪嶺新嶺庚嶺箬嶺馬金嶺五嶺老竹嶺及婺源祁門與
江西交界處所尤須更宜嚴選民壯防守毋得役使守望人夫

一徽地採米全賴浙江蘭谿嚴州通商歷有成案而其中有嚴州府西之間隔本府撤即分別移行嚴
州府及所屬各縣出示曉諭并多派差役嚴拿一路匪徒以便徽商船隻往來無阻並徽州糧道常
通并而作嚴州之保障本府自當備陳利害與嚴府商酌自必嚴密查拏匪徒歛迹始操
買之户可以照常并無商人居奇之患

一他省難民須遵照案來文無許入境其有徽民回籍者須向各村各祠会具结方准收揮所有分

界要各卡探有難民即應親詣盤查其應如何資送之處自有舊章即由知縣斟酌散給其或不

由城市沿歷邊境而往他省要者更當遴役明送嚴防以杜勾結滋生事端

泰黃生意

以上十二條似不及乎防堵而防堵之道亦不出乎此矣若僅為暫計不為久計為聚計不為散計非本府所敢諱也

（六）

清咸豐某年某某某爲守望又經一月理合造册報銷等事稟文附批文

守望又經一月，理合造册報銷，再仰 查核備案事。竊職等以近年
寇擾於郡邑，城廂守望，分巡設局，輪流照料，自二月 日
起至三月 日止，計守望已閱一月，當經造册報銷，沐批在案。茲於
三月 日接至四月 日止，又經一月，照合將收支各款造一册，
呈報 查核備案。職等恪遵憲諭，不敢少怠，惟自今以後，守望局
開支之款，既係程叔功倡捐守望經費五千串內撥出，將來並守望
局正總[illegible]詳請發付應用，職等以後報銷，自當開單交許理合
程叔功守望局一併造册呈報，以歸畫一，而免兩歧，俾得[illegible]按
流有備案，職等仍照舊章輪流勉力，並不敢懈，爲此
公稟[illegible]全核備案，實爲公便。

候移營借撥至守望局經費，擬議在于該戕捐卡內酌撥濟用，一面向城
中各紳富勸捐接濟，不使支絀，如稟辦理可也。
抄稟已悉，餘于紳董叔枚功稟內批示矣，册附存照，發還。
初十

清河縣吴明府棠八約

一約心 有惟恐見賊之心賊於是矣有惟恐不見賊之心賊於去矣譬如十人同居
密室忽有鬼出則左右皆鬼矣使十人操戈逐鬼則無鬼矣本約八條各自磨礪
時存恐不見賊之心膽氣自倍賊有不來來則殲旃

一約耳 聞急報而不驚恐以驚我衆也聞捷音而不喜恐以懈我志也其言自
賊中來者安知非妄語其言不自賊中來者安知非妄傳本約八條塞耳不聞以
止煽惑

一約足 足用之立齊何乎後行足用之進齊何乎從退能行而不能立將無處
之地矣能退而能進將無可退之地矣本約八條思進有不死而退無十全何必終
終遷徙自蹈危亡焉

一約力 人各用其力則勇生一人倡而衆人從則勇生知衆進之不能俱死則勇生本
約八條齊心同膽如左右手則無強寇矣

一約財 害金藏帑為盜守也載囊負橐為盜餽也盜不留之人何而留之矣下
智守財散十之一中智守財散三之一上智守財全散之十之一其可以家三
之一其可以戰全散其百戰而百勝本約殷富之家散財養士以衛厚資

一約官民 官非民何衛民非官何與衛本其民而思為免其是近夫也出城一步童子制其命
矣本其官而思遁此其是為散也出鄉一步豺狼食其肉矣本約八條官民相愛相結
如父兄子弟雖有強寇不敢正視

一約城鎮 城鎮之民主客各半其情必貳貳其盜之乘也客財多浮思挾而趨主人
弗恤遂不相合而客之遭搶劫者多矣雖有秦越之人不親于盜賊乎雖有仇隙
之人不將于盜賊乎本約城鎮商民破除彼此之懷庶同舟之濟

一約村野 小村併大村塹而守之小堡併大堡塹而守之五里一小聚十里一大聚
聚少百家多及千戶晝穫于野暮藏于室丁壯衆於婦子處內警至鳴鼓連聚
畢集不集者罰聚必有長苦樂必均飢飽必恤出入必察恩分相同賊之散而之鄉
必非大衆也四面而攻之無噍類矣

四、清同治至民國年間官府告示及出抵股份合同

賞戴藍翎即補州署休甯縣正堂加十級紀録十次劉　爲

遵札示諭事。奉

……

右仰知悉

同治六年二月　日示

告示

清同治六年二月休寧縣爲買賣茶葉務須憑行執秤收買由行完繳釐銀就近請領休照告示

四

清同治六年二月休寧縣爲製備貢茶依限申解給值年茶牙及茶行商販務俟貢茶辦足後再行收買新茶告示

戴藍翎即補州署休寧縣正堂加十級紀録十次劉　爲

示諭遵照事。奉

撫部院英　札飭備办同治六年分端陽年貢例

進品物珠蘭雨前各茶製表備申解依限恭

進等因到縣，奉經飭令南北源值年茶牙循章籌辦，並催飭具認保各結稟呈，未到。惟查雨前春茶屆於穀雨前採辦開局

依法製備，薰窨存候裝盛申解，該有不敷，即于各商販號買就新茶内篩心湊備正貢，計觔給還價值，俾免遲悞，屢經各前

縣照章示諭遵照在案。茲屆開局採辦貢茶之際，合行照案示諭。爲

此示仰該值年茶牙及各茶行商販知悉：爾等

收買新茶，務俟

貢茶辦足之後再行收買，設有不敷，亦即遵照舊章通融在各商販等收買雨前茶内篩心按觔給價，以副申解。亦不肖端高留難短

價累民，致取咎戾。如有私秤把持，強買國販，有悞正貢，許該值年茶牙協同捕保指名稟

縣，以憑提究，決不寬貸。各宜凜遵毋違。特示。

右仰知悉

同治六年二月　日示

告示

仰

清同治六年三月皖南牙釐總局給茶莊等招牙辦稅禁弊條款告示

督辦皖南牙釐總局皖南徽甯池太廣道劉　為

遵批曉諭事照得皖南徽甯池等屬茶稅原須洋莊茶引捐釐各照每引共完銀貳兩肆錢捌分茲奉須洋莊落地稅新照並於照內銀數劃出每引壹兩貳錢另填給換請實收照仍准照舊請獎業經通飭遵辦在案其奉招茶牙經辦稅項前已飭屬查辦並據覆到情形經本總局會同

安徽布政使司
牙釐總局　會議各屬情形並擬具招牙禁弊釐稽茶行完繳洋莊落地稅項條款一案詳奉

署兩江總督部堂李　批示內開婺源茶號代繳引釐歙縣茶行本有伍拾餘家應照舊章辦理休甯茶行設於屯溪水次各鄉要區自應酌量招充以杜偷漏並暫免繳牙帖銀兩仰即移會皖南牙釐局轉飭徽甯二屬一體遵照繳摺存等因到司録批移局奉此查此次奉收落地稅照由行經辦稅項凡投行承買之商無論是華是洋一律先由業戶茶棧繳稅領照售賣如無照之茶即作私論若業戶零星不便自繳即由該行代繳其稅照即填行戶名號給商販運如係轉售洋商則稅照不得給與洋

商即由該牙將照扣存於該商起運前壹日彙齊報繳該處首經局卡查驗以便核填
該商原領各關道單照運行除各屬向辦內地茶引照舊辦理外所有洋莊茶引既奉
收領落地稅照責成牙行經辦稅項誠恐未能遍知合將條議出示曉諭爲此示仰
茶莊業戶商販行牙人等知悉所有分別招牙辦稅禁弊條款開列于后

計開

一招設茶牙婺源一縣照舊責成茶號毋庸招充歙休祁黟建太等縣係已捐有茶
行地方仍照舊捐充添補其未經捐有茶行縣屬應飭遵即赶緊招充以重茶稅

一落地茶稅責成茶牙無論是洋是華客商應由各屬嚴禁業戶及茶販私與客商
交易並禁市儈把持帶客入鄉私秤概令憑行交易其茶牙用錢各屬應查照向
章酌飭減定只准取之客商不准取於業戶至婺源茶號固不收取牙用應於新
茶上市時先赴該縣茶局報明後方准收買業戶茶葉責成完繳茶稅庶有稽查

一新茶上市時各屬茶局給予茶行循環簿飭將每日買賣茶觔逐一登明按引報
繳稅項領照與客收執若行戶有以多報少或勾串瞞漏查出即將所漏之茶若
干飭令補稅加罰責懲若有客商收買無稅照之茶即隨時令茶行補請稅照或
照與茶數不符查明照章三倍加罰行戶責懲並許業戶茶販隨時稟究

一產茶業戶散處山居未能赴城市者多各屬茶局應於新茶上市時飭令茶牙婺
源飭令茶號親往各鄉代客買賣並勸計引劃扣稅項一面完繳領照與客收執
該牙一面出具引數行票與業戶存執如有以多報少或匿不完稅查出倍罰責
懲並許該業戶稟究設有價值低[illegible]或恐茶牙侵欺聽業戶另與他行交易若係

（二）

四

清同治六年三月皖南牙釐總局給茶莊等招牙辦稅禁弊條款告示

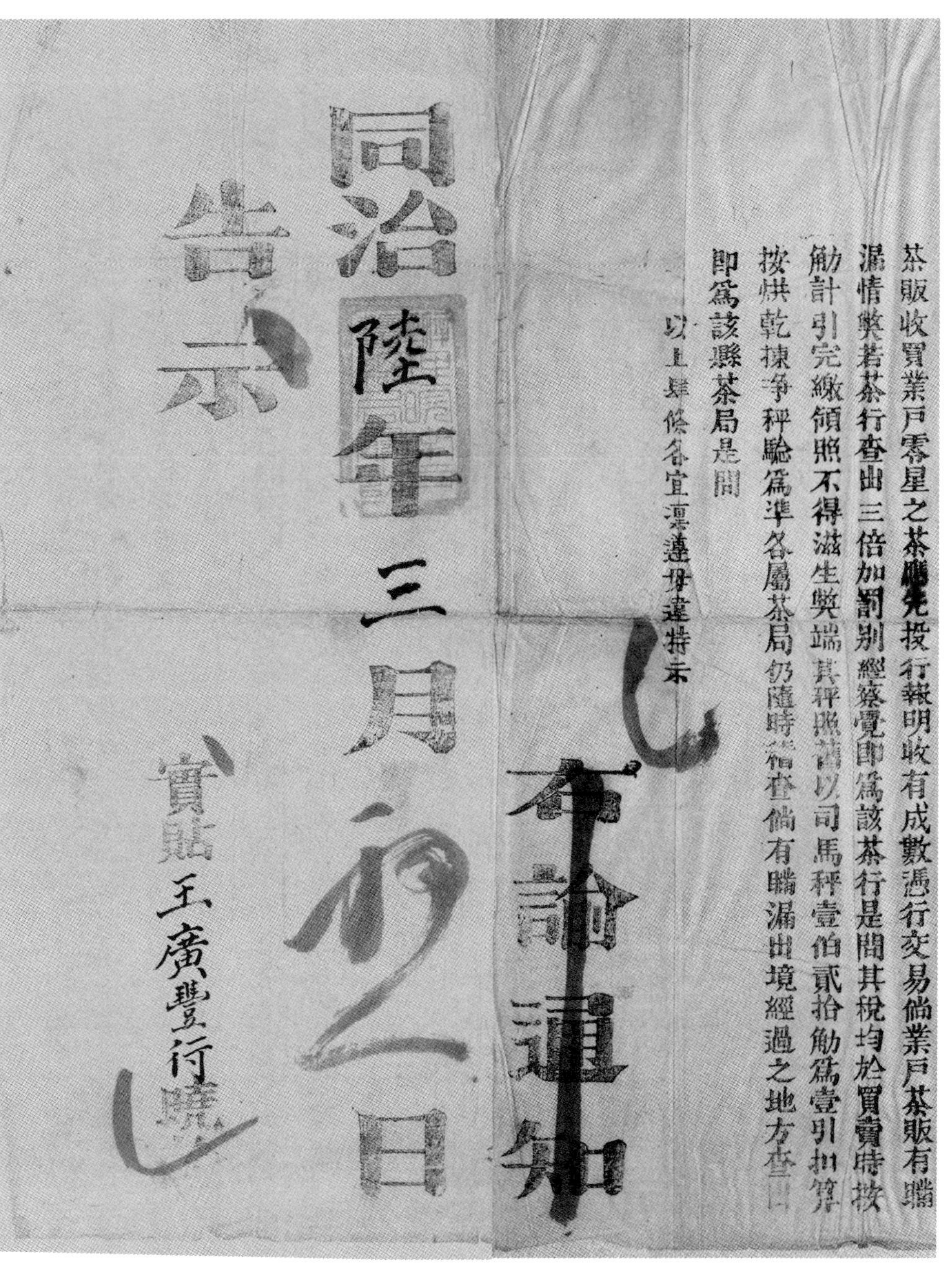

茶販收買業戶零星之茶聽先投行報明收有成數憑行交易倘業戶茶販有瞞
漏情弊若茶行查出三倍加罰別經察覺即爲該茶行是問其稅均於買賣時按
觔計引完繳領照不得滋生弊端其秤照舊以司馬秤壹伯貳拾觔爲壹引扣算
按烘乾揀淨秤驗爲準各屬茶局仍隨時稽查倘有瞞漏出境經過之地方查出
即爲該縣茶局是問

以上肆條各宜凜遵毋違特示

右諭通知

同治陸年三月初二日

告示

實貼王廣豐行號

（三）

清同治六年三月休寧縣屯溪茶引總局遵章改爲落地税給各鄉茶販經紀人等概令憑行交易告示

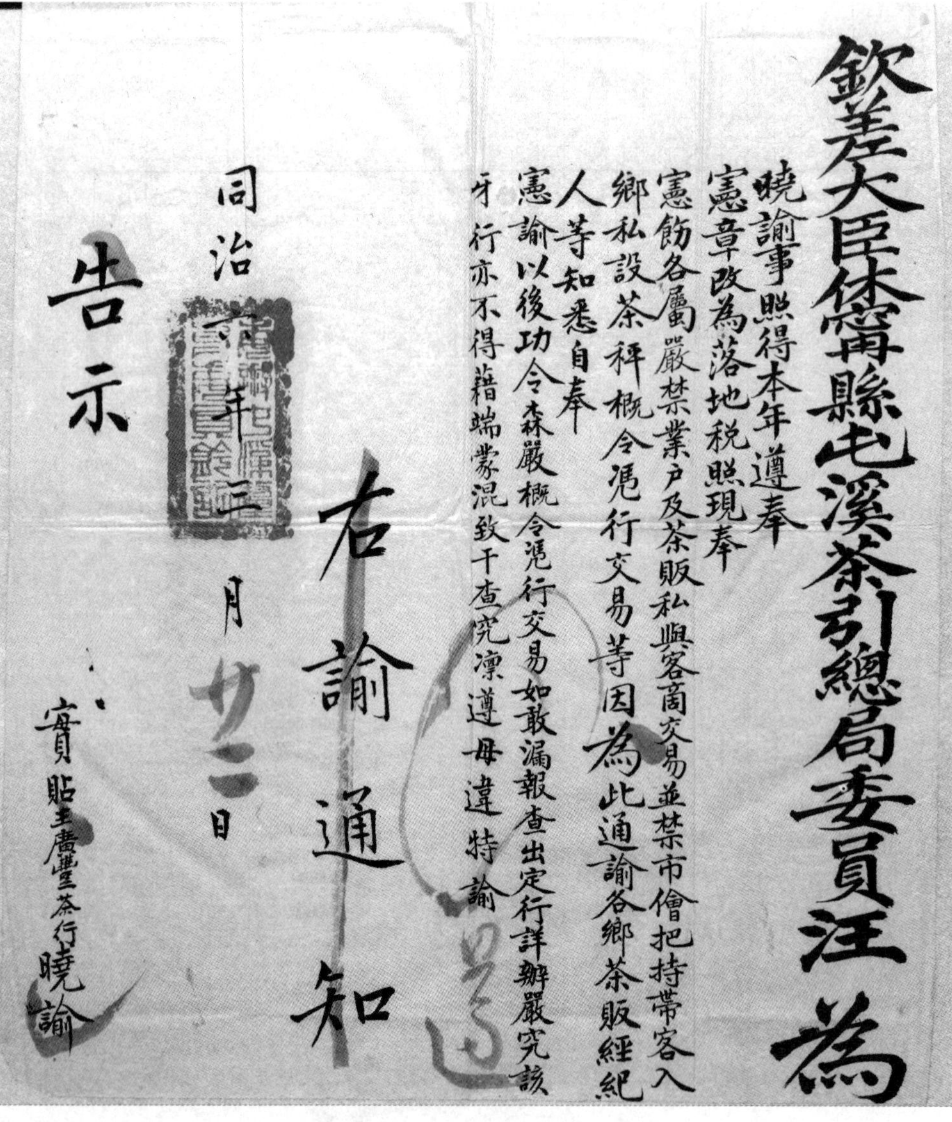

欽差大臣休甯縣屯溪茶引總局委員汪 爲

曉諭事照得本年遵奉

憲章改爲落地税照現奉

憲飭各屬嚴禁業户及茶販私與客商交易並禁市儈把持帶客入鄉私設茶秤概令凴行交易等因爲此通諭各鄉茶販經紀人等知悉自奉

憲諭以後功令森嚴概令凴行交易如敢漏報查出定行詳辦嚴究該牙行亦不得藉端蒙混致干查究凛遵毋違特諭

右諭通知

同治六年三月廿二日

告示

實貼□□茶行曉諭

賞戴藍翎即補州署休寧縣正堂加十級紀録十次劉　爲
示禁事照得現值新茶上市之際各行號收買發工烘揀均係婦女工作人數繁多誠恐匪徒乘間窺探於窃滋
生事端在所不免即經札委捕衙前往該處巡查在案茲值烘揀正旺之時合亟出示嚴禁爲此示仰該處諸色
人等知悉自示之後毋得在于各行號烘揀處所窺窃滋事如敢故違不遵許該行號及該捕保等立即捆送解
縣以憑訊究決不姑寬各宜凛遵毋違特示

右仰知悉

同治六年五月　日示

告示

仰

四

清同治六年七月休寧縣爲茶號暨藝業人等買賣交易應聽客便永禁把持壟斷告示

賞戴藍翎即補州署徽州府休寧縣正堂加十級紀録十次劉　爲
永禁事案照本縣訪聞屯溪鎮茶箱店業有人倡議齊行把持壟斷當經出示曉諭嗣據鍾聚茶號商人具控到縣並控
府轅即經吊驗刊刻規本果有把持壟斷情弊訊明定斷擬議詳復分别申飭究辦在案誠恐他業效尤或該箱店故智復萌均爲商賈之累合再出示永
禁爲此示仰各茶號暨藝業人等一體知悉嗣後買賣交易應聽客便價目長落賓主婉商商定承包不得停工挾制或客願僱工自做
該箱店亦應聽便不得阻撓至以前箱店所議規約各據諭飭一併銷燬不許私立規條挾制勒索如敢不遵仍蹈前轍
一經訪聞或被告發定即嚴拏重究決不寬貸凜之切切特示

右仰知悉

同治六年柒月　日示

告示

仰王廣豐茶行實貼

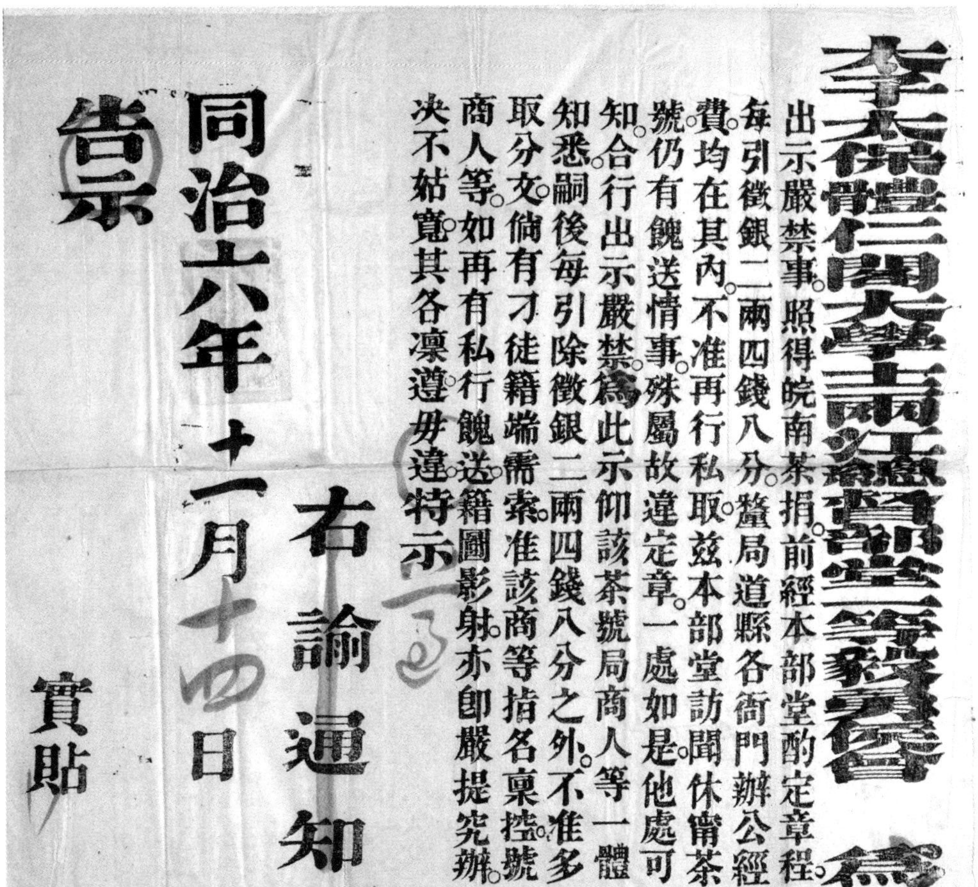

四

太子太保體仁閣大學士兩江總督部堂一等毅勇侯曾　爲

出示嚴禁事。照得皖南茶捐，前經本部堂酌定章程，每引徵銀二兩四錢八分，釐局道縣各衙門辦公經費均在其內，不准再行私取。茲本部堂訪聞休甯茶號仍有餽送情事，殊屬故違定章。一處如是，他處可知。合行出示嚴禁。爲此示仰該茶號局商人等一體知悉：嗣後每引除徵銀二兩四錢八分之外，不准多取分文。倘有刁徒藉端需索，准該商等指名稟控，號商人等如再有私行餽送，籍圖影射，亦即嚴提究辦，决不姑寬。其各凜遵毋違。特示。

右諭通知

同治六年十一月十四日

告示　實貼

清同治六年十一月兩江總督曾〔國藩〕爲皖南茶捐不准多取分文告示

清同治六年十一月徽州牙釐分局爲茶引正項經費之外不准額外私取分毫告示

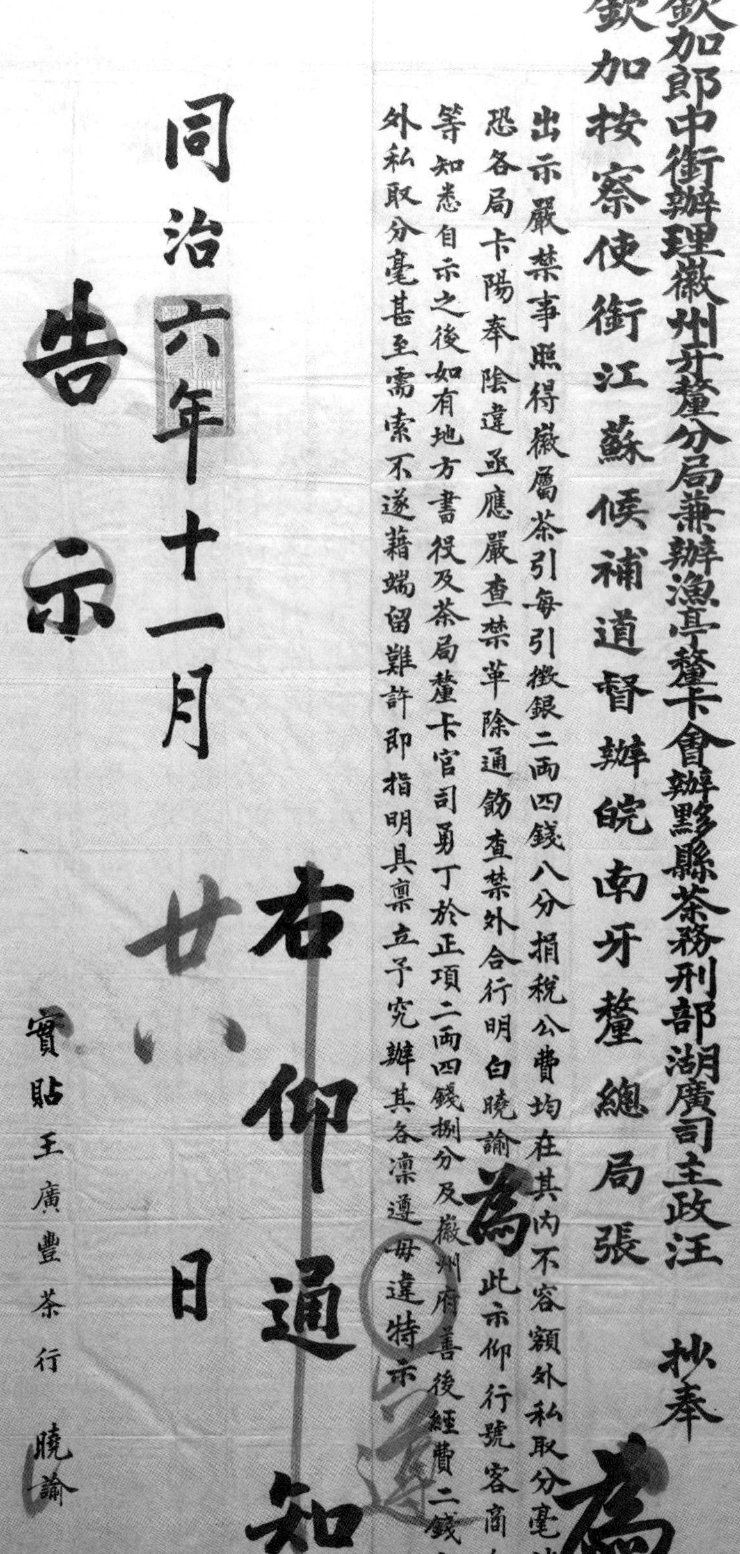
欽加郎中銜辦理徽州牙釐分局兼辦漁亭釐卡會辦黟縣茶務刑部湖廣司主政汪
欽加按察使銜江蘇候補道督辦皖南牙釐總局張　抄奉
爲
出示嚴禁事。照得徽屬茶引每引徵銀二兩四錢八分，捐稅公費均在其內，不容額外私取分毫。誠
恐各局卡陽奉陰違，亟應嚴查禁革，除通飭查禁外，合行明白曉諭。爲此示仰行號、客商人
等知悉：自示之後，如有地方書役及茶局釐卡官司勇丁於正項二兩四錢捌分及徽州府善後經費二錢之
外私取分毫，甚至需索不遂，藉端留難，許即指明具稟，立予究辦。其各凜遵毋違。特示。
右仰通知
同治六年十一月廿六日
告示
實貼王廣豐茶行　曉諭

欽加五品銜賞戴藍翎署休寧縣正堂加十級隨帶加一級紀録十次易　爲

出示嚴禁以安商賈事。照得屯溪等處，現届茶市，各商販雲集，買賣茶觔，燃揀裝箱，請引販運出境銷售。惟揀茶之所，人數衆多，恐有恃强攬揀，稍不遂意，即行逞兇滋鬧，或閑雜人等在場窺探，乘機竊取什物，均所不免。除嚴飭差保密查外，合行出示嚴禁。爲此示仰該茶商牙行、捕保人等知悉：自示之後，如有不法之徒恃强攬揀茶觔，以及閑雜人等在場窺探，乘機偷竊，許該茶商牙行扭交捕保，帶縣以憑從重究治。該捕保毋得庇縱，致干併究。各宜凜遵毋違。特示。

右仰知悉

同治七年四月初八日示

告示

清同治七年四月休寧縣爲買賣茶觔務憑官牙不准私牙把持包攬壟斷告示

欽加五品銜賞戴藍翎署休寧縣正堂加十級隨帶加一級紀錄十次晉　爲
公私均害等事。案據茶牙具禀南北兩源及西鄉等處出産松蘿茶觔，近有私牙盤踞各處庄口，攔阻囮販，執
秤把持，有碍採辦
貢品等情。歷經各前縣飭拿在案。茲屆新茶登市，訪聞有等無帖私牙及籍帖移埠，執秤把持，包攬偷漏情事，殊屬不法。又奉
上憲示禁私牙，嚴查偷漏，合行出示禁。爲此示仰該處茶販、商戶人等知悉：爾等買賣茶觔務憑官牙，公平交易，
不准私牙把持包攬壟斷病商。如敢抗違，即行指名禀
縣，以憑提訊究办，毋得故違，致干咎戾。切切特示。

右仰知悉

同治七年四月初八日示

告示

四

兵部尚書兩江總督部堂馬　爲

出示嚴禁事。照得皖南茶捐。前經
爵閣督部堂曾　酌定章程。每引徵銀二兩四錢八分。釐局道縣各衙門辦公經費。均在其内。不准再
行私取。嗣因休甯茶號。仍有餽送情事。即經出示嚴禁在案。現在新茶即日開市。誠恐各衙門暨各局
卡日久玩生。復蹈故轍。合再出示嚴禁。爲此示仰該茶號局商人等一體知悉。嗣後每引除徵銀二兩
四錢八分之外。不准多取分文。倘有刁徒藉端需索。准該商等指名稟控。號商人等。如再有私行餽送。
藉端影射。亦即嚴提究辦。決不姑寬。其各稟遵。毋違。特示。

同治八年三月　日示

告示

布諭通知

實貼 王廣豐茶行 曉諭

清同治八年三月兩江總督馬（新貽）爲皖南茶捐各衙門暨各局卡不准多取分文告示

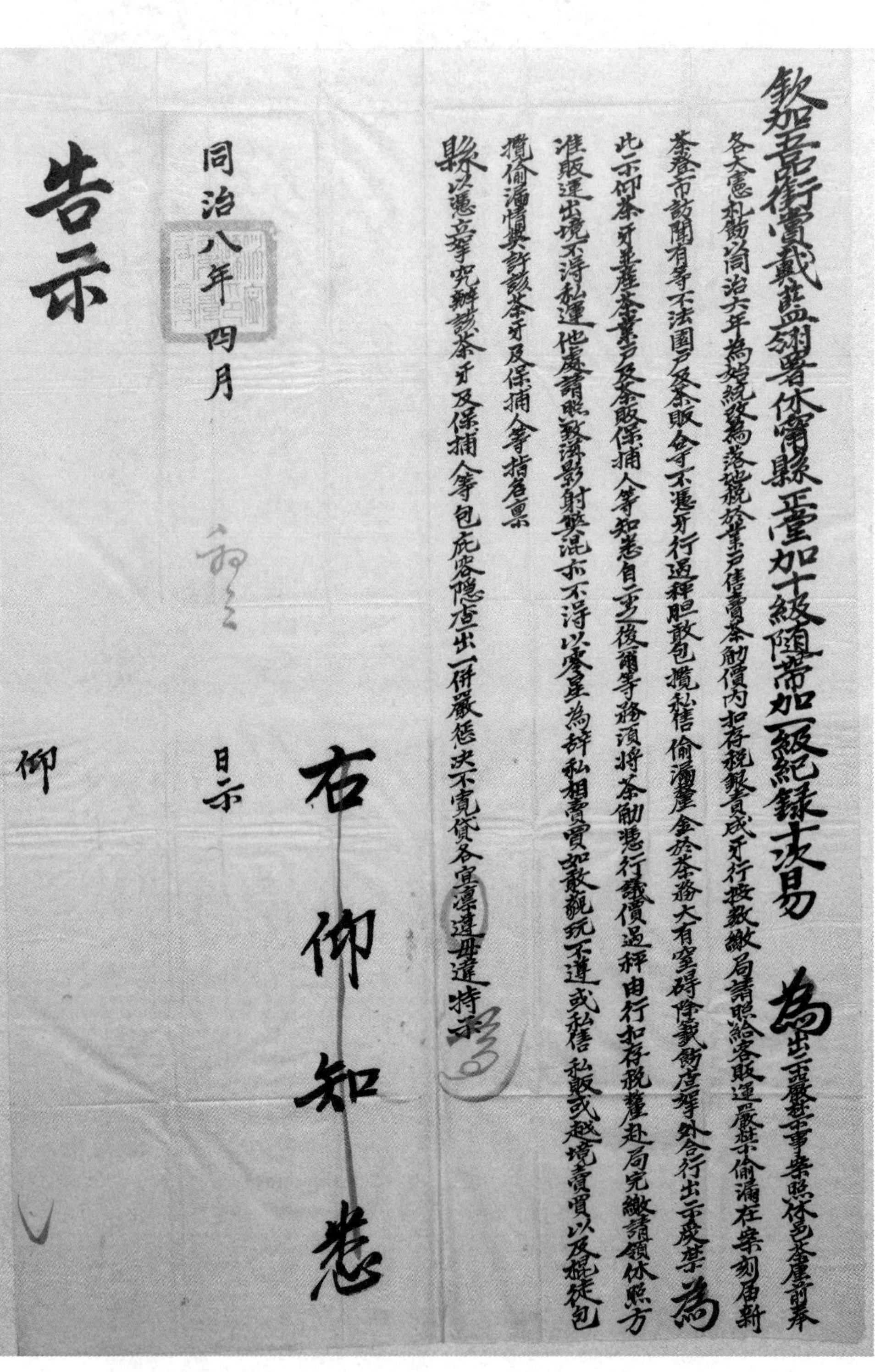

清同治八年四月休寧縣爲買賣茶觔務須憑牙行議價過秤完繳税釐請領休照方準販運出境告示

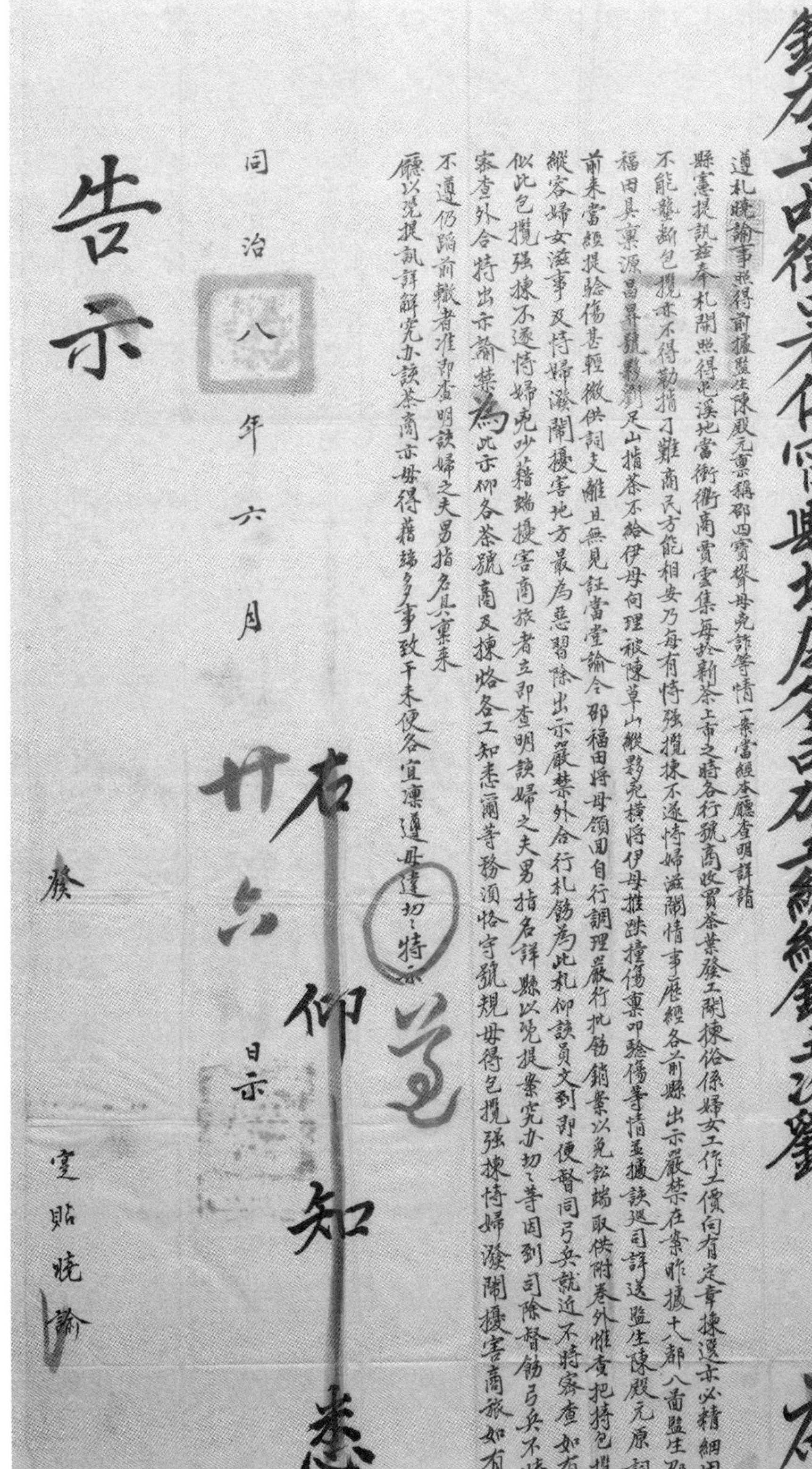

欽加五品銜署休寧縣𡊨廈分司加五級紀錄五次劉　為

遵札曉諭事照得前據監生陳殿元稟稱邵四寶等毋免詐等情一案當經本廳查明詳請
縣憲提訊茲奉札開照得屯溪地當衝衢商賈雲集每於新茶上市之時各行號商收買茶葉發工閙揀俗係婦女工作工價向有定章揀選亦必精細固
不能壟斷包攬亦不得勒揹刁難商民方能相安乃每有恃強攬揀不遂恃婦滋鬧情事歷經各前縣出示嚴禁在案昨據十八都八啚監生邵
福田具稟源昌昇號夥劉足山揹茶不給伊母向理被陳草山縱夥兇橫將伊母推跌撞傷稟叩驗傷等情並據該巡司詳送監生陳殿元原詞
前來當經提驗傷甚輕微供詞支離且無見証當堂諭令邵福田將母領回自行調理嚴行批飭銷案以免訟端取供附卷外惟查把持包攬
縱容婦女滋事及恃婦滋鬧擾害地方最為惡習除出示嚴禁外合行札飭為此札仰該員文到即便督同弓兵就近不時密查如有
似此包攬強揀不遂恃婦兇吵藉端擾害商旅者立即查明該婦之夫男指名詳縣以憑提案究办切切等因到司除督飭弓兵不時
密查外合特出示諭禁　為此示仰各茶號商及揀婦各工知悉爾等務須恪守號規毋得包攬強揀恃婦滋鬧擾害商旅如有
不遵仍蹈前轍者准即查明該婦之夫男指名具稟來
廳以憑提訊詳解究办該茶商亦毋得藉端多事致干未便各宜凜遵毋違切切特示

右仰知悉

同治八年六月廿六日示

告示

實貼曉諭

發

清同治八年六月休寧縣𡊨廈分司爲屯溪地方新茶上市毋得包攬强揀擾害商旅告示

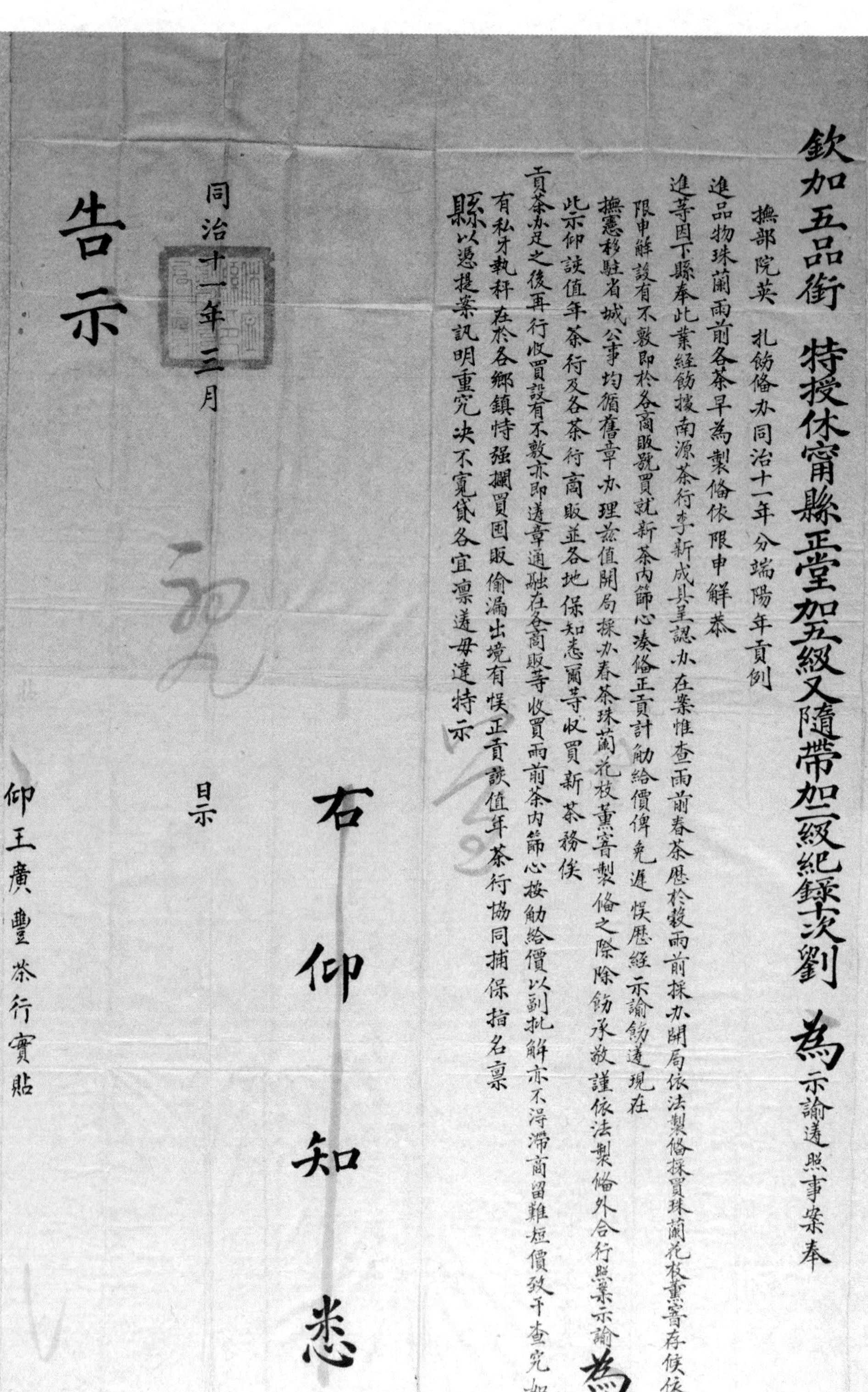

欽加五品銜 特授休寧縣正堂加五級又隨帶加一級紀錄十次劉 為示諭遵照事案奉

撫部院英 札飭備办同治十一年分端陽年貢例

進品物珠蘭雨前各茶早為製備依限申解恭

進等因下縣奉此業經飭據南源茶行李新成具呈認办在案惟查雨前春茶歷於穀雨前採办開局依法製備採買珠蘭花枝薰窨存候依

限申解設有不敷即於各商販號買就新茶內篩心湊備正貢計勘給價俾免遲悞歷經示諭飭遵現在

撫憲移駐省城公事均循舊章办理茲值開局採办春茶珠蘭花枝薰窨製備之際除飭承啟謹依法製備外合行照案示諭 為

此示仰該值年茶行及各茶行商販並各地保知悉爾等收買新茶務俟

貢茶办足之後再行收買設有不敷亦即遵章通融在各商販等收買雨前茶內篩心按勘給價以副批解亦不得滯商留難短價致干查究如

有私才執秤在於各鄉鎮恃强攔買囤販偷漏出境有悞正貢該值年茶行協同捕保指名稟

縣以憑提案訊明重究決不寬貸各宜凛遵毋違特示

右仰知悉

同治十一年三月 日示

告示

仰王廣豐茶行實貼

清同治十一年三月休寧縣爲製備貢茶依限申解給各茶行商販等候貢茶辦足後再行收買新茶告示

四

清同治十一年八月徽州府爲休寧縣屯溪李新成等八茶行照舊在榆村地方代客買茶他行毋得藉端阻誤告示

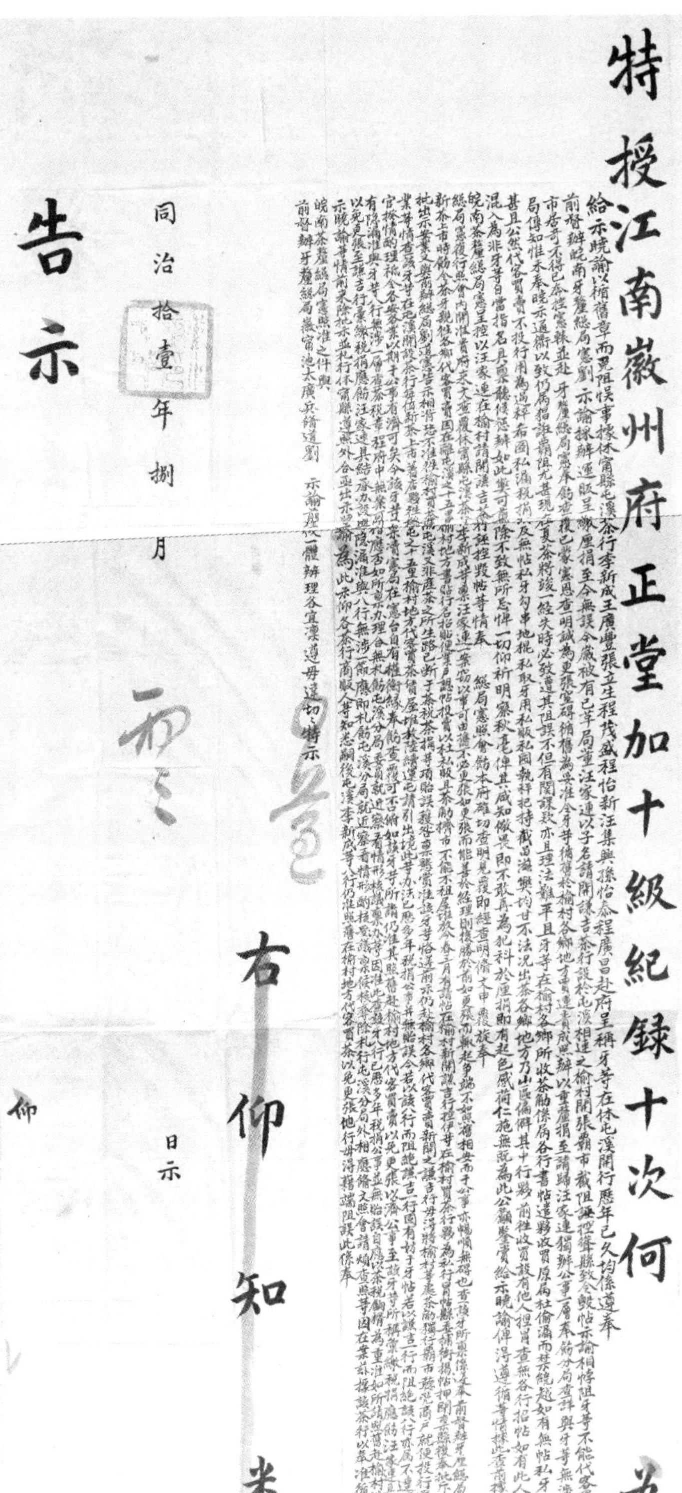

特授江南徽州府正堂加十級紀錄十次何　爲

右仰知悉

同治拾壹年捌月　　日示

告示

（全圖）

四

清同治十一年八月徽州府爲休寧縣屯溪李新成等八茶行照舊在榆村地方代客買茶他行毋得藉端阻誤告示

特授江南徽州府正堂加十

給示曉諭以循舊章而免阻悞事據休甯縣屯溪茶行李新成王廣豐張立生程茂盛程怡新汪集興孫
前督辦皖南牙釐總局憲劉 示諭採辦運販呈繳釐捐至今無誤今歲被有已革局董汪家連以子名請
市居奇不得已奔控憲轅並赴 牙釐總局憲奉飭查覆已蒙憲恩查明誠爲更張窒礙循舊爲妥准令牙等循舊
局傳知惟未奉曉示通衢以致仍屬揑詐覇阻尤甚現在夏茶將竣一經失時必致遭其阻誤不但有關課欵亦且理法
甚且公然代客買賣不投行用爲過秤希圖私漏稅捐[illegible]及無帖私牙勾串地棍私取牙用私販私囤執秤把持截留滋擾
混入爲非牙等自當指名具稟聽候懲辦如此弊可剷除不致無所忌憚一切仰祈明察秋毫俾其咸知儆畏即不
皖南茶釐總局憲呈控以汪家連在榆村請開謙吉茶行誣控毀帖等情奉 總局憲照會飭本府確切查明見覆
總局憲復行照會內開准貴府來文查覆休甯縣屯溪茶行李新成等稟汪家連一案竊以事可由舊不必更張如更張而能善於
新茶上市時飭令茶牙親往各鄉代客買賣因在離屯溪之十五里榆村地方書貼行名招貼便業戶認帖投賣以杜私販且茶觔擠市不能不
批出示安業又與前辦總局劉道憲告示相背恐不准往榆村買茶爲屯溪又非產茶之所生路已斷于茶稅茶捐等項貽誤獲咎稟懇賞
業等情查該牙等在屯溪開設茶行每值新茶上市着店夥往離屯之十五里榆村地方代客買茶賃屋堆放陸續運屯請引出境此等办
官撥情酌理祇令各安各業以期于公事有濟可矣今該牙等稟瀆憲局在憲台自有權衡緣奉飭查覆可否俯如該牙等
有隱漏准與牙等八行無涉一層查茶稅章程府中無案可稽應否如所稟办理合無札飭屯溪分局委員就近察看情形
以免更張至謙吉行稟繳稅捐應飭汪家連具結承办設有隱漏准與八行無涉一節應即札飭屯溪分局就近察看情
示曉諭等情前來除批示並札行休甯縣遵照外合亟出示曉諭爲此示仰各茶行商販人等知悉嗣後屯溪李新成等八行
皖南茶釐總局憲照准之件與
前督辦牙釐總局嶽甯池太廣兵備道劉 示諭[illegible][illegible]一體辦理各宜凜遵毋違切切特示

（一）上

十級紀録十次何　爲

新汪集興孫怡泰程廣昌赴府呈稱牙等在休屯溪開行歷年已久均係遵奉
進以子名請開謙吉茶行設於屯溪相連之榆村開張霸市截阻誣控聳縣致令毀帖示諭相悖阻牙等不能代客買賣霸
佔牙等循舊於榆村各鄉地方買運責成照辦以重釐捐至請歸汪家連獨辦公事一層奉飭分局查詳與牙等無涉已援分
款亦且理法難平且牙等在榆村各鄉所收茶觔係屬各行書帖遣夥收買原屬杜偷漏而禁繞越如有無帖私牙私自投售
持截留滋弊均甘不法況出茶各鄉地方乃山區偏僻其中行夥前往收買設有他人捏冒查無各行招帖如有此人概不得
知徽畏即不敢再爲犯科於釐捐即有起色感荷仁施無旣爲此公籲鑒賞給示曉諭俾得遵循等情據此查前據該行等上赴
離切查明見覆即經查明備文申覆旋奉
更張而能善於經理則後勝於前如更張而輒起爭端不如照舊相安而于公事亦暢順無碍也查該牙所禀係遵奉前督辦牙釐總局劉道憲示
飭擠市不能不租屋堆放今春三月有請帖在榆村新開謙吉行控伊等在榆村買茶行夥爲私行冒帖縣委捕衙揭帖押閉禀縣復奉批斥嗣縣奉府
獲咨禀懇賞准該牙等恪遵前示仍赴榆村各鄉代客買賣新開之謙吉行毋得將榆村等處茶觔獨行霸市聽憑商户就便投行買賣各安生
引出境此等办法已歷多年税捐公事并無貽誤今若以該八行而阻絶謙吉一行固有妨于牙帖若以謙吉一行而阻絶該八行亦属不達時務在地方
俯如該牙等所請仍准其照舊赴榆村地方代客買賣以免更張以濟公事至該牙等所稱黨織税捐應飭汪家連具結承办設
察看情形核議禀办等因准此查該牙八行已歷多年税捐公事並無貽誤自應以茶税餉糈爲重准如所請照舊赴榆村代客買茶
就近察看情形酌核妥議禀候核奪除札行屯溪分局外相應備文照會請煩查照等因在案茲據該茶行以奉准循舊叩賞給
李新成等八行仍准照舊在榆村地方代客買茶以免更張他行毋得藉端阻誤此係奉

（一）下

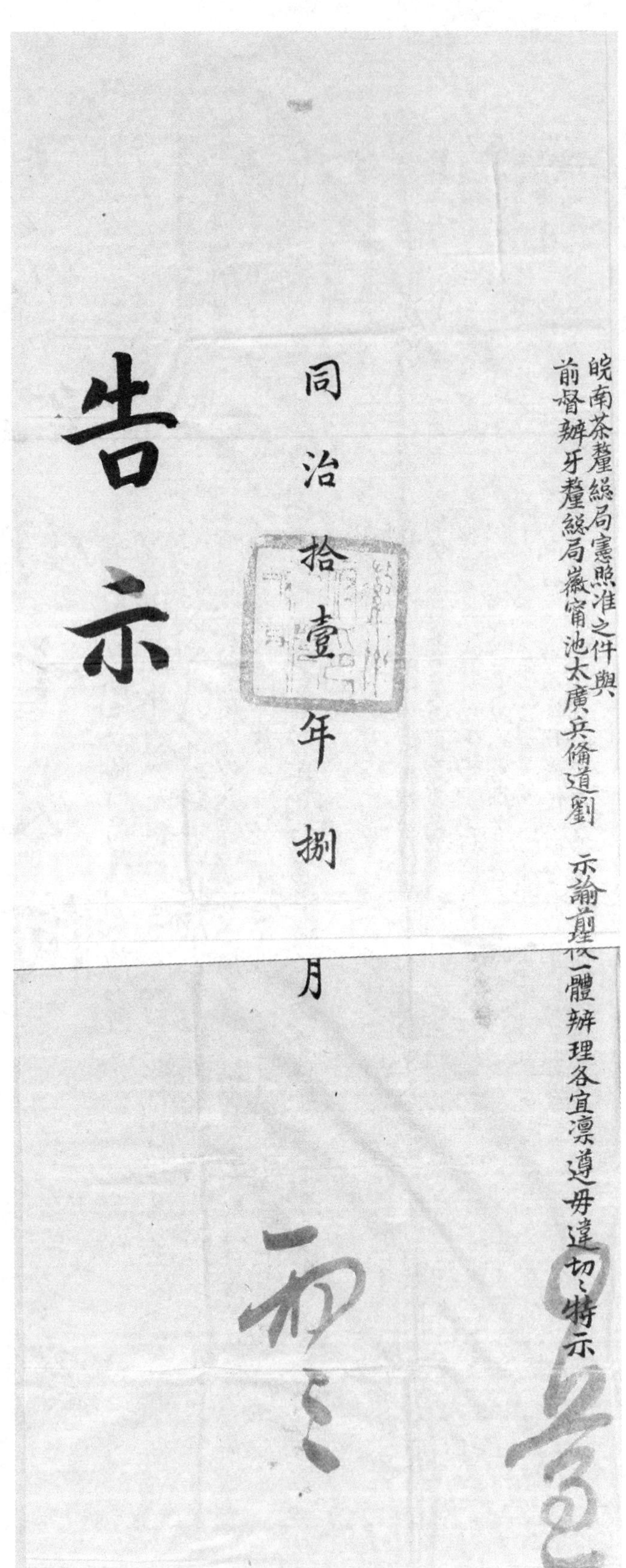
皖南茶釐總局憲照准之件與
前督辦牙釐總局徽甯池太廣兵備道劉　示諭釐卡一體辦理各宜凜遵毋違切切特示

同治拾壹年捌月

告示

(二)上

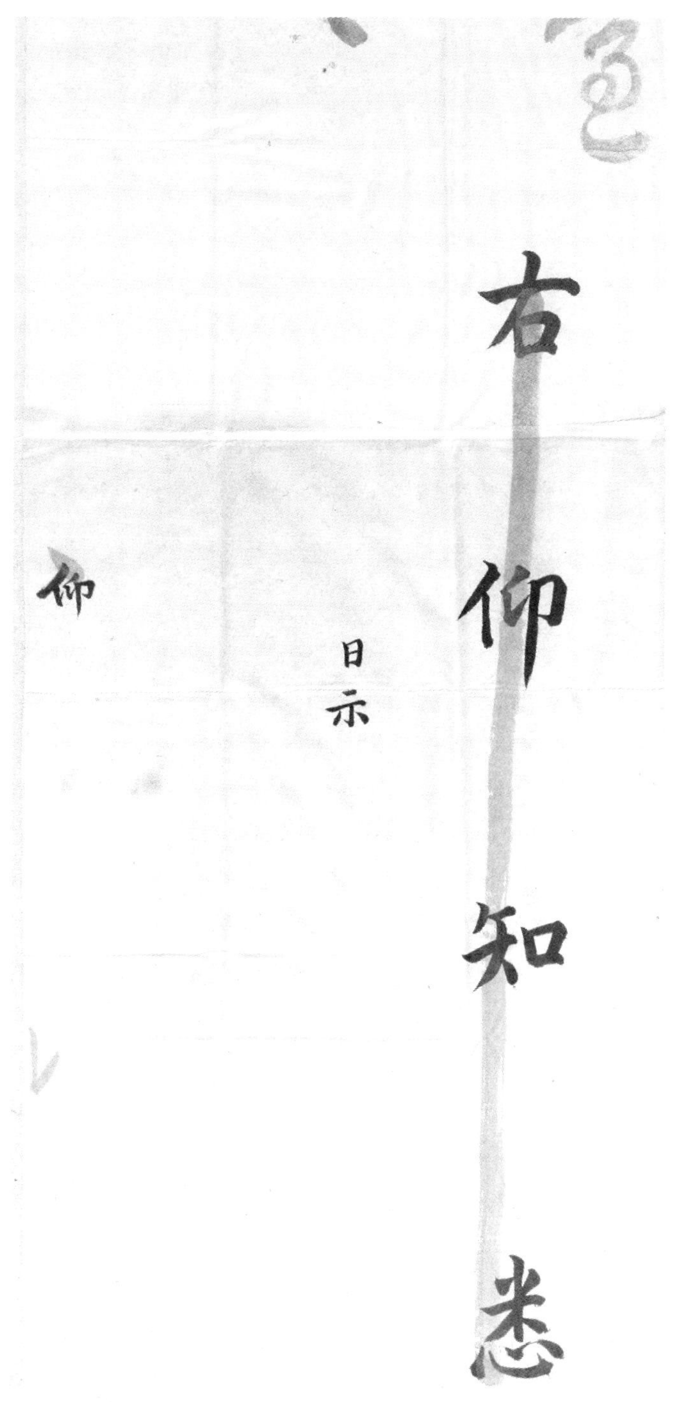

（二）下

民國五年四月祁門縣爲西五區十七十八十九等都茶商園户一體抽捐以籌保衛團經費告示

軍法課課長衛祁門縣知事馮為

出示曉諭事據西五區

保衛團総汪繹清暨一區紳汪濟瀾汪克仁程葵許仲臣等呈稱緑地方保衛團奉行已及兩年因無的欵則無常費

是雖有其名終成虛設茲值春茶上市外来人民日益加多其間良莠不齊則盜匪易於溷跡非加募團勇不足以資保衛非

籌集的欵不足以徵寔行茲擬區内茶號青茶每簍紅茶每箱抽取銀圓弍分园户售茶每斤抽取錢壹文由茶商代收代

繳以地方之欵項謀地方之安寧想商民無不樂從查一保衛團規程每月需銀元三十七元通年合需銀元四百四十餘元若以茶市加

募團勇十名約三個月冬防亦如之則通年合計需銀元八百餘元僅此區區似难接濟擬俟本年茶捐收有成數倘不敷用再行設法

籌添近因茶市已届為此呈請給示曉諭一体遵行等情到縣據此合行出示曉諭為此示仰西五區十七十八十九等都茶商園户

一体知悉須知該團改為保衛團名義原為變濟办法茶商居民均得一体保護而茶商向出之欵仍應照舊出給其园户售茶每斤

抽錢壹文補助保衛地方之要用亦属為數甚微自當樂從惟捐錢應由茶商代收代繳以昭簡便而清手續倘有從中阻撓即係

有意破壞防務定非安分之徒准即指名稟究决無寬貸其各遵照毋違切切特示

民國五年四月十九日

告示

發貼

〔一二〕清光緒五年徽州府關於重修歙縣鮑南堨告示

欽加道銜署理江南徽州府正堂揆勇巴圖魯鄒　為出示曉諭事案據歙西鮑
南堨董事廩貢吳正義增生程效伊職員程鵬高葉燾監生方允坦洪皎亭民人吳克仁鮑承培抱呈程升稟稱鮑南一堨傳
今年久分管經理連絡八村田畝均資灌溉每年值時播種乾旱無虞詎今夏六月坍塌五丈有奇蒙賜勘明並諭及時趕緊
砌修緣堨事瘵興實為　國課民生所關匪淺況石磅共計一百五十餘丈損壞之處甚多現即將其已塌者重砌審其甚
壞者重修曾倩石工估計工料等項至省約須費錢七百餘千文方能濟事以此鉅款苦於力所難支惟查本堨現坐
熟田壹千四百畝零擬勸佃種各戶每畝捐費錢五百文出資無多而鉅款易集即可趁此冬令趕緊興工庶來春農事
有賴倘仍不敷生等自愿另行措墊俟堨工告竣所有實收寔支再繕清帳呈核稟案報銷等情由署經廳轉詳到府
據此除批示外合行出示曉諭為此示仰鮑南堨業主佃戶人等知悉凡有鮑南堨石磅坍損之處既經該董等籌
費議章通力合作急宜趁此冬晴[趕緊細修]所有經費無論業佃一體量力捐輸固不准逞刁違抗亦不得凌弱抑勒以昭平允而濟
甫此是農田水利所關民生攸賴該業佃等應必樂觀厥成也各宜凜遵毋違特示

右仰知悉

光緒五年十一月十八日示

告示

仰

實貼

清光緒五年十一月徽州府經廳曉諭歙縣鮑南堨業佃人等遵奉憲示按畝捐費重修坍損石磅告示

欽加五品銜署江南徽州府經廳兼管刑廳印務加五級紀錄五次高　爲出示曉諭事案據歙西鮑南堨董事
廪貢吳正義增生程效伊職員程鵬高葉燾監生方允坦洪紋亭民人吳克仁鮑承培耙呈程廾稟稱鮑南一堨創自東晋咸和年間傳今年久分管經理
連絡八村田畝均資灌溉每年值時播種乾旱無虞詎料今夏六月間坍塌石塝五丈有零荷蒙勘明並諭及時趕緊砌修緣堨事廢興寔爲
國課民生所關匪淺惟是石塝共計一百五十餘丈損爛之處甚多即將其已塌者重砌審其甚壞者重修曾倩石工估計工料等項至省約須費錢七百餘千
文方能濟事以此鉅款苦於力所難支並蒙轉詳
前府憲何　飭令妥議章程期於工歸寔用等因惟查本堨現墾熟田一千四百畝零擬勸佃種各户每畝捐費錢五百文出資無多而鉅款易集
即可趁此冬令趕緊興工砌修庶來春農事有賴倘仍不敷生等另行措墊俟堨工告竣寔收寔支再繕清賬稟案報銷各等情到廳據此當經抄情詳請
府憲並奉出示曉諭在案合行出示曉諭　爲此示仰鮑南堨業佃人等知悉各宜遵奉
憲示一體踴躍從公以資工用業經該董等倩匠將其坍塌之處現在興工重砌損壞者一面重修庶來春農田有賴其各凜
遵毋違特示

布仰知悉

光緒五年十一月廿一日示

告示

仰

地保寔貼曉諭

〔三〕清同治至民國年間其他官府告示及出抵股份合同

欽加同知銜署休寧縣正堂加十級紀錄十次吳 爲

示諭加禁事。據十三都保甲局紳董運同銜太常寺博士汪嘉棣、六品銜議叙國子監典籍汪垣、五品銜議叙州同吳受祿、生員吳垿、監生吳湘山、從九品銜戴康祖稟稱：職等奉到鈞諭，以都內職員吳奎、汪景烈遵示開荒，具呈稟請，批飭保甲總局紳董東公會商，查議妥協，另開章程稟覆，察奪等因。職等遵查得，都內田畝自咸豐十一年後，農民漸次開種，荒田無多，粮賦照納。惟村外平田又荒田，各業主正在籌議開種，詎吳奎、汪景烈並不與聞各業主，私自指使丐頭胡添生，外引上年稟禁棚民之王煥文，捏名王松栢出召承攬。竊思平田、又荒田不過三四十畝，本都農戶，計有上百家，盡可發種，何必遠召棚民，致生事端。即王松栢、奎等呈內稱僑居萬安街，萬安附近一帶荒田甚多，亦何必舍近圖遠，以五十里外之人，來承此數十畝之田？其中情弊顯然。伏查召異開墾，例禁甚嚴，公業私召，律有明條。誠以棚民無籍，蔓延滋害，職都遵奉例禁，向無棚民居住。現在各村奉行保甲，憲示煌煌，不准容留外匪。今奎等膽敢違例藐憲，衆業蠲召匆圇棚民，其居心尤不可問。職等理諭罔顧，復敢朦憲求批，思圖挾制，幸蒙照飭局查覆，不候職局稟覆奉示遵行，輒於二月二十七日招致棚民，指令興工，奸險藐橫，莫斯爲甚。且查攬約中人何煥福、胡平安，均不知何處人氏。職等奉諭查覆，理合具稟，懇大老爺恩准立案，並將各業主不願召異親筆押單呈核，伏乞鈞鑒，飭提吳奎、汪景烈並丐頭胡添生赴案訊，並飭松栢退租，召批呈繳，以杜後患，地方幸甚。等情到縣。據此，查召異開墾，久干例禁，有妨農田水利，除批示並飭差查拿訊明究辦外，合行出示加禁。爲此示仰該處居民人等知悉：境內山多田少，土鬆泥河，是以歷禁召異開墾，如實是閑曠之地及兵燹之後田地荒蕪未經開復者，許該業主投鳴保甲局公正紳董查議，舉行開復，無論公產己業，不准召異，倘敢故智復萌，仍蹈前轍，許該紳等指名稟縣，以憑照例從嚴究辦，決不姑寬。其各凜遵，毋違。特示。

右仰知悉

同治伍年叁月 初九 日示

告示

仰十三都上溪口 實貼 通衢 曉諭

清同治五年三月休寧縣給十三都嚴禁私召異鄉棚民開墾告示

清同治五年十二月歙縣嚴禁盜砍偷伐休寧監生王雋買受衣宇山竹木告示

欽加知州銜調署江南徽州府歙縣正堂加十級紀錄十次沈 為給示嚴禁事
據休邑監生王雋稟呈請示嚴禁以資蓄養事竊生家居休邑在治北鄉受買衣
宇山業上畜竹木前自縣姓管業以來不無魆砍侵害今歸生管契載明晰計稅共肆拾貳畝
零東至石人峯溪中石筍為界南至溪干外庄屋為界西至梘坑謝家墳為界北至山脊為
界四至均釘界石憑畝文明於內多有古木巨竹以深林茂箐而兼柴薪叢密恐有無耻之徒
暗地盜搒偷伐且該山與生所居之鄉路途窵遠防範維艱非求明禁立石弗諸久遠難免滋生事端為此
呈叩憲恩賞示嚴禁俾資蓄養戴德上稟等情據此除批示外合行出示嚴禁 為此示仰該處居民人等
知悉自示之後毋得盜砍偷伐如有前項情事許即指名稟
縣以憑提案嚴究不貸各宜凜遵毋違特示

右仰知悉

同治伍年拾貳月　日給

告示

仰 寔貼曉諭

四

清光緒三年二月某某縣胡超翰等立願同出抵集賢賓麵館股份字抄白

立願同出抵字胡超翰仝弟紹光出継子東圃舒芳遠仝堂弟羅壽羅發羅貴羅芳余汪氏仝媳胡氏緣饒
郡東関外集賢賓麵館向未舒禮濟記壹股禮三濟七合出本錢肆伯千文胡星記壹股余賜記壹股各出本錢肆
伯千文舒佐記汪焕記合抵壹股佐出本錢弍伯五拾千文焕出本錢壹伯五拾千文共成壹千陸伯千文續因焕空下股此
後以壹千肆伯五拾千文獲利照分嗣又添做磨坊仍從原本至同治九年春誤累欠歇各本參差此一復開本合
八減共成本錢壹千壹伯六拾千文次年余汪氏以賜記股分出抵壹半與　濟記股下賜記仍存本錢壹伯六拾千文星記
存本錢叁伯弍拾千文禮記存本錢玖拾陸千文佐記存本錢弍伯千文今因存本不齊人事不一願公同憑中立據將各
得股分盡行出抵與
舒濟記股下為全業三面眼同清算星記得錢叁伯弍拾千文禮記得錢玖拾陸千文佐記得錢弍伯千文賜記得錢
壹伯陸拾千文其錢各照簿算收足此外另補貨價錢水併滾存餘利等款均照摊分清楚攏簿批明其館應聽
原牌開張所有館內裝修傢伙各物并磨坊牛隻等件及人該該人概歸受抵承管嗣後生意盈絀亦與出抵
者無涉今欲有憑立此願同出抵字為據

再批余胡兩姓會同均繳禮記佐記會同因遺窕失倘後檢出不作行用又照

抄白存底

（一）

清光緒三年二月某某縣胡超翰等立願同出抵集賢賓麵館股份字抄白

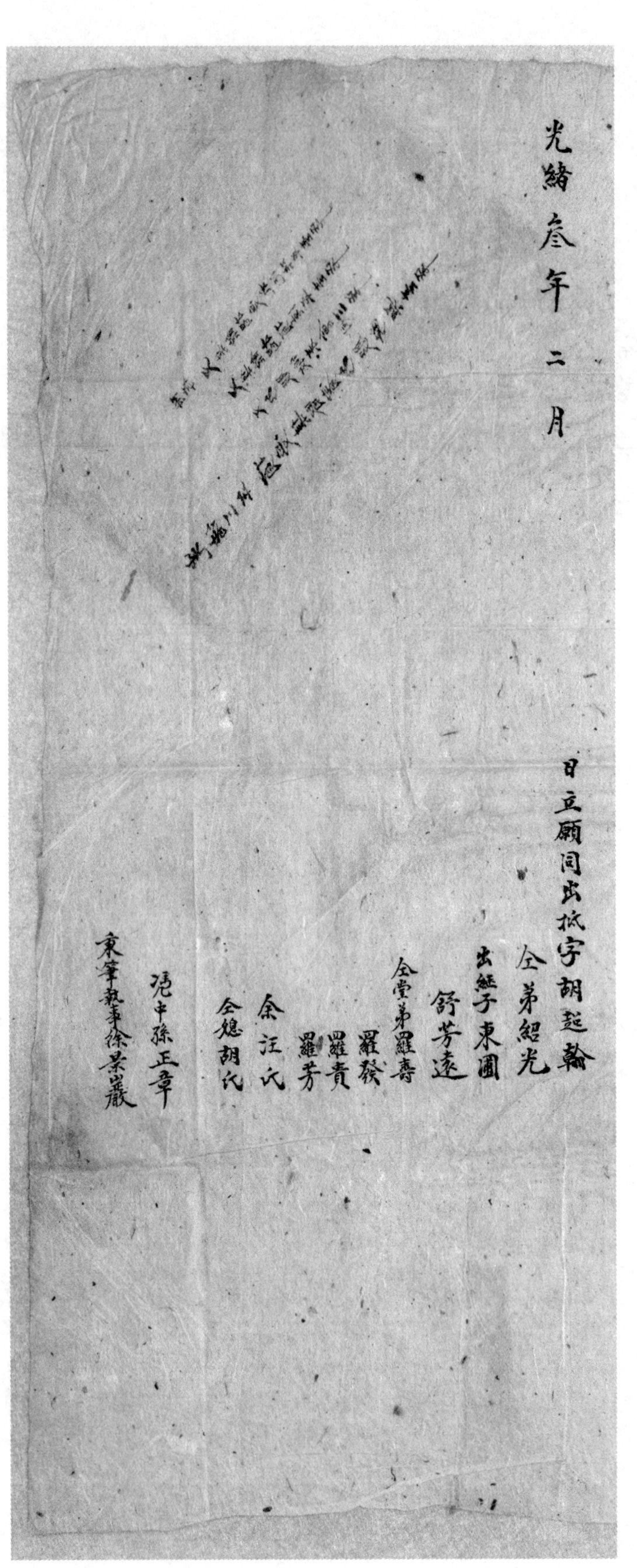

光緒叁年二月　　日立願同出抵字胡超翰

仝弟紹光

出繼子東圃

舒芳遠

仝堂弟羅壽

羅發

羅貴

羅芳

余汪氏

仝媳胡氏

憑中孫正章

秉筆執事徐景巖

（二）

清光緒三年二月某某縣胡超翰等立願同出抵集賢賓麵館股份字抄白〔背〕

清光緒三十四年三月休寧縣催繳本年上忙新賦并三十三年分奏銷錢糧及三十一二兩年舊欠銀米告示

欽加同知銜署理江南徽州府休寧縣正堂加級紀錄二次記大功二次金 為

剴切曉諭趕完錢糧事照得丁漕錢糧奏銷均關

國家正供例應年清年款不准絲毫蒂欠如敢抗玩無論紳衿士庶一律詳革提追定例何等森嚴茲本縣准交查核應徵本年上忙新賦並三十三年民欠奏銷錢糧

未見踴躍輸將其三十一二兩年銀米爲數亦復甚鉅本縣留心訪察每有疲玩花戶勾串不肖糧差地保私貼規費包攬分肥延抗以致近年錢糧愈欠愈多致

廢課賦實堪痛恨本縣在省面奉

藩憲嚴諭飭將應徵本年上忙新賦並三十三年分奏銷錢糧以及民欠未完三十一二兩年銀米務即一律掃數完解濟餉以免蒂欠等因奉限適斷難再任

延欠所有各糧差除由本縣隨時整頓並摘提大戶追完暨照諭各鄉紳董遵照外合行剴切示諭為此示仰闔邑有糧花戶紳民人等知悉須知士作責

歲有常經茲值時事多艱餉需孔急各花戶食毛踐土各當激發天良自示之後務將未完本年上忙新賦並三十三年分奏銷錢糧以及三十一二兩年舊欠銀

米趕緊赴櫃掃數完納毋得觀望遲延自取追呼之累倘各該花戶仍敢勾串不肖糧差地保貼費分肥以及刁衿劣監包攬代抗一經察出定即

提案照例嚴究詳革決不稍貸其各凜遵切切特示

右仰知悉

光緒三十四年三月

廿 日示

告示

仰

四

〔清〕某朝某年城守營禁止〔祁門縣〕歷溪約地方開場聚賭告示

城守營胡　示

照得開場聚賭例禁綦嚴茲據西鄉十七都歷溪約耆民王修恥監生王一言王承彝職員王鳳儀生
員王楨幹民人潘平天等聯名禀稱該處界連石埭往來者繁先年立有合墨禁止近因人心不古賭風漸
開時有三五成羣開場賭博無論貿易肩挑強弱不齊男婦混雜廢時失業甚至蕩產傾家賭博
之害寔堪痛恨耆等不得不公叩加禁賞示勒石以安民生等情到營據此除隨時密拏外合行給
示嚴禁而靖閭閻之患為此示仰該處諸色人等一体知悉自示之後如有藐法棍徒仍
敢開場誘賭著該紳耆等隨時責成地保赴
營具禀指名以憑嚴拏究办決不寬貸尔等犯賭之輩務各改過自新切勿以身試法
凜遵毋違切切特示

實貼　鄭村　毋損

軍法科科長衔歙縣知事丁　為

出示嚴禁事案據邑民汪澤呈稱緣治下先塋坐落九都十啚梅山地方為前清嘉慶道光同治等年扦
葬土名冒鷹墩計山稅二分地稅五分六厘豎立界石完糧世守垂逾百年祇因治下游宦江蘇勢難歲歸
祭掃墳旁隙地前清光緒三十二年曾遭盜葬幸經丞咸查追罰令起扦服禮治下聞信已在事後
故未深究刻以身丁父艱歸里省墓驟見該地又遭盜葬兩墳本擬即行呈訴當經該盜葬之人懇求
戚友出為調處自願起扦安山祇得免予窮究竊思墳墓已疊遭盜葬治下又飢驅奔走廬墓未能
邱隴無封時虞侵占為此具呈仰求恩賞禁碑勒石昭衆俾此抔土殁存均感等情到縣據此除
批示外合行出示嚴禁為此示仰該區居民一体知悉須知盜葬侵害均屬有干法律嗣後務當
痛改前非倘有不法之徒敢再在汪姓墳山業内盜葬侵害一經發現准該汪姓及地保來署報告
定予提訊按律嚴懲決不姑寬各宜凜遵毋違切切特示

右仰知悉

告示

中華民國三年四月廿日

四

民國七年七月安徽省實業廳禁止盜竊侵害森林佈告

安徽實業廳佈告

第七號

照得森林一項爲用最廣舉凡固隄防消水旱除災癘皆爲無形之利益而於人民生計之關係尤其顯然者也然成效之是否可期則視保護之能否協力本廳長蒞任以來對於林業異常注意曾經通令各縣禁止燒山在案茲當夏令正林木暢茂之時誠恐無知之徒任意竊伐致使陰濃樹木頻受摧殘若不申明禁令實於林業前途大有妨害查森林法第二十一條竊取森林之主副產物者爲森林竊盜處五等有期徒刑拘役或贓額二倍以下之罰金又第二十二條知爲森林竊盜之贓物而受贈搬運寄藏故買或爲牙保者依第二十一條第二十二條之例分別處斷煌煌教令何等森嚴凡屬人民允宜遵守爲此剴切佈告仰爾居民人等知悉嗣後無論國有公有私有森林均當愛惜如有盜竊侵害情事一經察覺或被告發卽由該管縣知事拘案嚴辦决不寬貸其各懔遵此佈

中華民國七年七月　日

實業廳長方時簡

民國十五年三月績溪縣爲偷竊五禾蔬菜桑葉等項一經查獲即行究辦告示

署理績溪縣知事兼警察所長卞 爲

示諭事案據縣農會會長章兆諾函稱竊我績近年以來一般下流社會人民類多不務正業以詐取爲能事以偷竊作生涯遂致瓜田李下賊竊時聞無恥之徒愈多風俗之壞日甚現當桑葉發芽漸次茂盛五禾蔬菜將及成熟之際每有無知男婦胆敢肆意偷竊或爲己用或以賣錢全不思物各有主長此以往寔業難以推行風俗何堪收拾敝會爲維持農業産物起見用特函懇鑒核准即出示所有桑葉以及五禾蔬菜等項一概嚴禁偷竊并請飭各警察局力加注意查察以維實業而正風俗等情到縣據此查五禾蔬菜桑葉等類培植有主收獲有期偷竊損害法所不容據函前情除飭警隨時巡查外合行示禁

爲此示仰闔邑人等知悉自示之後如敢再有偷竊五禾蔬菜桑葉等項一經查獲定即嚴行究辦決不寬貸其各凜遵切切特示

右仰知悉

中華民國十五年三月廿一日

寔貼 曉諭

安徽省政府財政廳佈告

案查安徽省牙稅章程第三第五兩條內載短期行帖自三等起以一年爲限三等繳帖捐肆拾元四等繳帖捐叁拾元五等繳帖捐貳拾元業經通飭各縣遵辦在案茲據牙商吳燮庭稟請在休寧縣東亭地方開設永達字號船行遵照定章呈繳五等帖捐洋貳拾元請領五等短期行帖核與定章相符除填給短期牙帖交該行收執外合行佈告仰該牙商即在休寧縣東亭地方開設船行准其在牙壹年自貳拾貳年五月起扣至貳拾叁年肆月期滿即應換領務須遵照定章任客投行公平交易不得私立分行越地營業包攬他色貨物致干查究如有無知之徒藉端滋擾以及把持阻撓情事許該行商指稟地方官廳察實究辦其各凜遵毋違此佈

廳長葉元龍

中華民國貳拾貳年五月壹日

實貼東亭曉諭

民國二十二年五月安徽省財政廳爲吳燮庭在休寧縣東亭地方開設永達船行佈告

民國二十二年九月休寧縣牙帖稅捐局爲牙行應行注意事項摘要佈告

休寧縣牙帖稅捐局佈告

為佈告事照得牙帖稅捐為省庫重要稅收之一辦理良
窳計政之盈絀繫之茲奉
財政廳通飭整理實行新章統一稅收期裕計政本專員
奉委來休設局專負稽徵本縣牙帖稅捐之責並奉
縣政府令交所存之各種帖照到局自本年九月一日起
即由本局接辦業經分別呈報並佈告在案惟當任事伊
始對於本縣行商情形尚不十分清晰除親赴各處調查
俾明實況外合將各該行商應行注意事項摘要條
列於後佈告週知此佈

(一)凡開設牙行代人買賣及介紹貨物抽收行用者須照章領帖繳稅方准營
業

(二)行商須照帖定之章程色則等級地点開設牙行如有無色逾等或越地營
業者須各別補領牙帖更正地點不得違章取巧致干處罰

(三)牙帖及佈告向由
財政廳一併頒發各該行商須將佈告張貼於營業處所如有原領之牙帖
與佈告倘而不全或牙帖與佈告填載之名稱不符者限於一個月內自動
向本局申請更正否則逾限查出或被告發准即照章取締

(四)商人未領牙帖及佈告私收行用者准人民及有帖行商據實告發即照應
領等則稅捐按年加五倍處罰充賞一面責令補領牙帖或歇業

(五)商人領帖時應繳之帖捐印花等費連同縣地方附加須向本局一次繳清
方可發給牙帖與佈告

(六)牙稅照章分季征收各該行商每季應繳之稅款亦須連同地方附加於
帖時一次繳足不得延欠

(七)商人原領之牙帖期限屆滿者如欲繼續營業即應照章先向本局請領新
帖以便銜接否則期滿後不准營業

(八)牙行代人買賣抽收行用不得逾百分之五如客商故意不經牙商私自買
賣經行商查出得按應繳用費處罰一倍但行商須聽客投行不得有強勒
情事

中華民國二十二年九月　日

專員胡拓圃

實貼

〔民國某年某月〕休寧縣不准斗山黃茅一帶旅店窩賭窩贓佈告實貼斗山曉諭

休寧縣知事劉佈告

開設旅店　安寓客帮　豈容賭博　貽害地方
迭經頒佈　禁令煌煌　山斗黃茅　一帶村庄
各該旅店　胆敢試嘗　地保禀報　紳董函商
除飭傳訊　罰办相當　特再佈告　仰各照章
凡屬旅店　不論城鄉　歇客記簿　盤查須詳
容留匪類　窩賭窩贓　一律不准　違干懲創

實貼　山斗　曉諭

休寧縣知事劉佈告

開設旅店　安寓客帮　豈容賭博　貽害地方

迭經頒佈　禁令煌煌　山斗黃茅　一帶村庄

各該旅店　胆敢試嘗　地保禀報　紳董丞商

除飭傳訊　罰办相當　特再佈告　仰各照章

凡屬旅店　不論城鄉　歇客記簿　盤查須詳

容留匪類　窩賭窩贓　一律不准　違干懲創

實貼黃茅曉諭

五、清同治至光緒年間績溪縣諭

四

清同治十一年九月績溪縣給十一都二推收書汪道五立將新墾田地及未報房屋山塘認真稽查造册呈縣諭

諭

署績溪縣事盧　江蘇臺加十級紀錄十次李　諭
十一都二推收書汪道五知悉照得績邑未墾荒
田迭經各前縣出示招墾並諭該推收書等按都查報
本縣到任又經出示勸諭設法墾種並於點卯時當堂
面諭該書等認真稽查各在案現值造册詳報之期
合亟諭催諭到該推收書立將各管啚內新墾田地以
及未報房屋山塘趕緊督協地保按都挨村認真
稽查如有刁户不遵查報許即指名稟究該書
等所查田地等業定限九月廿日造册呈
縣以憑核數彙報該推收書地保等如敢怠惰延
不查報定提嚴究不貸凜之切切特諭

同治十一年九月初四日給

四

清同治十二年十二月績溪縣給十一都推收書汪道五立將新墾田畝查明造册送縣諭

諭

欽加同知銜署績溪縣正堂加十級紀録次柯　諭

十一都推收書汪道五知悉案奉
善後総局憲　札飭將荒田赶緊墾種按月造報等
因節經各前縣諭飭該推收書等督同地保查報在案
所有本年五月以後各都新墾田地共有若干畝未據該
推收書等造册呈報殊屬違延茲本縣蒞任斯土首重
催科一切公事均須認真办理斷難任聽情延合行
諭飭諭到該推收書立即督同地保赶將本年五月
以後新墾田畝查明造册送
縣以憑彙報倘有業戶隱匿許即指名稟究該書
等如敢徇情受賄扶同隱匿一經訪聞定即嚴办不
貸毋違特諭

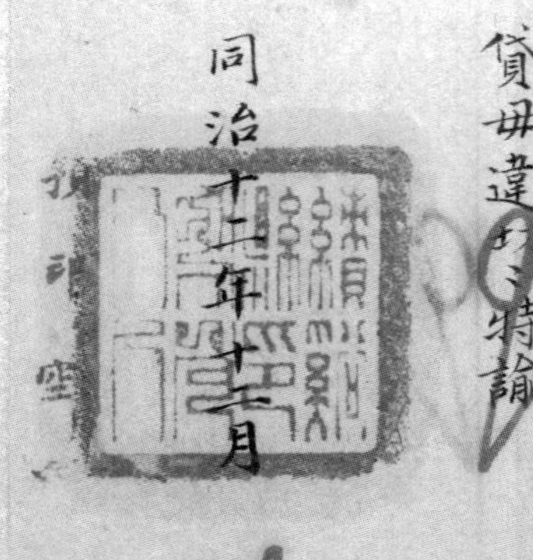

同治十二年十二月　　日給

册

四

清光緒元年六月績溪縣給一都等倉書汪星武立即查明官田造冊送縣諭

清光緒二年八月績溪縣給倉書汪星武立即查明官田造冊送核諭

諭

欽加同知銜署績溪縣正堂加十級隨帶加三級紀錄次馬　諭
倉書汪星武知悉照得折色官租二千九百五十六石向係
官産民種造冊徵收前因兵燹以致荒蕪乃迄今多
年開報仍屬寥寥顯有隱匿不報及以熟作荒以多
報少情弊現奉
藩憲迭札嚴催飭即查明額設官田現已墾熟
若干未墾若干田坐何處佃户何人刻日造具細冊送核
等因節經諭飭該倉書查明造冊呈候核辦迄
今未據造送寔屬玩延合再諭飭諭到該倉書
刻即前往該管處所查明官田已墾若干未墾
若干何人承種向係何户完納係何字號土名何處
本年新墾若干再限　月内造冊送核立等
轉申自諭之後敢再任佃弊混以熟作荒以多
報少事發定將該倉書一併治罪切切毋違特諭

光緒貳年八月　廿　日諭

四

清光緒二年八月績溪縣給倉書江玉輝立即查明官田造册送核諭

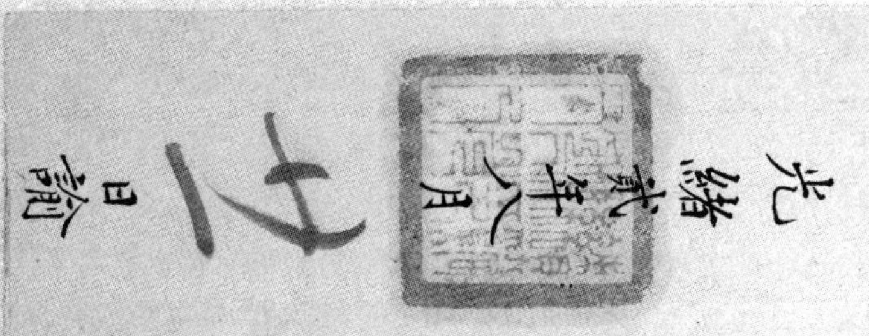

四

清光緒二年十月績溪縣給一都等倉書汪星武立即查明官田造冊送核諭

四

諭

欽加同知銜署績溪縣正堂加十級隨帶加二級紀録十次馬 諭
伍都倉書江玉輝知悉。照得折色官租，向係官
産民種，造册徵收。前因兵燹，以致荒蕪，乃近今多年
開報仍屬寥寥，顯有隱匿不報，以熟作荒，以多報
少情弊。茲本月初一日，又奉
藩憲檄飭，嚴催即速查明額設官田現墾
熟田若干，未墾若干，田坐何處，佃戶何人，剋日督
承，造具簡明清册，送司核辦，如敢諉延，定即委
提不貸等因。查此案節經諭飭該倉書查明，造册
呈候核辦，迄今日久，置若罔聞，寔屬有心玩泄，奉飭
前因，合再嚴飭。諭到，該倉書剋日前往該管處
所，查明官田已墾若干，未墾若干，何人承佃，何戶完
納，係何字號，土名何處，本年新墾若干，再限　日
内造册送核，立等轉申。此諭之後，書佃人等敢再
通同蒙混，以熟作荒，以多報少，一經委員到縣，定
將該倉書嚴行審訊治罪，毋再仍前，致干嚴
譴，切切毋違，特諭。

光緒貳年十月十一日諭

清光緒二年十月績溪縣給五都倉書江玉輝立即查明官田造册送核諭

四

清光緒三年七月績溪縣給十一都推收書汪道五速將新墾及隱朦田畝查明造册呈報諭

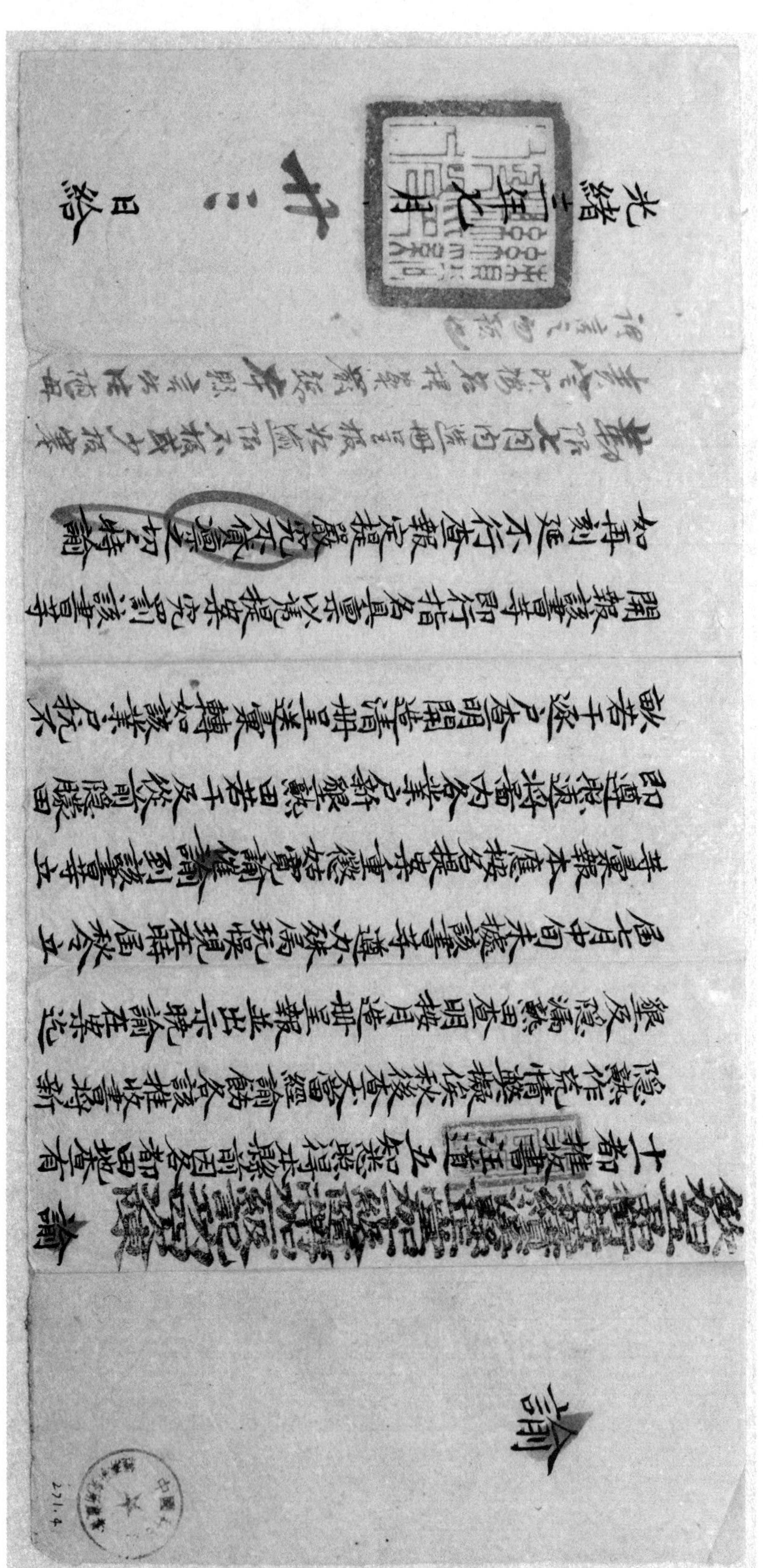

卷十二　其他成包文書

一、明成化至崇禎年間財産、宗族、商業、社會關係文書

〔一〕明成化至崇禎年間祁門縣柯源方氏文書

三四都鄭宗文等今斷到同都方從善名下
山壹号坐落本都一保土名周四塢計山八畝前
去入山砍劉栽坌杉香鋤擇成林長大砍
斫對半八分木自斷之後不致荒閑如有盜
約所自別議其種山粟栽木蔭其種山麻每
畝壹年麻近坐鷄壹對初年付近在後無今恐
無憑立此合同斷約為用
成化九年二月初六日斷約人 鄭宗文（押）約
同弟 鄭宗善（押）
見人 饒右新（押）
奉書人 鄭文通（押）
[illegible]
見叢山約有壹畝成麻壹年

明成化九年二月〔祁門縣〕鄭宗文等立斷山約

明嘉靖十七年八月（祁門縣）胡發立謹守方道寶祖墳墓林不致被侵文約

三四都胡發今有本都方道寶祖墳墓林一片坐落本家住
傍，於八月十八夜被人鑽斫杉木求根，本身隨即報知本
主。是方道寶狀投里長行拘到，亭不思終訴，立此
文約。自後謹守，不致被人侵犯，如違聽從理今。
恐無憑，立此為照。
嘉靖十七年八月初七日立約人胡發（押）約
中人 汪崇（押）
勸諭里長汪悅（押）
汪[illegible]（押）

四

明嘉靖二十九年五月〔祁門縣〕方道保等重立合山禁革盜砍竹木議約

柯源方道保方璉保方曉方七方勝保等今為上年間方潛等切見本處山多田少地窄人稠況無本户民匠二差連年繁重難以供解原同衆嫡議將承
祖住後東坑山青山嘴坦山并各分己買土名棋坑滿南塢皮山小嶺下大坌等處山場俱近住基原係族儔方寶鄭志汪之買為照寫立合同文約於
内長養松杉竹雜柴等木茂盛出賣許今七年通衆砍雜柴木[illegible]賣置產供解差役因前議各分己山畝步税粮未曾給付該分子孫供解所
所有中塍於内邊造坟塋蔭木俱係得崇兄弟栽養松竹等木以護祠[illegible]方得貴兄弟安葬收坟立得崇坟并亦听栽養庇蔭又經廿九年閏方道保
照山砍竹是衆言阻擇將伊分文約查看是道保説衆混占己山扯毀文約要行陈理憑中勸諭道出文并罰訖其山埋石為界外栽衆業書截竹山道分
己業是以衆復商議托憑中人仍遵出文重立議約將於内山場照舊長養松杉竹標柴等木各分家長務要嚴督各論大小人等毋許私自入山侵砍
但有分之人倘遇不拘家外人等在山盜砍務要報衆拿獲理治如里容情不拿者倘衆得知連容情之人一體理治各罰白銀乙錢入衆收貯待
領不服者倍罰其竹木成材倘遇户役要用之際報衆同衆砍賣其價除出祖山塢外其餘己分山塢照依畝步量情給付該分子孫供解税粮亦不
許家人時常索取以致竹木不得成材如有順情者并罰銀伍分自重立合山議約禁革之後各分子孫永遠遵守如不遵此議者听不違议之人賫文赴
官依理并罰白銀壹兩入公用仍依此文為准今恐人心不一為立合同一樣五紙各分收執一紙為照

仁

（一）

四

明嘉靖二十九年五月〔祁門縣〕方道保等重立合山禁革盜砍竹木議約

再批舊文賣出不在行用

嘉靖二十九年五月初八日同重立合山禁革議約人

方道保（押）
方經保（押）
方曉
方七
方鎮保
方耀
方天壽
方元保
方勝保
方得勝
方得時
方得宗
方得旺
方得崇
方得嵩
方得富
方淂元
方得憲
方貴保

中見人 王元保（押）
倪世用（押）
盛世奇（押）

□書

（二）

明萬曆三年八月（祁門縣）饒政榮等立奉本府告示查理牙行以平市價合同文約

三四都一二啚排年饒政榮汪廷璉等爲查理牙行以平市價事
本府蕭太爺告示行拘事以牙行匪人民害匪小深爲民念切覩本都塌坊名冠四鄉路兼六省
通達能通休歙捷徑可達蕪杭貨物堆停不啻城鎮客商交易不減市塵實非細務及查前
向是王姓地方一門占充名號八虎路一方又容子弟截買截賣販進出私有大小之
殊貨物交易日有三等之價遠近客商多被肘制儕店小戶十九遭虧見聞者束手傍觀被
害者畏勢不言幸今本府查理不許積惡私充務要地方僉舉公正良善送府請給帖文方許
承役等此身等思恐人心不一各愿書立合同約束人心但遇府縣行查及拿振保結務要同衆公
議毋挑己見或有公用船費之類及有能力出身俱係衆晝毋得偏累其間徇私弄法及臨
时畏縮以壞衆事者許衆簡此仍罰白銀伍兩公用仍依此合同為始今恐無憑立此合同一樣□紙爲

（一）

萬曆三年八月初一日立合同文約人

饒政榮
汪廷璉
方世興
汪時哲
汪惟慎
汪文魁
汪汝和

汪汝高
康儀
汪鵬
余機
汪建高
汪廷鉴
汪希志

余鐸
胡仙
汪永泰
金文榮
王子龍
謝犯

（二）

明萬曆三年八月（祁門縣）饒政榮等立奉本府告示查理牙行以平市價合同文約

四

立合同人江應等原有基屋地一備坐落三四
都土名胡家塢口並方世興等祖坟山腳下日後
誠恐二家子孫各相侵損以憑中議立合同方
世興等子孫毋許爭論江應[illegible]如江應等
子孫亦毋得侵損方世興祖坟山腳自立合同義
約文書清丈畝步之後二家永遠遵守各管各
業如違甘罰白銀壹兩　公用仍依此文爲准
其方宅遮[illegible]標祀祖坟並本家屋内散脉亦毋
得阻當並山苗木本家不得侵砍損壞遮蔭標葉
照舊例恐後無憑立此合同二紙爲照

萬曆拾年正月　日立合同人　江應等　号
中見人　汪湖　号
代筆人　方鶴　号
中見人　謝太儒　号

明萬曆十年正月〔祁門縣〕江應等立基地祖墳山互不侵損合同

四

明萬曆二十年五月祁門縣方懋本等立認納匠户班銀及條編税糧等合同

立合同人李懋本即方懋本原父李進財係湖廣德安人民于先年隨姐出適
祁門三四都一啚方福保因福保弟侄保無嗣繼父承嗣今身生長祁地續置
田産今輪大造理合隨父册入方守仁户當差原守仁係匠户每年派該懋
本名下班銀貳分伍厘如遇清理雜差等項悉照丁粮均派其遞年條編税
粮悉照　縣示依期投櫃交允如悮過期進西鄉取討往返盤纏盡
是懋本出備毋辭其守仁户官丁懋本弟兄子姪認納官丁壹口毋得推辭
其遇當年里役悉照丁粮大例朋役津貼自立文之後各宜遵守如違一听
户首呈　官追納今恐無憑立此合同一樣三紙各收一紙永為照証

（一）

萬曆二十年五月十二日立合同人方懋本（押）

同姪方宗道（押）

同立人　方得憲

方正興（押）

方正策（押）

中見人　胡　侃（押）

陳井瑞（押）

代筆人　方　高（押）

（二）

明萬曆廿六年二月〔祁門縣〕方正高等立屋地對換文約

明萬曆廿七年七月（祁門縣）方正高等立鬮分山産分單合同附天啓七年八月方體仁等立分管栗樹批

四

明萬曆三十年三月〔祁門縣〕方正顯等立分派祖山合業合同

三四都方正顯、方得倫、方正高、方正仁、方興祖、方繼宗原祖
公眾僉業山一號，土名 水塢口又裡，葬墳蓄
木，續後顯祖永旺孫亨亦葬在山，向未立文合業，
誠恐子孫繁衍，日後不知其由，是以合族憑中寫立
合同，將前山合業其山照摽祀作六大分，派倫等子孫
合得伍分，顯等子孫合得壹分，原蓄松杉木植於
萬曆廿九年砍訖，八分，其後松杉亦照前分
無辭，其山脚地并胡保住基亦照前分，相共原有祖
約，各收各管，今恐無憑，立此合同一樣二紙，各收一
紙為照。

萬曆三十年三月初四日立合同人 方顯（押）
方得倫（押）
方正高（押）
方正仁（押）
方興祖（押）
方繼宗（押）
同立人
中見人 汪道正（押）

興祖名目係正高繼祖等名因得風□粮□戶內[illegible]此帯名

明萬曆三十年七月〔祁門縣〕方得陞等立出資封禁墳山竹木成材照名均分禁約

[illegible]方得陞、方正興、方望崇、方正高、方[illegible]二人等切見山不高[illegible]養，斧斤日伐，[illegible]木植之成材，人不出銀，弗勞心力，欲得花利之何？至本家買受徐仲良山一備，坐落土名小嶺背，畝步[illegible]三，自有老契經理為照。其山係才良二分子孫承祖已業，葬墳在上。又有大衆山一備，坐落土名湯家塢，新立四至：東至降，西至地及田，南至外曲尺壽心地末直上至降，北至小峑背山界。前山二号，先年被市豪徐栢等不思契賣本家東僉業，而混爭訐告。縣主桂爺審見祖墳亦契，判與本家管業。其官司用度之費，俱是得勝、得旺、得憲出備。向因人心不一，拋荒未曾蓄養，以致國課無供，家業漸替。至萬曆廿五年立文興養，未成户人再無興言及此，如斯緘口，事業不[illegible]役。至今年，是望崇、正㯶為首禁養。人論山業，才良二枝子孫已業也；論祖，一脉流傳，体𤣥文正公之義，無有親疎，則皆方氏之子孫也。其間或因官司而用度不分有無分籍，故統族登名興養。是以同衆嗃議，齊心禁蓄，照丁各出資財，買辦禁山之需，釘牌封禁。竹木成材，輸納國稅，庇廕住基。日後成林，斫剗柴槎，照名均分。竹木成材之日，小嶺背係才良二分子孫已業，量除竹木一段之一與才良二分子孫，餘式股照名均分；湯家塢係大衆山，亦量除木植叁股之一與四分子孫，餘照前分。自古種瓜得瓜，種豆得豆，出銀即有分，未種即無收。其間有負一体之心，不服出銀效力禁養者，日後子孫不得見財起釁，以分籍多寡生奸混爭。如有此等，准不孝論，仍統衆費此文呈 官理治。自立禁約之後，各分子孫男婦人等，毋得私自入山破禁巽砍。如有違文盜砍者，不論柴竹苗木大小，每根罰銀一錢入衆，仍

（一）

行俗儀封禁如有遇見盜砍者即行報衆理治毋得順情釋放如有順情互相容隱訪出一体同罰無辭如獲外人盜砍者及控接苗竹統衆呈　官毋得爾我推捱所有小嶺背與係是望榮收財要用費出照証不得執匿其田地塝听刹一丈二尺不敎阻當自今而後各宜遵守尽心協力常川看管毋得徇懈情立此合同一樣六紙各收一紙秩下有名子孫同為照者

再批青山嶺水口山釘牌封禁其大松樹不許控斫松椏如違罰銀壹錢入衆大木照祖業等樣照此文分業

萬曆三十年七月二十一日立合同人方得陞（押）

同立人

方正興（押）　方望榮（押）
方正高（押）　方正仁（押）　方繼宗（押）
方得陞（押）　方得階（押）　方得甫（押）
方正敍（興傑仍出銀）（押）　方正傑（押）書　方正義（押）
方正倫（押）　方天奎、　方繼堯（押）
方玄德（押）　方繼文（押）　方繼禮＋
方繼禹（押）　方繼祖（押）　方繼元（押）
方繼李（押）　方繼傳（押）　方繼禎〇

明萬曆卅七年八月〔祁門縣〕方萬榮爲回宗復姓立繳付原承祖墳山地並印契合同

明萬曆四十年閏十一月（祁門縣）方備興等立照股
催納税糧銀兩完納錢糧等事合同文書

立合同文書人方備興、正高、正璉、德全四大分等，本戶輪該萬曆四十二年分里役，遵照舊文四股朋充。今
縣主唐爺朝
覲，票差該快汪五催比預徵銀兩。戶內因人不齊，向未定議。今憑中將排年花戶甲首查照丁米多寡品
搭，眼同閹分作天地人和四閹，其條編稅糧銀兩悉照各閹丁米各催各納完　官，毋得侵匿分毫
累及已完之人。比併如違，聽守文之人費文呈
官理治，監追無詞。後遇奉差句攝公事務，要奉
公守法，不致分外生事。如犯，俱係生事之人承管，不得累及戶衆。每月比較錢粮，四股照數完納輪
流各比，一次如有持奸故拖不完者，親自應比，不得累及已完之人。比較并議照疃數合各項平銀并貼
備在城家伙等項，應該多少，俱照四股均合，毋得規避生奸，不得獨累值比之人。如違，聽衆呈罰，再設甲
首十戶，閹雖分撥，議制合一，眼同照一戶四股均分。其十年之內，查解軍匠，俱係衆管，毋得推辭。各念祖宗戶
門為重，不得懈惰悮事。今恐人心不一，立此合同四紙，各收一紙為照。

（一）

明萬曆四十年閏十一月（祁門縣）方備興等立照股催納税糧銀兩完納錢糧等事合同文書

計開
其七甲排年花户衆存罷納
天字號 正建闔得 闔得六甲 九甲併排下花户
地字號 徙全闔得 闔得五甲 十甲併排下花户
人字號 正广闔得 闔得一甲 三甲併排下花户
和字號 備興闔得 闔得四甲 八甲併排下花户

再批本排甲首四股同斷照數同備上官 不得私收應管 如違加倍入衆無辭

萬曆四十年又十一月初七日立合同人方備興（押）
方正高（押）
方正建（押）
方徙全（押）
汪勝（押）
中見人 汪佐（押）
族人方 正新（押）
正仁（押）

（二）

四

明萬曆四十二年十一月〔祁門縣〕方正璉等立拼砍蔭木鬻銀生販以備里役預征合同文約

柯源明德祠方正璉、得陞、正興、正高、正仁等原因里役
預徵無措，衆議將祖產土名中水埠、胡家塢口三處
蔭木拚砍，鬻銀貳拾餘兩，綂衆立有文簿。續至萬
曆四十一年里役，將前銀充販預徵，各分議作貼備分訖，
內存紋銀肆兩生販，餘利以當遞年丁差。今將前銀
衆議，餘利除當丁差外，仍剩多寡照例起息積蓄，
以備後次當年里役預徵，毋許子孫生奸變例侵尅
分散，以廢祖宗里役大事。自立之後，子子孫孫永遠遵守，
不致違文擅ㄗ。如違，費文呈官理治，准不孝論。
其銀四房另立文簿經手生販，外姓之人俱要實產抵
當，不許子侄假名領借。設有順情抵當不實，萬一差池，
盡是經手之人賠還，仍聽本宗族老查刷，庶免扶同
拖負之弊。其銀每兩每月加利貳分伍厘，本利一色〻悉[illegible]。
憑立此合同一樣四紙，各收一紙為照。再批：其銀係是四房存販。

[illegible]

萬曆四十二年十一月廿二日立合同文約人　方正高（押）
同立人　方得陞（押）
方正興（押）
方正璉（押）
方正仁（押）
方正傑（押）
方正新〇
方繼元（押）
中見親眷人　汪時卿（押）族
汪處泉（押）
汪敬山（押）

立議約合同人方正仁、正倫、正高、繼宗等、今因原祖上承造端午
龍舟、原有工價小布拾貳疋、價值銀壹兩式錢、因舡會抄化
本家捨去一半、仍有工銀陸錢、迄今舡會人心不古、推托鄉市抄
化艱难、剋剥工食、难討足數、造船人工、且又倩人破竹、原是正仁、正
倫二人傳造、今思自費工夫、無得與衆議、除外屋繼全房貼外
将衆匣取銀壹兩、生販餘利貼二人傳流承造、以後再無扯及未
傳之人、倘有傳授族内之人造得者、悉照文領銀生販餘利照前
貼收、自議之後、各無異說、如違、听衆面叱、今立合同一樣二帋、仁
倫共收一帋、衆收一帋、今恐无憑、立此合同永遠為照、
一樣二紙照
天啟柒年四月二十二日立合同人方正高（押）
正仁（押）
同立人　正倫（押）
繼宗（押）
繼堯（押）
繼輅（押）
書

明崇禎六年五月〔祁門縣〕方正魁等立照糧朋貼承役工食照股均出各項使費合同議約

立合同議約人正魁繼元繼禎今因本族承祖二甲里役原舊四股承充今因繼宗
一分年老粮少一丁家迫不暇承役法崇一分行藏放肆且無誠實前歲避衆潛
往廣信私取編銀並班匠貼備銀十六兩填還己債花費無存是衆知之要行鳴
官体念無措今當五年編粮承充里役數合使費不豈舊歲十一月又賺客本
潛外不歸不能倒圖將及賠累今七月將近前届里役舊歲立文今届至今無
令肯理央中再衆公議四分之中二分難充祖役焉能縣門照分不能復議照粮
朋貼誠實者承役國課可以早完祖役庶免無辱議粮一石貼銀二兩私丁貼銀
三錢共成十兩之餘以為承役工食之需魁元二人共成一半繼禎己承一半所議
官中使費併當櫃工食照股輪當均出甲首貼倫照股均收出鄉值僅不致狗私
不致生事倘惹是非亦係經手承當本縣值月比較自宜小心不致有悞公事
倘悞值月人承當以後十年經收投櫃禎當二年魁元共當二年拈鬮輪當毋得
推[illegible]或各行費用照股均合不得違拗有累一人今恐無憑立此合文三紙各收一
紙為照

合同三紙各收壹紙為照

崇禎六年五月初四日立合同議約人方正魁（押）
同立人　繼元（押）　繼禎（押）
族　人　正仁　正倫（押）　繼光　繼宗（押）
中見人康樂甫（押）
汪敬山

明崇禎十四年四月（祁門縣）侯潭鄉約排年汪德彰等立清約輪管公務合同文書

侯潭鄉約里排為清約輪管公務事。本約向因約正汪鍾清經管原領帳目未明，致衆排於崇禎肆年訐告，至今未得清楚。今奉

縣主邊爺因歲貢查約賬，致又復訟 公庭。十二排年稟明清算，除上年併今歲訟中支費外，實查見銀壹拾兩整，在外欠戶拖逋

貳拾柒兩貳錢伍分，候稟 縣主追出，紀兩項數交付十二排年。議以四排經管一年，每年五月拾伍日將本利清算交付下手，其約正應官名目

干係甚重，力難獨任，衆議聿依江良興共承議，以三鬮拈鬮為定，凡遇應役併迎送 官府、講約、舉報善惡等事，即係拈着經管四人

承任，其延年應該支費，俱要從寔出帳，盡在約銀扣除，毋得假公徇私。如違，查出，是一罰十。自今為定，四排合一輪流，拈鬮週而復始，各

宜奉公守法，毋得推諉延缩及恣意生奸，致誤公事。如有違犯，尽係本年經管四排承當，不得累衆。今恐無憑，立此輪管約務文書一樣

拾貳帋，每排各收壹帋存炤。

十二

崇禎拾肆年肆月拾玖日立　清約輪管公務合同文書排年汪德彰（押）

汪志和（押）

（一）

明崇禎十四年四月〔祁門縣〕侯潭鄉約排年汪德彰等立清約輪管公務合同文書

一閏 方良茂 汪志和 汪文獻 汪天高 巳申亥寅年當

二閏 饒正興 汪有功 汪天漢 汪德彰 午酉子卯年當

三閏 汪文聘 汪正卿 汪惟正 汪志烈 未戌丑辰年當

當日奉

縣主邊爺批發侯潭等處該約十四年饒正興汪天漢等延一清算除上年聽約等項支費利誠尽付先約數完併一甲汪尚慶付出銀壹兩

連支費共銀伍拾叁兩有零除本年取還外寔存銀併欠帳開列于后

一票取銀 伍兩伍錢忠公捌厘 捐虎

一票取銀 伍兩叁捌分 折稻壹拾貳包年三月叁滑邊

一票取銀 陸兩 抵稻

一批給 貧生汪明選稻銀[illegible]

共支十七兩二錢

計開寔在欠帳

汪廷爵 欠本息拾叁兩

汪繼壽 欠稻銀伍兩貳錢

王發粟 欠本陸兩

程祥 欠本息兩

汪太 欠本息兩

王玉毛 欠本息兩零伍分

汪尚慶付出銀拾兩

汪文聘
汪正卿
汪惟正
汪文獻
汪志烈
汪天高
方良茂
汪有功
汪天漢
饒正興
汪利誠

（二）

四

明崇禎十五年三月〔祁門縣〕饒希華等立承管山産興養林木合同

立合同人饒希華、方良武等，今方承祖買受土名柯岑塢
饒併夫地荒熟數塊，方並祖在上原興養有大松杉栗木，其
力分俱係方己買訖。今議在山松杉栗木苗竹，憑中是饒
承管興養，日後斫材之日，照例叁股均分，主得貳分，力得
壹分，兩無異言。其山四至：東至降，西至山地，南至地，北至
高降，隨壟直下至地外。熟地听憑饒種，每年言議租
銀壹錢整，清明之日交納無辞。今恐無憑，立此為券
合同貳紙，各收壹紙存照。
再批：其□伯□叁號□與□伯□拾玖號悉照新立合同照。伯舒批
外□天字又一□

崇禎拾伍年三月十九日立合同人饒希華（押）
同立人方良武（押）
人方繼元（押）
中見人饒希君（押）
饒繼真（押）
饒君肅（押）
饒伯舒（押）
汪伯耀（押）
勸瑞里

〔二〕明萬曆年間其他文書

明萬曆卅九年十一月休寧縣張祥立承户當差合同附清乾隆三十四年八月張起泰立完糧期限成色數量批

休寧卅一都一啚立合同人張祥，今承到祁門十一都十甲吳
世顯户下新立户丁張祥名下丁一口，在吳世顯户下承户當差，
其户內所自入粮編遞年　則開派，言定每兩加毛壹錢伍分，
約至五月中交納依本都廟會等完，不欽欠少。其十年遇
正役，言定每石津貼銀壹兩弍錢。所有、新收、稅開具、
于吳，其錢粮遞年俱交當排年之家前去認納，本家
無得遲累。恐後無憑，立此合同二張存照。

[illegible]

萬曆卅九年十一月　日立合同人張祥
張彩（押）
張榮（押）
張燦（押）

其張祥之粮限定期三月、九月初一日完清。
每畝稅九五色九六戥，計壹錢陸分整。

乾隆三十四年八月初十日　張起泰批

立合同文書人謝朝陽同侄謝大栄、大聘，先年與弟謝文信各出本銀在于安東祖剎吴論門面房屋五間，併後空地壹段，自造瓦房在上，逼河賣酒歇客生意，一向無異。今因子侄年幼，人心不齊，以致屢年虧本。恳得本家身與侄讀議，將店中動用併家火什物逐一查明，開單立簿二各清恩，托憑族衆議定，店中生意立文各管一年，每年議出租銀拾兩整，與不管店人聽自四季支用，毋得短少。如有修理房屋，听自扣除，但大工起造，眼同註帳，衆認。其管店之人務要用心營謀，待客勤力，管生意期定年滿交遞，毋得霸占、耗蕩、疎慢客商，損壞什物家火，照單賠還。如有等情，甘罰銀伍兩公用。倘有異言不遵，听自賫文陳理。今恐無憑，立此合同壹樣式紙，各収壹紙為照。

再批：其店義以議侄大聘管至四十七年十月終止，將家眷搬移另居，房屋交遞與伯朝陽管一年，以後遵文週輪復始，毋得異言推阻。謝朝暘（押）

合同壹樣式合文壹紙永遠為照（半書）

萬曆肆拾陸年拾壹月二十日立　合同　文書人謝朝陽（押）

同侄謝大栄（押）

謝大聘（押）

族衆謝萬元（押）書

謝大成（押）

謝大賫（押）

謝大倫（押）

謝大化（押）

謝大有（押）

謝文欽（押）

二、明弘治至萬曆年間休寧縣文書

明弘治十七年閏四月（休寧縣）汪希用等爲崇奉汪王等神立承祖産土輪流收租完糶生放合同

（全圖）

四

明弘治十七年閏四月（休寧縣）汪希用等爲崇奉汪王等神立承祖産土輪流收租完糶生放合同

第二張

蔵溪汪希用汪希援汪希茂汪希耀汪希華汪孟莊汪文貴汪文秀汪思義弟姪汪…
汪王等神水旱災傷祈求感應向是本族福禄壽三房出備財物輪流充…
国泰民安合用儀物古有規格井井有條今福房子孫繁多人事不齊有希用等思祖…
輪首一次恐後子孫賢愚不同臨該充首之際數難歸一若無恒產預備惟恐各生…
已產立簿四扇閏載字號畝步土名租數遞年四人依時嘗收租完眾銀眼同生…
過期不还並是經手者充陪若輪首之年其銀不敷廢免悞事其四人嘗貯三年思…
幹者四人公同支用請神搬戲其入眾產土永為則例子子孫孫毋許出售如賣者…
事但有不遵者伏乞神明罪責禍及其家照前罰令恐人心無憑立此合同一…
弘治十七年歲次甲子閏四月十八日立　　合

今將存貯產土字號土名逐一開後所有畝步分厘租數佃人均載…
景字二百肆十八号地土名烏朱坑江已住基
景字二百六十号地土名烏朱坑
景字三百六十七号地土名双坑楊社住基
景字四百七十五号地土名双坑口
景字五百二十四号地土名孫四五住基下片
景字五百二十九号地土名孫四五住基上片
景字九百三十六号山脚新開田土名和尚塢
景字一千百十六号山脚新開田土名塢頭塢
景字一千一百二十八号田土名野獅坑口
景字一千　土名呈文田芦礼住基
景字一千二百五十号地土名鄭安

念字八百二…
念字八百…
念字
念字八百…
念字八百…
念字
念字六百…
念字六百…
念字六百…
念字七百…
念字八百…

（一）上

思[illegible]平姪汪思敬叔姪汪以玉汪文棣汪以壽爲前人崇奉
財物輪流充首以及本處一十三社人民逐年於七月内請神遍遊境里以祈風調雨順
希用等思祖舊則毋敢怠墮緣希用祖用嘉公一十八年輪首一次孟莊祖用芳公三十六年
預備惟恐各失恒心因此衆議將承上祖汪通直及汪本祖遺下該分産土併用嘉公用芳公
衆銀衆同生放毋許私用及私借他人其白銀壹兩爲率每月取利白銀貳分如放有失併
人當肘三年畢於十二月二十四日扣算結總批簿交付下次當肘之人其該首之時另奉無私能
出售如賣者任衆執此陳治并罰白銀壹拾兩公用仍令賣人取贖還衆其合同内前項
立此合同一樣一十三本各收一本永遠存照

同　　　　人

佃人均載於簿茲不復具
念字八百二號地土名横劍山下汪嚴住基
念字八百六號地土名餛飩塢山同號
念字　　號地
念字八百十八號田土名晒錦林塢尾
念字八百三十七號田土名麦田段
念字　　號田土名晒錦林
念字六百四十三號土名齊充
念字六百八十一號山土名横劍山
念字六百六十三號山土名望牛山判婆墳
念字七百五十八號山土名石欄干
念字八百七號山土名尾塢塢

汪希用
汪希授
汪希茂
汪希耀
汪希華
汪孟莊
汪文貴

（一）下

景字一千　　土名呈文田芳礼住基
景字一千二百五十号地土名鄭安
景字一千一百五十二号田土名河伯印
景字一千三百八十七号地土名鄭安下塢口
景字　　号山脚新開田土名姚家塢
維字一百十九号田土名石橋干
維字二百八号田土名石嶺
維字七百十八号田地土名齊塌下
維字七百三十二号田土名西山下
維字一千一百二十二号田土名三塘口
己字三百三十号田土名小榨塢
己字三百八十二号地土名江桐塢墳前右边平坦
己字三百八十号山土名江桐塢
己字三百六十七号山土名朱家塢
己字三百八十号山土名水竹塢
己字一千八十八号山土名孫村
己字四百八号山土名余坑

（二）上

四

念字七百五十八号山土名石欄干
念字八百七号山土名尾塢鴆
念字八百二十四号山土名牺錦林
念字八百四十二号山土名黄土墩
念字八百四十三号山土名牺錦林
念字八百四十四号山土名縣尹朝山
念字一千八十一号田土名武容方家充山同号
長字四百六十四等号田地山塘共壹拾柒號土名東林竹等処
内田三畝八分一厘二毛内地九畝七分六厘四毛内山三畝六
分八厘五毛内塘六分四厘六毛上田租叁拾伍斤外
山地塘租报本堂收貯其上祖推官夫人翁氏及
縣尹夫人鄭氏葬在此處

汪文奎（押）
汪文秀（押）
汪思儀弟姪（押）
汪思敬叔姪（押）
汪以玉（押）
汪□積（押）
汪以壽（押）
見人汪仲原（押）
代書人汪漢章（押）

（二）下

明弘治十七年閏四月（休寧縣）汪希用等爲崇奉汪王等神立承祖産土輪流收租完糶生放合同

明萬曆三十一年十一月休寧縣夏積懋立賣田赤契

八都三啚立賣契人夏積懋今自情愿將承祖土名下边園田壹坵計租弍拾弍砠新丈暑字弍伯伍拾柒號計田壹畝捌分柒厘壹毫其田新立四至東至金宅西至金宅田南至坟地北至路東堤角東至路西至本家田南至朱悵二家田北至路今將前項八至内田尽行立契出賣城居吴　名下為業憑中三面議作时值價文銀拾伍兩整其銀當成契日一併交收足訖别不立領扎自從賣之後即听買人收租管業如有内外人攔占及重復交易一切来歷不明等情尽是賣人之當不涉買人之事其税粮候大造之年本户自行起割推入買人戶内办納粮差並無異說其有上手來脚併帰户票随即繳付今恐人心無憑立此賣契存照

内改二字係足户二字再批

（一）

萬曆叁拾壹年拾壹月初二日立賣契人夏積懋（押）契

憑中人 金时珪（押）
汪勝祖（押）
汪 錢（押）
吴汝可（押）

代筆姪夏廷良（押）

（二）

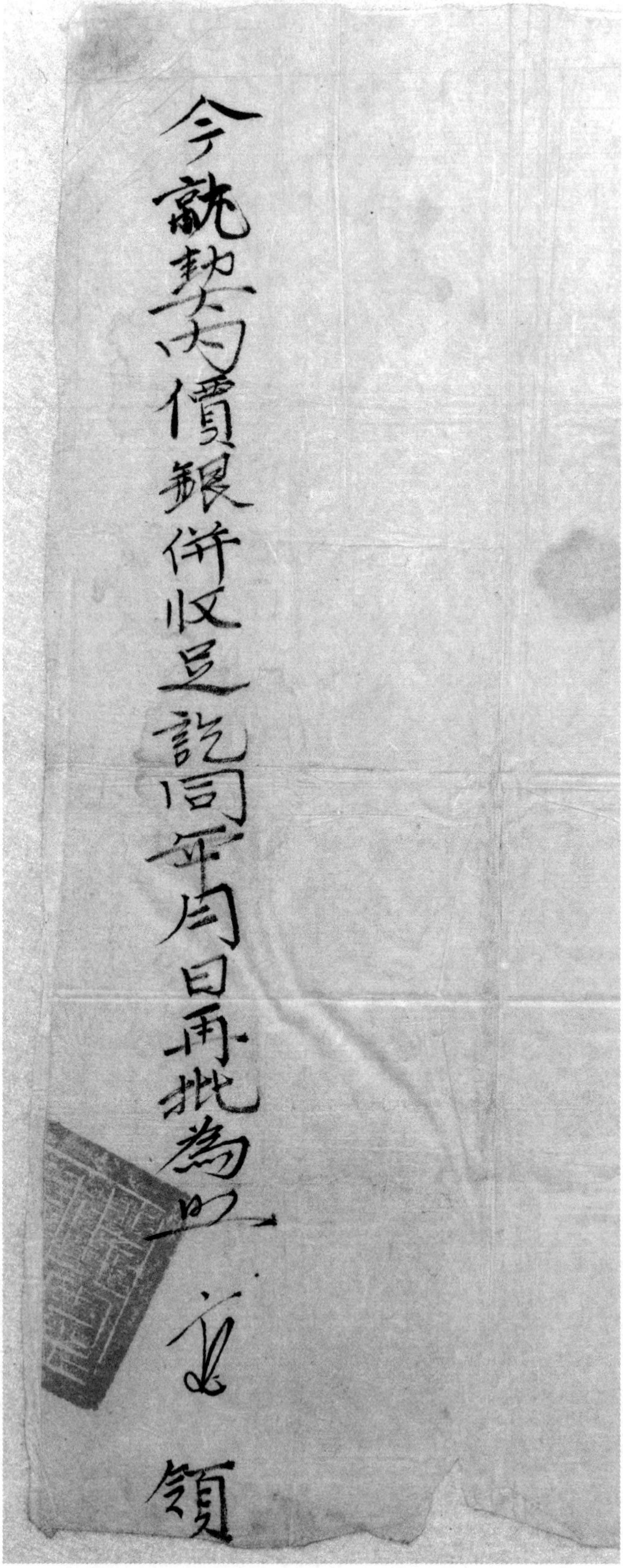

今就契內價銀併收足訖，同年月日再批為照。　夏積懋（押）領

（三）

四

三、明嘉靖至崇禎年間財産及宗族文書

〔一〕明萬曆至崇禎年間〔祁門縣〕十東都胡氏承租山場及股買園地文書

東都許壽等有土名老鴉巢山壹號，四至及
股分自有契文憑限揷木分單、麻分單照
証。今將該許股分山與胡爵、壽天、孫天進、
天佑等前去撥種栽揷杉苗，不致荒空。
山場其木亦不至私行盜害，如有荒廢併盜害
等情，見一罰十。立此照。
其浮木成材，日後拚砍之日，每木壹百根
由主得柒拾根，看守人得叁拾根。再批。
内次山定乙分
得受交納麻分銀伍錢整酒食
[illegible]
萬曆肆拾肆年捌月貳拾伍日
立約人　許壽
仕外
許朝元
許爾紹
許仁興
許尚信

明萬曆四十四年八月〔祁門縣〕許壽等立將山場分與胡爵等撥種栽插約

四

明崇禎八年正月〔祁門縣〕胡天孫等均立股買股分竹園地合同

李燿李煌李相李郁等承祖正基造屋業定已訖四房　餘屋併屋續置基地一向混業未分今因衆造屋不便兄弟商議各自情愿凂托族叔李鈴書手凌八逐一丈量釘扒肥瘦兼搭照依該分子步定界填寫編作仁義礼智天地六鬮拈鬮管業日後照圖造屋子孫不許爭競未了之先舊屋俱照　依鬮分依鬮段正不許恃強異占不遵合同管業甘罰銀五兩公用仍赴官陳理改正仍依合同為准今恐人心無憑立此合同一樣二張各執一張存照

嘉靖十一年三月廿二日

立合同人李燿
李煌
李相
李郁
憑代書中人李鈴
書手凌八

（一）

四

明嘉靖十一年三月某某縣李燿等立鬮分房基地合同

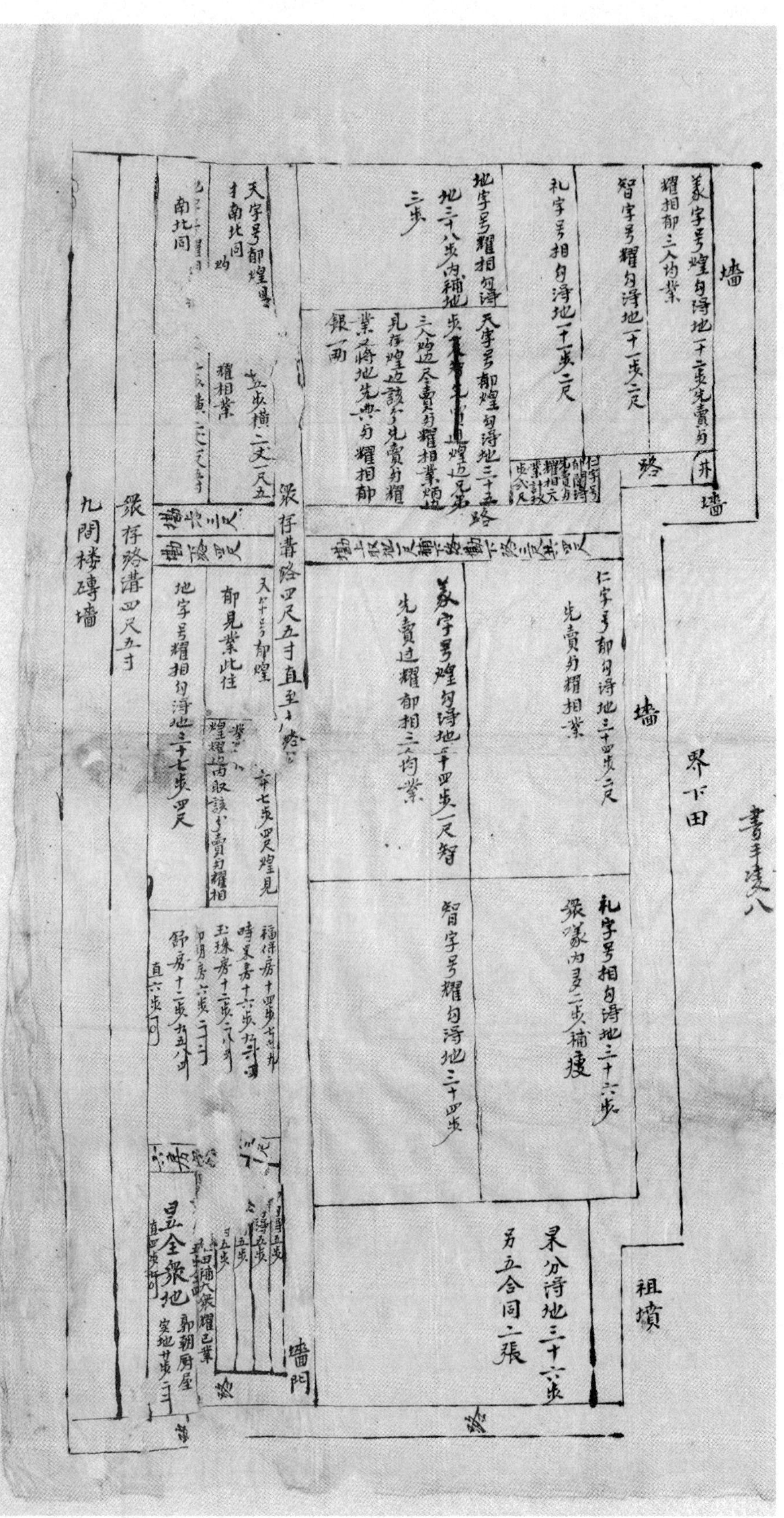

（二）

明嘉靖四十年三月某某縣李鈴等立各房扒補地基合同

共七十一步二分一厘九毛一本段实量得地五十步七厘七毛五系内既父杲買香地八步三分〇厘又分扒西边前面地四步二分一厘三毛六

系仍存中楼地一十六步九分三厘七毛九系

鄞朝陽鈴房分得裡山第一段該地五十步五分二厘九毛鈴房買朝明三分之一該地一十六步八分三厘三毛又貼高低該地二步四

分四厘共地一十九步二分八厘五毛鄞与朝陽三分之二除扒補所東厨屋及中楼地九步分五厘四毛仍該地二十四步五分三厘二毛又

貼高低地三步五分六厘本段実量得地四十七步三分七厘四毛鈴房該地一十九步三分四厘五毛坐落西頭鄞与朝陽房二分除

九步一分五厘四毛仍該本段地二十八步〇三厘四毛坐落東頭照數釘樁為界各便造屋鄞与朝陽朝明三分分得六房衆地一

十七步三分朝明房三分之一該地五步七分六厘二毛鄞与朝陽房三分之二該地十一步五分二厘四毛又鈴房扒補西边本段地九步一

分五厘四毛扒補不足之數寔討地二十步六分七厘八毛一坐扒處二十步二分二厘八毛仍存中楼地四分五厘

福保房除父香買过西基地二分不計外仍分得六房衆地一十七步三分已將所西前面寔分地二步五分二厘一毛賣与良業仍存

所東中楼地一十四步七分七厘七毛

再批自今扒補之後各遵照依地圖管業造屋如有妄生異議甘罰文銀十两入衆公用仍依地圖為准

（一）

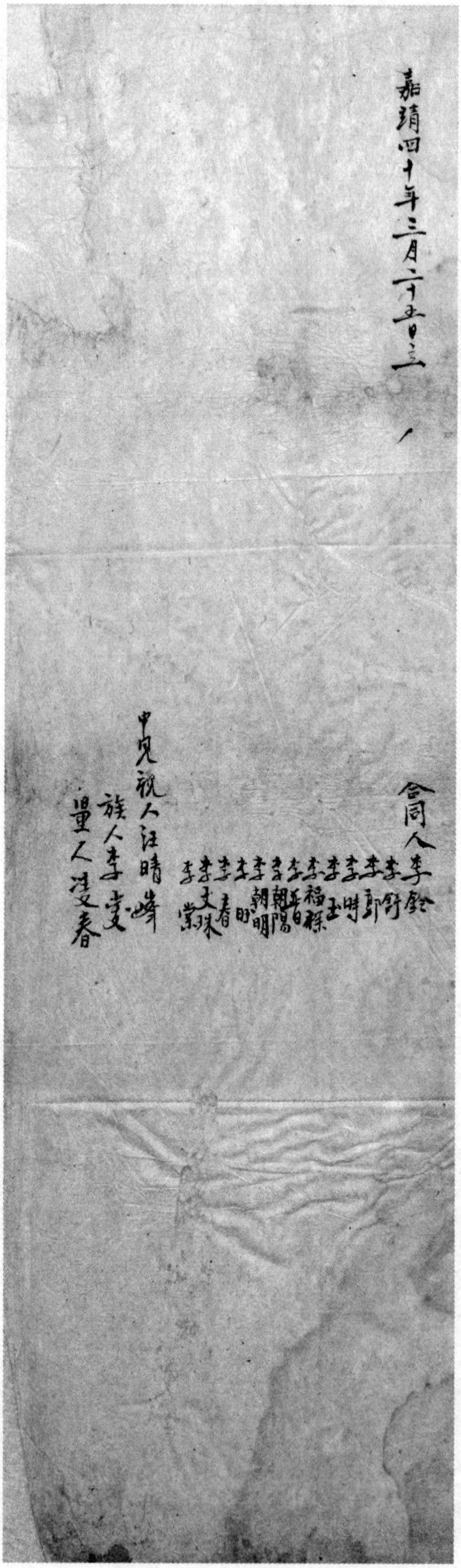

嘉靖四十年三月二十五日立

合同人李鈴
李舒
李郎
李時
李玉
李福祿
李岳白
李朝陽
李朝明
李明
李春
李文珠
李崇

中見親人汪晴峰
族人李變
量人汪文春

（二）

明萬曆二年九月〔休寧縣〕程廷采等立兑换房基地合同

明萬曆二十一年六月某某縣黃元德等立丁糧均派均當議單

立議单人黄元德、元瓚、元珠、宗倫等自祖以來
共户當差，今因人衆，告縣分析四户，誠恐人心不一，
日後倘遇雜差貼備等項，議照黄元、黄宗、黄奏、
黄照四户丁粮均派均當。自立合同之後，各宜
遵守，毋許推挨生情異言。今恐無憑，立此合
同一樣四張，各執一張為照。

萬曆二十一年六月　　日立議单人黄元德
元瓚
元琦
元珊
元珠
宗倫
宗崇

中人方懷竹

明萬曆廿九年十二月某某縣胡成得立貼備稅糧合同

立合同人胡李[illegible]山塲一[illegible]竹苗笋因人心不一屢被盜害額瘠致
因租稅难供今三姓合議照有竹山因肥瘠均派演戲一台立規言禁自下段起
至根坦墩下止对河腓下及塢口後山一帶竹併笋嚴行禁笋止毋許三姓及伴僕人等
入有竹木山塲内挖椿討柴借意盜害禁後如犯挖笋一根砍竹一根照禁罰戲一台路上
笋亦不許挖有爲規不遵強行觀看者所衆呈官理治如有徇私賣放者倍罰獲賍來
報者賞銀壹錢合同一樣三帋各執一張存照
外演戲一台支用議照竹因肥瘠合派銀貳兩面当年值得該當搭台之家支用看戲
清茶支待

（一）

根坦桑园段 月字號及興灵字号議派銀叁錢整

灘下 叁錢

湖秀派銀式錢

天近百公字号派叁錢

查禾塢 派銀壹錢

塢口坟山 派銀柒分

下屋後山柒分整

塘坑下栈溝 壹錢伍分

朋字号 式錢

汪思運 壹錢伍分

上塢 許振玉 式錢

許公斐（押）

許朋德（押）

崇禎十年

初日 立合人 胡積善（押）

李相德（押）

胡元善（押）

李鳳山（押）

李秋得（押）

許立我（押）

許汝祖（押）

中見 謝君筆（押）

本年 胡積善 閹僉

十一年 許朋德 閹僉

十二年 李相德 閹僉

（二）

四

明崇禎十四年八月（祁門縣）朱承祖等立議定田地税糧收入祖户供解合同附崇禎十七年十二月朱廷松立津貼銀批

赤溪立合同人朱承祖今有族侄大全續置各項田地税粮实在米伍斗又加貳斗柒合伍杪（又收八升叁合四勺又二合）自愿
憑親收入祖户供解逐年編粮加派銀両俱係真紋炤則加耗依時付充管排年之人經
收完　官其拾年正役貼备議定每石硬貼銀貳両無詞自議之後各無異言如違甘罰銀
叁両公用仍依此文為準恐後無憑立此合同壹樣式紙各執壹紙存炤

計開各項税粮於后

一收余舜民户共田陸畝肆分零壹毫弍系塘壹厘
一收凌福户地弍拾叁步
一收黄永昌户共田柒分零陸毫
一收王通户塘税壹分陸厘四毫
一收項勝户田壹畝
一收黄昌户田壹分
一收陳興旺户共田壹畝柒分陸厘四毫叁厘
一收朱復勝户店地壹分零捌毫
一收朱承祖户土名前山弯地拾肆步

合同壹樣貳紙各執壹紙存炤

（一）

明崇禎十四年八月（祁門縣）朱承祖等立議定田地税糧收入祖户供解合同附崇禎十七年十二月朱廷松立津貼銀批

崇禎拾肆年捌月拾伍日立合同人朱承祖（押）

朱大全（押）

朱惟重（押）

朱朝錦（押）

朱廷栢（押）

代筆人謝大茂（押）

拾七年十二月初八日再批津貼銀逐年照前例付與排年人經收

其拾年正役亦照前每名弍錢均作拾年收貼照朱廷松親（押）

（二）

四、清康熙至道光年間財産及税糧、承攬、宗族等文書

四

〔一〕清康熙年間〔休寧縣〕張氏保護祖墳合同

立議墨合同張朝鼎、榮輝等，原因七星旗俾大房衆業上安葬曾祖塋、二房曾
祖塋及周氏公、四隣公、佛公等塋。近因榮輝于
康熙四十貳年將父龍生公遺于二房曾祖塋之左安葬，于四十三年二月致朝鼎等
鳴族有侵碍之，投公衆登山看驗，兩相勸識，令在一脉公禁，不得推壙蓄樹，二家
不得安葬。如有侵害等情，聽從鳴族鳴官，以不孝理論。今欲有憑，立此合同一樣
貳張，各執壹張，永遠存照。

合同貳張，各執壹張，永遠存照。

康熙肆拾叁年三月　日立議墨合同張朝鼎、榮輝
朝賓、榮熙
其正
憑中張惟善
曰都
供辰
惟聖
子卿
代書張于裕

清康熙四十三年三月〔休寧縣〕張朝鼎等立公禁不得侵礙祖塋議墨合同

四

清康熙六十一年六月〔休寧縣〕張有嘉等爲祖墳被侵立分認訟費合同

立合同人張有嘉、惟聖等，今因土名七星旗兩房祖墳被族從張爾昇兄弟上膀墳脚下
侵梧榔，人鬼共憤，萬不得已，於　縣主李老爺臺下控告。起舉訟有衙門使費、來往盤纏，
支下子孫三面集議，自六月以前用銀兩不計算，以後訟費長房惟聖等十分認六，二房有嘉
等認四分，兩相心願，毋得推諉短少。倘有是非口舌，兩房共相救護，如或懷私，神明鑒察。今
欲有憑，立此合同一樣二張，每房各執一張存照。

合同一本二張，各執一張存照。

康熙六十一年六月初一日立合同人　長房張惟聖（押）

二房張有嘉（押）

張子鄉（押）

張起五（押）

張君裕（押）

憑中潘仲鳴（押）

汪公紳（押）

〔二〕清嘉慶年間休寧縣張氏商人承租基地水碓石山契約

立承租地約人吉昌信記今承租到浮邑 康盛朱陳四姓人等名下
基地壹號坐落法京都上名鳳凰山脚其地四至東至山脚西至河南
至墻外地北至抗今將四至界内自愿托中承租前去新造屋宇并
土碓等項每年硬交地租九五色銀拾壹兩整𥘉平期定八月内在
碓交付不得短少今欲有憑立承租約久遠存照

内批：此造浮屋宇以及土碓等項尽係吉昌信記自造己業与出租人無涉只此

代筆章子美（押）

中見章以明（押）

嘉慶元年九月　日立承租約人吉昌信記　經手章兆祥（押）

信約

立出租約人浮邑康陳盛張四姓人等原共有店基地壹號坐落法京都土名鳳凰山脚其地東至山西至河南至墻外抵地北至坑今將四至界内自愿托中立約盡行出租與休邑張吉昌號名下听凴前去新造屋宇并土碓等項每年硬交租九五色銀拾壹兩祁平期定八月内在碓交付不致拖欠其地未租之先並無重互交易如有來歷不明出租人一力承值不干承租人之事自出租之後毋得加租生端異説今欲有凴立出租約久遠存照

内批所造浮屋宇以及土碓等項尽係張吉昌名下自造已業與出租人無涉只此

代筆人康克明(押)

中見人朱萬勝(押)

張源秋

經手男焌彦(押)子代

居安照

（一）

大清嘉慶元年九月

日立出租約人康志仁

經手孫安天子代押

大木押

陳元季

經手孫光遠押

望押

盛步雲押

（二）

清嘉慶元年十月浮梁縣汪用衍等汪凌陳余章五姓立出租碓約

立出租碓地約人浮邑北鄉汪凌陳余章五姓人等原共置有老米碓貳所上下水堨貳条坐落法京都上坑口土名夾囊碓於先年被洪水推損今五姓人等自愿経中將本碓荒基并上下水堨盡行出租與林邑客吉昌信記名下聽凴前去撤移下所做造土碓當中面言定每年硬交九五色銀肆兩捌錢整祁平其銀預先支壹年約期慶年拾月內在碓交足不致短少如違約者聽凴執約鳴中柵水止舂毋得異說自出租之後並無重復交易如有來歷不明出租人自理不干承租人之事所有內外親疏人等毋得加租生端異說今欲有凴立出合同租約承召貳紙各收壹帋存照

內批碓基石塝不得拆毀只此

（一）

凌公勝

中見人張盛發
陳光遠
尚亨

凌應坎
陳光望

大清嘉慶元年拾月廿八日立出合同租約經手人汪用衍
章能羽
余國彦
以明

（二）

清嘉慶元年十月浮梁縣汪用衍等汪凌陳余章五姓立出租碓約

立出租碓約人浮邑北鄉汪凌陳余章五姓人等原共置有老米碓弍所上下水堨弍条坐
落法京都上坑口土名夾裏碓於先年被洪水推損今五姓人等自愿经中將本碓荒基
并上下水堨盡行出租與休邑客張吉昌禧記名下聽憑前去搬後下跡做造土碓當中面言
定每年硬交九色租銀肆兩捌錢整祁平其銀預先支壹年上前約期歷年拾月内在碓
交足不致短少如違者聽憑執約鳴中栅水止舂毋得異説自出租之後並無重互交易
如有來歷不明出租人自理不干承租人之事所有内外親疎人等毋得加租生端異説
今欲有憑立出租約承召弍紙各收壹帋存照
内批碓基石塝不得拆毀只此

（一）

清嘉慶元年十月浮梁縣汪用衍等汪凌陳余章五姓立出租碓約

存文爲

嘉慶元年拾月廿八日立出佃碓租約經手人汪用衍（押）

余國彥（押）

陳光望（押）

凌應坎（押）

中見人張崑遠（押）

凌公勝（押）

（二）

四

清嘉慶四年正月休寧縣張錫五立久遠承租石山約

立久遠承租人休邑張錫五，今承到淳邑汪京爵、張藏步云、張三顧、張聖順等名下石山壹嘴，土名上坑口鳳凰山，今承前來取石應用，當三面議定，每年清明交租錢柒伯貳拾文，照全交付，不得短少。自承租之後，兩無異說，倘有內外人攔阻，盡是出租一力承當，不涉受租人之事。今欲有憑，立承租存照。

內批：身等日後倘有將碓出租與他人租石山之約不在行用之。

中見人　康大木（押）
　　　　張寬遠（押）

嘉慶四年正月十四日立承租人張錫五（押）
經手吳君寵（押）

大吉[illegible]

立攏約人李蘭若、許公常、胡君賢，今有業主山壹號，坐落十東都二保逕字號，土名

湖秀謝家塆，東至山脚，西至山降，南至塘塢口上邊當壟直下至脚，北至上塢口當壟

降直下至脚。今將四至內在山竹木攏與山鄰胡文華兄弟、文鍇、文鏊前去看守，隔火絶盜竹木。出拚

之日，候業主眼同斫砍，見數作價，每拾根主得柒根，力得叁根。其山務要同心長

養，不得私行竊取、盜挖筍苗等情，如違查出，見一罸十，亦不得互相容隱。倘有唆

罷蓄養雜木，不得抛荒。自議之後，恪守勿替。恐后無憑，立此攏約合同，一樣伍紙，各執

存照。

今將看守山圖細註于后

前業主李蘭若四股之叁　胡十二叟之壹

許公常六股之壹

康熙四年九月　日立攏約人李蘭若（押）

許公常（押）

胡君賢

代筆中見許正旭（押）

（一）

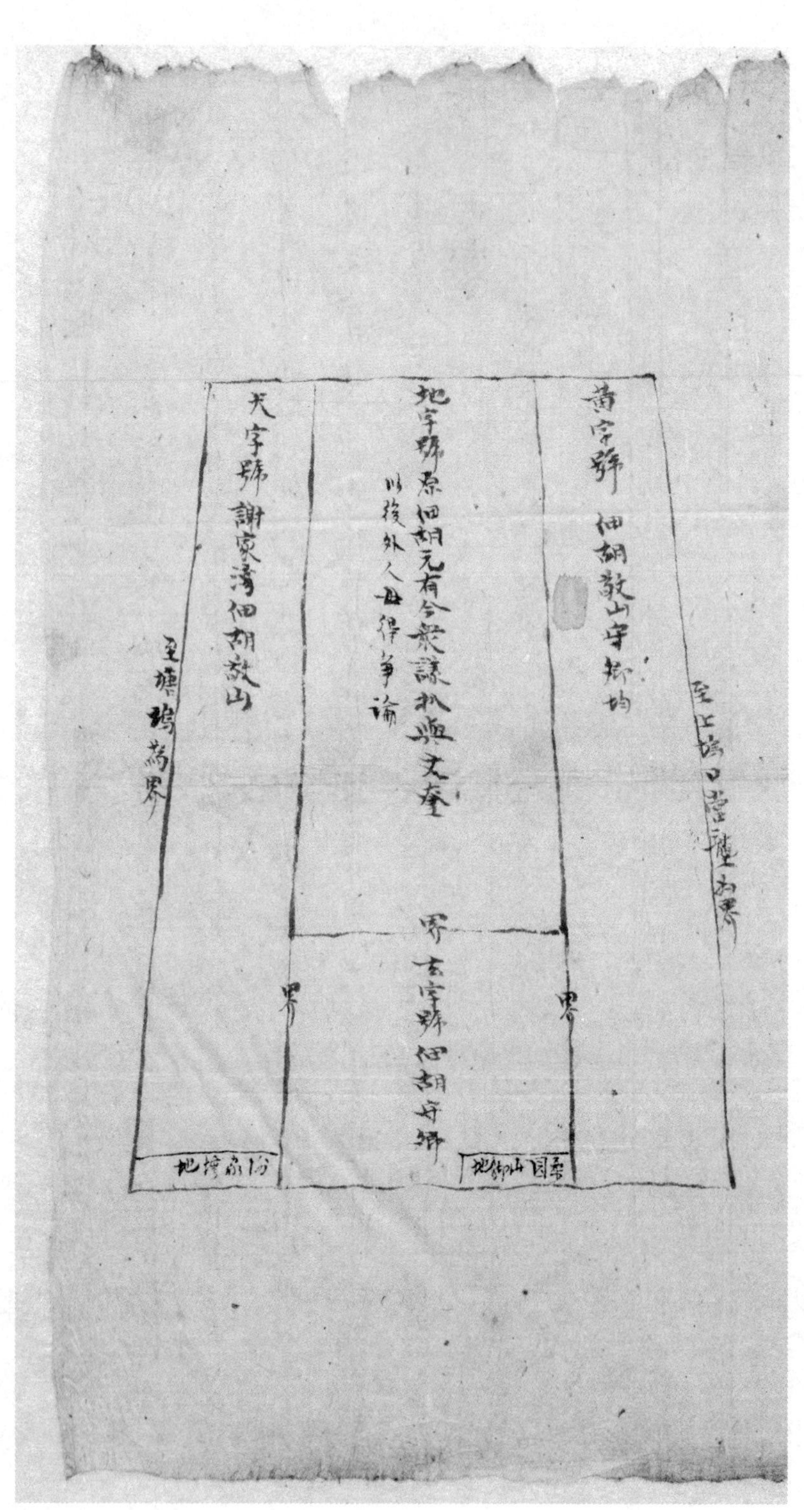
黄字號 佃胡啟山守鄉坳
地字號原佃胡元有今衆議批與文奎
以後外人毋得爭論
天字號 謝家濟佃胡啟山
至塘鳴為界
至上塢口壹壟為界
界
玄字號佃胡守鄉
界
界

（二）

四

清康熙四十五年七月某某縣朱璋璜等立田税照卯完納現役之年照畝倍貼議墨

拾四都八啚立議墨人朱璋璜、張萬有，今因張萬有所置田產奉
縣主明示編審，今張萬有新立戶輸課，在八甲內，所有析實田稅，議為定規，每畝實田稅每年九五足銀平等壹錢陸
分算，每丁壹錢陸分算，照卯完納，值本年立八甲現役之年，照畝倍貼，日後不得另生異端，倘有飛星照衆
派納如數工　官，此係兩相情愿，恐後無憑，立此合議貳張，各執一張存照。

合議壹樣貳張各收壹張存照

康熙四十五年七月　日立議墨人　朱璋璜
張萬有
依議代書　唐天予

四

清雍正十一年十二月某某縣張光旭等立分糧清累議墨附雍正十二年正月張光旭等立新置園業稅畝清單

（全圖）

四

清雍正十一年十二月某某縣張光旭等立分糧清累議墨附雍正十二年正月張光旭等立新置園業税畝清單

立議墨長房光旭二房榮璵榮璧三房榮銓榮瑗四房朝選五房朝陞等爲分粮清累事原因
粮無處着落或至各人推諉上悮　國課下累子孫用是請憑族衆將粮分析各人自納無含
此五股均分各納係出情愿無得異説自分之後照數各人自納不得累及如或欠粮自受
用處衆向長房索取長房不得托故推阻衆亦不得無故頻索所有存衆基地日後不拘何房
湊今恐無憑立此議墨存照

一子仁户納平戥九兩五錢六分　　二共每三錢六分
一張盛户納平戥九兩八錢
仁房納子仁户平戥五錢一分一厘
　　　張盛户平戥陸錢四分
　雍正十二年存錢粮公會事衆將存衆未分向坐後園業計稅捌分九毛壹與光旭
義房納子仁户平戥五錢一分一厘
　　　張盛户平戥五錢四分
禮房納子仁户平戥五錢一分一厘
　　　張盛户平戥五錢四分
智房納子仁户平戥五錢一分一厘
　　　張盛户平戥五錢四分
信房納子仁户平戥五錢一分一厘
　　　張盛户平戥五錢四分

雍正十一年十二月拾伍日立議墨仁房光旭（押）
　　　　義房榮璵（押）
　　　　榮璧（押）

又將新置園業稅畝分列于後

（一）上

[illegible]清累事原因康熙二十九年　祖父分晰產業錢粮店中公辦迄今江西店業已廢錢

各人自納無奈業多契廣一時難查緣日分閱有日後分析五股均納之条今亦照

或只粮自受其罪至于各分產業契墨并公衆契墨仍然公封在長房收貯日後有公

日後不拘何房子孫有創造之日公議每步價銀伍錢不得生情多索亦不得挾仇不

捌分叁厘壹毛無光旭乃業訂粮平錢[illegible]錢與仁房光旭加納故光旭多納[illegible]錢

仁房收執契墨

龍字[illegible]　税票[illegible]

義房無收執

礼房收執付遠昔手

龍字[illegible]　税票[illegible]

智信二房收執付光公手

龍字[illegible]

[illegible]

（一）下

又將新置園業稅畝分列于後

一仁房分得龍字[illegible] 計稅[illegible] 此義房共業各半

一義房分得龍字[illegible] 計稅[illegible] 與仁房共業各半

一禮房分得龍字[illegible] 計稅[illegible] 因禮房數年未收園租故多撥[illegible]補償

一智信二房共分得龍字[illegible] 計稅[illegible]

又將光旭全業屋後空基地一片撥補償智信二房為業

一存衆不分

龍字[illegible] 計稅[illegible]

大池下風水園壹業

以上業四宗存衆支年掛稅通年輪流收租不得私匙違者以[illegible]

雍正十二年正月

日光旭（押）

崇瑛（押）

崇璧（押）

崇銓

崇璦（押）

朝選

朝陞（押）

義房崇瑛（押）

崇璧（押）

禮房崇銓

崇璦（押）

智房朝選

信房朝陞（押）

憑中公雯（押）

嚴臣

賓臣（押）

代書紱東（押）

（二）上

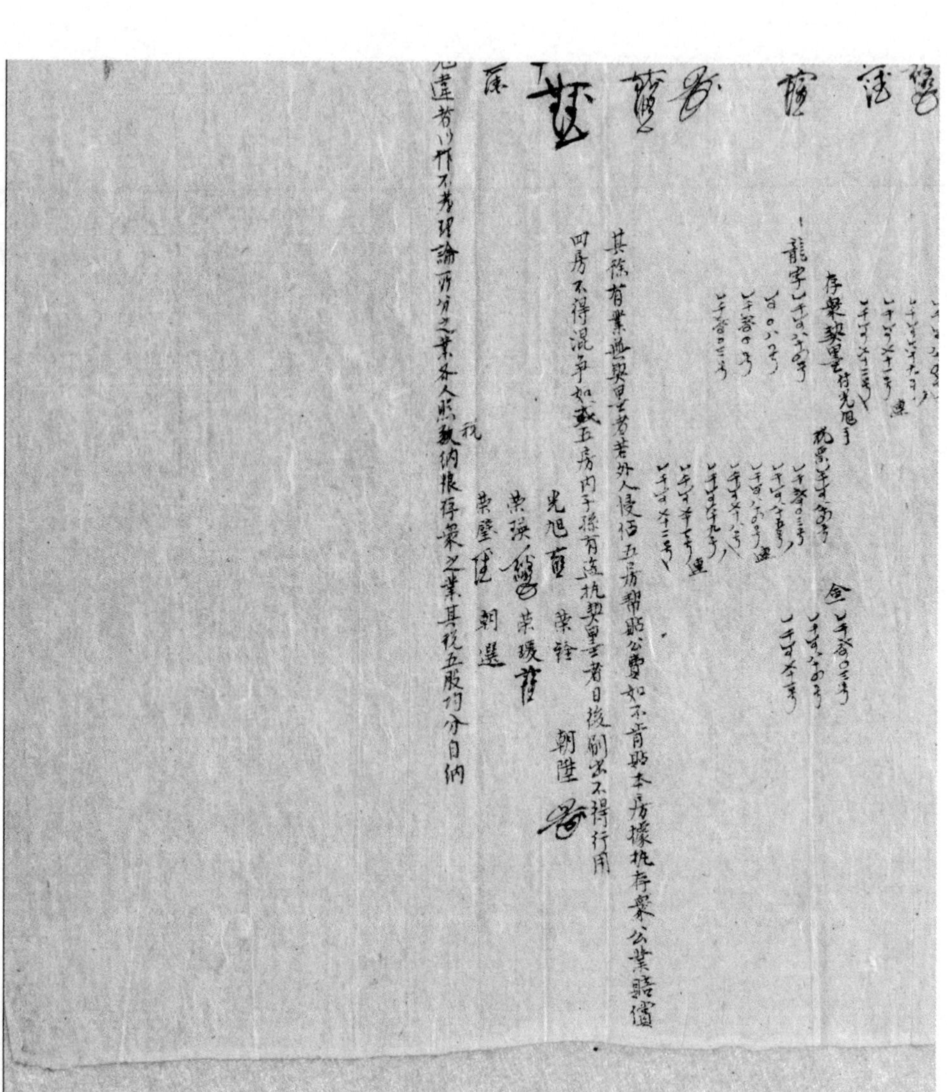

（二）下

清雍正十一年十二月某某縣張光旭等立分糧清累議墨附雍正十二年正月張光旭等立新置園業稅畝清單

（全圖）

四

清雍正十一年十二月某某縣張光旭等立分糧清累議墨附雍正十二年正月張光旭等立新置園業税畝清單

立議墨長房光旭二房榮壁三房榮瑗四房朝選五房朝陞等爲分糧清累事……糧無處着落或至各人推諉上悞國課下累子孫用是請憑族衆將糧分析各人自納……五股均分各納係出情愿無得異説自分之後照數各人自納不得累及如或欠糧自當……處衆向長房索取長房不得托故推阻衆亦不得無故頻索所有存衆基地日後不……今恐無憑立此議墨存照

一子仁户納平戥弍兩五錢六分

一張盛户納平戥弍兩八錢　　共每三錢六分

仁房納子仁張盛户平戥五錢乚分乚厘 陸錢四分　雍正十二年各戥糧公費事衆將存衆未分荷堂後園基前後搭……

義房納子仁張盛户平戥五錢乚分乚厘 五錢四分

禮房納子仁張盛户平戥五錢乚分乚厘 五錢四分

智房納子仁張盛户平戥五錢乚分乚厘 五錢四分

信房納子仁張盛户平戥五錢乚分乚厘 五錢四分

雍正十一年十二月　拾伍　日立議墨仁正……

義房……

(一) 上

清累事原因康熙二十九年 祖父分晰産業錢粮店中公辦迄今江西店業已廢錢
各人自納無奈業多契廣一時難查緣旧分閱有日後分拆五股均納之条今亦照此
之粮自发其罪至于各分産業契墨并公衆契墨仍然公封在長房收貯日後有公用
地日後不拘何房子孫有創造之日公議每步價銀伍錢不得生情多索亦不得挾仇不湊

業計税捌分又九毫與光旭存業計根平錢一錢與仁房光旭加納找光旭多納一錢

仁房收執契墨
義房無收執
礼房收執付遠若手
智信二房收執付光公手
存衆契墨付光旭收

議墨仁房光旭（押）
義房荣瑛（押）
荣璧（押）

（一）下

四

清雍正十一年十二月某某縣張光旭等立分糧清累議墨附雍正十二年正月張光旭等立新置園業稅畝清單

又將新置園業稅畝分列于後

一仁房分得龍字[illegible]計稅[illegible] 與義房共業各半

一義房分得龍字[illegible]計稅[illegible] 與仁房共業各半

一禮房分得龍字[illegible]計稅[illegible] 因礼房數年未收園租，故多撥稅[illegible]補償

一智信二房共分得龍字[illegible]計稅[illegible]

又將光旭[illegible]後空基地一片撥補償智信二房為業

一存衆不分

龍字[illegible]計稅[illegible]

以上業四宗存衆，[illegible]樹植，逐年輪流收租，不得[illegible]違，者以[illegible]

大池下風水園壹業

雍正十二年正月　日　光旭

榮瑛

榮璧

榮詮

[illegible]瑗

朝[illegible]

[illegible]

（二）上

（二）下

清乾隆十八年二月某某縣某姓子文等立議劃分門户差役及房屋山場平地合墨

四

清道光九年六月某某縣汪煥初立議約承攬茭草字

立議約承攬茭草字人汪煥初今承攬到
張宏昌寶號名下茭草一業凭全行言明三面訂議同口價碼子頭包幫載有程規開列於後所有草結
要厚竹篾要密不得短少了草亦不得違悮日期不得私將字號出頂與人倘有不合任凭本號另召
他人身并無得異說今欲有凭立此議約承攬字合同為照
今將同口價碼開列於後

（一）

四

清道光九年六月某某縣汪煥初立議約承攬茭草字

（二）

清道光九年六月某某縣汪焕初立議約承攬茭草字

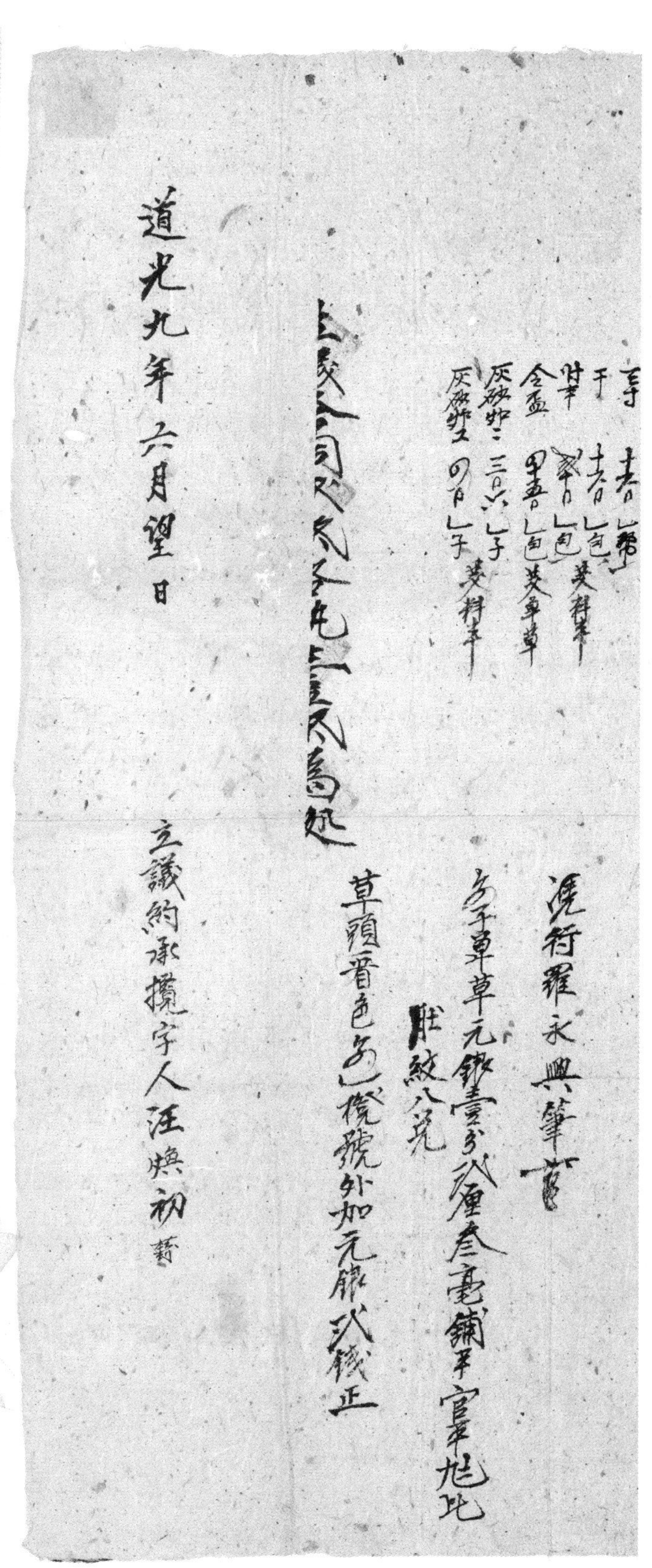
憑将羅永興筆據
冬季草草元銀壹分弍厘叁毫鋪平官平九比
肚紋八兑
草頭晋色冬攬號外加元銀弍錢正
道光九年六月望日　立議約承攬字人汪焕初（押）

（三）

四

清道光十二年正月某某縣沈星堂等立吴良佐出替蘇州启豐碗店公同草議

立公同草議沈星堂、全宿軒，為因吴企山公於嘉慶三年
開張啟豐碗店在於虎邱緑水橋西首，不幸
企山公於嘉慶念壹年身故，乃郎良佐允承
店務。寔因連年生意清淡，更兼年荒水災，
負欠寔多，已將店内貨物均已分还各項，所
餘店抵磁貨自愿出替與
張蘭軒先生名下，三面言定，盤見照坐碼六三折
曹平鏡紋，其銀在於江西兑付。恐口無憑，另
立期票為據，此照。

再批：以上所該各項以及親族生端異說，均是
吴良佐一人理直，不與張姓之事。
再批：照樣兩張，各執壹張存照。

道光拾二年正月初拾日立公同草議　沈星堂　全宿軒

允議　張蘭軒　吴良佐

見立　汪冠廷　張樹堂　程仲孚　王振犀　王寬夫　徐慶

五、清康熙年間輪充里役及合造窯業合同

清康熙七年十一月某某縣某姓繼崽等立輪充里役貼銀議墨

立議墨輝公房支下房長繼崽之鷟孔旺等自崇禎己卯年起
至康熙戊申年止八甲方禄里役昱暠旻三大房照阄輪充壹
週訖今康熙八年己酉又該臨充三大房合行重議前限丁粮平
銀貼過捌拾兩正今因費用浩繁照依旧議力不能充三房衆議粮
每担貼銀肆兩私丁每丁貼銀叁錢合本祀平銀共貼銀壹伯壹
拾兩正除支下丁粮及外粮所貼多少數俱是本祀補足後輪俱
照硬規嗣後有新粮進户者俱議除硬貼外多者存匣其加丁盡
是本祀認納支下置產俱要入本户納粮當差不許飛粮詭

（一）

寄遞者查出公舉九年排年仍照前例遞年貼工食柴兩其
十年之内倘有清理軍匠等項盡是應役人管办不累户内
人事如遇解軍查理重情盤纏使費三股另科均出各人
分下丁粮俱照旧例務要應時交付與當役人完
官不得遲偏累里排如里排得受丁粮津貼工食至期倒needed完
官致悮公事及借
官衍私生事等情承役人自當不得累及
祀匣户兵所有斯文津貼優免仍遵祖例將本甲各人丁粮津貼里長
催付恐後無憑立此議墨三張各執壹張存照
康熙七年十一月　日立議墨合文房長繼憲
繼時叔侄　承祛　能安兄弟　之牧兄弟　登雲兄弟　步雲　之鸞
袁　　　　　　大成　昷蘭、　濂昌兄弟　濂太　孔賜　孔班
孔晶　昷宗兄弟
中見族長承規

（二）

四

清康熙三十一年七月某某縣胡君愛等立議合股造作新窯合墨

立議合墨人胡君愛、吳五叙等，今身等于縣邑河字　號土名外林塢荒地于上造作新窯一座，誠恐人心不一，今憑中立議墨作十股，其造窯抬石及窯師工食一應等務俱係炤股均派。其日後窯租每窯議定租銀壹两捌錢正，其租銀的在灰完之日交兑，炤股均分。倘日後窯損壞，亦炤均修。其有分法之人往他窯燒灰者，定罰紋銀伍錢。自議之後，同心協力，毋得推委，如違外罰銀叁錢公用。今恐無憑，立此議墨一樣三張，各執一張存炤。

其窯戥內不許出替

[illegible]

康熙三十一年七月二十日立議合墨人胡君愛（押）
方萬全（押）
胡子儒（押）
胡有祥（押）
胡尚玉（押）
吳五叙（押）
吳大孫（押）
胡萬茂（押）

（一）

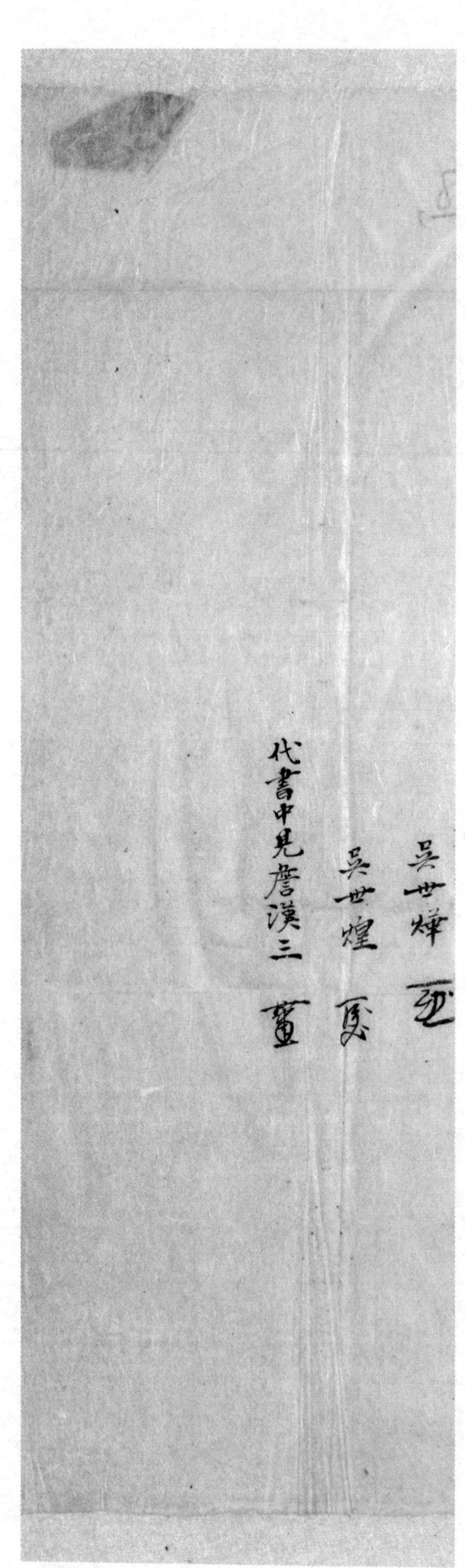

吴世燁
吴世煌
代書中見詹漢三

（二）

清康熙五十二年八月某某縣胡繼耀等立議合股造作小窯合同

立議合同人胡繼耀、胡邦瑶、胡邦祥、胡德亮、胡
德仕、胡德善等，今有張塢南于上合造小窯壹口燒
灰灌田，其做工、杠石、開鑿、石堀各項用費，議作六股
均出。成功之日，燒灰每窯取灰六担，再石堀亦取
灰六担，二宗之灰係每六股均分。再有業主税分，及世
德堂公祖俱在乘取，亦交充听從業主照分分派。回
悮各自議之後，各要齊心協力做造，所有使費各要
亦出，分文分派，不得推委悮公，亦不得懷私肥己。倘
窯日久損壞，亦在六股均修。如違，罰白米壹石公用，
仍依此墨為准。恐後無憑，立此合同一樣六張，各執
一張為炤。

康熙五十弍年八月　日立合同　胡繼耀（押）
胡邦瑶（押）
胡邦祥（押）
胡德亮（押）
胡德仕（押）
胡德善（押）

憑族中見　胡明偉
胡德厚
胡德美（押）
胡明僕（押）
胡德甲（押）
胡德㩦

代筆　胡明仕（押）

六、清康熙年間〔祁門縣〕赤橋方氏合同文書

四

清康熙十四年十一月（祁門縣）孫清復等立賣山同心開造合葬合同

立議合同人孫清復同弟孫瑤方元龍今有四保土名身家前係
商字一千乙百六十九号乙千乙百七十号乙千乙百七十一号通山骨內風水賣
與方邊得價紋銀捌兩整其山風水兩家因親同心開造合葬
議定方邊扦中穴葬祖母壹棺附葬張氏壹棺孫邊葬母壹
棺兩相情愿家外人等並無異說所有造作風水工食言定
方邊認貳股孫邊認壹股自葬之後兩家各保墳墓子孫不
得侵葬及交易等情如違聽聞
官理論恐後無憑立此合
同一樣貳張各執一張永遠存照

康熙十四年十一月十七日立合同孫清復（押）
弟孫瑤（押）
方元龍（押）
見弟孫鏡
親人方冬來
方蘭（押）
胡泰（押）

清康熙二十年八月（祁門縣）方顯烈等立合做中間牆脚合同

立議合同人方顕烈仝姪元龍今有老屋後基地壹號顕烈閹分西边元龍閹分東边今因
起造中間墻脚若以各自另造則二家有碍抑且難舒展矣是以二家嘀議自愿合做中間墻
併石做墻脚其所用磚石瓦灰工食等項銀两俱係二家均認倘顕烈先做墻脚元龍即
派銀還顕烈不淂延捱元龍先做墻脚顕烈即派銀還元龍亦不淂違少其墻造起二家
管業自成之後二各無悔如悔者甘罰白銀貳两公用今恐無憑共立合同一樣貳紙各
執一紙永遠存照　其中间心及墻脚两家合做显烈可淂做南面墻併墻脚　規批（押）

合同一樣貳紙各執一紙

康熙貳拾年八月初十日立議合同人方顕烈（押）
仝姪　元龍（押）
中見叔　永規（押）
兄　顕蘭（押）

立議墨一静公支下人等今因七保土名由坣於内安塋
祖塚已有五六代近被景昂兄弟强佔山業突於十二月十四日
盜挖左臂上驚先靈下関命脉勢難束手坐視今景昂兄弟自知
理虧又復串衆謀唘
金輪公祀田將已田古楼段抵换祀内稱数契立前月日期陽唘陰
害此乃生死啣寃幽明共憤今支下共議必欲聞官理論以妥先
靈所有訟費元龍聲振桂生三人均認隨時付出不得推諉出名
之人致誤公事其支下士龍佛壽等皆宜同心出力爲祖無有貳
心如有私情玷辱祖宗及退諉等情以不孝鳴　官理論斷不容
情惟恐人心不一立此議墨一樣三張各執一張存照

（一）

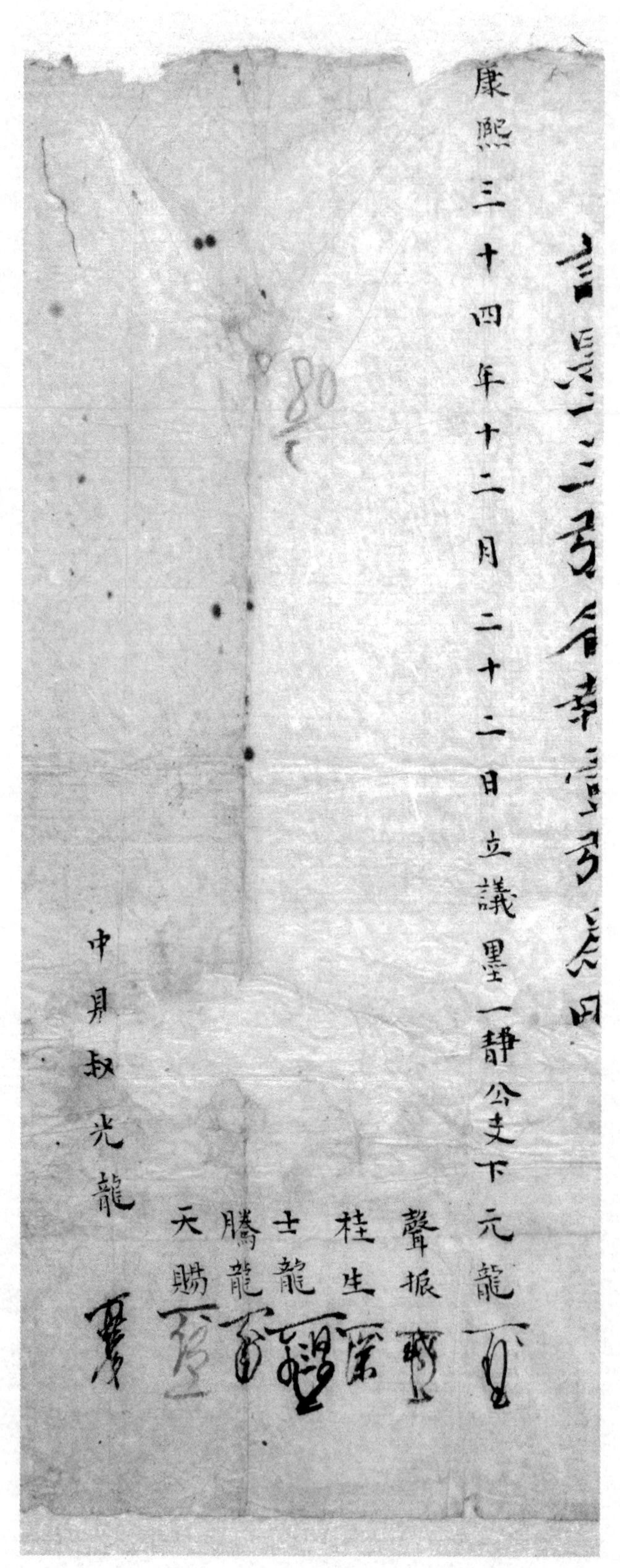

康熙三十四年十二月二十二日立議墨一静公支下元龍（押）
聲振（押）
桂生（押）
士龍（押）
騰龍（押）
天賜（押）
中見叔光龍（押）

（二）

立議墨兄弟聲振聲國今有承祖僉業基地貳備坐落七保土名赤橋
村心閏字壹千壹百陸拾陸號該閏分併買共得基地陸拾捌步叁分貳
厘八毛併路分數在內又仝處田字閏閏字壹千壹百柒拾叁號計基地陸
拾步貳分貳處基地相共今因不便管業兩相情愿將壹千壹百陸拾陸號
與兄住屋相連便兄起造屋將壹千壹百柒拾叁號與弟日後以便起造屋
內壹千壹百陸拾陸號因地多併旧墻脚石憑中三面議貼銀捌兩整自議
之後各管各業照號納粮所自各家取便畢濕衆路通行毋許閉塞自
議後無得生情異說如違者甘罰文銀伍兩與不悔之人仍遵議墨為準
恐後無憑立此議墨貳張各執壹張永遠存照

（一）

立合同壹樣貳紙各收壹紙存照

康熙三十柒年七月初四日立議墨兄聲振（押）

弟聲國（押）

中見　兄元龍（押）

侄桂生（押）

弟元勳（押）

代書　兄長生（押）

（二）

卷十三　其他散件文書

一、財産關係文書

三四都汪魁今爲無錢用度，自情愿將承祖山地占破墓地壹
塅，坐落本都一保，土名深坵塝上黄砂坑口；又將同保土名湯家塢
山弍畝，坐落西培，東至田，西至降，南胡仲祥山，北方家地；又將東培山
弍角，東一都洪田，西田，南胡山，北汪希甫山；又將逆界十一都五保土名胡八
塢山，經理係曰字　號，計山叁拾畝，東西大降，南坐田，
北至大降，除塢口坑并田取五畝賣與方亮永遠造風水，仍有弍拾五畝
田取塢頭山叁畝，新立四至，東至壟心，西至壟心，南腳下田，北至大降，共
山伍畝伍分，立契出賣與同都方從善名下爲業。面議時價大綿布伍
疋，好服壹疋，其價并契當日兩相交付明白。其山地未賣之先，與無重
狀交易，如有不明，並是賣人之當，不干買人之事。成交之後，各不許
悔，先悔者甘罰大布叁疋與不悔人用，仍依此契爲始。今恐無憑，立契爲用。

正統六年四月二十二日　立契人　汪魁（押）

見人　凌勝奴（押）

代書人　胡宗勝（押）

明正統六年四月（祁門縣）汪魁立出賣墓地及山赤契

明嘉靖二十一年六月祁門縣江瑄立賣莊田赤契附嘉靖廿一年七月徽州府給李繁昌稅契號紙萬曆二年正月李尚孝賣田批

明嘉靖四十一年八月休寧縣方元順等立賣田赤契附嘉靖四十一年九月休寧縣給契尾

(一)

明嘉靖四十一年八月休寧縣方元順等立賣田赤契附嘉靖四十一年九月休寧縣給契尾

計硬租肆拾斤又取土名蕭坑口墨地係別字　号東至巳田西至路南
至方宅田北至方宅田計硬租壹拾柒斤又取土名蕭坑口刈頭式佃東至巳田西
至刈頭南至山北至坑計硬租式拾式斤係別字　号一坵名刈頭坎卅陸至內田背
併硬租壹伯壹拾捌斤拾叁斤正共計田税壹拾伍畝整盡行立契出賣與同
圖人方應時　名下為業當日憑中言議時值價白紋銀　拾　兩整其價契當
日兩相交付足訖契後再不立領未賬契文其別產相連不及繳付未賣之先即
無重複交易及家外人占攔一切不明等事盡是賣人之當不及買人之事
所有田稅壹拾伍畝今上當造册之年即时聽自手方天佳戶起割供解
户供解即無異說今恐無憑立此賣契為照　計開契內添改租字玖刈字共肆字正再批
嘉靖四十一年八月　日立賣契人方元正（押）
　　　　　　　　　　　　　　元順（押）
契

（二）

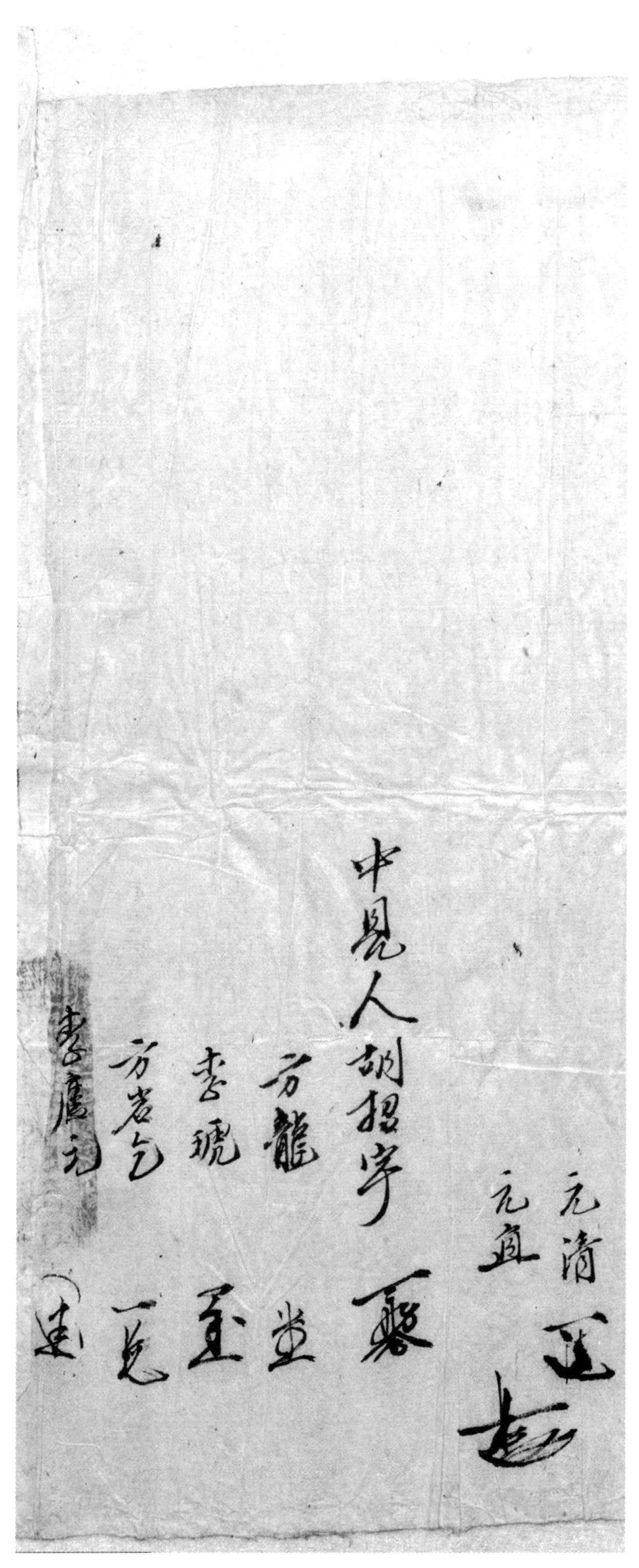

（三）

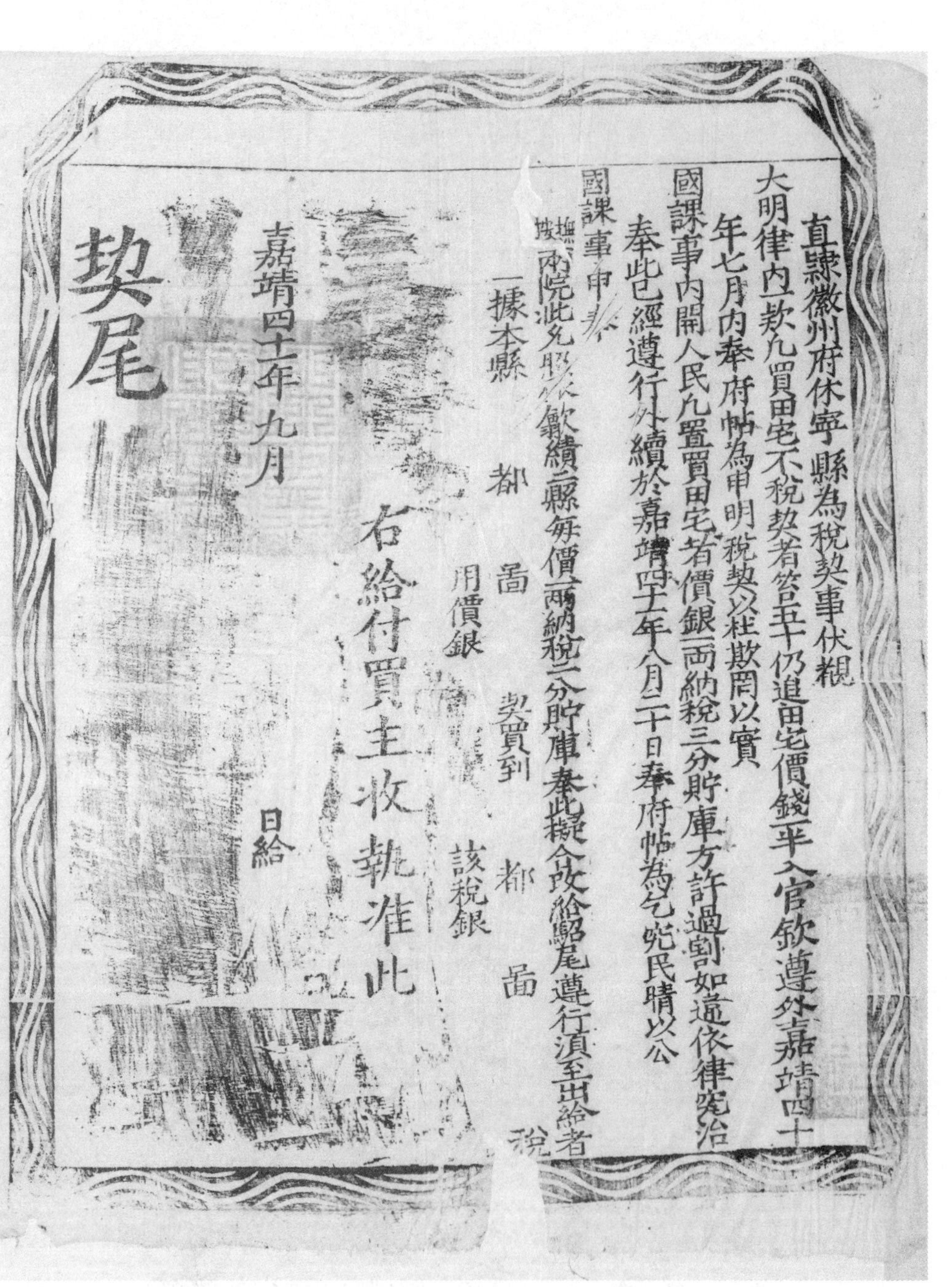

直隸徽州府休寧縣為稅契事伏覩
大明律內一款凡買田宅不稅契者笞五十仍追田宅價錢一半入官欽遵外嘉靖四十
年七月內奉府帖為申明稅契以杜欺罔以實
國課事內開人民凡置買田宅者價銀一兩納稅三分貯庫方許過割如違依律究治
奉此已經遵行外續於嘉靖四十年八月二十日奉府帖為乞恤民情以公
國課事申奉
撫按兩院批允照依欽續二縣每價一兩納稅二分貯庫奉此擬合改給契尾遵行須至出給者
一據本縣　都　圖　契買到　都　圖　稅
用價銀　該稅銀
右給付買主收執准此
嘉靖四十一年九月　日給
契尾

（四）

四

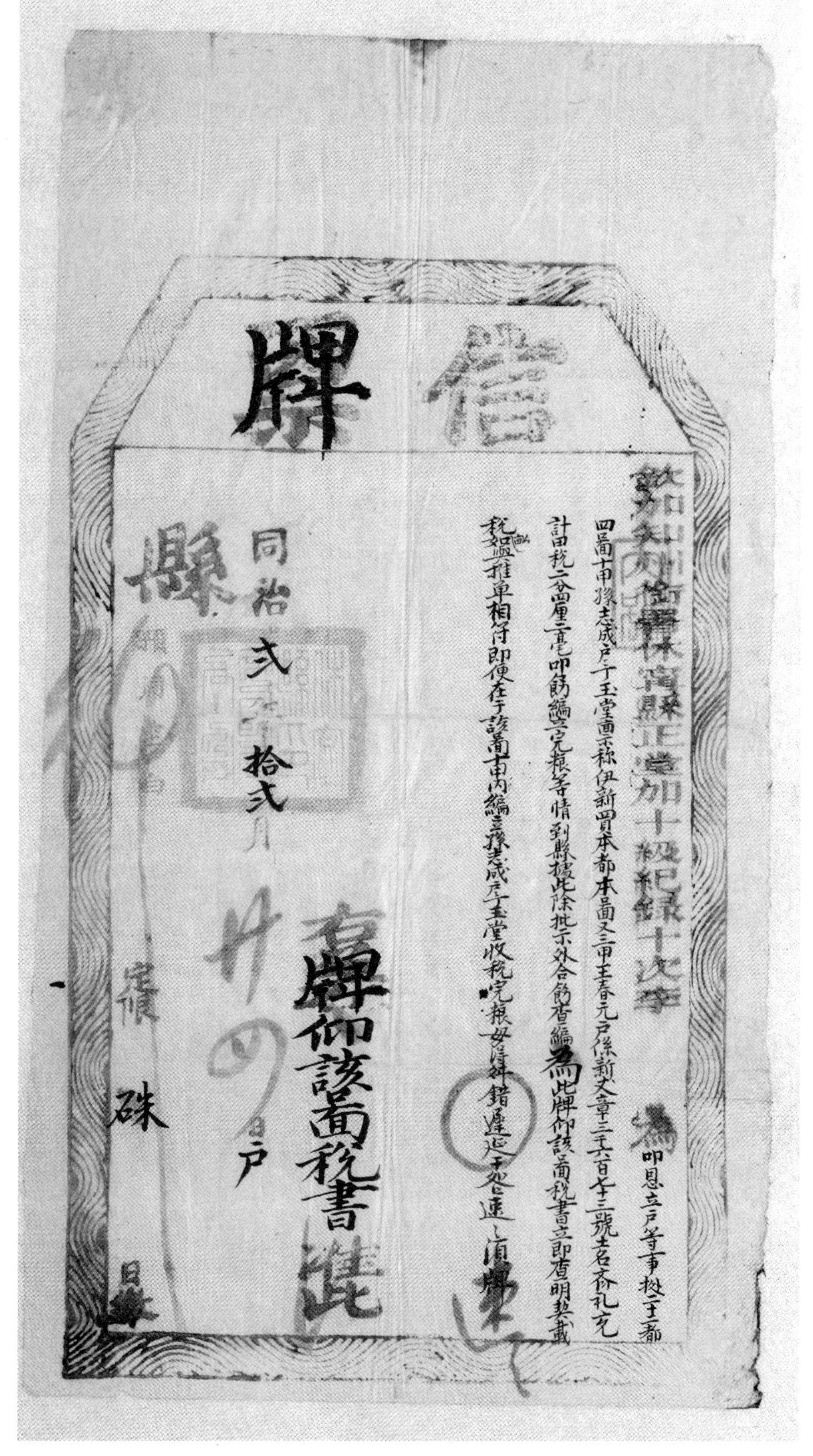

信牌

欽加知府銜署休寧縣正堂加十級紀録十次李　爲叩恩立户等事。據二十二都四圖十甲孫志成户丁玉堂禀稱，伊新買本都本圖又三甲王春元户係新丈章字三千六百七十三號，土名[illegible]，計田税二分四厘三毫，叩飭編立完糧等情到縣。據此，除批示外，合飭查編。爲此牌仰該圖税書立即查明契載税畝，照推單相符，即便在于該圖十甲内編立孫志成户丁玉堂收税完糧，毋得舛錯遲延干咎。速速。須牌。

右牌仰該圖税書　准此

同治貳年拾貳月廿四日　户

縣

清同治二年十二月休寧縣給二十二都四圖税書爲編立孫志成户户丁玉堂收税完糧事信牌

四

〔二〕租佃文約

明成化十七年二月（祁門縣）胡福興立承攬守山合同

明正德四年十二月〔祁門縣〕謝云付立承攬守山文約

十西都謝云付今爲日食艱難自情愿帶同家小承攬
到謝光謝玉澄玉淵玉深等名苗木山一片坐落本保土名
周家山作舍在山住歇常川看守前木每年議守山谷
一拾弐秤各分肋逐月支討自承攬看守之後務要盡
心尋看不致被人盜斫失火如有失木一根愿將本山谷听
從本主扣算十二斤即無異言今恐無憑立此爲照
正德四年十二月十二日立約守山人謝云付（押）
依口代書人謝循（押）

四

明嘉靖三十六年三月〔祁門縣〕徐七保等立承攬山林興養文約

立興養文書人洪鳳池僕人壽童等今承攬到六大房
壽公祀匣山共三号一号坐落東都四保土名南邊仁家塢其山四至東至　西至　南至　北至
又一号東都土名紫草塢其山四至東至　西至　南至　北至　又一号東都南邊竹山四至東至
西至　南至　北至　已前人心不一失養柴樣竹木今衆議秩下子孫家僕併南邊朱僕人等協力
興養毋許私自入山砍斫如有家外人等違約盜砍許興養人拿獲照約□罰毋得侵私賣放等情倘有恃頑不遵禁約仝
山主呈　官理治日後遞年拚樣及成材竹木花利主力均分毋得異言今恐無憑立此興養文書二帋主力各收一
帋為照　條欵于後
一盜砍毛樣入山者每人罰銀五分　一盜砍成材樹木每根罰銀叁錢
一入山盜笋者每罰銀五分　一盜竹每根貳錢
文約□帋為照

（一）

明萬曆四十七年三月（祁門縣）洪鳳池等立承攬山林興養文書

萬曆四十七年三月十五日立興養文書人官人洪貞守（押） 貞漸（押） 奇富（押） 大兆（押） 鳳池（押） 貞兆（押）

大益（押） 貞立（押） 大有（押） 應季（押） 應鵬（押） 貞效（押）

外文約一帋付僕人朱鰲生收 光輔（押） 聯庚（押） 大芳（押）

僕人朱癸（押） 朱奇生 朱鰲生 朱貞 朱永成 朱孝生

再批朱天付、胡臭、胡成、胡記明、程明興保興養家業；朱奴才、朱圭、朱鰲生、朱永成、朱安、朱學生六人保興養林家塢、符竹山、洪塍保僕三處，俱有興養，今比照一同。

壽童（押） 周富（押） 招才（押） 岩壽（押） 記壽（押） 太興

來明（押） 應春（押） 三漢（押） 興壽（押） 秋老（押） 禮生

記祥（押） 天元（押） 興才 蔥兒（押） 兜兒（押） 社宛（押）

許得 朱天付（押） 胡臭（押） 胡記明（押） 胡成（押）

朱天付 程明 胡臭 胡成

胡記明[illegible]山銀[illegible]

（二）

四

清康熙十四年十二月某某縣胡彩等立承山打石燒灰承約

立承約人胡彩、胡連等，今承到
族中　名下土名汪塢坑，原係老字弍佰十九号、廿号山一局，是
身承去開鑿打石燒灰。當日三面議定，每墶交納山租肆錢
正，小墶交納一半。今恐無憑，立此承約存照。

康熙十四年十二月　日立承約人　胡彩（押）
胡連（押）
代筆中見　胡文備（押）

四

清乾隆三十四年十月（祁門縣）陳正璜立承攬山林興養文約附乾隆卅七年四月議納租等事照

立承興養人陳正璜今承到
康興仁堂祖坟山壹號土名尾堘山新立四至東至降
直隴直下至大株樹為界西至田南至路北至石岺坊
四至之内是身承去興養松杉雜柴三年以滿將四至
另議租銀其柴身砍斫燒炭其餘山日後成材之日眼
仝去拚叁股均分主得七分力得三分向有古樹不在其内
自成興養之後各不至私自入山砍斫亦不至話悔如違
甘罸討无詞今欲有憑立成興養存照

卅七年十月二十九日面議每年清明日以納租錢壹百捌十
文不得拖欠其山坟林之内不至斫砍其外所自興養秋殺无詞照

司

乾隆叁拾肆年拾月廿六日立承興養人陳正璜

中見　陳尔持

奇峰三門約佃

奇峰三門約今將十五都三保土名清明塆 等處山一備新立
四至東裡十四都十保界 西外溦心堂養山夅 南大夅 北坑 係 字 千
百 十 号起至 千 百 十 号止四至之內出佃
與百昂名下共計伍拾 旲前去鋤種松杉密撒成林三年眷
苗毋得抛荒日後臨拚听凴佃山人節拚節種或量柴見方
易銀或估值公拚本約及業主不得攔阻其價作十旲分本
約得貳積至歲腑照旧規三門見丁分給主得叁夅得五倘
主業互争將銀兩封貯約匣候業清分領毋得阻撓滋事至
有墳在山上下左右各存禁步壹丈砍斫之日遵約規每穴
給錢四伯五十文為開山禁牌等用不得以年月山向不利

四

清乾隆五十九年九月（祁門縣）奇峰（鄭氏）墩澂慶三門約立出佃山執照

（佃）山執照

阻挠阻種恐有失火及竊害本約公議処治同佃人名列後

佑公祀貳旲　復公祀乙旲　應公祀乙旲　若周祀乙旲　駁一祀乙旲　齊椿乙旲　禧乙旲　晃泰乙旲　日位乙旲　耀仁乙旲

嘉記壹旲　千祥乙旲　百旺乙旲　日致乙旲　永兊乙旲　華雄乙旲　以仁乙旲　在興乙旲　祖福乙旲

五女乙旲　之僑乙旲　永鑑乙旲　永鐸乙旲　永鍵乙旲　中仁乙旲　廸仁乙旲　嗣功乙旲　樹甲乙旲

永修乙旲　百鼎乙旲　建周乙旲　書田乙旲　培林乙旲　嗣伯乙旲　兆平乙旲　日礼乙旲　萬相乙旲

日舜乙旲　習仁乙旲　受愛乙旲　國達乙旲　日塙乙旲　志雲乙旲　儒僑祀乙旲　本約伍旲

乾隆五十九年九月十五日

天字三十乙號百鼎收照

（二）

立領養耕牛字方長今領到
汪名下牸牛壹隻是身牧養言定每年秋收交下
臼谷壹佰六拾斤顆粒不得短少如租谷不清
聽凴將牛牽回若生小牛兩人對分倘耕傷跌
壞是身認賠若是天行時疫各安天命恐口無
凴立此領字存照

道光弍拾七年拾弍月　日立領字人方長十
凴中汪吉十

清道光二十七年十二月某某縣方長立領養耕牛字

合源立議合文杭源人等旧歲年成荒歉農佃照土交租苦之極矣今年不料夏兩四五兩月雨水連綿不息或时日夜洪水陡發數次移借錢文扶起禾苗已接業主踏田看过又復水沖没淤積田塝砲碣均已損壞又于六月下旬被天災蟲耗醮軀身等典衣移借支持壹切只望秋收如若租谷不足冬來佃人老幼飢寒难當只得嘀議合源人等立有議文壹爭鑿明非是霸租量業主上看國課二農佃营生以接業踏田看議收成定奪者本年之租送至工门交納不得短少兩造東莫各家人等所種之田不得自割自交倘有人心不一恐防短少之租上有國課亦不能短少如有不遵自割不交入公議以罚本文照本家租數入在公堆等本者將竹枝每家一竹枝之數倘有業主势霸不議收成所種之租照舍等拖束扶理公堆等得推縮業主告禀吞租將公理堆之谷上租不得推挨自議之後合源人等毋得異言

道光念九年柒月日立合文壹樣五帋各门收执壹帋存據

四

清道光廿九年七月某某縣杭源人等胡玉川等立合議租穀合文

財

胡玉川
胡長青
胡添爵 十
胡添保
徐灶寿
汪壽元
顧旁生 十
顧寄云
瞿永旭
汪變成 十

方九茂
方根荣
方七喜 十
方三全 十
凌荣嶽
凌邦嶽
凌美嶽
廖錫武
胡斗占
林觀生
林東生 十

林四喜
林寒亭
林尚尚 十
林順遂
林友八 十
林百龍
林洞云
林仁双
林平常
林社子 十
林灶九

許志遠
許炳南
程正意
程湧时
黄有壽
王頌堯

（二）

二、商業借貸文書

〔一〕清乾隆年間〔歙縣〕王氏借貸文書

抵契

立抵契王扶清今因□常正事需用，情愿將祖置直到器字五千九百七十號山稅六分八厘，又器字五千九百六十八號山稅二厘，土名龍角山，於上蓄有松株大樹，供奉汪王香火。該扶分法三股之一，今憑中將該股樹木抵到族叔名下九七色九五兑銀拾伍兩整，當即收足。其銀每月壹分五厘行息，議定五年之內本利清楚，听憑早晚取贖，不得留難。如過期不取，永為叔處將扶該身分法樹木保護香火，寄地長養，其稅仍係扶輸粮，此係兩相情愿，並無異言。如本家大三兩房不準取贖，恐口無憑，立此抵契存照。

計開九七色常平文批

礼

乾隆三十八年三月　日立抵契王扶清（押）

中見族叔　質存（押）

弟　秦開（押）

親筆（押）

清乾隆三十八年三月〔歙縣〕王扶清立抵樹借銀契

四

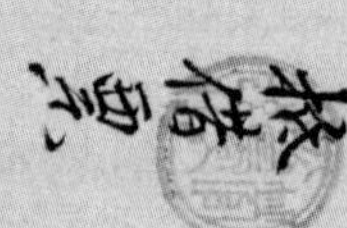

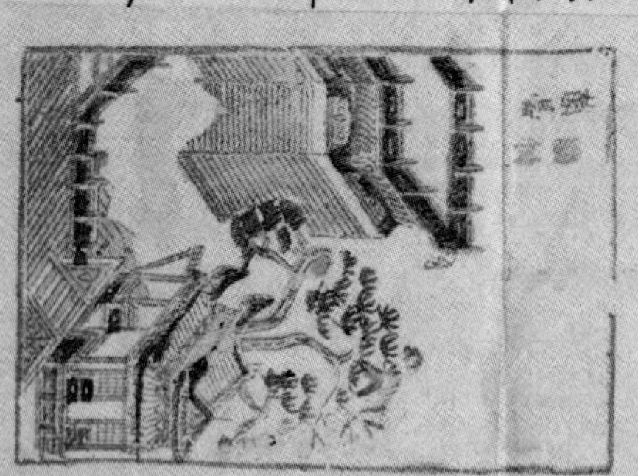

清乾隆六十年七月〔歙縣〕王家禄立抵地借錢票

立合夥文書人孫廷表汪應鶴二人開店生理憑中應各出本銀貳百兩整在于丹陽呂橋地方同開雜貨
紙店生理其店貳人兼管恐帳目煩瑣不便憑中三面議定輪流每人經管貳年交與下首經管生理交店之日
無得推辭苛情其銀管店之人硬包利壹分捌厘錢起息其利週年即交無得異說自從議定之後永遠遵依
兩無異說今恐無憑立此合同式張各收一張存照
一議交店之日來往帳目欠帳經手者自認與下首無干
一議定交店俱是七月初一日交與下首原本其雜貨紙俱照發行時價
一議傢伙物件俱照原替單帳二人均認
本年孫廷表管起扣汪應鶴九七銀貳百兩整帶店店傢伙在內

崇禎拾貳年七月　日立合同人　汪應鶴（押）
孫廷表（押）
憑中人　黄祥之（押）
張素懷（押）
程德聚（押）

合同一樣二張各收一張存照

明崇禎十二年七月某某縣孫廷表等立各出本銀在丹陽同開雜貨紙店合夥文書

四

清乾隆四十八年六月（歙縣）戴景榮立出替怡盛面坊替約附怡盛磨坊傢伙交單

立替約人戴景榮今將黎陽怡盛面坊內自置家伙物件猪牛一切等項另立清單憑中出替與胡允起名下
三面言定時值價元系足兌銀玖拾兩正其銀當即收足其傢伙等項照單當面交割聽胡處用開收此前并
無重復交易抵押等情亦無親房人等阻當如有此情俱自理值不涉胡姓之事今欲有憑立此替約存據

乾隆四拾八年六月

日立替約人戴景榮（押）

憑中 汪雲從（押）
吳鎮輔（押）
戴師佩（押）
吳灶桂（押）
程易安（十）
程永湯（押）
朱運表（押）
周俊明（押）

（一）

四

清乾隆四十八年六月（歙縣）戴景榮立出替怡盛面坊替約附怡盛磨坊傢伙交單

（二）

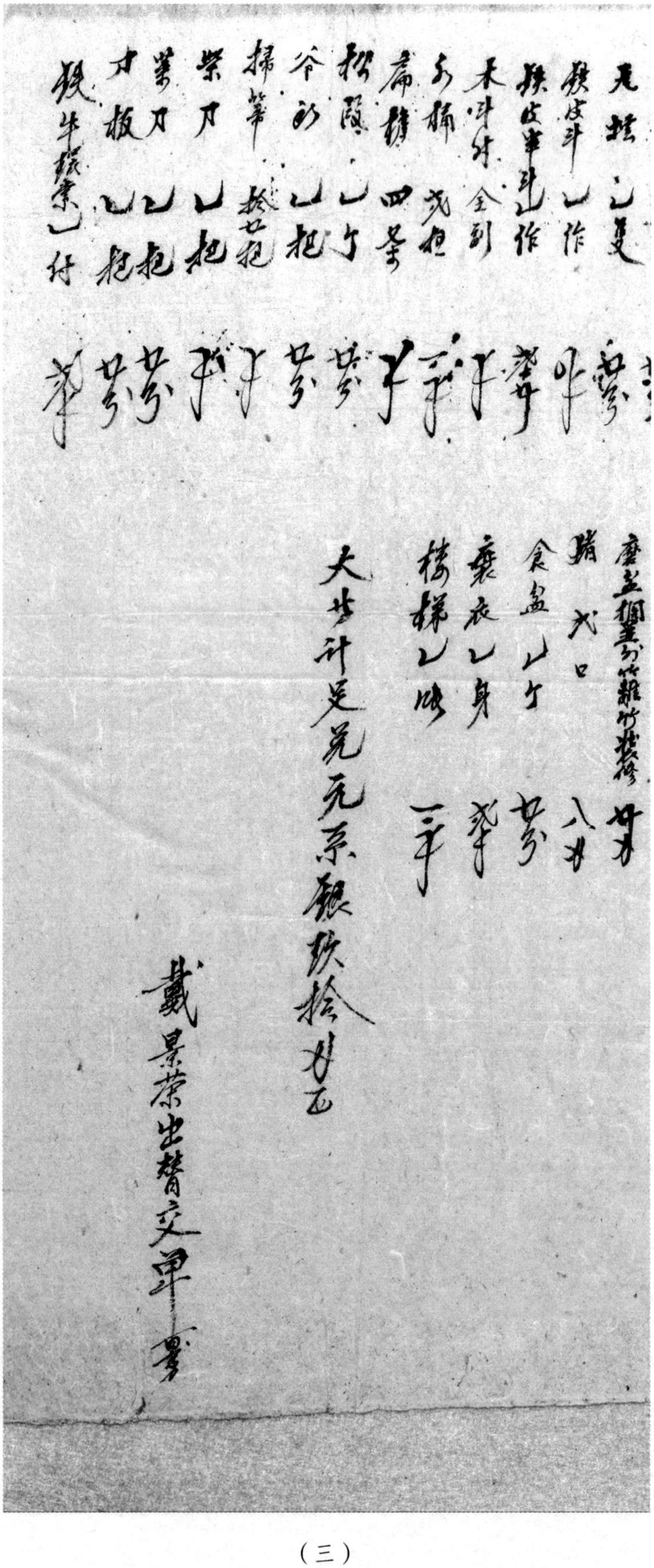

（三）

三、宗族文書

立鄙語吴錦長男吴祥次男吴良吾承父遺下田
地銀兩併吾續置欲分各業意在造屋後再立
鬮書分吾痛念長子吴祥於萬曆壹拾柒年叁拾
弍歲上不幸在加興病故幸有孫紅鯉目今成長
已娶孫媳吾今年陸拾有陸仍外生意猶恐風
燭不常無以憑拠權將田地銀兩日後永為定規
兩半均分祥在加興東栅車先年另立帳頭於萬曆
壹拾捌年帳上結算壹百壹拾兩良於萬曆壹拾玖
年娶親奩儀吾收銀兩及田亦收壹百壹拾兩此弍項
已撞平良再娶鯉聘親亦是撞過計開東栅口車該吾
分數八股之壹及祥帳銀烏鎮八字橋森典吾該
五股之壹弍店銀兩俱有夥計結算明白吾分下田
地山塘屋宇併吾續置田地俱是次男良孫紅鯉弍人
兩半均分為業日後毋得争論今恐無憑立此存照
鯉娶親已算如良滑子下聘禮時众孩銀叁拾兩定親　再批

萬曆叁拾弍年四月

吉日吴錦（押）

四

清康熙二十九年八月（歙縣）朱可遠等立侄光播繼嗣承繼文書

立議承繼文書人朱可遠可過朱必龍自吾始祖孝士佩林公圻居石門以理孝德行
傳家分東西兩房吾西房麟公生子珪珽琭璨珍公珍公乃吾房之祖也生保公保公
生祖晨公居長次昂公鼎公是為三房晨公生吾父紹周公繼周公吾父為紹周公之次
子不幸先兄早世吾雖生子多人夭而不育堂兄亦不幸無子吾今行年六十有二歲又有
疾病纏身思維人生于世惟系粮門户祖宗祭祀乃是大事年既近暮繼嗣宜求顧我
三房之内各人皆有親房當誰不能妄言選擇誠恐日後有悞不得不于西房親愛賢
能之侄輩先擇壹人繼嗣預為日後手粮門户祖宗祭祀之托今憑衆擇得璨公房夫下
必龍之第三子名光播少年謹厚次序不亂可以承繼即日議定過門請憑族衆衆今將
吾生平承祖續置田地山塘屋宇一應照册交與光播經管又為行聘婚娶成家自繼
之後承當我家門户祭祀我父祖奉養我終身及日後埋葬等項凡吾分下各事逐一永遠
承當不得推卸此係兩相情愿日後無得異說恐後無憑立此承繼文書式張各執一張永
遠存照

朱心明

（一）

四

清康熙二十九年八月（歙縣）朱可遠等立侄光播繼嗣承繼文書

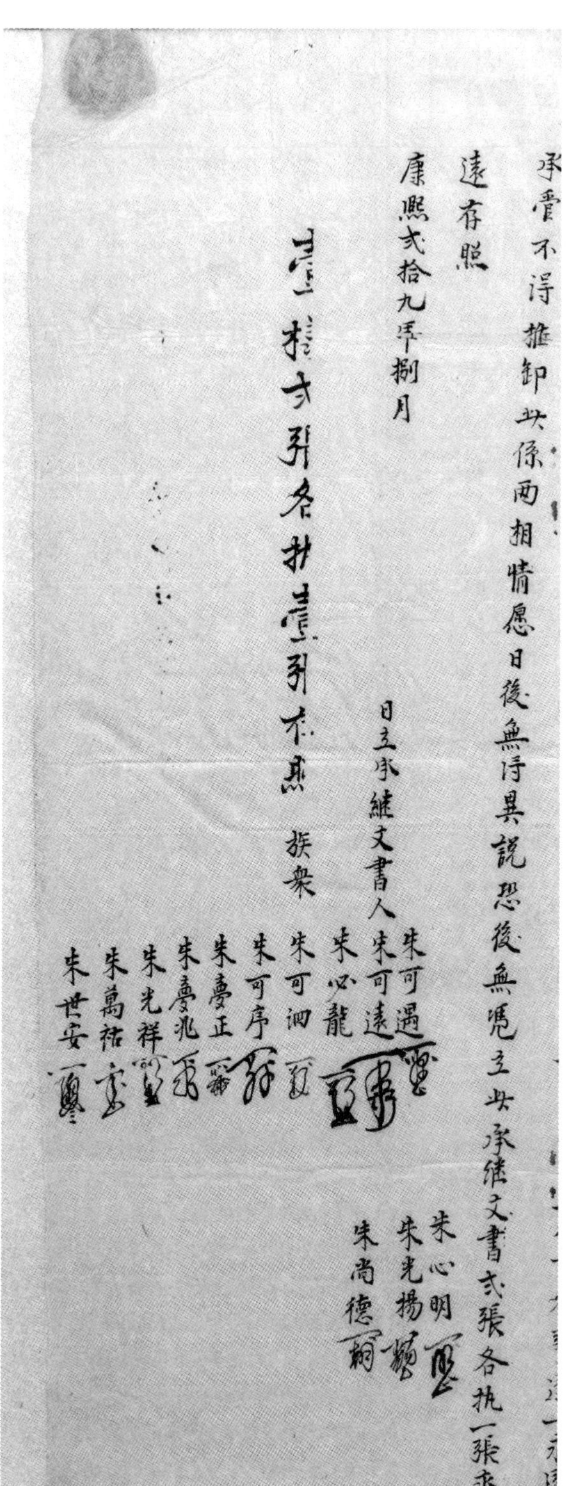
承管不得推卸此係兩相情愿日後無得異說恐後無憑立此承繼文書弍張各执一張永
遠存照
康熙弍拾九年捌月
朱心明（押）
朱光揚（押）
朱尚德（押）
日立承繼文書人　朱可遇（押）
朱可遠（押）
朱必龍（押）
族衆　朱可泗（押）
朱可序（押）
朱夢正（押）
朱夢兆（押）
朱光祥（押）
朱萬祐（押）
朱世安（押）
壹樣弍張各执壹張永照

（二）

清道光六年十一月某某縣張寧時立家規

立家規人張寧時竊思人生在世不過上為祖宗報本下為子孫安根人〻分所當然吾年五旬有五所生女兄弟四人只望丕振家敎個個成家生子不料次子松林年方廿偶遭病故所存女兄弟三人生子故有年命早晚而衣食豐足亦在各人勤儉拮据營謀兄弟三人雖有餘物生息務欲正直無私兄弟友恭同心尚義出欵斗秤分明十目所視〻欲數目清楚十手所指勉得兄弟婦女爭論廢公肥私之說故特立肢簿三本書此家規倘有違此規條者吾即逐出並私房家業一並归公那時悔之無及女兄弟婦女謹之戒之

立家規人張寧時

道光陸年拾一月初八日

中見石邑先生方金華

立承繼議姜學像士書緣身曾祖光德公生身祖兄弟有三長伯祖應霖公次身等祖應宗公三
叔祖應圖公長伯祖無嗣係身長伯佐松公承祧育生二子學崑學建學猷先後物故俱
無嗣媳兩家決意不奪逸凴親族照依家譜世系次序接承查士書之祖佐栢公育生二子學崙
無嗣學仕生兩子士書承伯紹士易應承父紹學侶無嗣查此房無餘丁可承查學像之父佐
枝公生子學像育生三子士道士聚士言言承四房學佶之紹查士道可承長房學崑公之紹
所遺前向三間兩下樓屋一堂長房有樓上堂前間一個樓下左边丁字間一個以及前向照間今凴親族
將樓上堂前間議入士書承管仍樓下丁字間及照間並餘外眾業基地山塲等處大三房該長房
股值並遺業並佃栗園裡地壹段又郎衣塆地肆段至念叁年仁祀公祀內惟有土名鄭家塢口田柴分
伍厘視晰入佐栢户今議仍退晰入長房佐松户應歸士道承管自議之後長房亡人所眉淺土並修譜過
紹一切費用俱係士道承办不得推諉欲後有凴立此承繼議據各執存照

道光念伍年貳月　日立議人姜學像（押）

（一）

清道光廿五年二月某某縣姜學像等立學像長子士道承管長房佐松户承繼議據

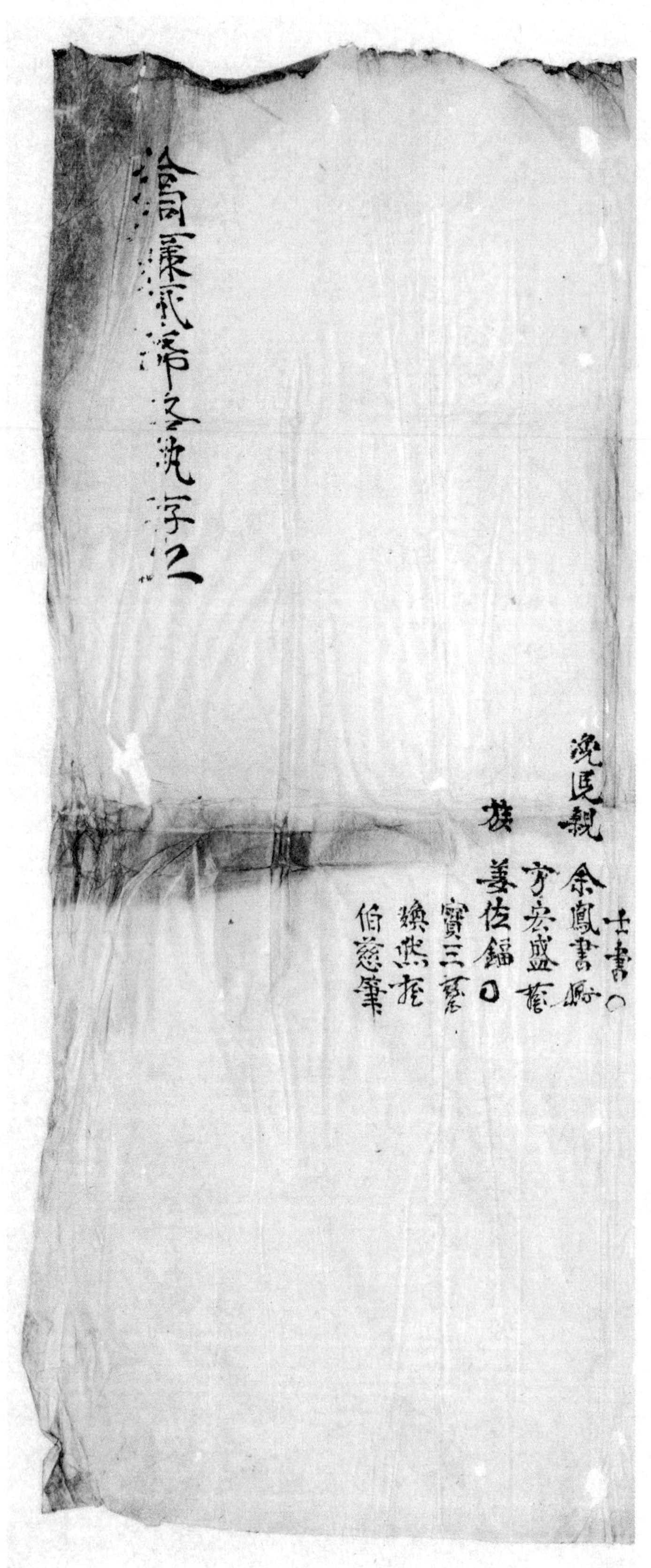

合同兼承管文憑字乙

士書○

憑族親 余鳳書 押

族 方宏盛 簽

姜佐錫 ○

寶三 簽

煥然 押

伯慈 筆

（二）

（一）

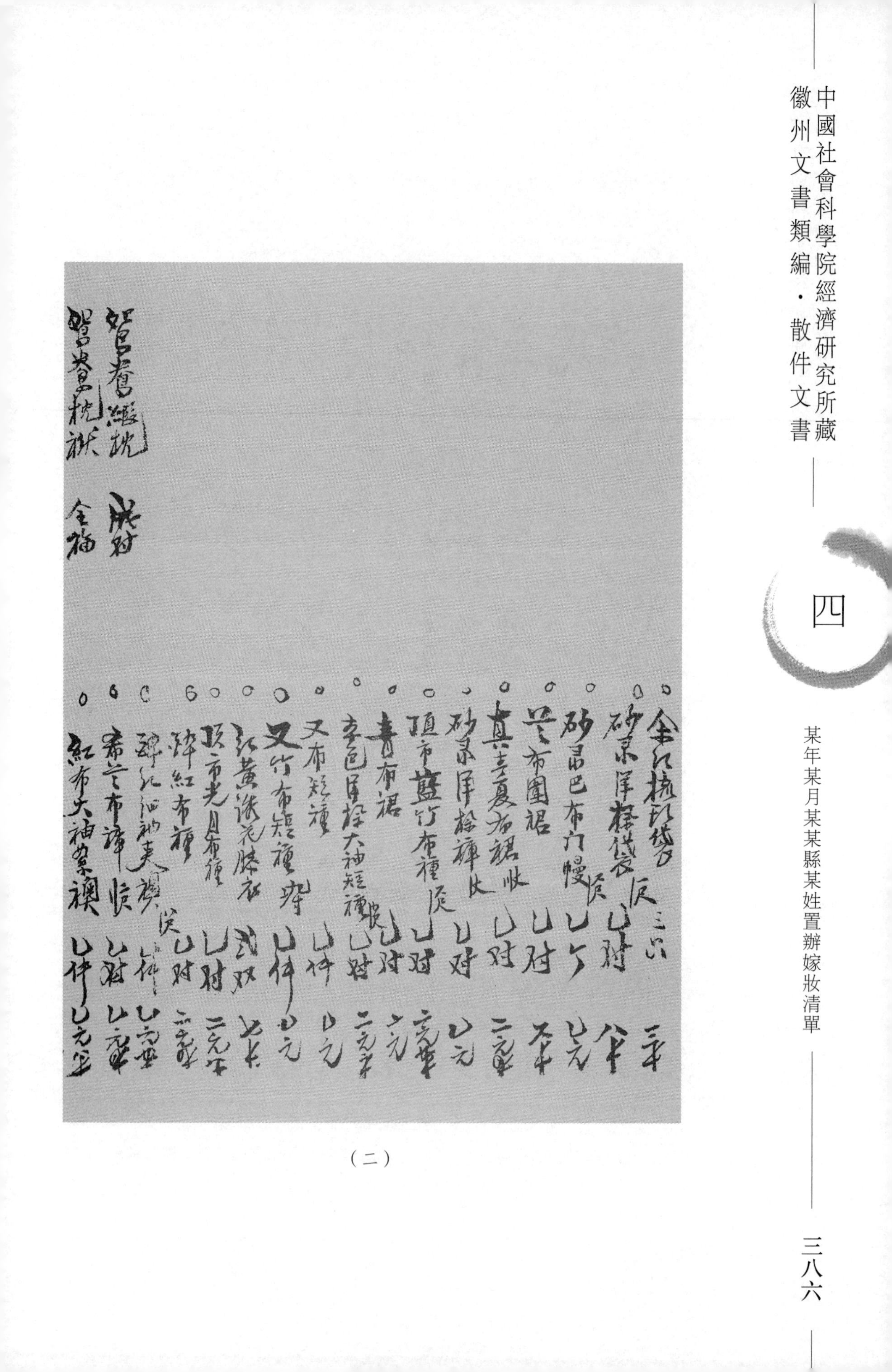

四

某年某月某某縣某姓置辦嫁妝清單

（二）

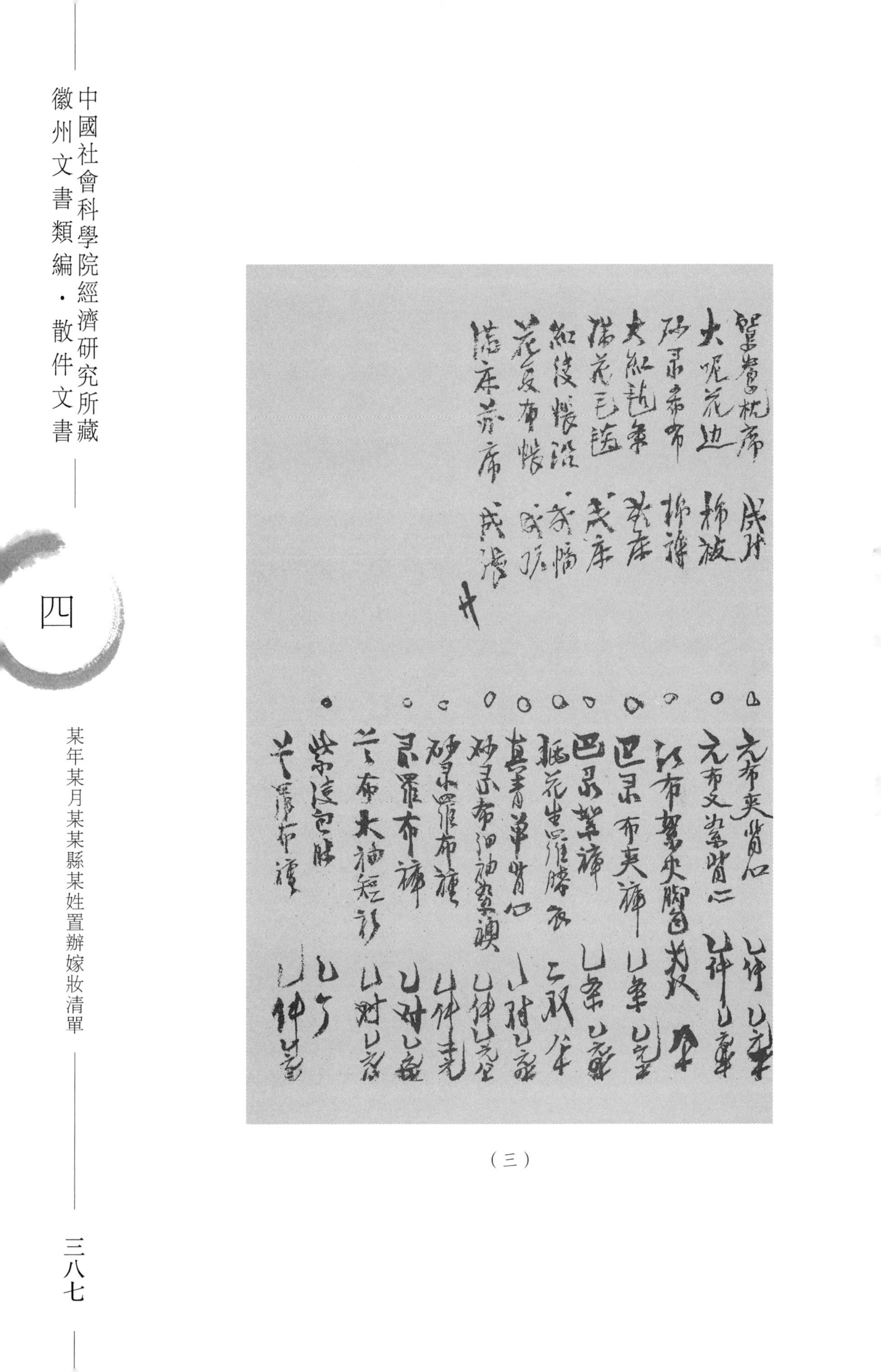

（三）

四、社會關係文書

〔一〕明萬曆至清康熙年間〔祁門縣〕洪氏規約

伍都立還文書火佃胡喜孫同男胡社隆胡社禄姪胡新隆胡夏隆胡
秋隆等原父胡初向住塘塢耕稼田畝看守墳墓山場蒙
房東寿公六房恩主于隆慶年間做造樓屋伍間并両边餘屋住歇向来應
付無異今因男姪人衆于萬曆三十年懇
主再將右手砌地起造樓屋伍間及厨房牛欄厠所完備其匠工食木
料磚瓦盡係
房主出備已訖身与男姪住歇小心看守墳墓長养四圍山場耕種
本分生理情愿遞年每人應付工夫弍工凡有差使不敢抵拒各山樹
木不敢侵砍日後子孫永遠遵守倘有背
主等情即以背義論听　主呈

（一）

官理治所有子孫永不許賣与他姓如有此情甘受罰治自當贖回所
主使喚今恐無憑立此存照
弘字再批喜孫并男勝應付工夫係是畢貴進京并科舉入学所用
此外不得推阻應付

萬曆三十壹年七月二十一日立還文書火佃胡喜孫〇
男社隆子
社祿〇
姪胡新隆一
夏隆〇
秋隆十
繼子胡大魁十
小魁一
代書梁桂宇（押）

四

明萬曆卅八年六月〔祁門縣〕吳記富等照舊主永遠應付立應付文書

立还應主庄僕吳記富記元等今因舊主洪宗同兄弟為銭粮事將伊承祖分得李坑塢
壟壙山分籍田股之一賣与洪兆先相公名下存業本身兄弟子孙照旧主永遠應付
不得抗拒遇喜慶等事應付毋詞今恐無憑立此應付文書為照
萬曆卅八年六月十二日立應文書吳記富（押）
記元（押）

立還應主庄僕吳寄富寄元等今因舊主
洪肇先相公買得洪宗周玄周李坑庄屋基地
山塘等分籍樂助
洪壽公六大房衆標祀應用爲此本身兄弟
子孫照舊應付六大房衆主聽用凡遇婚姻喪
祭喜慶等事本身兄弟子孫即赴聽用毋得抗違（加違）
聽洪主責罰今恐無憑立此應主文書永遠爲照
萬曆四十年十二月廿九日立還應主庄僕吳寄富（押）
寄元（押）

四

明崇禎四年十月〔祁門縣〕洪公壽等衆姓會議立復造石堨合同

（一）

立合同人洪公壽、洪公許、洪公堅、謝鏊元、徐良賓、黃泰鄉、洪日泰、洪日旭、謝永烈、王天壽等，原有承祖併買受民水田貳段，土名余村低湖、低湖末、余村末，共計租柒伯九拾伍秤壹拾肆觔，原共造余村石碣壹所，取水澆灌，近因雨水衝壞，今衆姓會議，取石復造石堨壹所，其田分上中貳段，上段土名低湖，計租四伯壹十叁秤十四觔，中段低湖末，計租六拾六秤，余村末計租叁伯一十六秤，所造石堨工費議作兩停出銀，上段每秤出銀陸分，中段每秤出銀叁分，其銀作叁次付出，每壹錢先付[illegible][illegible][illegible]付叁分，後付貳分，其帳扎足。起工之日，衆議洪姓、徐、黃、謝并姓每日共着能者四人督工，毋得臨期推故推捱。督工之人務要逐日收支，併工帳開明存查，毋得狥私責子等情。倘衆查出，見一罰十，公用。所造石堨澆灌前田，以供 國課，各姓共業人等毋得私造磨坊分破堨水，致失秋成，有累 國課。倘有此情，公衆執文呈 官究治。立此合同一樣拾壹紙，各收一紙存照。

再批：倘有他姓覇佔私造磨坊，有業之家各集出身鳴 官，其訟費照田租派出，毋得臨事退避，有悞田租，[illegible]議，如遺，衆罰銀拾兩公用。此批。

崇禎四年十月初八日立合同人洪公壽（押）洪公許（押）洪公堅（押）
謝登元（押）徐良賓（押）黃泰鄉（押）
洪日泰（押）洪日旭（押）洪士學
謝永烈（押）王天壽（押）洪應元（押）
洪日亮（押）洪起陽（押）洪鳳岐（押）
洪貞濤 洪大斗（押）洪大年（押）
洪大科（押）洪貞齋（押）洪食富（押）
洪大有 洪日宗（押）洪皎（押）
洪應試（押）洪應鳳（押）洪鑌
洪鳳至（押）洪應登（押）洪朝顯（押）
洪光庭（押）洪宗春（押）洪光南（押）
洪應昌（押）洪光表（押）洪應棨（押）

立議文書洪族衆相壽公等洪村坦田壹伯數十畝，原有塔兒堨併水圳一條，引水灌田滋養禾苗。以先因渠近因堨脚圳塔損壞，田難灌水，通衆合議復行修理，照田徵銀以資費用。低基田每畝徵銀貳錢五分，高基田每畝徵銀壹錢貳分五厘，其費用議定八人管理，隨即徵收興工修造，務期堅固，永遠無弊。凡有田之家，其銀俱要應時付出，毋得延遲執拗，以悞公事。毋使用雜工，均派佃人種粗，五議做一工，亦照從前定例。今恐人心不一，合衆立此議約文書付壽房匣為照。

衆議管理頭首八人　大有　哲先　孔政　如桓

康熙柒年八月二十七日立議文書洪族衆相一公　壽二公　鳳池　光元　大有　齊　大欽　自祚　自任　顯　時高　應啟　廟　良承　先復　鳳舞　之驊　應基　龍搏　應祿　應禎　光東　聖庚　覺先　起先　哲先　椿　孔政　如桓　長　邦瑋　璁　瑋　廷元　錫　錫彥　守中　美中　約中　懋相　蘭生　鼎先　德新

（全圖）

清康熙七年八月（祁門縣）洪族衆相一公等立修理塔兒堨并水圳照田征銀文書

立議文書洪族衆相壽公等洪村坦田壹伯数十畝原有塔兒堨併水圳一條引水
照田徵銀以資費用低基田每畝徵銀貳錢五分高基田每畝徵銀壹錢貳分五釐
其銀俱要應時付出毋得延遲執拗以悮公事毋使用雜工均派佃人種租五秤

衆議管理頭首八人

大有 玉貞 顯替 時喜 寶聰
哲先 寶孔 政寶 如柏 富之

[illegible]

康熙柒年八月二十七日立議文書洪族衆相一

（上）

四

清康熙七年八月（祁門縣）洪族衆相一公等立修理塔兒堨并水圳照田征銀文書

一條引水灌田滋養禾苗以供國課近因碣脚圳塝損壞田雖灌水通衆合議復行修理
錢每分五厘其費用議定八人管理隨即徵收興工脩造務期堅固永遠無弊凡有田之家
種租五秤議做一工亦照從前定例今恐人心不一合衆立此議約文書付壽彦更為照

高□揔
栢先　富之辦代

族衆相一公　壽二公　鳳池　光元　盛大　大有　貞齊　貞淪
大欽　貞祚　貞任　貞順　時高　應啟　順
良丞　光復　鳳舞　之驊　應基　龍搏　應祿　應禎
光東　聖庚　覺先　起先　哲先　椿　孔咁　如桓　長
邦璋　璁　璋　廷元　錫齡　錫彦　守中　美中
約中　懋相　蘭生　融光　德新

下

（下）

（二）其他社會關係文書

明隆慶六年八月（祁門縣）朱仙保爲子初乞情願另配不應出贅立還文書

立还文書火佃朱仙保有男初乞，原父子容存日與男
初乞娶媳王氏翠仙過門六載，無犯，近居李澤保有女招婿养
老，是身男初乞貪圖，於今年春陡將王氏翠仙賣出，
復令托媒欵贅澤保女，是房東得知，要行理治。仙保父子
知虧，自情愿托本門弟姪浼求房東允詞，議还文書，自情
愿另配，且身只有一子，不應出贅，如違前議，听主呈
官理治。今恐無憑，立还文書為照。

隆慶六年八月十五日立

还文書火佃朱仙保 十
同男朱初乞 十
弟朱遅保 、
叔朱元付 十
朱曽保 ○
弟朱乞孫 、
朱乞 ○
朱社保（押）
依口代書房東謝孝忠（押）

明萬曆五年二月〔祁門縣〕朱鈿因背主逃走立還限約

十西都安山居住火佃朱鈿因身日食难度，自
不合挈妻併男一家背　主逃走，是主當
獲，要行告官理治。是身央中情愿立还限
約，候正差之年自行挈家小回宗堂孝應
副，毋違。如有抗違，聽自呈
官重究。今恐無憑，立此限約為照。
萬曆五年二月廿四日立还限約朱佃（押）
中見保人謝鳳保（押）
代書房東胡才（押）

明萬曆十七年六月某某縣方如春等集議塘租收支值年塘首照管蓄水放水合同

立合同人方如春洪材潘善汪春方近仁洪耀因今年大旱供塘人汪積成等放水不均以致告　官成等願自立約求息今衆塘首集議拾叁股同收塘租除修梘築墈支費外起塘之日各塘首俱至眼同照股均分办納粮差每年閹輪塘首一人週而復始照管蓄水如遇天旱自行監視依期放水照例澆灌叁次不致怠事倘有恃強覇水搶魚等事衆與理直如或不從公處經公使費亦衆出办不致獨累今衆集議之後或有欲行變易者先儘塘首衆處不許私售今恐無憑立此合同爲照

萬曆十七年己丑歲六月廿四日立合同人潘善（押）

方如春（押）

洪材（押）

汪春（押）

方近仁（押）

洪耀（押）

計開閹值年分于后

庚寅年方如春　辛卯年方如春

壬辰年洪材　癸巳年潘善

甲午年洪耀　乙未年方如春

丙申年方如春　丁酉年方如春

戊戌年潘善　己亥年汪春

庚子年潘善　辛丑年潘善

壬寅年方近仁俱週而復始

明萬曆四十二年十二月某某縣汪治等立津貼承充里役銀兩議單合同

立議單合同人汪治、汪銓、鉄、稼、祿、檉、綸與中和、玄祐等，承祖原流四甲里役，今輪萬曆四十三年分里長。尤恐人心不齊，臨期隨悮公事，今輪該祿綸(?)

三房充當，同出意願，分後照衆議，東戶戶丁汪玄祐承役，除原額照依丁糧津貼銀伍拾兩，分祿綸三人分又貼本方銀貳拾兩，貳項共與

承役人應辦邊糧，應卯勾攝公務，備辦錢糧一應等項所費，盡是承役人之事，不干祿綸之事。倘有分外新差國課，值收銀等項，本戶丁

糧另行均派。凡本戶人丁六十歲免貼，幼丁至十六歲津貼，毋許(?)。如有不遵合同，執此鳴公理論。恐後無憑，立此合同一樣六張，各執一張存照。

計開

一銓：免丁，長男玄祐、孫應國二丁該貼役銀貳兩四錢，糧二斗四升三合該貼役銀叁兩六錢；次男玄飛一丁該貼役銀乙兩貳錢，糧四斗二升該貼役銀六兩叁錢貳分

二男孫從國一丁該貼役銀乙兩貳錢，糧九升該貼役銀乙兩叁錢叁分

一鉄：免丁，男壽九、福九二丁該貼役銀貳兩肆錢，糧二斗二升該貼役銀叁兩貳錢六分

一治：免丁，糧四升八合該貼役銀柒錢貳分

一稼：免丁，男一九一丁該貼役銀乙兩貳錢，糧六升二合該貼役銀玖錢貳分

一七壽因貧，衆議讓丁，糧四升二合該貼役銀柒錢正

一祿：免丁，綸全、千先、萬先、福先、五和六丁共該貼役銀柒兩貳錢，糧九斗二升二合該貼役銀拾叁兩柒錢正

內五和貼丁銀乙兩貳錢，因[illegible]立祿綸名(?)項下，係五和自還，與祿綸無干

一中和一丁該貼役銀乙兩貳錢，糧乙斗九升〇五合該貼役銀貳兩捌錢叁分

一元一、二、三、二因在外，衆議讓丁

（一）

萬曆四十二年十二月　日立議單合同人汪治

汪搶

汪秩

汪粮

汪禄

汪擅

汪論

汪金

汪中和

汪玄耜

汪玄凱

汪繼周

族衆汪鈴

汪元蘭

汪元芳

代書汪元芝

（二）

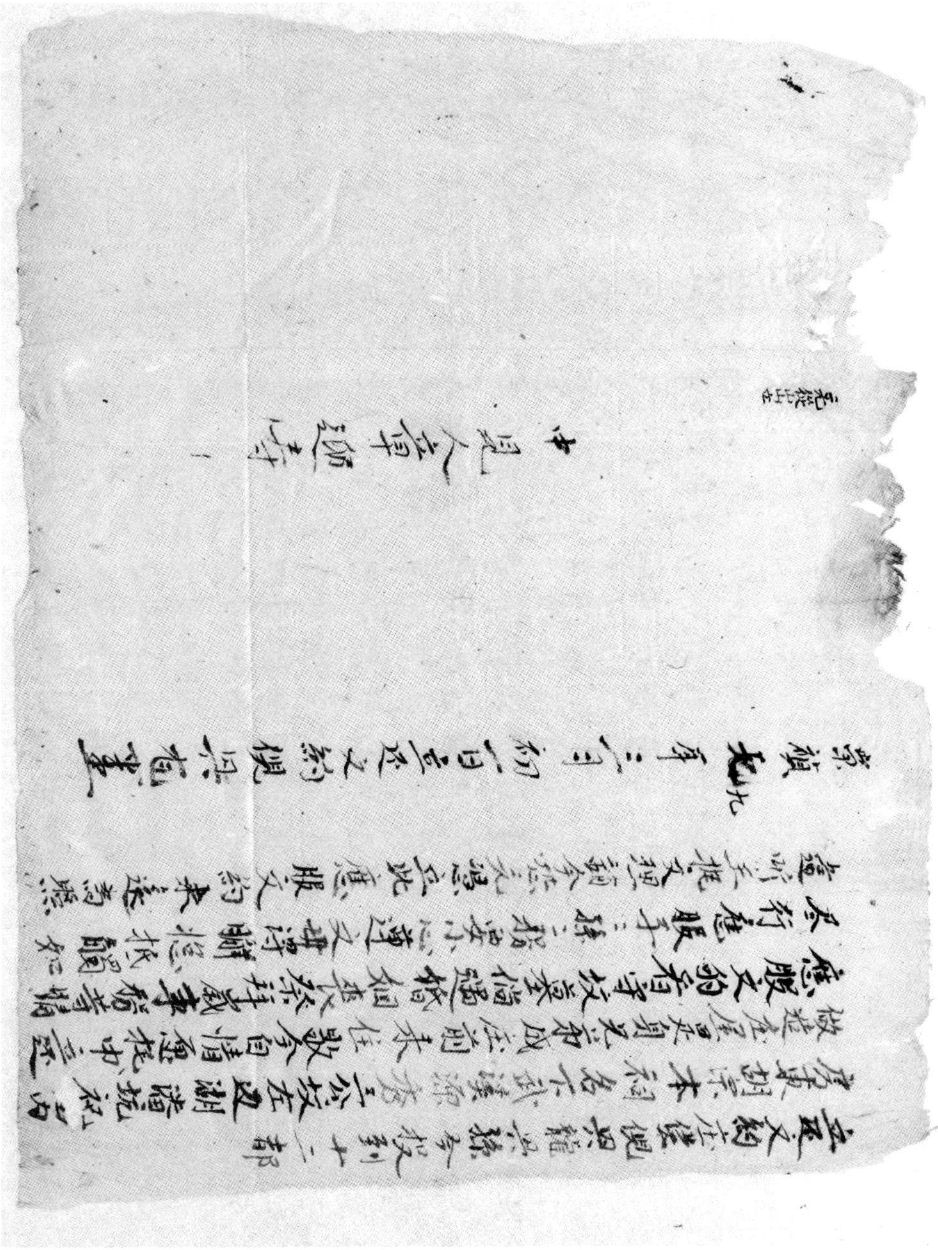

四

明崇禎九年三月某某縣倪興龍等投到房東胡宗本祠名下做造莊屋住歇立還應役文約

四

明崇禎十六年七月（祁門縣）陳汝正等立剿淫正法保産扶孤合同文約附『准照』批

立合同文約人永錫祠家長陳汝正等斯文陳素鳳等為因本祠祑下子孫言哲促子可瑾

為非又復姦宿祖母鄭氏仲蓮合祠老幼共憤鳴 官首告

王爺臺下剿淫正法保産扶孤原畀兄汝毅狀告保孤 樊爺給有執照印信文簿

所有家外人等不得盜賣今鄭氏淫亂不法聽誘欺孫可瑾蕩廢田産促惡逐孤合衆公族察

其所賣産業併共謀吞孤産之人登名告理仍將錦住産業逐一查明盡付伯母王氏經理仝錦

共業永保孤業凡我祠内之人毋得臨期推托受賄循情以壞綱常如違同惡一体懲治倘瑾党日后

暗害等情合祠公理不得令谿奸計以陷寡幸 今立合文劄帋各收一帋存照

（一）

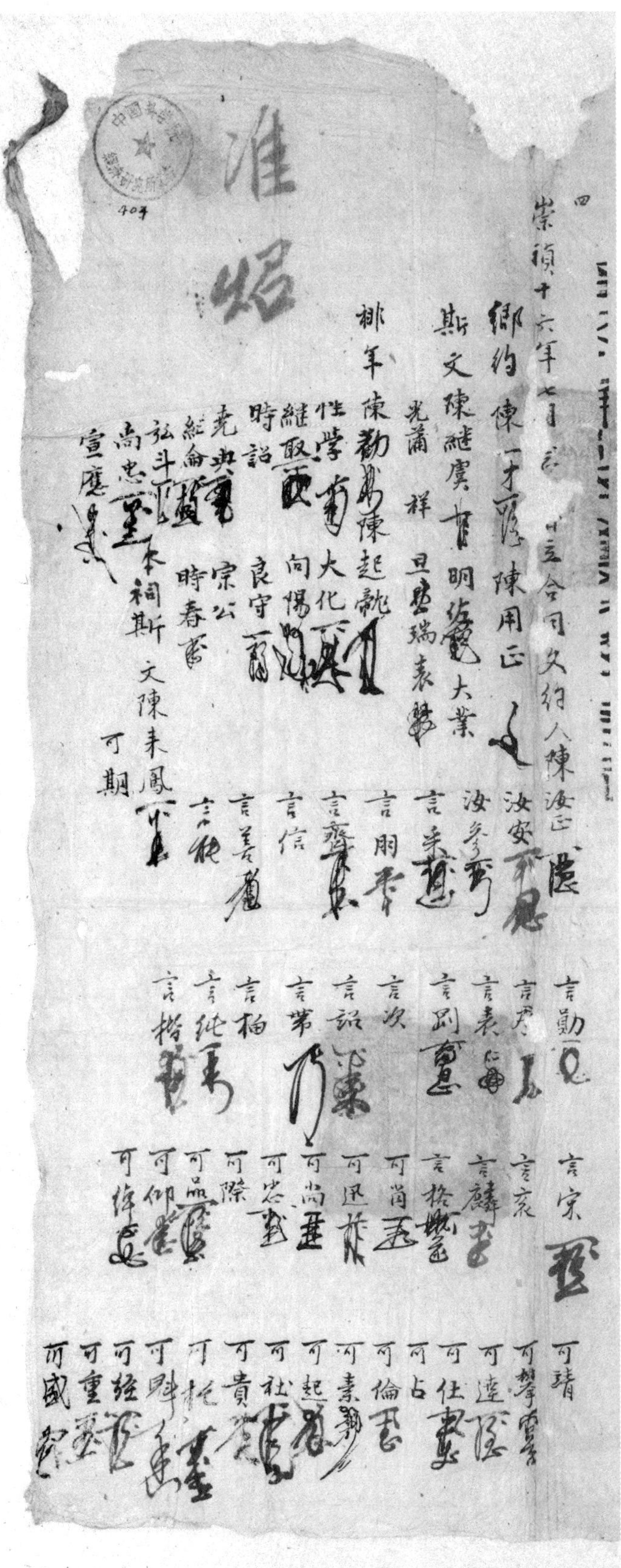

（二）

明崇禎十六年十一月某某縣程文祖爲乞到房東坦地安葬祖父交租應役立還文約

立還人程文祖，今身祖父无処安塟，托中浼求乞到房東鄭繩武相公名下十四都八保土名磨房坦地上安塟乙穴，遞年交納信鷄乙隻，應服伏侍。其地租悉照旧額交納，无詞。日後子子孫孫悉遵文約應役，不敢違逆。今恐无憑，立還文約永遠爲照。

崇禎十六年十一月初八日　立文約還人程文祖（押）

中見人李天椿（押）

立議歸祠永好合同文約康興仁秩下經手良熠良鍾良淳良銓等情因良燦仝良賢變賣祀產公衆以廢祀逐出良燦今已物故有子起松自幼客外生理潛心習藝和氣待人今因祭掃回家念及木本水源思欲蓋父之愆托宗向族衆相鳴自情愿勉力備銀以贖父咎族衆竊思父有過子欲蓋之其志固有可嘉其情尚有可原且罪人不孥律有明徵于是通衆合議欲杜效尤當嚴法戒因令起松復族量取抵產價銀貳拾伍兩整入興仁堂及魁公祠内生發買租以供祭祀當立文約自後冠婚喪祭照依一體門戶差役輪流充當秩下人等各敦族誼永相和好無挾私以啟釁無藉口以生端如有等情聽遵守人執約鳴 公理論仍依此文爲準恐後無憑立此一樣永好合同貳紙公衆收壹紙起松收壹紙永遠存照

（半書）

乾隆叁拾伍年四月初一日立議歸祠永好合同文約康興仁堂

秩下經手

良熠（押）
良鍾（押）
良淳（押）
良銓（押）
良熇（押）
良儀（押）
良煥忠
之理（押）

代筆宗

（二）

四

立退役文約人汪慫慶堂秩下汪文玉汪輝彩汪隆泰汪永茂汪
文達五房人等原有庄基壹所坐落本都土名黄崗塢向有庄僕
陳生陳夷婆二房居住服役無異不幸俱已故絶所有庄基於
乾隆年間遭被回祿仍有陳明一房於康熙年移居上處住歇僅
遺一手陳佑不能使喚應用是以兩自情愿托中將承祖服役
文約當即憑中繳與陳佑名下仍有火帖文書上有庄僕字樣日
後不得行用自立退役之後兩姓無得生端異說路遇相逢不得
呼喚恐後無憑立此退役文約永遠為照

乾隆四十六年二月初六日立退役文約汪慫慶堂秩下
汪文玉
汪輝彩
汪隆泰
汪永茂 三
汪文達
中見親 王芳遠
依口代筆 胡有萬

清乾隆四十六年二月某某縣汪文玉等立莊僕陳佑退役文約

立雇乳母文書人程善昇同妻吳氏今因衣食維艱自愿將妻吳

氏出雇与

慎修堂名下為乳母三面言定每月得受雇錢六百文正有所下晝夜

酒一并在内其錢四季支取過门之後小心照應不得私歸亦不得

懶惰言定週年為滿倘若無乳聽憑另雇務辭如有逃取走失等

情係身夫原媒包尋送還不得異說恐口無憑立此存照

嘉慶二年九月　日立雇乳母文書人程善昇十

仝妻吳氏十

原媒　肇臨小娘十

進壽嫂

代筆　程善諦　慈

四

具通知帖堨長等身家承祖誠北古堨灌溉郭门假田畝數千上供國課下給民食所閔最鉅第地面廣阔亢旱無常各田放水昔樂不均武上截得水而下截受乾武强者禾甦而弱者坐困往往有之故昔年立有打水合墨圳分東西各有界限今遵舊例六月拾肆日閑撬打水從下至上週而復始毋許越界强閙如違罰銀叁（叁）兩公用特此（强）者鳴官理論特此預白

計開

壹股　三路口玉墓林　東至玉坟林　南至戶流嶺首　北至程姓大路下村　西至大路

貳股　前村鋪　東至大路　西至江得田十旬界　北至方里田界　南至江家后夜界

叁股　西園羅家園　東至江文田界　西至吳田十旬界　南至鬼御界　北至桐羅坵界

肆股　上夫山麻榴　東至園頂碑坟界　西至山脚界　南至眠蠶坵界　北至王良敦界

以上三日三夜為止　三路口水路另一日一夜為止　按水路止三為止

計開東路打水界至

壹股　葵花田揭村　　貳股　榜頭　　叁股　黃泥坵　　肆股　若竹墩

伍股　中墈　　六股　深坵　　七股　楊樹圳

以上東路分為柒股　以一日一夜為止

大清咸豐拾壹年六月拾肆日堨長仝具

清咸豐十一年六月某某縣堨長具打水應遵舊例毋許越界通知帖

民國十三年七月某某縣呂鈞齋等立伐樹派費造堨灌田合同約議

立合同約議上田圩造田一事近來茶價低微
人工增培茶柯被水浸害其有荒敗甚窮不趁
此設法開田尤爲卓惜近年來米珠騰貴境
內良田希少今請人公約而盟同心協力將樹木
並茶柯居行砍伐其樹請人愿派費倩石匠造堨
引水灌田以成種作較之茶事更爲利益嗣後造
堨畢竣計算費金均照田畝分攤其得異說愿
請君均遵以決斷重之志各存攻石之心始終如
一不更反悔之心立此公議合同爲証

呂鈞齋　項濟生
呂並生　金錫堯
呂振忠　洪裕源
洪大春　洪永生
方岳豐　洪觀愛
甯法泰　洪利煥
洪永泉
洪大煌　宋岳裕
洪大堂　宋冬至
洪大觀　宋萬雄
洪亮含
呂連進

早旱種收照每畝稅仍派工費一半以便水路公行

民國拾叁年七月　日立合同約議　公具

（全圖）

立禁約字二十一都桑茶各項禁會為重
純厚各安各業自遭亂後人事迭遷有
桑茶竹木花菓粮食菜蔬各種花類
損人即被業主撞獲尤敢恃強硬抗
及枯骸実堪痛恨若不重申嚴禁
鳴俾懸禁自禁之後務宜各安各業
幼童仍係無知而家主理宜嚴加管
例罰償不得藉婦女幼童口推諉特此
年　月　日立

（一）上

四

某年某月某某縣二十一都桑茶各項禁會爲重申嚴禁以安民業立禁約字

（一）下

某年某月某某縣二十一都桑茶各項禁會爲重申嚴禁以安民業立禁約字

[illegible]令將禁會公議規例列後
一議凡入会者每着捐出大錢叁佰文每年議會日
齊集赴大祠請戲做會鳴鑼嚴禁在會内三日前各
將管費出大錢壹佰文以作做会用費
一議每年齊会首二人輪班執事遇有損取侵害等
事須即告知會首以便傳衆照規則罰償倘有循情
不報及會首不齊行者查出一併議罰
一議損取桑茶竹木花菓糧食菜蔬各種花類查獲
除估價追償外罰戲壹臺罰酒弍十席
一議縱放猪牛蹂躪桑茶竹木花菓糧食菜蔬各種花類
除將猪牛充公外罰戲壹臺罰酒弍十席
一議養蚕之家挤買桑葉必先向會首言明通知各會
友養蚕若干買何人桑葉以杜無桑多買一挤二之
弊如違與受同罰
一議外鄉來買桑葉必須白晝在桑園内現採現賣不准
在家内私買以杜無葉之人窃取私藏總賣等弊如違
公同議罰
一議會内之人有犯禁規者加倍議罰
以上十五條規例有不遵議者合會稟
官究治毋推諉
[illegible]示約通知

（二）上

（二）下

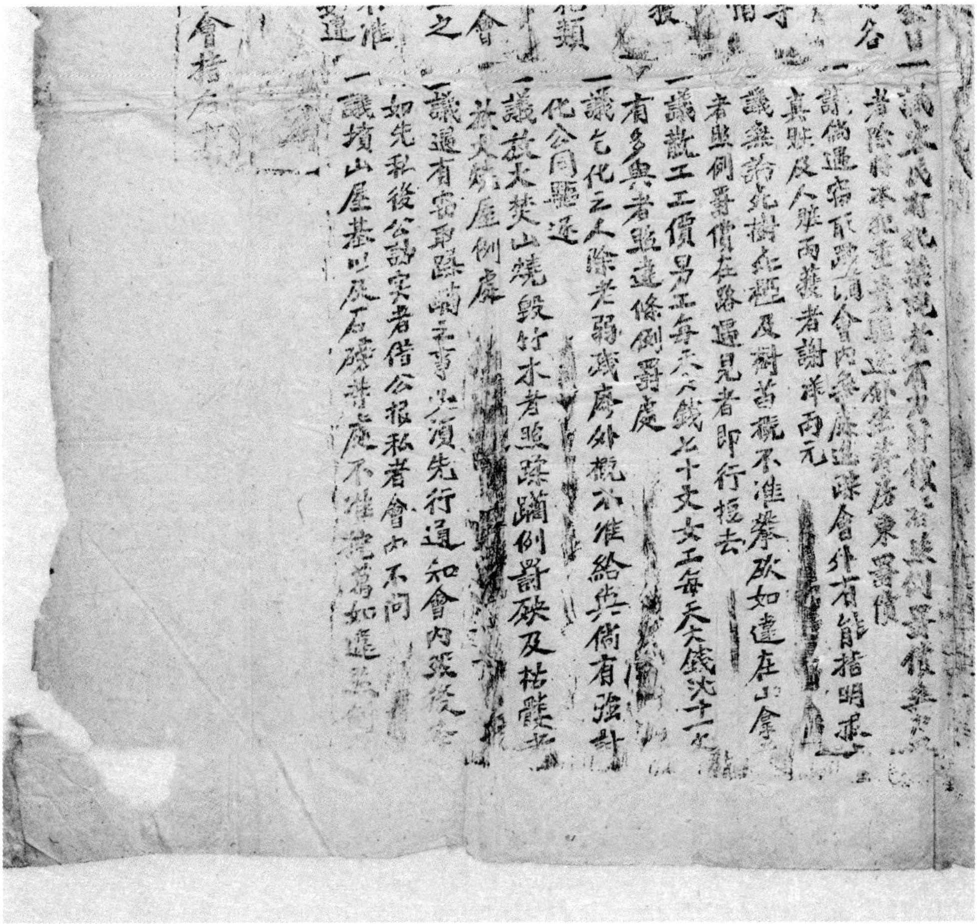

五、官府文書

清乾隆八年祁門縣給二十都一二圖陳之驊等煙户總牌

（一）

清乾隆八年祁門縣給二十都一二圖陳之騂等煙户總牌

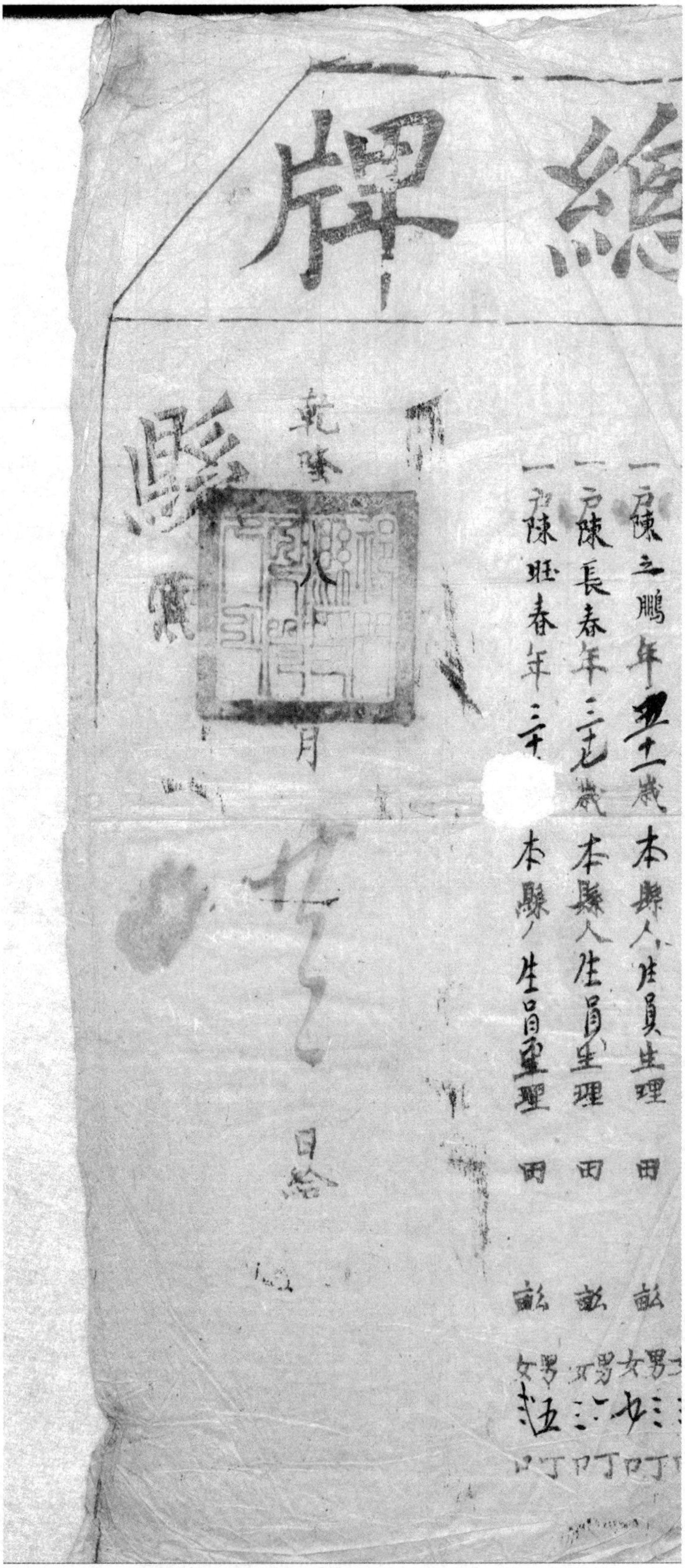

總牌

一户陳之鵬年五十二歲 本縣人 生員生理 田 畝 男 女 口丁

一户陳長春年三十七歲 本縣人 生員生理 田 畝 男三 女七 口丁

一户陳旺春年三十 本縣人 生員生理 田 畝 男 女五 口丁

縣

乾隆八年 月 日給

（二）

四

清道光十六年正月歙縣諭程敬持充當二十二都七圖七甲程瑩璣柱税書劄附户單

特授江南徽州府歙縣正堂加十級紀録十次金 札
諭廿二都七圖七甲程瑩璣柱税書程敬持知悉
據粮户程奎等具禀伊等程治敬等十户每年粮
米係清年款甲内花户拖欠因貽累不患玉石不分伊等情
愿分柱另不充當程瑩璣柱税書粘呈户單保

札

（一）

認狀稟叩乞准給劄以公等情據此除批示外合行給
劄着充當此劄仰該柱稅書程敬持將承催粘
單內程治敬等各户粮米按限趕催清完務須
年清年款毋得蒂欠如有頑户抗欠許即稟追遇
有買賣推收隨時查對歸户稅册相符方許過

（二）

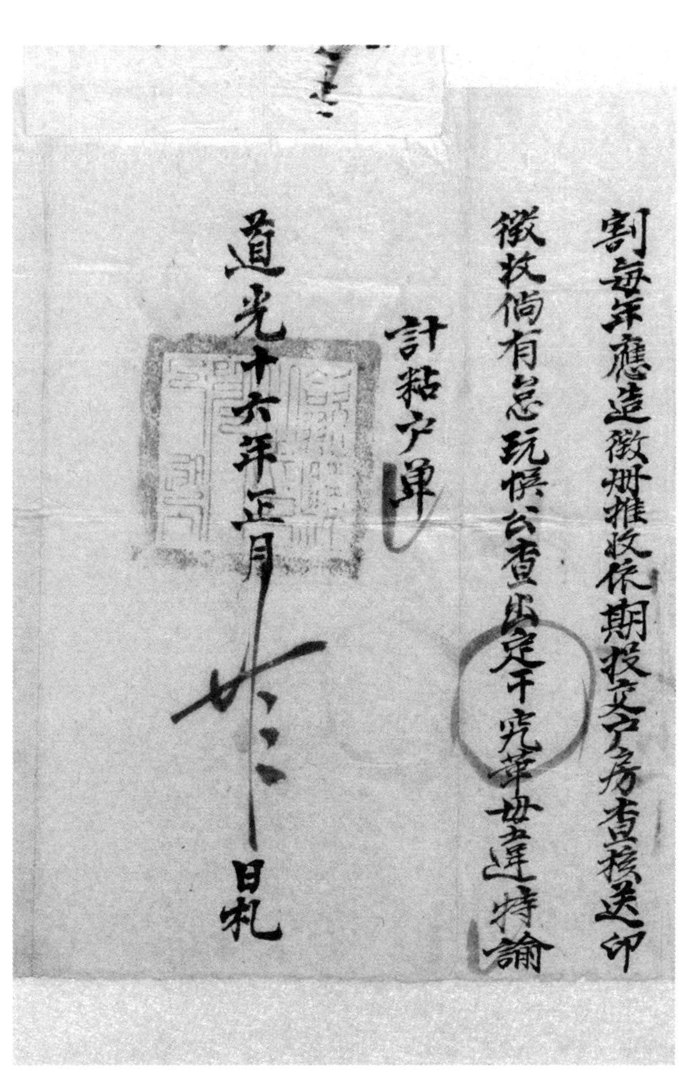
劄每年應造徵册推收依期投交户房查核送印
徵收倘有怠玩悞公查出定干究革毋違特諭
計粘户單
道光十六年正月廿二日劄

（三）

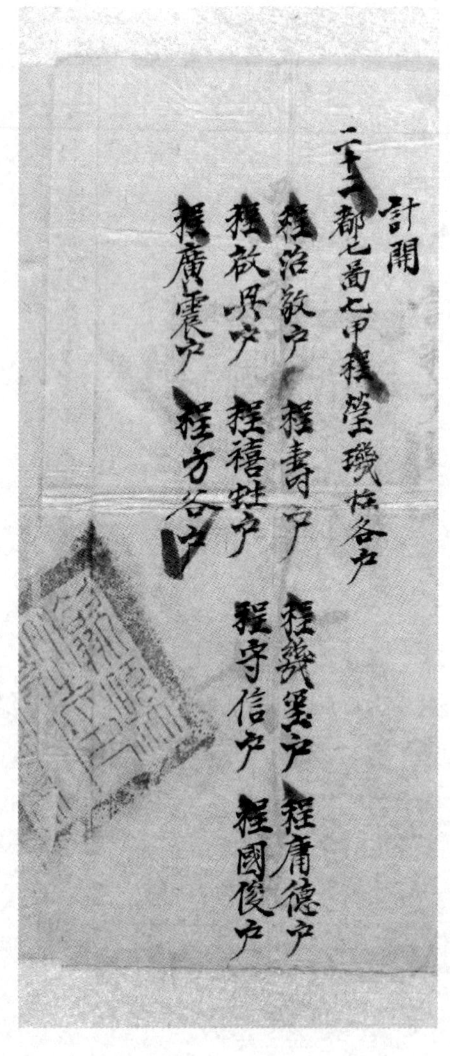

計開

二十二都七啚七甲程瑩璣柱各户

程治敘户　程壽户　程幾巽户　程庸德户

程敘興户　程禧娃户　程守信户　程國俊户

程廣震户　程方谷户

（四）

清同治四年某月休寧縣十家聯牌〔空白〕

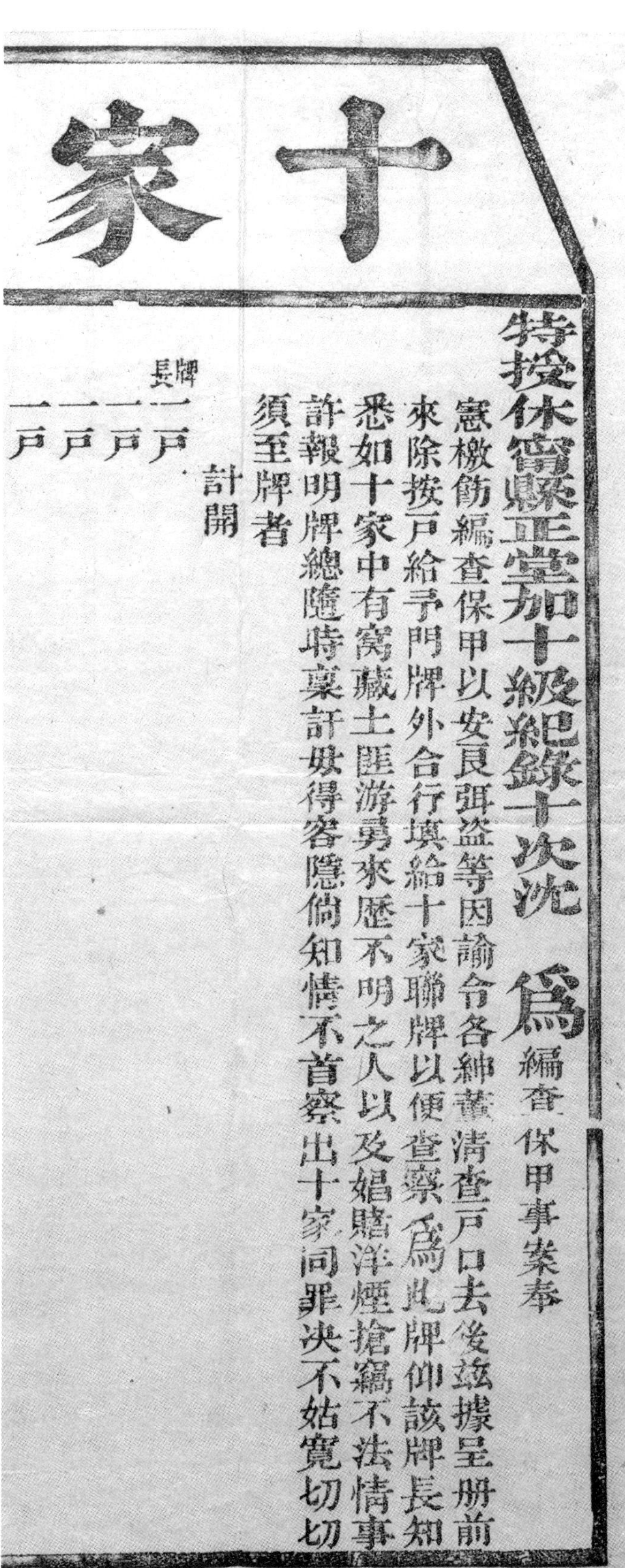

十家

特授休寧縣正堂加十級紀錄十次沈　爲編查保甲事案奉

憲檄飭編查保甲以安良弭盜等因諭令各紳耆清查户口去後兹據呈册前來除按户給予門牌外合行填給十家聯牌以便查察爲此牌仰該牌長知悉如十家中有窩藏土匪游勇來歷不明之人以及娼賭洋煙搶竊不法情事許報明牌總隨時稟訐毋得容隱倘知情不首察出十家同罪決不姑寬切切須至牌者

計開

牌長一户

一户

一户

一户

（一）

四

清同治四年某月休寧縣十家聯牌〔空白〕

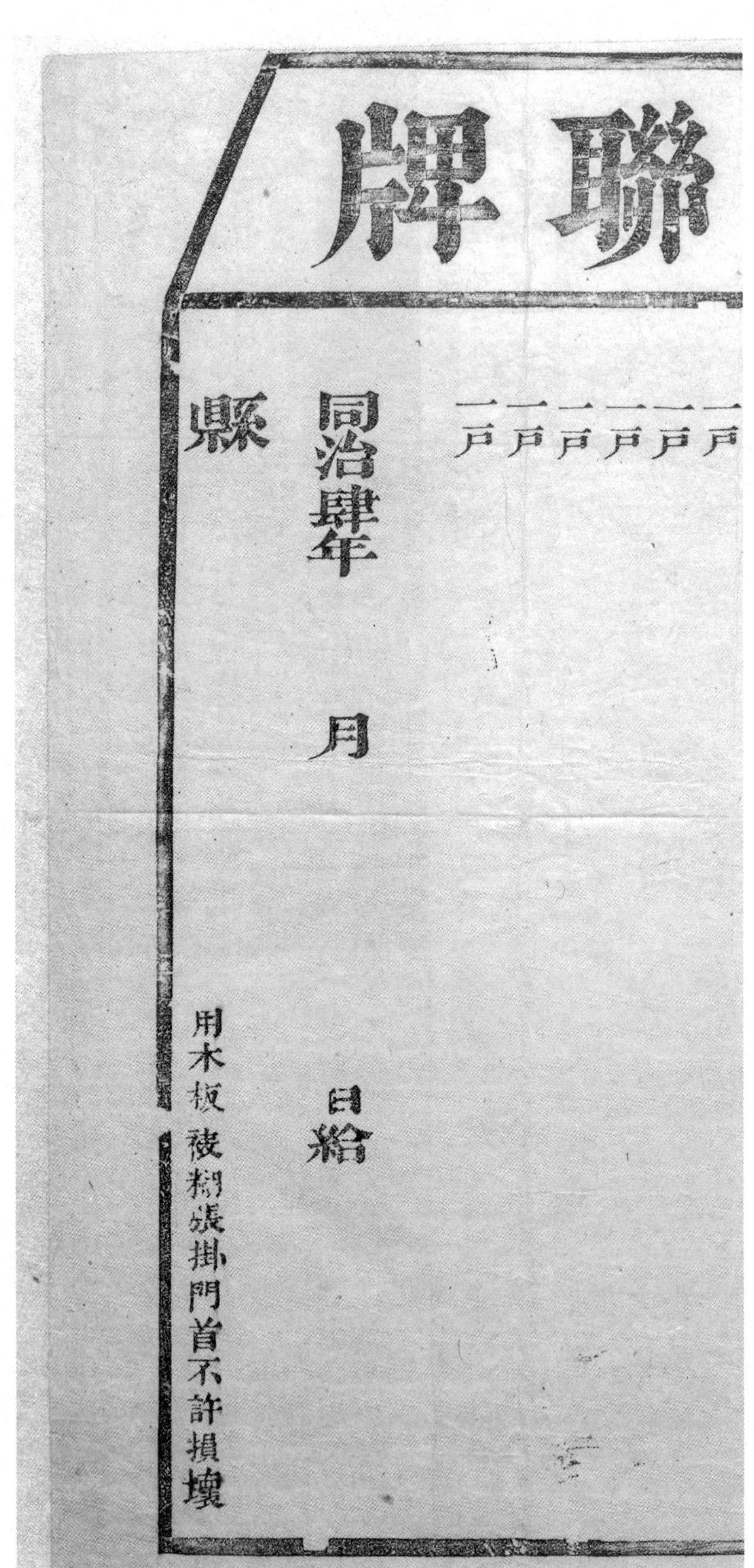
聯牌
一戶 一戶 一戶 一戶 一戶 一戶
縣 同治肆年 月 日給
用木板褙糊張掛門首不許損壞

（二）

清同治六年三月屯溪茶引總局新定茶章

屯溪總局新定茶章

一奉憲示各屬茶局給與茶行循環簿將每日買賣茶觔逐一登明送局稽查本局亦應照辦

一奉憲示茶販業户憑行交易現已傳齊産茶各都經紀通行曉諭均須赴官牙行按斤計引完繳領照其業户零星亦准由行先領查票積成引数由行完納如有不由牙行私自買賣者察出嚴辦

一奉憲示業户零星由牙行代繳本局另刊刷查票由牙行發交茶販收執作凴積成引数由行赴局請引掣發引照仍將查票銷繳並按日登記循環簿送局稽查

一客販毛茶與婺源客販茶過境者向例壹伯弍拾斤為一引今仍照章辦理如有零星客販亦照零星業户一律辦理

一各茶號辦理章程現奉憲批行之多年尚無弊竇宜悉照舊辦理

同治六年三月廿三日

廣豐茶行

清同治六年七月休寧縣爲茶號暨藝業人等買賣交易應聽客便永禁把持壟斷告示

賞戴藍翎即補州署徽州府休寧縣正堂加十級紀錄十次劉　爲

永禁事。案照本縣訪聞屯溪鎮茶箱店業有人倡設奇行把持壟斷，嘗經出示曉諭。茲據鍾聚茶號商人具控到縣，并控

府轅，即經吊驗刊刻規本，果有把持壟斷情弊，訊明定斷，擬議詳復，分別申飭究並在案。誠恐他業效尤，或該箱店故智復萌，均爲商賈之累，合再出示永

禁。爲此示仰各茶號暨藝業人等一体知悉：嗣後買賣交易，應聽客便，價目長落，賣主號商〻定，承包不得停工挾制，或客顧僱工自做，該箱店亦應聽便，不得阻撓。至以前箱店所設規約，各概諭飭一併銷燬，不許私立規條挾制勒索。如敢不遵，仍蹈前轍，一經訪聞，或被告發，定即嚴拏重究，決不寬貸。凜之，切切。特示。

右仰知悉

同治六年柒月初二日示

告示

仰茶商新記號實貼

四

洋莊落地税照

署理兩江總督部堂江蘇巡撫部院何　為
給照事今據黟縣採辦洋莊商人仁記販
運皖茶　箱　雙計捌百肆拾斤行至
地方照章由蕪湖王勝興完交每引落地税銀貳
兩肆錢捌分計共銀拾柒兩叁錢陸分除將所完
銀兩解充軍餉外合行給照護運經過江皖蘇釐
卡查驗放行決不重徵如查無此照即作私論或
箱數多於照內所載數目由該卡員飭令該商照
章補足每引落地税銀貳兩肆錢捌分外照例加
罰三倍惟向准請獎銀數仍於落地税內每引劃
出銀壹兩貳錢之數照例請獎另給一照換請實
收須至照者

中照給茶商　本客　收執

同治十一年四月二十九日

清同治十一年四月署兩江總督江蘇巡撫何〔璟〕給黟縣商人仁記販運皖茶落地税照

清同治十一年八月徽州府爲休寧縣屯溪李新成等八茶行照舊在榆村地方代客買茶他行毋得藉端阻誤告示

特授江南徽州府正堂加十級紀録十次何　為

同治拾壹年捌月　　日示

告示

右仰知悉

(全圖)

四

清同治十一年八月徽州府爲休寧縣屯溪李新成等八茶行照舊在榆村地方代客買茶他行毋得藉端阻誤告示

特授江南徽州府正堂加十

給示曉諭以循舊章而免阻悞事據休甯縣屯溪茶行李新成王廣豐張立生程茂盛程怡新
前督辦皖南牙釐總局憲劉　示諭採辦運販呈繳厘捐至今無誤今歲被有已革局董汪家連
市居奇不得已奔控憲轅並赴　牙釐總局憲奉飭查覆已蒙憲恩查明誠為更張窒礙循舊為妥准令
局傳知惟未奉曉示通衢以致仍肩猖誑覇阻尤甚現在夏茶將竣一經失時必致遭其阻誤不但有關課
甚且公然代客買賣不投行用為過秤希圖私漏稅捐以及無帖私牙勾串地棍私取牙用私販私囤執秤把
混入為非牙等自當指名具稟聽候懲辦如此弊可剪除不致無所忌憚一切仰祈明察秋毫俾其咸知
皖南茶釐總局憲呈控以汪家連在榆村請開譕吉茶行誣控毀帖等情奉　總局憲照會飭本府確
總局憲復行照會內開准貴府來文查覆休甯縣屯溪茶行李新成等稟汪家連一案窃以事可由舊不必更張如甫
新茶上市時飭令茶牙親往各鄉代客買賣因在離屯溪之十五里榆村地方書貼行名招貼便業戶認帖投賣以杜私販且茶飭
批出示安業又與前辦總局劉道憲告示相背恐不准往榆村買茶而屯溪又非產茶之所生路已斷于茶稅茶捐等項貽誤並
業等情查該牙等在屯溪開設茶行每值新茶上市着店夥往離屯之十五里榆村地方代客買茶賃屋堆放陸續運屯請引
官揆情酌理衹令各安各業以期于公事有濟可矣今該牙等稟瀆憲局在　憲台自有權衡緣奉　飭查覆可否
有隱漏准與牙等八行無涉一層查茶稅章程府中無案可稽應否如所稟辦理合無札飭屯溪分局委員就近
以免更張至譕吉行稟繳稅捐應飭汪家連具結承办設有隱漏准與八行無涉一節應即札飭屯溪分局就
示曉諭等情前來除批示並札行休甯縣遵照外合亟出示曉諭　為此示仰各茶行商販人等知悉嗣後屯溪李
皖南茶釐總局憲照准之件與
前督辦牙釐總局徽甯池太廣兵備道劉　示諭前後一體辦理各宜凜遵毋違切切特示

清同治十一年八月徽州府爲休寧縣屯溪李新成等八茶行照舊在榆村地方代客買茶他行毋得藉端阻誤告示

十級紀録十次何爲

怡新汪集興孫怡泰程廣昌赴府呈稱牙等在休屯溪開行歷年已久均係遵奉
仁家連以子名請開讓吉茶行設於屯溪相連之榆村開張覇市截阻誣控聳縣致令毀帖示諭相悖阻牙等不能代客買賣覇
憲准令牙等循舊於榆村各鄉地方買運責成照辦以重釐捐至請歸汪家連獨辦公事一層奉飭分局查詳與牙等無涉已棲分
闗課欵亦且理法難平且牙等在榆村各鄉所收茶觔係局各行書帖遣夥收買原局杜偷漏而禁繞越如有無帖私牙私自投售
秤杷持截留滋弊均干不法況出茶各鄉地方乃山區偏僻其中行夥前往收買設有他人担冒查無各行招帖如有此人概不淂
共咸知儆畏即不敢再為犯科於釐捐即有起色感荷仁施無旣為此公籲鑒賞給示曉諭俾淂遵循等情據此查前據該行等赴
本府確切查明具覆即經查明備文申覆旋奉
張如更張而能善於經理則後勝於前如更張而輙起爭端不如照舊相安而于公事亦暢順無碍也查該牙所禀係遵奉前督辦牙釐總局劉道憲示
縣茶觔擠市不能不租屋堆放今春三月有請帖在榆村新開讓吉行控伊等在榆村買茶行夥為私行冒帖縣委捕衙揭帖押閉禀縣復奉批斥嗣縣奉府
貽誤獲咎禀懇憲准該牙等恪遵前示仍赴榆村各鄉代客買賣新開之讓吉行毋淂攔榆村等處茶觔獨行覇市聽凴商戶就便投行買賣各安生
屯請引出境此等办法已歷多年税捐公事并無貽誤今若以該八行而阻絶讓吉一行固有妨于牙帖若以讓吉一行而阻絶該八行亦爲不達時務在地方
可否俯如該牙等所請仍准其照舊赴榆村地方代客買賣以免更張以濟公事至該牙等所稱彙繳税捐應飭汪家連具結承办設
就近察看情形核議禀办等因准此查該牙八行已歷多年税捐公事並無貽誤自應以茶税餉糈為重准如所請照舊赴榆村代客買茶
局就近察看情形酌核妥議禀候核奪除札行屯溪分局外相應備文照會請煩查照等因在案茲據該茶行以奉准循舊叩賞給
溪李新成等八行仍准照舊在榆村地方代客買茶以免更張他行毋淂藉端阻誤此係奉

四

清同治十一年八月徽州府爲休寧縣屯溪李新成等八茶行照舊在榆村地方代客買茶他行毋得藉端阻誤告示

皖南茶釐總局憲照准之件與
前督辦牙釐總局徽甯池太廣兵備道劉
示諭前後一體辦理各宜凛遵毋違切切特示

同治拾壹年捌月

告示

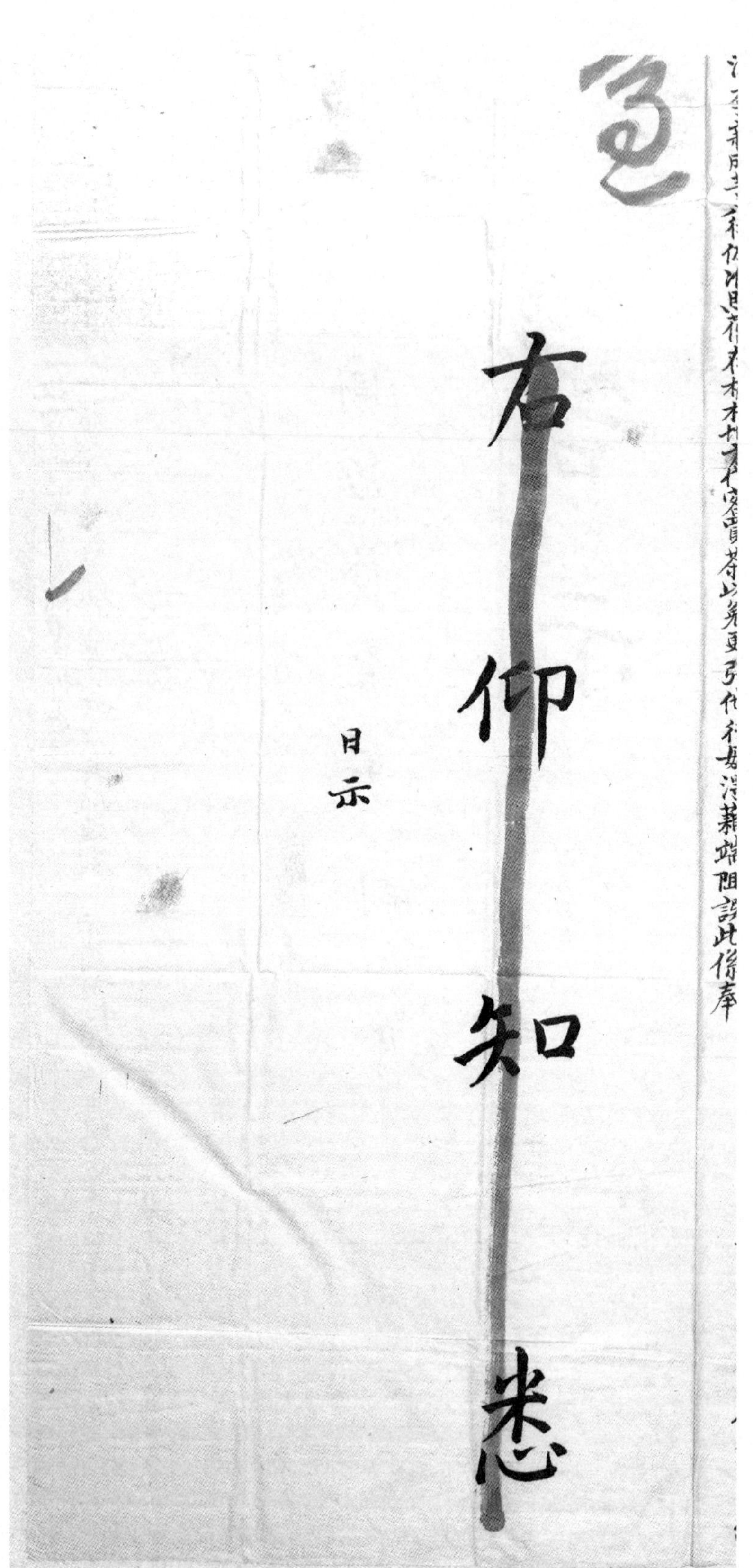

右仰知悉

日示

（二）下

同知銜特授祁門縣正堂加十級紀錄十次柯　為

示禁事據東鄉十東西兩都石坑八房乎溪前山

等處耆民張福基李鳳時附生張永春李郁文監生張清秋李楫張藝林李應名李瑞張書賢李藻文民人張河明張東緯地保汪榮桂李道士周長華等呈稱耆等世

居東鄉十都四五六保地方保內山場形勢峻峭向來蓄植竹木自嘉慶年間遭不肖之徒私召棚民墾種苞蘆以致砂石卸下堆積田畝填塞溝河雨集片時則洪水橫流田宅俱傷數

十不雨則水源立竭苗有旱憂甚有一歲之中兩災並見或一月之間數起水災皆因溝河填塞之故非天災也幸蒙前大憲奏定例禁驅逐棚民下山此後竭盡民力田畝漸次開復至今尚有不可

復耕之田咸豐年間時值夷氛保內刁佃乘勢私墾當經公議禁約稟蒙前憲示禁究辦在案二十年來地方安業不料近今保內又有刁佃在於出僻處所仍前仍墾漸開漸廣以致田畝漸有

形積將來貽患無窮為此繕特迎叩並錄前憲頒發告示暨鈔保內禁約一併呈請鑒核賞示嚴禁則田畝可保無虞而賦稅不致虛懸並據該者民等續呈耆等兩姓山場自棚民下山之後議定禁約

無論共業己業概不得私召私墾貽害地方故現在並無棚民入境今之私墾者皆保內會利刁佃土著頑民不問何業何主惟以任意擅挖現僅六保刁佃兩四五保均在窺伺若不及早請禁勢必接踵

效尤墾遍山場而後已恐將來之患甚於棚民懇請賞示嚴禁俾刁頑長法止種庶免指名稟究各等情到縣據此除批示外合行示禁　為

此示仰十東都十西都四五六保諸色人等知悉自

示之後爾等保內山場無論共業己業只許蓄養竹木不准擅種苞蘆倘有不法棍徒膽敢故違擅墾許保內人等指名赴

縣具稟以憑提究該管地保務須隨時查禁如敢通同容隱一經察出定即一併提案重懲本縣言出法隨決不寬貸各宜凜遵毋違特示

遵

布示嚴禁

光緒五年四月初八日示

告示

實貼

毋損

（全圖）

四

清光緒五年四月祁門縣給十東都十西都禁種苞蘆告示

同知銜特授祁門縣正堂加十級紀錄十次柯

寺處耆民張福基李鳳時附生張永春李都文監生張清秋李楫張藝林李應名李瑞張

名東鄉十都四五六保地方保内山場形勢峻峭向來蓄植竹木自嘉慶年間遭不肖之徒私召棚

不雨則水源立竭苗有旱憂甚有一歲之中兩災並見或一月之間數起水災皆因溝河填塞之故非天

復耕之司咸豐年間時值兵燹保内刁佃乘勢私墾當經公議禁約稟蒙前憲示禁究辦在案二十年來

砂積將來貽患無窮爲此縷情並叩並錄前憲頒發告示暨鈔保内禁約一併呈請鑒核賞示嚴禁則田畝

無論共業己業概不得私召私墾貽害地方故現在並無棚民入境今之私墾者皆保内會利刁佃土著頑民不

效尤墾遍山場而後已恐將來之患甚於棚民懇請賞示嚴禁俾刁頑畏法止種庶免按名稟究各等情

示之後爾等保内山場無論共業己業只許蓄養竹木不准鋤種苞蘆倘有不法棍徒胆敢故違鋤墾

縣 具稟以憑提究該管地保務須隨時查禁如敢通同容隱一經察出定即一併提案重懲本縣言

（一）上

祁
為
示禁事據東鄉十東、西兩都石抗八房孚溪前山
瑞張書賢李藻文民人張河明張秉緯地保汪崇桂李道士周長華等呈稱耆等世
召棚民墾種苞蘆以致砂石卸下堆積田畝填塞溝河雨集片時則洪水橫流田宅俱傷數
非天災也幸蒙前大憲奏定例禁驅逐棚民下山此後竭盡民力田畝漸次開復至今尚有不可
年來地方安業不料 近今保內又有刁佃在於幽僻處所仍前仍墾漸開漸廣以致田畝漸有
田畝可保無虞而賦稅不致虛以並據該耆民等續呈耆等兩姓山場自棚民下山之後議定禁約
禎民不問何業何主惟以任意擅挖現僅六保刁佃兩四五保均在窺伺若不及早請禁勢必接踵
等情到縣據此除批示外合行示禁 為此示仰十東都十西都四五六保諸色人等知悉自
鄉墾許保內人等指名赴
縣言出法隨決不寬貸各宜凜遵毋違特示
遵

（一）下

光緒五年四月

告示

（二）上

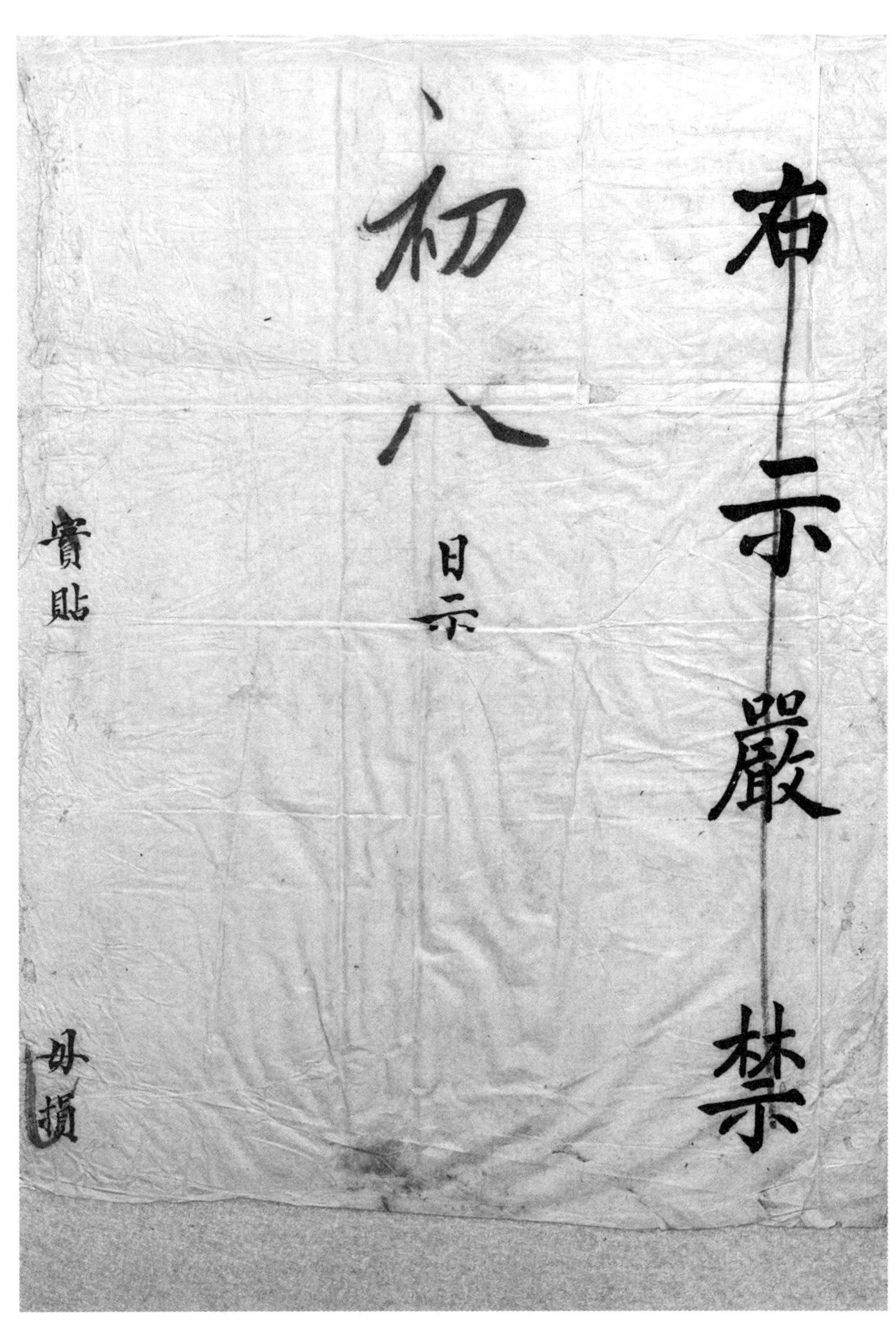

（二）下

四

清光緒五年十一月徽州府經廳曉諭歙縣鮑南堨業佃人等遵奉憲示按畝捐費重修坍損石磅告示

欽加五品銜委辦保甲總局署江南徽州府經廳兼管刑廳印務加五級紀錄五次高　為出示曉諭事案據歙西鮑南
堨董事廩貢吳正義增生程效伊職員程鵬高葉燾監生方允坦洪畯亭民人吳克仁鮑承培抱呈程升稟稱鮑南一堨創自東晉咸和年間傳今年久分
管經理連絡八村田畝均資灌溉每年值時播種乾旱無虞詎料今夏六月間坍塌石塝五丈有零荷蒙勘明並諭及時趕緊砌修緣堨事廢興寔為
國課民生所關匪淺惟是石塝共計一百五十餘丈損爛之處甚多即將其已塌者重砌審其甚壞者重修曾倩石工估計工料等項至省約須貲錢七百餘千文方
能濟事以此鉅款苦於力所難支並蒙轉詳
前府憲何　飭令妥議章程期於工歸寔用等因惟查本堨現墾熟田一千四百畝零擬勸佃種各户每畝捐費錢五百文出資無多而鉅款易集即可趁此冬
令趕緊興工砌修庶來春農事有賴倘仍不敷生等另行措墊俟堨工告竣寔收寔支再繕清賬稟案報銷各等情到廳據此當經據情詳請
府憲並奉出示曉諭在案合行出示曉諭為此示仰鮑南堨業佃人等知悉各宜遵奉
憲示一體踴躍從公以資工用業經該董等倩匠將其坍塌之處現在興工重砌損壞者一面重修庶來春農田有賴其各凜遵毋違特示

光緒五年十一月廿一日示

右仰知悉

告示

仰

地保定貼曉諭

清光緒六年三月皖南牙釐總局給商人老姚販木完納釐金執照

清光緒十四年六月徽州府曉諭（歙縣）鮑南堨業主佃户按畝派捐歸還修堨墊款應交水利之穀照常交納告示

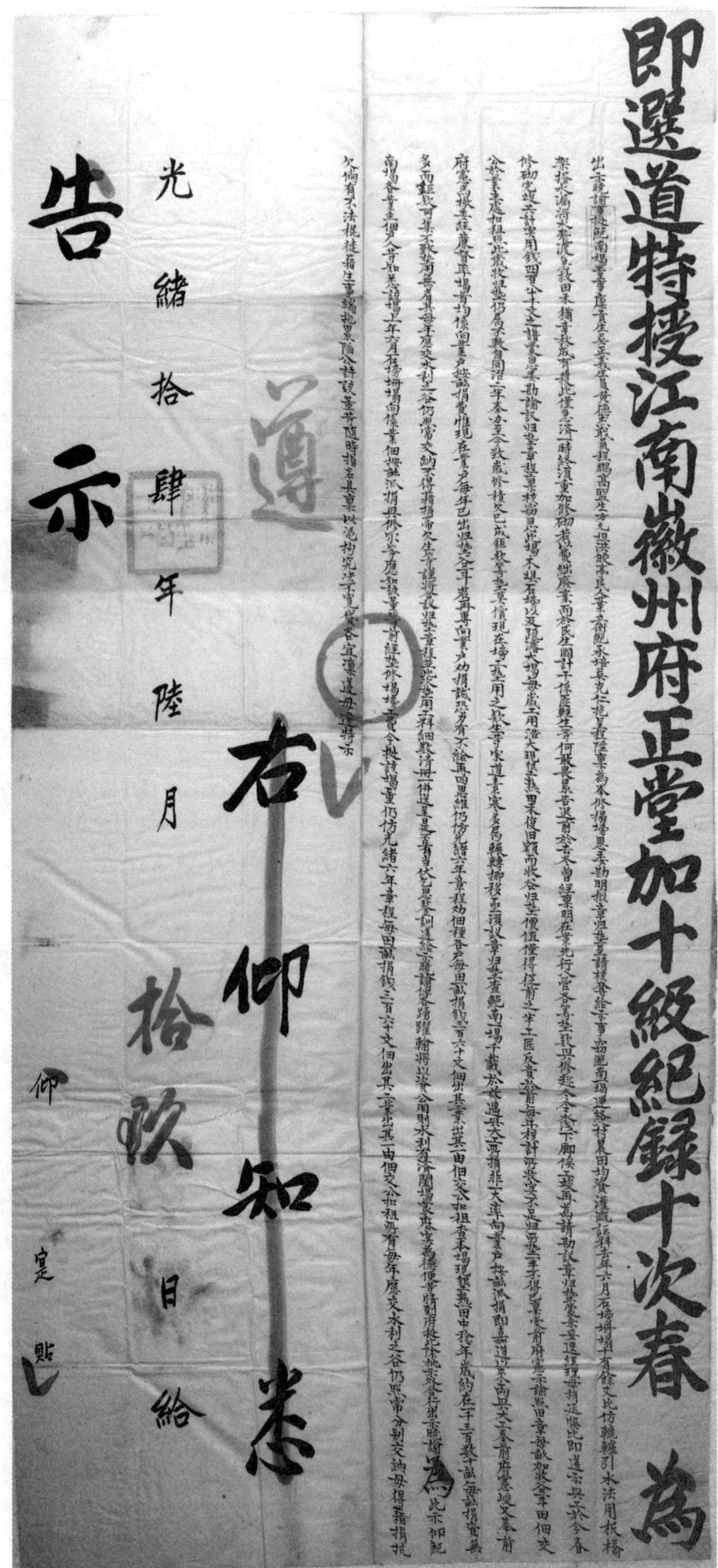

（全圖）

四

清光緒十四年六月徽州府曉諭（歙縣）鮑南堨業主佃户按畝派捐歸還修堨墊款應交水利之穀照常交納告示

即選道特授江南徽州府正堂

出示曉諭事。據鮑南堨董事廩貢生吴正義、生員黄德杰、職員程鵬高、監生方允堤、洪皎亭、民人葉立衡、鮑承培、吴克仁、施呈程陛稟称：為奉修堨埂

架搭水漏，將水飛渡，急救田禾，猶幸秋成有獲。此僅急濟一時，終須重加修砌。若以費絀廢業，而於民生國計干係匪輕，生等何敢畏累告退。前

修砌完竣，共計實用錢四百八十千文之譜，當蒙恩委勘，諭議歸墊章程，稟核竊思此堨木堪、石埂以及疏濬大堨，每歲工用浩大，現墊熟田未復

公於業主處扣租，照此歲收歸墊，仍屬不敷。自同治二年奉办至今，致歲修積欠，已成鉅款，等墊莫償。現在埂工墊用之款，生等家道素寒，多名

府憲爲擬委經康督率堨首，均係向業户按畝捐費。惟現在業户每年已出歸墊六谷斗，若再專向業户劝捐，誠恐力有不給。再四思維，仍仿

多而鉅款可集，不致墊用無着。其每年應交水利之谷，仍照常交納，不得藉捐帶欠。生等謹將合議歸墊章程並此次墊用工料細數清冊一併送呈，懇

南堨各業主佃户人等知悉：該堨上年六月石埂坍塌，向係業佃按畝派捐，爾修爾等應知。該董等前經墊修堨埂工費，今擬該堨董仍仿

欠。倘有不法棍徒藉生事端，抱累阻公，許該董等隨時指名具稟，以憑拘究，決不寬貸。各宜凜遵毋違。特示。

（一）上

清光緒十四年六月徽州府曉諭（歙縣）鮑南堨業主佃户按畝派捐歸還修堨墊款應交水利之穀照常交納告示

堂加十級紀録十次春 為

為奉修堨墈恳委勘明拟章归垫呈請核奪給示事窃鮑南一堨連絡十村農田均資灌溉詎料去年六月石墈坍塌十有餘丈比仿轆轤引水法用板橋

累告退前於去冬曾經稟明在案先行八堨各籌墊款興修趕冬令水淺下脚俟工竣再為請勘議章归垫蒙示妥速經理毋稍延悮比即遵示興工於今春

熟田未復旧額而收谷归垫價值僅得從前之半工匠反貴於前每年核計所收实不足归所墊之一半不得已稟懇前府憲示諭照旧章每畝加收谷一斗由佃交

素寒多居轅轉挪移亟須議章归墊查鮑南一堨千載於茲遇興大工所捐非一大率向業户按畝派捐即嘉道以來兩興大工奉前府憲峻又奉前

憲恩維仍仿光緒六年章程劝佃種各户每田一畝捐錢三百六十文佃出其二業出其一由佃交公扣租查本堨現餘熟田中稔年歲約在一千三百数十畝每畝捐資無

一併送呈是否有当伏乞恩鑒訓遵給示曉諭俾各踴躍輸將以資公用則水利有濟闔堨業佃实為德便等情到府據此除批示外合行出示曉諭 為 此示仰鮑

南堨業佃仍仿光緒六年章程每田一畝捐錢三百六十文佃出其二業出其一由佃交公扣租所有每年應交水利之谷仍照常分別交納毋得藉捐抗

（一）下

四

清光緒十四年六月徽州府曉諭（歙縣）鮑南堨業主佃户按畝派捐歸還修堨墊款應交水利之穀照常交納告示

欠倘有不法棍徒藉生事端抱累陷公許該董等隨時指名具禀以凭拘究决不寛貸各宜凛遵毋違特示

右

遵

光緒拾肆年陸月

告示

（二）上

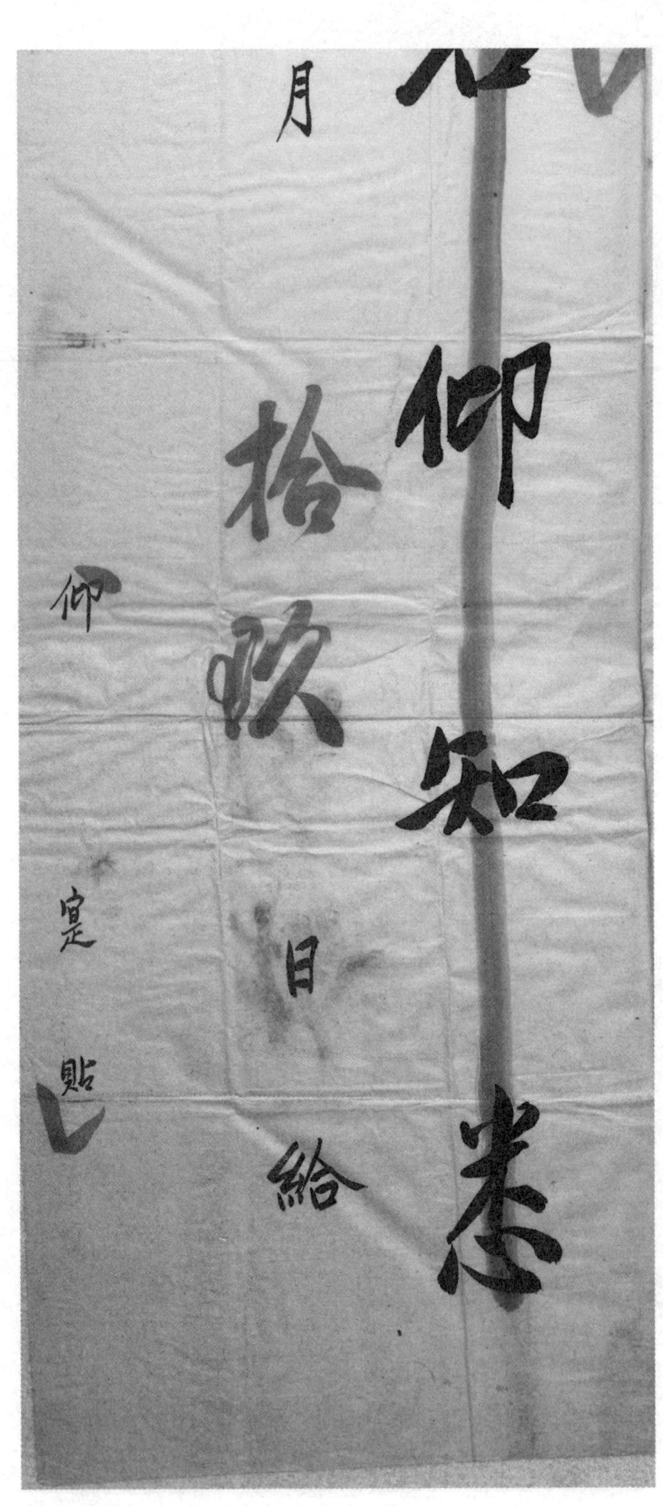

（二）下

四

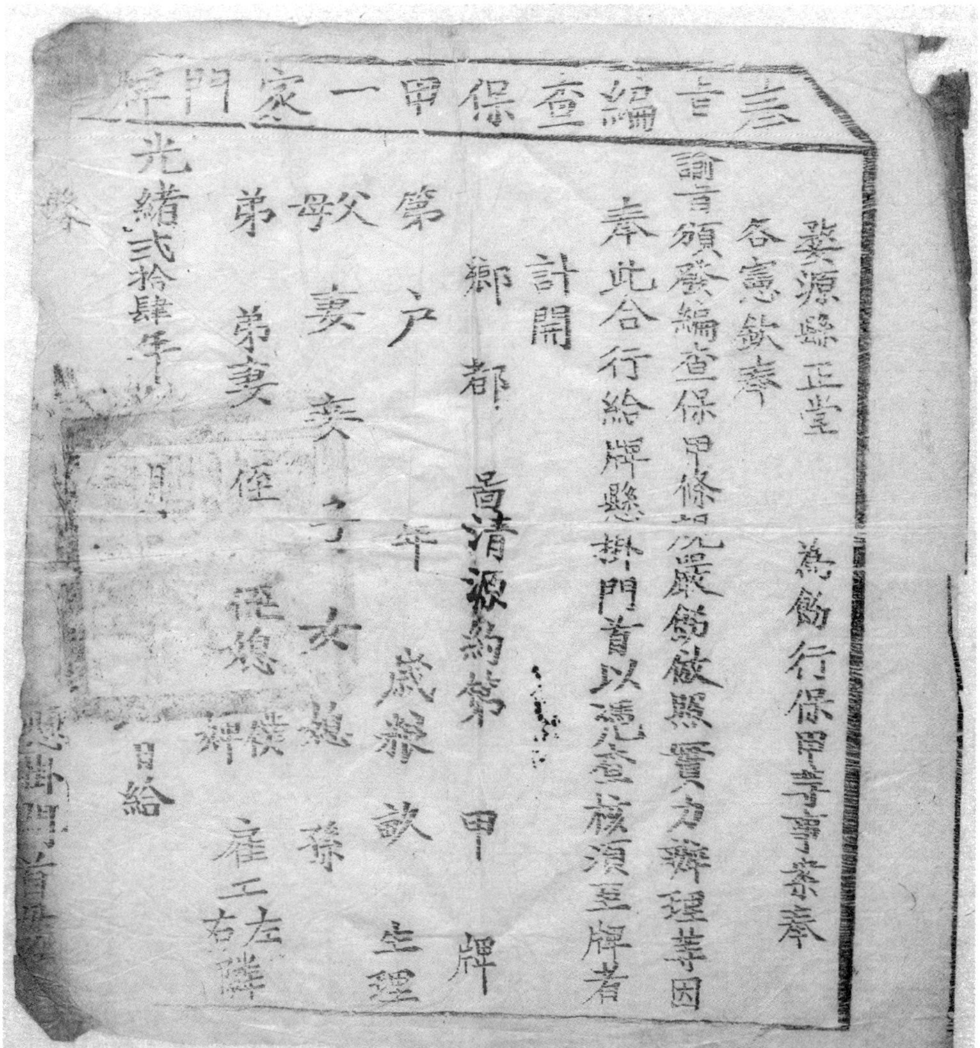

奉旨編查保甲一家門牌

婺源縣正堂　為飭行保甲事案奉
各憲欽奉
諭旨頒發編查保甲條規嚴飭敝縣實力辦理等因
奉此合行給牌懸掛門首以憑查核須至牌者
計開
鄉　都　啚清源約第　甲　牌
第　户　年　歲籍　歙　生理
父　母　妻　子　女　總　孫
弟　弟妻　侄　侄媳　僕　婢　雇工　左　右　隣
光緒貳拾肆年　月　日給
懸掛門首

清光緒二十四年某月婺源縣奉旨編查保甲一家門牌〔空白〕

清光緒二十七年五月皖南茶釐總局爲嚴禁各卡留難勒索給茶商汪集興護照

護照

兩江總督部堂皖南茶釐總局 爲給發護照事案奉

兩江督憲劉 批據祁浮茶商職員汪克安等禀倒湖以下各卡勒索浮費請示嚴禁一案查茶箱經過各卡司巡人等不准留難需索前經分别飭禁在案據禀近來自倒湖以下各卡日久玩生仍復索費饒州茶卡爲尤甚每幫索費至四元之多實屬累商可恨已極所請出示加禁各節應准照辦除另行頒示嚴飭查禁外仰皖南茶釐總局即照所禀以後茶商請引完足税銀後另給文憑毋許各卡司巡留難勒索以恤商情裹並抄發等因到局奉此合行印給護照隨同税照發交該茶商收執爲此照仰經過兩江省分各釐卡知照嗣後茶船到卡查驗胁引與照相符即予放行如敢留難勒索許該茶商指赴本總局呈控以憑察核詳究决不姑寬該茶商亦不得恃爲護符不服查驗致干併究須至護照者

右給茶商 汪集興 准此

光緒 二十七 年 五 月 日給

四

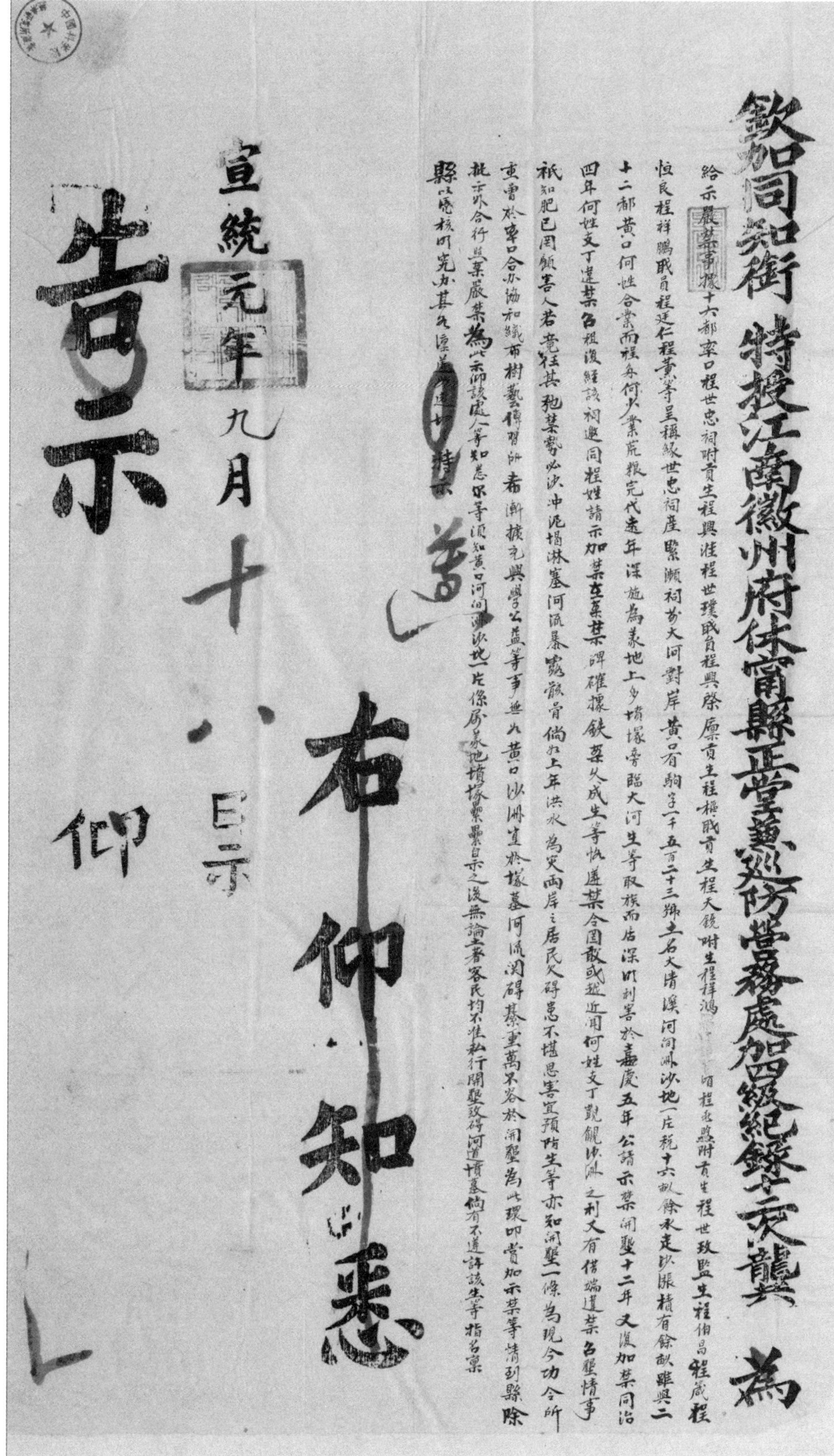

欽加同知銜特授江南徽州府休寧縣正堂兼巡防營務處加四級紀錄十次龔　為
給示嚴禁事據十六都率口程世忠祠附貢生程興淮程世璞職員程興際廪貢生程樞職貢生程天鏡附生程祥鴻　程兆熊附貢生程世致監生程伯昌程箴程
恒良程祥鵬職員程廷仁程萬等呈稱緣世忠祠產緊瀕祠前大河對岸黃口有駒字一千五百二十三號土名大塘溪河間洲沙地一片稅十六畝除永連沙漲積有餘畝毗與二
十二都黃口何姓合業而程姓何姓業荒粮完代遠年深施為義地上多墳塚旁臨大河生等族而居深明利害於嘉慶五年公請示禁開墾十二年又復加禁同治
四年何姓支丁違禁呈控復經該祠邀同程姓請示加禁立禁碑確據緣生等恢違禁合圖敢或越近詎何姓支丁覬覦沙洲之利又有借端違禁圖墾情事
祇知肥己罔顧害人若竟任其犯禁墾必決沖泥壅淤塞河流暴露骸骨倘如上年洪水為災兩岸之居民久碍患不堪患害宜預防生等亦知開墾一條為現今功令所
重曾於率口合办協和織布樹藝傳習所希漸擴充與學公益等事無如黃口沙洲宜於塚墓河流關碍綦重萬不容於開墾為此環叩賞加示禁等情到縣除
批示外合行出示嚴禁為此示仰該處人等知悉爾等須知黃口河間洲沙地一片係屬義地墳塚纍纍自示之後無論土著客民均不准私行開墾致碍河道墳墓倘有不遵許該生等指名稟
縣以憑核辦究办其各凜遵毋違切切特示

右仰知悉

宣統元年九月十八日示

告示

仰

（全圖）

清宣統元年九月休寧縣不准私行開墾黃口河間沙洲告示

清宣統元年九月休寧縣不准私行開墾黃口河間沙洲告示

欽加同知銜　特授江南徽州府休寧縣正

給示嚴禁事。據十六都率口程世忠祠附貢生程興淮、程世璞，職員程興滌、廪貢

恒良、程祥鵬，職員程廷仁、程黃等呈稱：緣世忠祠產緊瀕祠前大河，對岸黃口有

十二都黃口何姓合業，而程每何火業荒粮完代遠年深，施爲蔭地，上多墳塚，旁

四年何姓支丁違禁占祖，復經該祠邀同程姓請示加禁，立案禁碑確據，鉄案

祇知肥己，罔顧害人，若竟任其弛禁，勢必泱冲泥塌淋塞，河流暴露骸骨，倘如

重曾於率口合办協和織布樹藝傳習所，希漸擴充興學公益等事，無以黃

批示外，合行照案嚴禁。爲此示仰該處人等知悉：爾等須知黃口河間沙地一片，係屬蔭地

縣以憑核明究办，其各凛遵毋違。切切。特示。

告

清宣統元年九月休寧縣不准私行開墾黃口河間沙洲告示

縣正堂兼巡防營務處加四級紀錄十次龔　為
廩貢生程樞、職貢生程天鏡、附生程祥鴻、佰程兆照、附貢生程世玫、監生程伯昌、程箴、程
黃口有騎字一千五百二十三號土名大靖溪河間洲沙地一片，稅十六畝餘，水走沙漲積有餘畝，雖與二
墳塚旁臨大河，生等聚族而居，深明利害，於嘉慶五年公請示禁開墾，十二年又復加禁，同治
鉄案久成，生等恪遵禁令，罔敢或越。近聞何姓支丁覬覦沙洲之利，又有借端違禁名墾情事
倘如上年洪水為災，兩岸之居民久礙患不堪，思害宜預防。生等亦知開墾一條為現今功令所
以黃口沙洲直於塚墓，河流閡礙，綦重萬不容於開墾，為此環叩賞加示禁等情到縣。除
廢蒸地墳塚纍纍，自示之後，無論土著客民均不准私行開墾，致礙河道墳墓。倘有不遵，許該生等指名稟

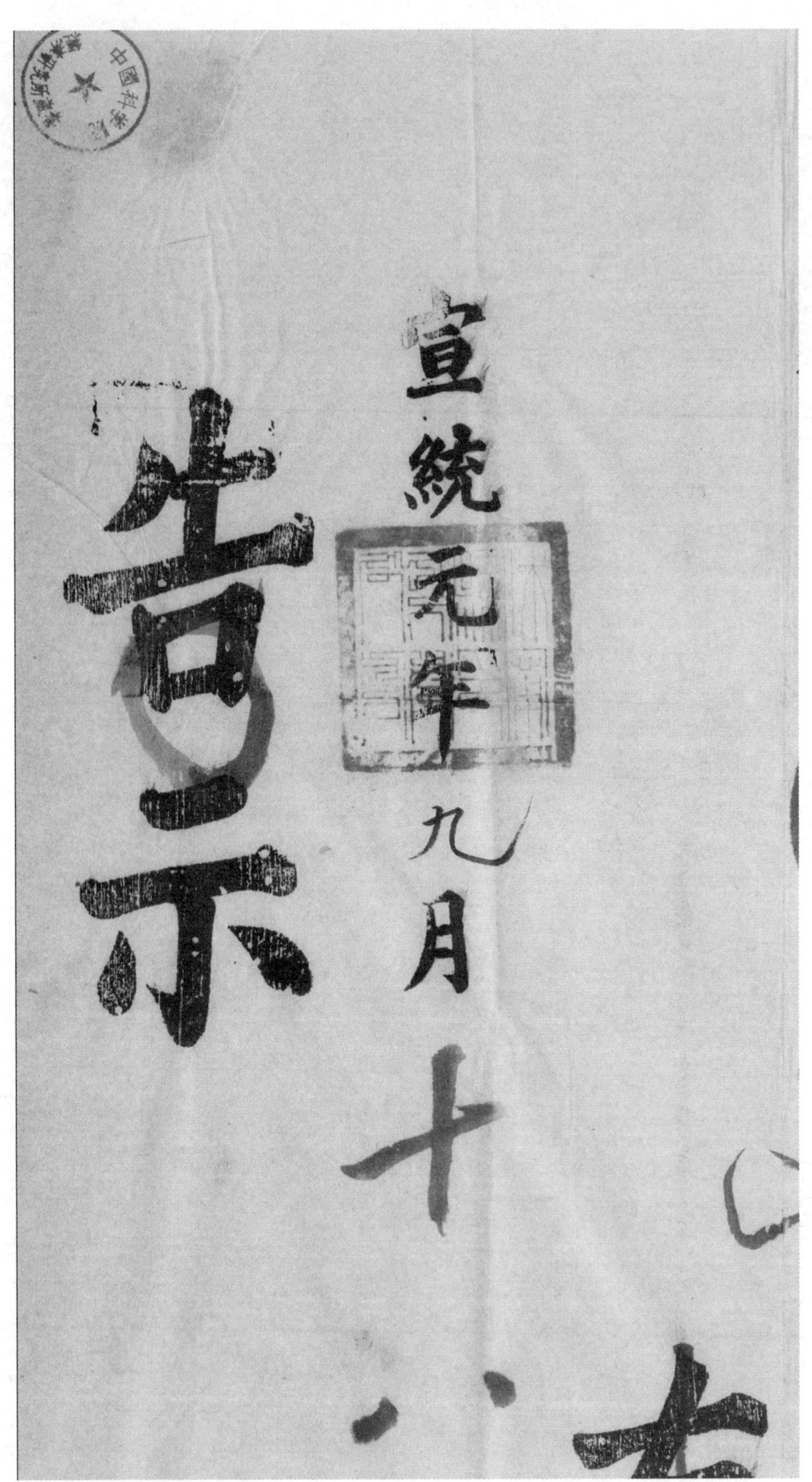
宣統元年九月十六
告示

（二）上

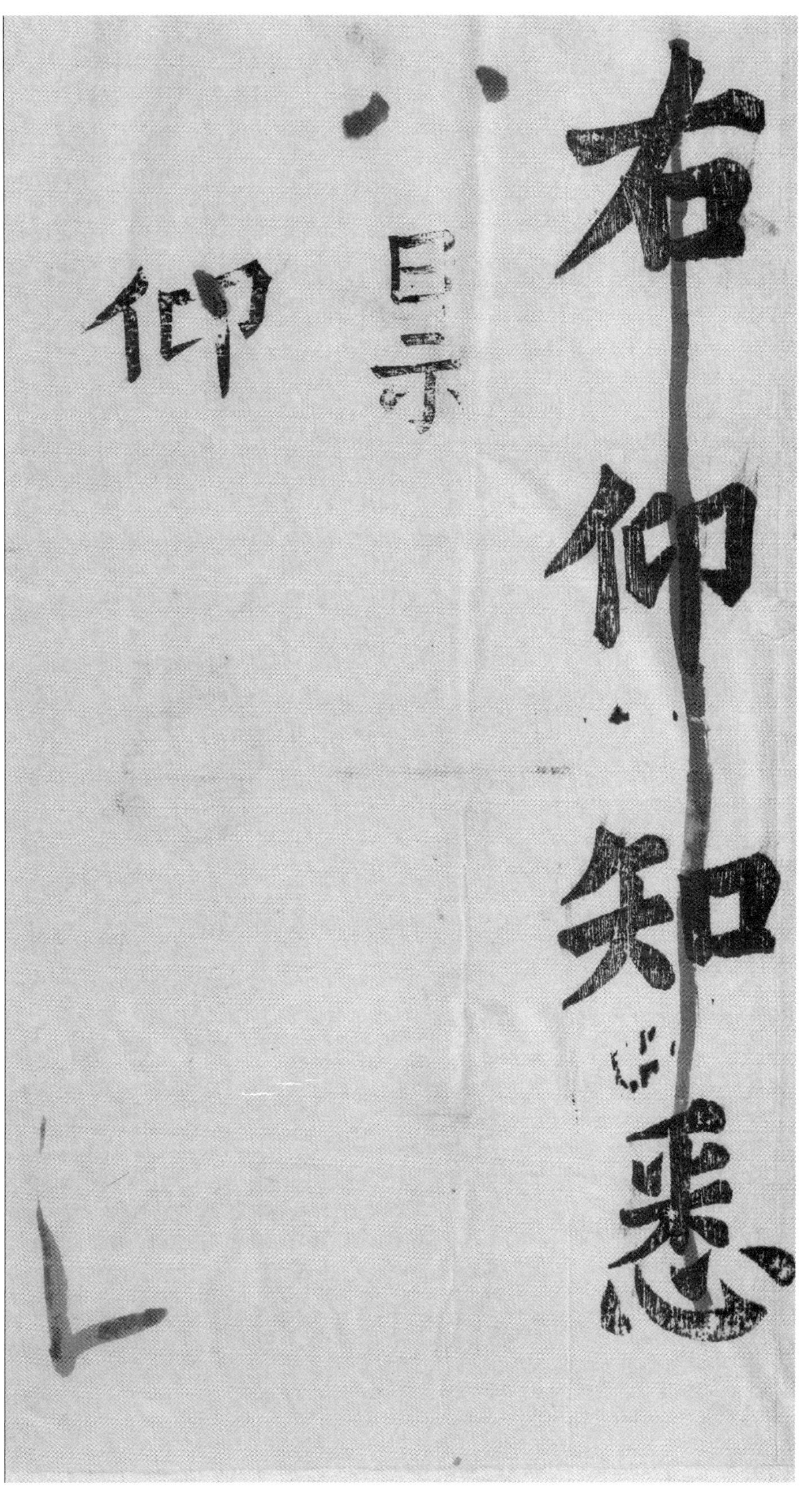
右仰知悉
示
仰

（二）下

四

清宣統二年三月祁門縣禁止交湖諸色人等不得於河道廬墓田畝有礙處挖蕨告示

欽加五品銜署理祁門縣正堂兼巡防營務處記大功四次孔　為

出示分別諭禁事照得挖蕨為粉本係年穀不登貧民迫於饑餓不得已而為食非謀利也其時不多其害亦少乃近來外東鄉一帶挖以充饑者所在皆有挖以牟利者難必其無大抵皆由於有餘之户宴飲賓客席間以此物為美品爭相購買於是利之所在人皆趨之詎知蕨之為物其性最寒食之易於染疾於衛生大有妨害本縣為民父母以愛民為心不忍安於緘默合亟分別諭禁為此示仰交湖諸色人等知悉須知蕨之所產不僅祁邑而他處不肯為食者生命攸關故也自示之後倘有實係迫於饑餓貧無生活者不得於河道廬墓田畝有碍處開挖者若係牟利之徒被人指出於有碍河道廬墓田畝之處開挖拏獲送

縣定即按律究懲凛之慎之切切特示

右示嚴禁

宣統貳年三月廿七日示

告示

實貼　交湖地方　毋損

六、訴訟文書

清乾隆二十二年十一月某某縣汪美立具保領汪諭狀

三都八啚具領狀房叔副榜汪美立今於

與領狀為案懸課空等事，實領得奉准鳳臺縣解回汪諭一案，奉差取親屬保領，但諭之父

於未奉之先十月初三日前往江北措取銀兩，並不在家。今汪諭是立保領，倘奉呼喚，即行交案，不致閃避。所具保領是實。

乾隆二十二年十一月　　日具領狀副榜汪美立

永

四

清道光九年九月廿七日徽州府檄催祁門縣將汪志好等謀買山業案訊斷緣由詳府憲牌

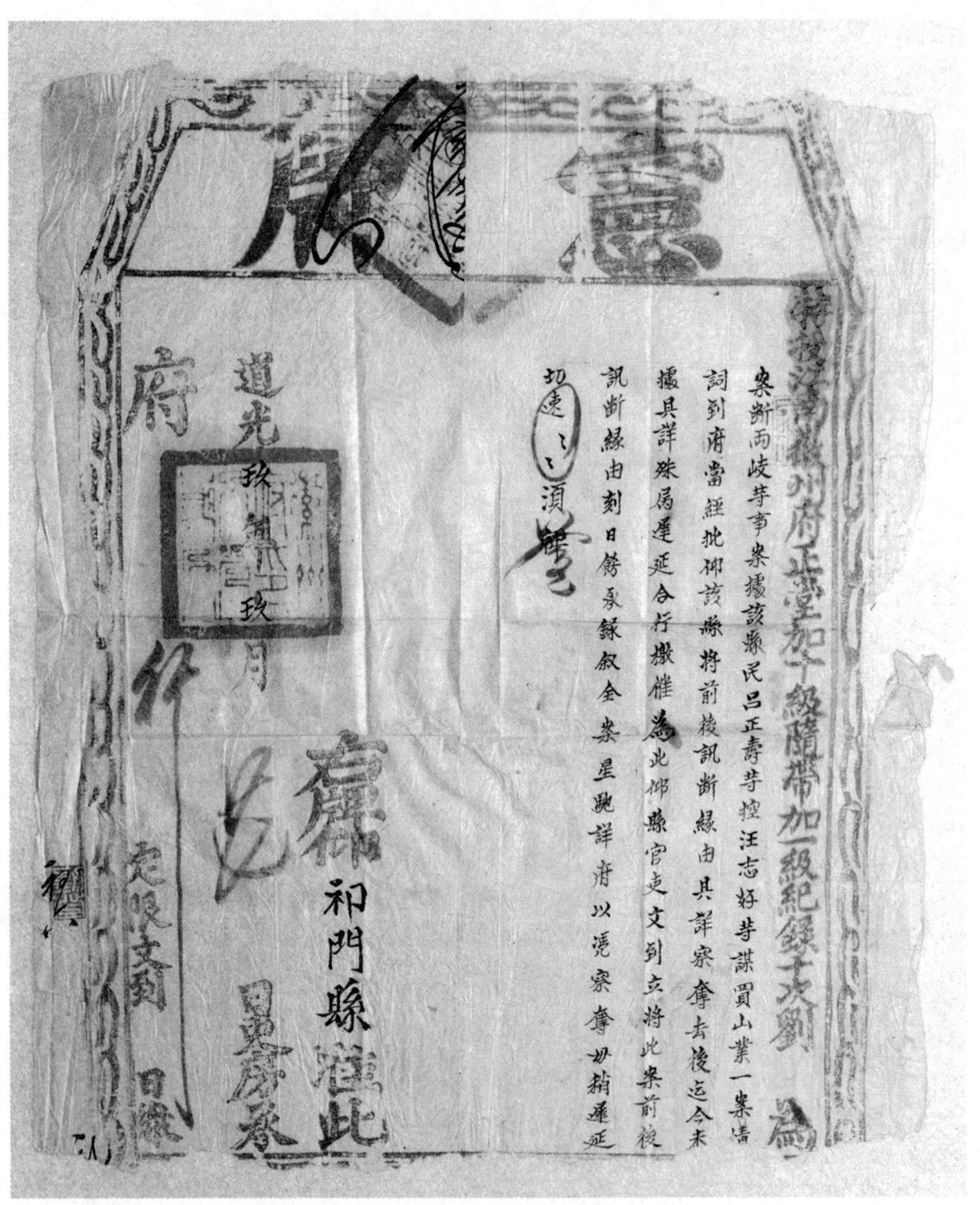
特授江南徽州府正堂加十級隨帶加一級紀錄十次劉　為
案斷兩岐等事。案據該縣民吕正壽等控汪志好等謀買山業一案，措
詞到府，當經批仰該縣將前後訊斷緣由具詳察奪去後，迄今未
據具詳，殊屬遲延，合行檄催。為此仰縣官吏，文到立將此案前後
訊斷緣由刻日飭承録叙全案，星馳詳府，以憑察奪，毋稍遲延，
切速，須牌。
右牌仰祁門縣。准此。
道光玖年玖月
府
定限文到　日繳

四

清光緒元年十一月績溪縣胡裕廣控胡德有成熟故荒案案卷

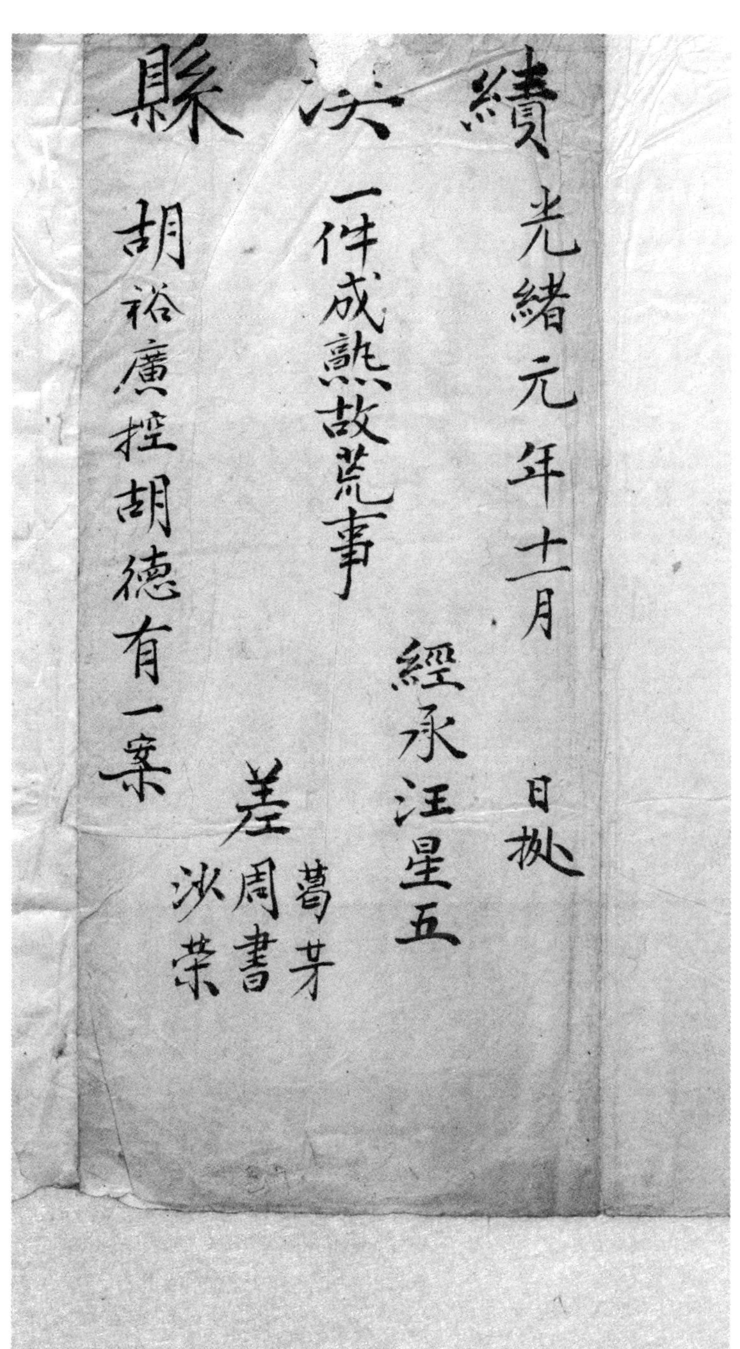

（一）

汪星五

具稟職員胡裕廣　年四十八歲　住城東

稟為成熟故荒　國課累賠叩恩提追事緣職有祖遺盈字號地稅肆

分叁厘土名張家田每年麥租壹斗捌大升現係十里坦胡德有佃種又女

字號田稅貳分土名高坑計原租穀貳秤乾麥柒升係楊柳村汪四堆佃

種兵燹以後均係熟業前已籤歸戶完粮粮串確憑詎有等不思

乱後將成熟田地故意荒蕪　上憲給牛勸墾寔以　國課為首務今

已熟之田敢復拋荒即未熟之業豈能復墾此風一開將來　國課永無

復額之日為此不得不叩

憲大老爺恩賞差提到案嚴究故荒追租償課萬感上稟

被　胡德有　汪四堆

（二）

正堂馬　批
是否胡德有等不肯佃種抑係
仍舊認佃因情故荒候差傳
質訊察奪

光緒元年十一月　廿　日具

（三）

四

清光緒元年十一月績溪縣胡裕廣控胡德有成熟故荒案案卷

正堂加十級馬　為傳訊事、據胡裕廣禀稱伊有土名張家田地稅四分三
厘、係胡德有佃種、又土名高梘原祖二秤、係汪四堆佃種、今已成熟之田、敢
復拋荒、叩賞究追等情、到縣、據此、除批示外、合行傳訊、為此仰役協
同甫保立將後開有名人等、限二日內傳帶赴
縣、以憑訊奪、去役毋得違延干咎、速速

計傳
胡德有　汪四堆　以上被
胡裕廣　原

（四）

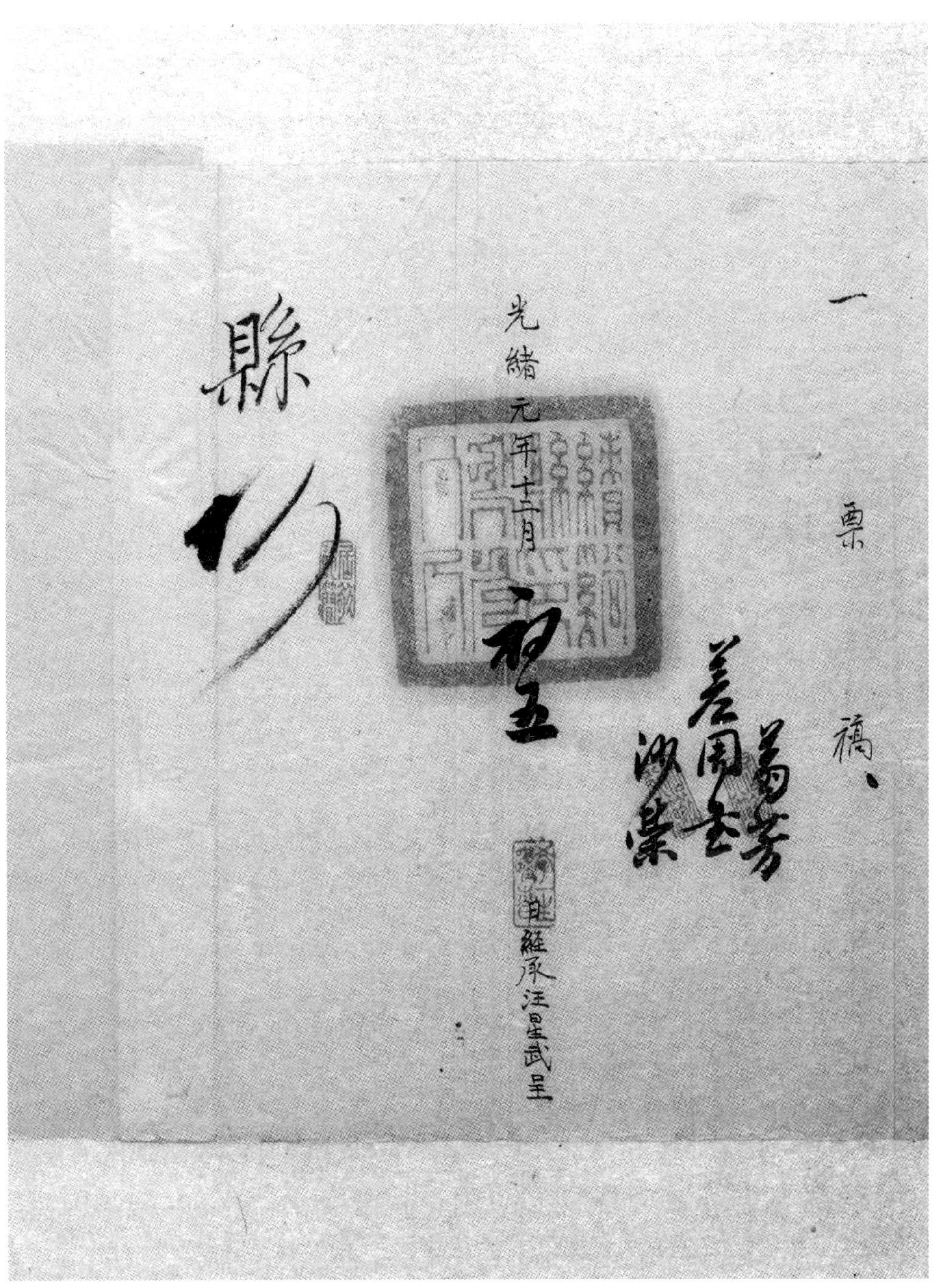
一 稟稿、
光緒元年十二月初五日經承汪星武呈
縣

（五）

禀

案下差役周書葛芳等跪禀

大老爺台下敬禀者有胡裕廣控汪士堆等一案、奉票飭役等帶訊等因、役等遵即前

往、先將汪士堆胡裕廣帶訊、伏乞

鑒核賞訊上禀、

（六）

四

清光緒元年十一月績溪縣胡裕廣控胡德有成熟故荒案案卷

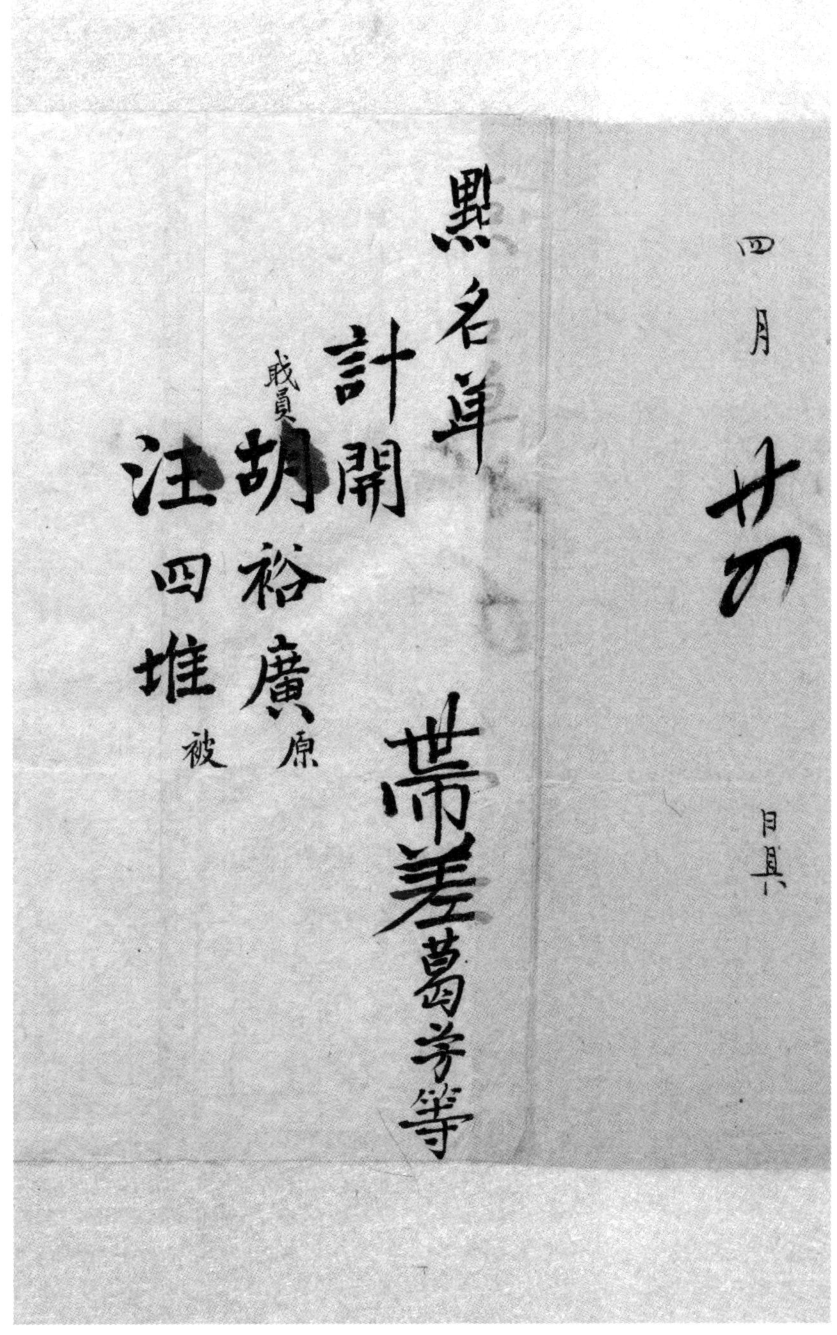
四月廿四日具

點名單

帶差葛芳等

計開

職員胡裕廣 原

汪四堆 被

（七）

四

清光緒元年十一月績溪縣胡裕廣控胡德有成熟故荒案案卷

四月廿四日單

抄
職員胡裕廣供居住本城东街那胡德有的租已經說明自己心甘自愿佃種兩
年包職員的租这汪四雄佃種土名楊柳村橋頭的田亦係汪四雄手同治八年
揷牮的那田原租若若是包租弍拜兩拜卅斤現在於手兩年
包廿四斤並包小麦兄平外有新旧租簿確凭職員屢年收都是空賠
求追究

抄
汪四雄供年卅四歲居住南门外楊柳村家有妻子種田為活这胡裕
廣田業先前是小的哥哥佃種同治八年揷牮是小的經手揷的这田原係
包租十八斤現在胡裕廣要小的包他廿四斤是以小的不願種的

堂諭查訊職員胡裕廣供稱有土名楊柳村橋頭田業被汪四雄拋
荒不租屢年納秋均係空賠勒令汪四雄即將該田耕種包
租不再拋荒是即提案究追取具汪四雄遵結附卷完案

（八）

正堂加十級馬　為再提保佳事、據胡裕廣稟稱、伊有土名張家田地稅
四分三厘、係胡德有佃種、又土名高坑根原租二秤、係汪四堆佃種、今已成熟之田畝
復拋荒、叩賞提究追等情一案、當經飭傳、未據帶到、寔屬違延、合行再提
保飭傳、為此仰原役葛芳、周書、沙榮、協同甫保、立將後開有名人等、限二日
内提集帶
縣、以憑訊奪、去役毋再違延、干重比、速速、

計傳
胡德有　汪四堆　以上被
胡裕廣　原

此判
四月廿　日具

（九）

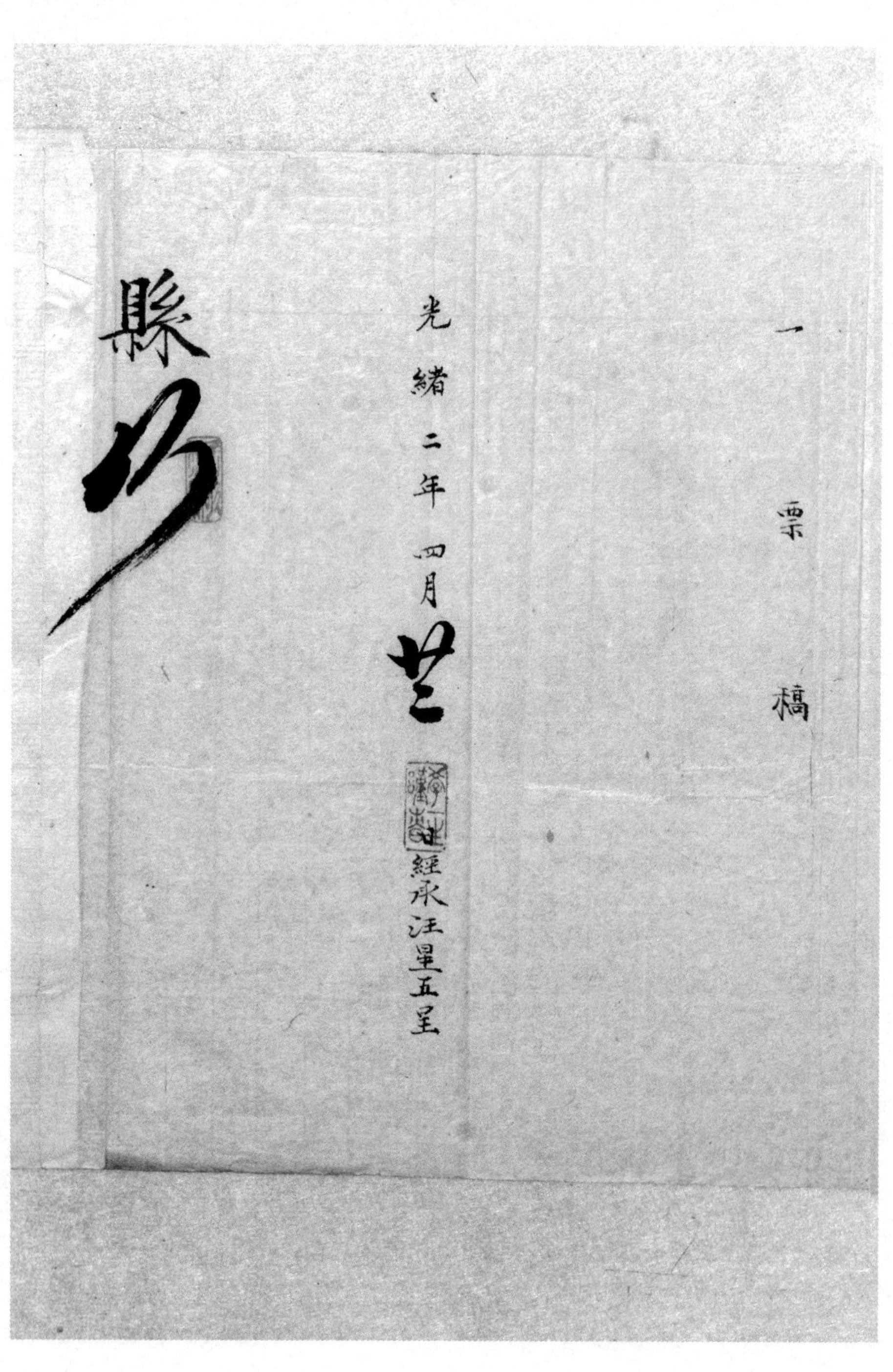

一票槁

光緒二年四月廿

經承汪星五呈

縣行

（十）

具稟職員胡裕廣　年四十九歲　住城東

稟為藐視鈞斷仍復拋荒、陷賠國課、叩提究追事。緣職有祖遺文字號土名高坑大買田稅貳分，計原租貳秤、干麦七升，向係汪四堆佃種包租，現有租簿確憑。兵燹之後，亦係四堆佃種，插籤歸戶完納。不料汪四堆胆敢故意拋荒，職於本年春間業經稟追在案，感沐鈞斷，飭令汪四堆開種包租，具結完案，深感無既。日前向堆取租，詎堆不分皂白，反敢逞兇辱罵，不特陷職累賠國課，抑且藐視鈞斷，刁狡已極。為此乞叩

憲大老爺鑒作，吊核前卷，追提究追，課租有賴，感德上稟

被　刁佃汪四堆

（十一）

正堂馬

簽差傳訊究

批

市九畨胡世華
文瑞戶

光緒二年十一月廿三日具

（十二）

清光緒四年五月十九日績溪縣許建功爲持强霸水向理逞凶事稟狀附績溪正堂檢呈並傳訊批

附編　徽州以外散件文書

一、清嘉慶至民國年間絶賣田蕩契約

〔一一〕清同治至民國年間〔安吉縣〕於氏絶買田蕩契約

炳公的仁長房合業契抄白

立絶賣契金鳳棲，今將自己金林滔濤户下民田拾弍坵，計實田弍拾四畝九分正，坐落土名四畝另載細單一紙，今因便受業情愿，憑中出絶賣於　名下為業，三面議得受時價足錢七拾千文，其錢當日一併收足，其田任從過户照單管業收息，永不回贖，並無找斷，倘有内外人阻說，賣主自行理直，不干買主之事，兩相情愿，恐後無憑，立此絶賣契存照。

計開

其田照舊車庫灌溉管業　附照

其契内田畝内原賣主叶瑞生、叶昌、張維顺三户共田五畝田分……

任從照原户過户承粮管業　備照

其錢當日一併收訖外不另立收票　又照

同治　年　月　日　立絶賣契　金鳳棲

憑中　施友岑

叶立成

執筆　姜雲门

此抄白契因炳公的仁房分脱时有田合業，而契只一張，抵得抄白分爲執契者收執，以爲憑據而備查考

此契计田一坵，滿弍畝，计得粮一畝……

代抄人　汪培烈

汪禮卿

證明人　盧秉儀

舒稱年

民國二十四年秋七月吉日　照抄

清同治某年某月〔安吉縣〕金鳳棲立絶賣民田契抄白附民國二十四年秋七月抄批

四

清同治某年某月（安吉縣）金鳳棲立絶賣田畝細單
抄白附民國二十四年秋七月抄批

炳公明三房合業契抄白

立絶賣田畝細單金鳳棲，今將自己管濤、金林戶下併原賣主張維順、葉瑞堂、葉五和戶下共民田拾弍坵，計實田弍十四畝九分五厘，其坐落四至字號載列於後，任從照單管業，產價載明正契，此不復載，立此細單存照。

管濤戶下田壹畝八分，坐落澤村陡坍名撤二畝，東至路，南至姚田，西至姚田，北至姚田　一坵
又　田壹畝八分，坐落〃〃〃〃小二畝，東至溝，南至蘇田，西至陡埂，北至鄭田　一坵
又　田弍畝七分，坐落〃〃〃〃路家田，東至溝，南至鄭田，西至陡埂，北至大路　一坵
又　田弍畝五分，坐落〃〃〃〃長田，東至行路，南至蘇田，西至王田，北至蘇田　一坵
又　田壹畝八分，坐落〃〃〃〃王家門口，東至施田，南至吳田，西至蘇田，北至蘇田　一坵
又　田壹畝三分，坐落〃〃〃〃王家門口，東至叶田，南至吳田，西至己田，北至施田　一坵
又　田六分，坐落〃〃〃〃王家門口，東至施田，南至吳田，西至蘇田，北至蘇田　一坵
又　田壹畝八分，坐落〃〃〃〃吳家門前，東至陡埂，南至蘇田，西至蘇田，北至己田　一坵
原賣主葉瑞堂戶下田壹畝五分，坐落〃〃〃〃楊樹車頭，東至陡埂，南至己田，西至路，北至施田　現經併合一坵　一坵
又　葉五和戶下田壹畝五分，坐落〃〃〃〃西頭撤埂，東至吳田，南至青，西至姜田，北至施田　一坵
又　張維順戶下田弍畝四分，坐落〃〃〃〃撤其二畝，東至許田，南至施田，西至蘇田，北至叶田　一坵
金林戶下田五畝弍分，坐落〃〃〃〃姚家田，東至己田，南至埂，西至吳田，北至蘇田　一坵
以上拾坵叚壹拾弍分四厘多畝

同治　年　月　日　立絶賣田畝細單　金鳳棲
憑中　施友岑　叶立成　姜雲門
執筆

此抄白契因炳公明三房分晰時有田合業，而契祇一張，祇得抄白，而不執契者收執，以為憑據，而備查考。
此契計田一坵，計畝弍畝，計得糧一畝，隆　一并
證明人　汪禮卿　盧來儀　舒梓章
代抄人　汪信到
民國廿四年秋七月吉日　照抄

四

清光緒元年某月〔安吉縣〕葉文秀立絶賣並斷根民田契

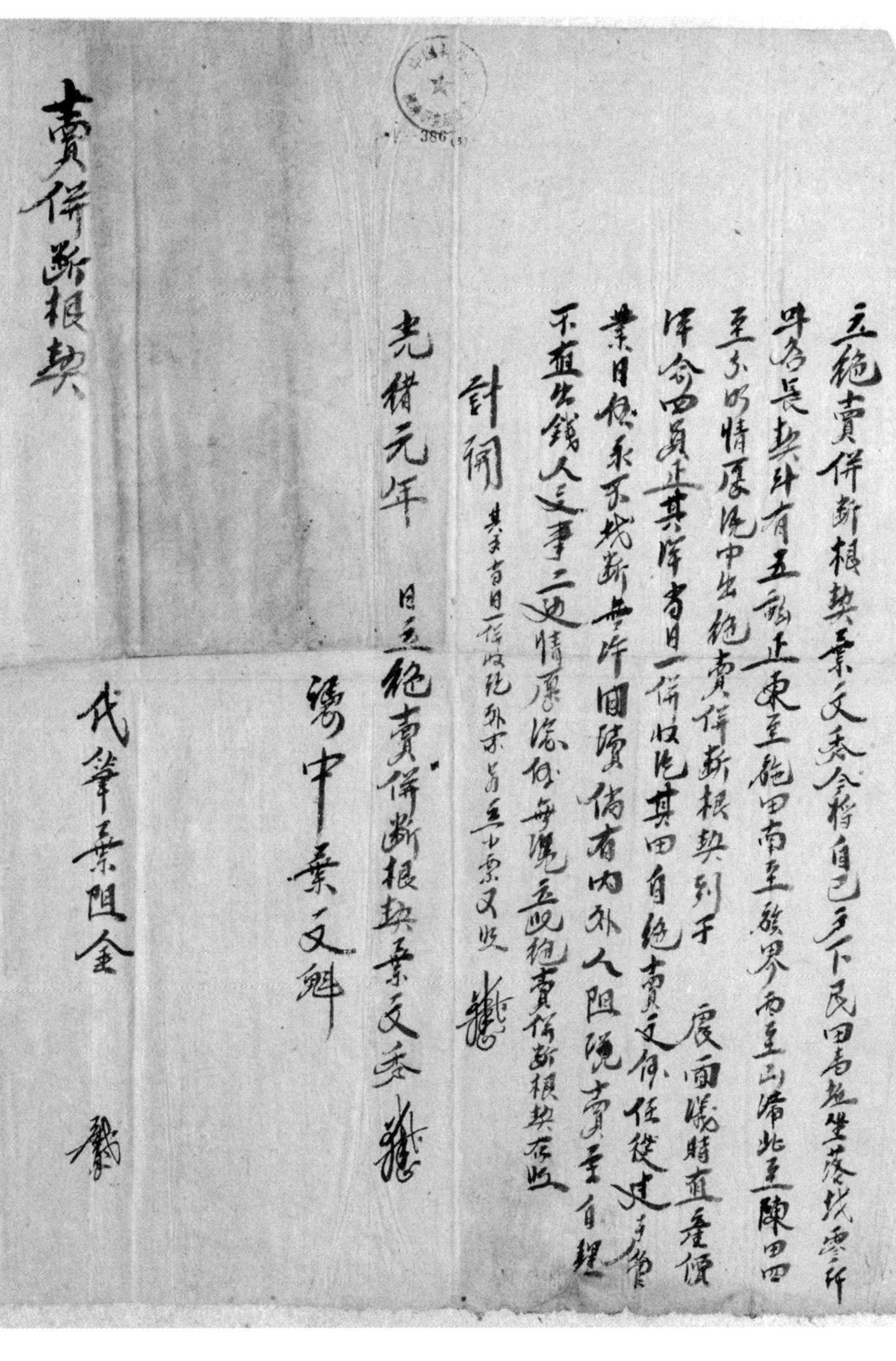

立絶賣併斷根契葉文秀今將自己戶下民田壹坵坐落坑零所
坪各長契計有五畝正東至施田南至殷界西至山脚北至陳田四
至分明情愿憑中出絶賣併斷根契到于　殷面議時值產價
洋念四員正其洋當日一併收訖其田自絶賣之後任從過戶管
業日後永不找斷無許回贖倘有内外人阻憑賣主自理
不涉出錢人之事二造情愿永無異說立此絶賣併斷根契存照

計開　其洋當日一併收訖外不另立收票又照　（押）

光緒元年　月　日立絶賣併斷根契葉文秀（押）

憑中葉文魁

代筆葉阻金（押）

賣併斷根契

清光緒二年某月〔安吉縣〕葉其標立絶賣民田契

清光緒四年某月（安吉縣）林良清立絕賣田民契

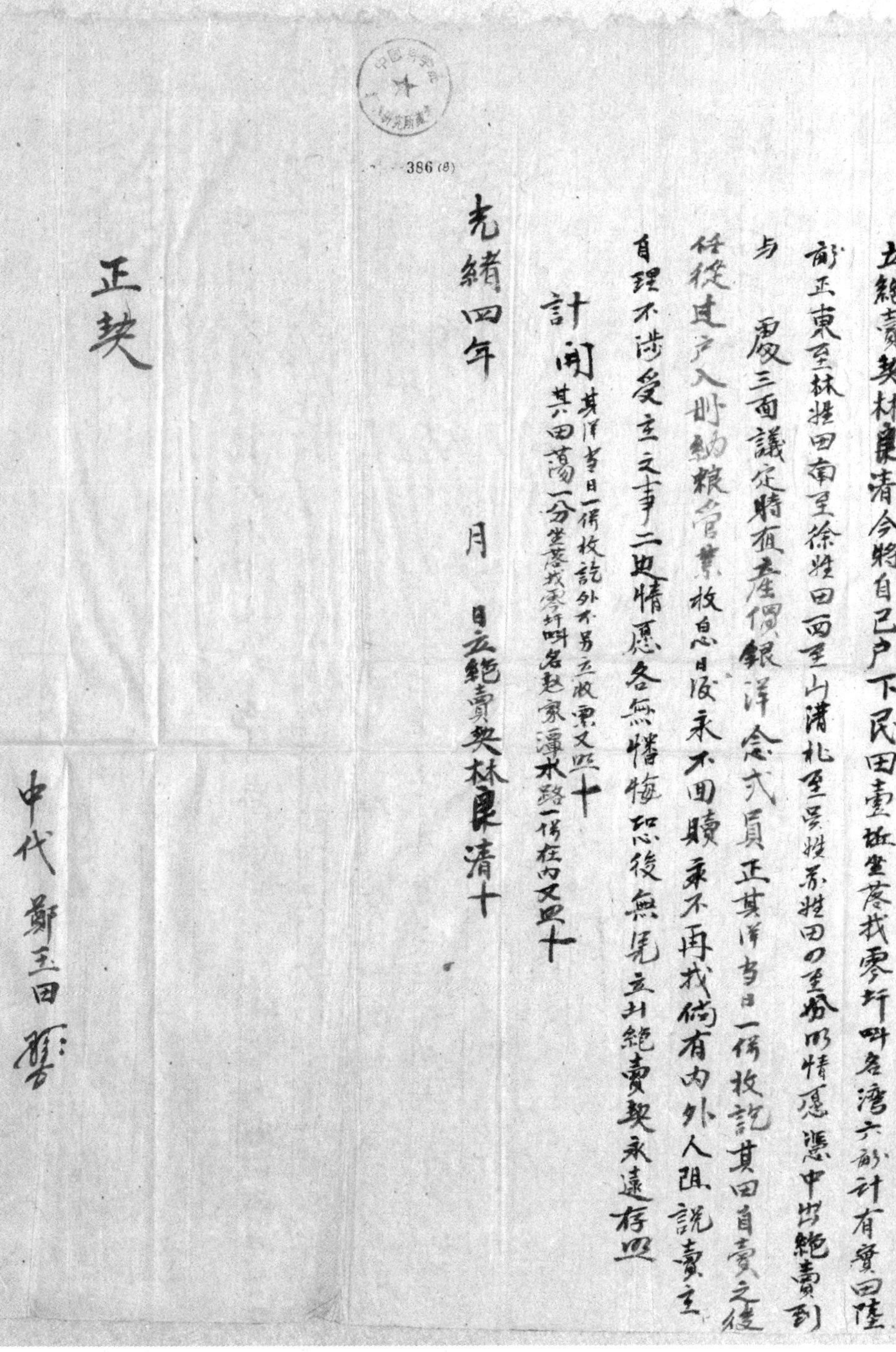

立絕賣契林良清，今將自己戶下民田壹坵，坐落栽零圩，叫名灣六畝，計有實田陸
畝正，東至林姓田，南至徐姓田，西至山𡺸，北至吳姓茶姓田，四至分明，情愿憑中出絕賣到
与　　處，三面議定時值產價銀洋念式員正，其洋當日一併收訖，其田自賣之後
任從過戶入冊納糧管業，收息日後永不回贖，永不再找，倘有內外人阻說，賣主
自理，不涉受主之事，二比情愿，各無惜悔，恐後無憑，立此絕賣契永遠存照。

計開　其洋當日一併收訖外，不另立收票，又照十
其六田蕩一分，坐落栽零圩，叫名趙家潭，水路一併在內，又照十

光緒四年　　月　　日立絕賣契林良清十

中代　鄭玉田（押）

正契

支柄二公合業契抄白

立割绝断根契林良清今将自己户下民田叁坵坐落伐枣圻叫名四五畝角載明原契

原價不足时值價得託復凭原中生割绝断根到于 處三面議定时值断價银洋壹拾

叁元正其洋當日一併收讫其田自賣断之后任從過户入冊纳粮收息爱業日后永不回赎

永不再断倘有内外人阻说賣主自理不直受主之事二边情愿永无異说恐口无凭各無

翻悔立此割绝断根契存照

计開 其银當日一併收讫外无另立小票又照
其田蕩車形庄青永遠併照

光绪六年 月 日 立割绝断根契 林良清

此抄白契因支炳二公名晰 附有田合業而契祇一紙祇得抄白交不執契者收執以為凭據而備查考

凭中代 鄭玉田

此田計田叁畝計得粮一畝八分 憬兆有户单
廖夢云户单

代抄人 汪培烈
汪禮卿

證明人 盧来儀
舒禪章

民國二十四年秋七月吉日照抄

（二）

清光緒六年某月〔安吉縣〕林良清立割絕斷根賣民田契抄白附民國二十四年秋七月抄批

四

民國四年元月（安吉縣）梁品芳立割絶斷根賣民田並蕩契抄白附民國二十四年秋七月抄批

炳公〻長房合業契抄白

立割绝斷根契梁品芳，今因缺少正用，謹遵母命，今將崑三庄祖遺建鑑户下民田大小共有四坵，又蕩壹畝，坐落土名羊角堡，原契載明原價得訖，時價不足，邀憑原中出割绝斷根契到與　　處三面言明議定斷價足銀洋叁佰念元正，其洋當日一併收訖。其田自绝斷之後，任從受主過户入册，收息管業，日後永不回贖，永不再斷。倘有内外人阻説斷，主自行理直，不干受主之事。此係二边情愿，各無翻悔，恐後無憑，立此割绝斷根契，永遠存照。

計開

其洋當日一併收訖外，不另立收票　又照

其田内有五畝又壹畝，另二号印单遗失，日后檢出則為癈紙　附照

民國四年元月　　日　立割绝斷根契梁品芳

憑中　馬漢珊
　　　梁元吉

代筆　李純青

民國四年元月（安吉縣）梁品芳立割絕斷根賣民田並蕩契抄白附民國二十四年秋七月抄批

此抄白契因炳公二長房分晰時有田合業而契祇一紙祇得抄白交與執契者收執以為憑據而備查考

此契計田弍坵計田四畝計得粮弍畝　四号茴一至蕩号

梁元吉

代筆　李純青

代抄人　汪培烈

汪禮鄉

證明人　盧來儀

舒裕章

民國二十四年秋七月吉日照抄

（二）

〔二〕清嘉慶至民國年間其他絶賣田地契約

立杜斷賣契伯佩文等，今因正事缺少銀兩不便，自情愿將承祖父遺田壹處，土名　　計租壹砠拾觔正，
係經理伏字　　號，計田稅壹分叁厘，其田新立四至：東至　西至　南至　北至，以上四至內盡中立契盡行
出賣與
族　名下為業，三面言定，時值價河平銀叁兩正，其銀當日收足，其田即聽管業收租，其稅即聽過戶輸納邊糧，如有
來歷不明及重迭交易，內外人聲說等情，本身出當，不涉受者之事。恐口無憑，立此杜斷賣契久遠存照。

嘉慶十三年十二月　　日立杜斷賣契伯佩文（押）
仝弟信芳　存珍（押）
中見叔建周（押）
佃人方輝遠

（一）

清嘉慶十三年十二月某某縣某姓佩文等立杜斷賣田契

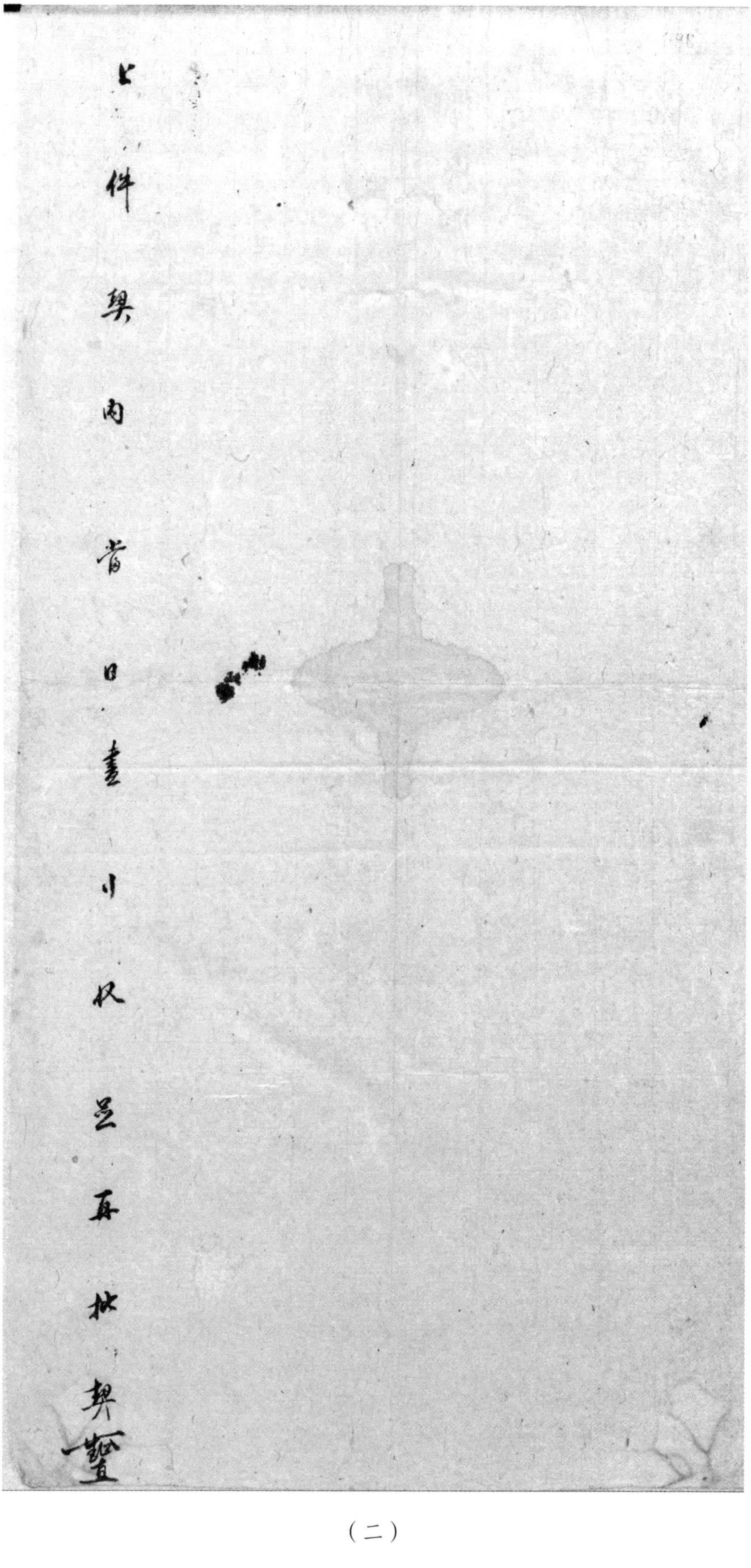

上件契內當日盡行收足再批契璽

（二）

清光緒某年某月安吉縣李希章立杜絶賣民田赤契

立杜絶賣契李希章，今因缺少正用，愿將自己户下民田弍號，坐落安、左澤程坵址、計實田
柒畝正，李字叁仟弍伯卅叁號田叁畝，東至溝，南至宋姓田，西至蘇姓田，北至姚姓田；又壹號
叁仟弍伯苗號田四畝，東至姚姓田，南至蘇姓田，西至蘇姓田，北至蘇姓田。二共四至分明。情
愿憑中出杜絶賣到　處，三面議定時值産價洋艮叁拾伍元正，其洋當日亦收足。
其田自杜絶之後，任從過户偏粮管業收息，日後永不回贖，永不找斷。倘有内外人阻説
以及重疊等情，賣主自行理直，不涉受主之事。二邊情愿，各無悔，永無異説。尤恐無
憑，立此杜絶賣契永遠存照。十

計開共洋當日一併收足，分不另立收字又照。十

光緒　年　月　日立杜絶賣契李希章　十

憑中　周廷容　十

代筆　蘇萼樓　押

四

立杜絶賣田契王郭氏率子王俊漢緣因客歲夫故後債
款虧累實難措完今自情愿請託中人等將坐落安捌庄
呌名巴毛墩田大小弍坵計有田叁畝正東南王姓田西至大堰
心北至王姓田為界又靠東壹坵坐落呌名相同計實田弍畝正
東至大堰心南至巳田西至王姓田北至王姓田為界兩處田界均分
明白情愿憑中出杜絶賣契與
李德茂爹名下三面議定時值田產價洋捌十元正其洋當日憑中一併
收訖其田自絶賣之後任聽過戶管業辦糧倘有親族阻說賣
主自行理直不涉買主之事如斬割藤此憑兩愿各無反悔永無
異說永不取贖並不再找恐口無憑立此杜絶賣田契存證

計開　其洋即日憑中收訖無欠不另立小票
其田大堰車水放水照舊

中人　阮紀堂(押)　廖應章十
黃心源十　王鏡榮(押)

代筆　黃日昇(押)

中華民國拾弍年陰曆十二月二十九日立杜絶賣契王郭氏十
子俊漢十

民國十二年陰曆十二月安吉縣王郭氏等立杜絶賣田赤契

民國某年某月某某縣董金玉等立民田割絕斷找契

立割絕斷找契董金玉今因缺少正用兄弟和同商議情愿復憑原中將自己戶下民田叁坵
坐落呼名四至字號畝分一應前契載明情愿復邀原中出割絕斷找契到與
李松茂戶下為業三面議定時值找價銀洋捌拾元正其洋當日一併收訖歸家正用
其田自斷找之後任從受主過戶入冊完粮办稅收息管業永無翻悔永無異言永不回
贖永不再找倘有內外人阻說賣主自理直行不涉受主之事此係兩愿恐後無憑立此割
絕斷找田文契永遠存照

計開 其洋當日一併收訖外不另立小票又照
其車埠水路照舊放行　又照

民國　年　月　日立割絕斷找契董金玉 十
仝弟 東坤 十
憑中 龍泉 典 十
中代 葉秉榮 押

二、訴訟文書

（一）清光緒九年青陽縣審理客民楊萬卉控陶萬春牽豬抵欠案案卷

青
陽
縣

光緒九年七月十四日楸湖客民

一件喊稟事　刑房　承

楊萬卉控陶萬春牽豬抵欠一案卷

差　喻升
李德
魏洪
吳助

四

清〔光緒九年七月十四日〕宿松縣楊萬卉控陶萬春牽豬抵欠案訴狀

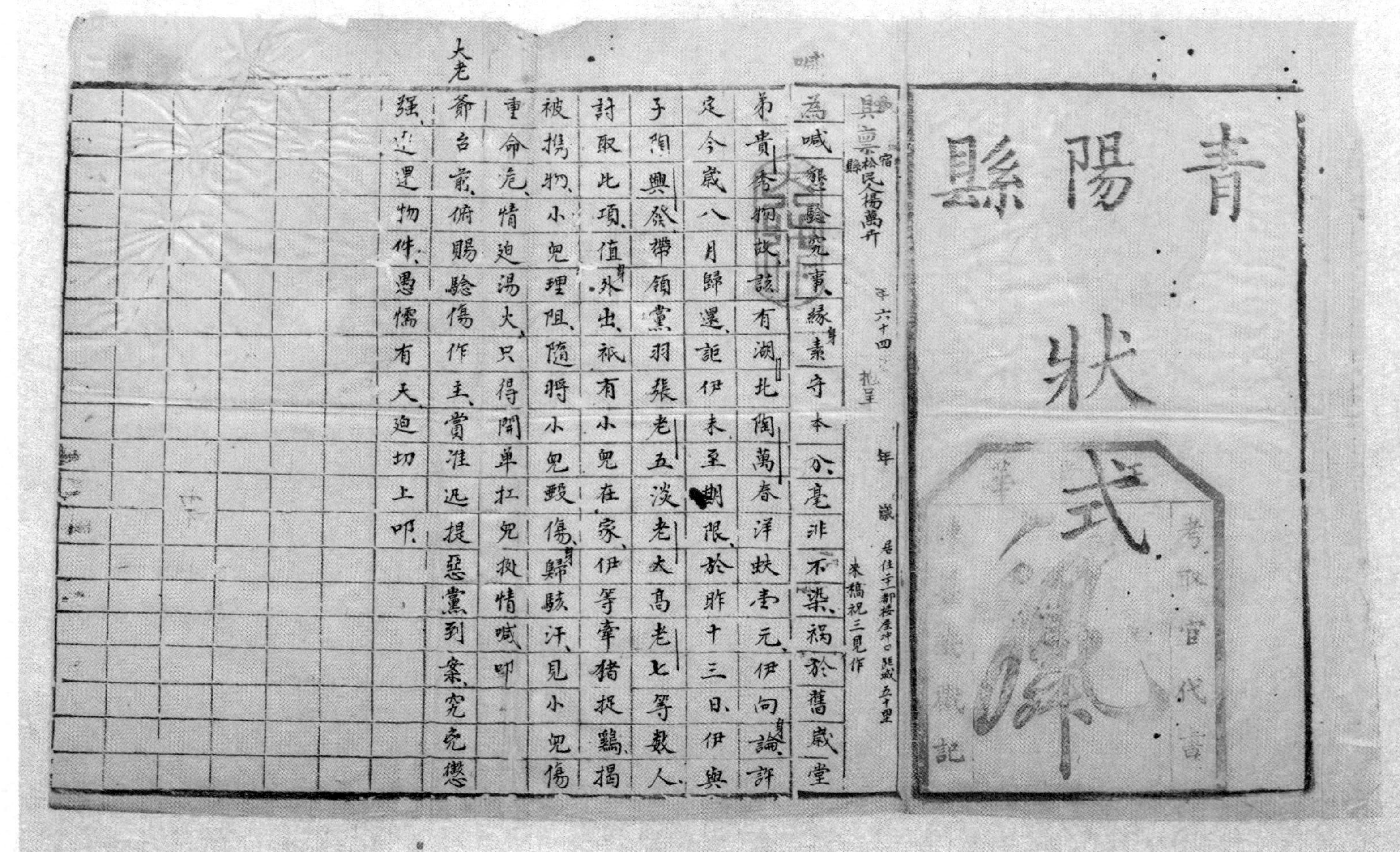

青陽縣

狀式

考取官代書

記

具稟　宿松縣民人楊萬卉　年六十四　抱呈　年　歲　居住二十一都楊屋冲口　離城五十里

來稿祝三見作

為喊懇驗究事。緣身素守本分，毫非不染，禍於舊歲，堂弟貴秀物故，該有湖北陶萬春洋蚨壹元，伊向論許定今歲八月歸還，詎伊未至期限，於昨十三日，伊與子陶興發，帶領黨羽張老五、淡老大、高老七等數人討取此項，值身外出，祇有小兒在家，伊等牽豬捉雞，揭被攜物，小兒理阻，隨將小兒毆傷，身歸駭汗，見小兒傷重命危，情迫湯火，只得開單扛兒投情喊叩

大老爺台前，俯賜驗傷作主，賞准迅提惡黨到案，究究懲强迨還物件，愚懦有天，迫切上叩。

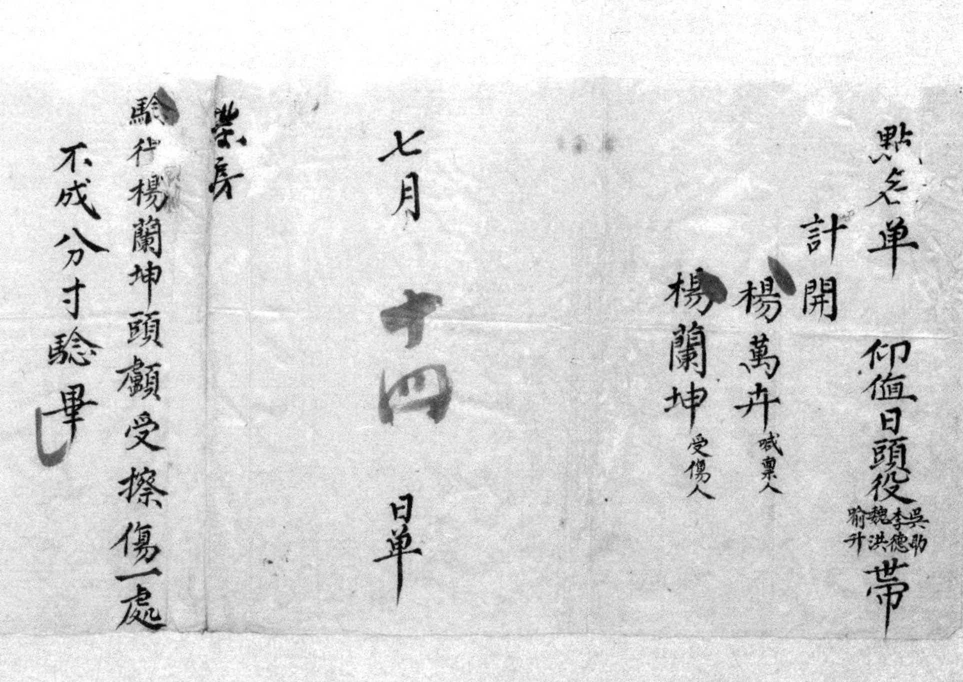

點名单　仰值日頭役吳勒　李德　魏洪　俞升帶

計開

楊萬卉喊稟人

楊蘭坤受傷人

七月　十四　日单

驗得楊蘭坤頭顱受擦傷一處

不成分寸驗畢

（一）

四

清光緒九年七月十四日青陽縣提訊楊萬卉等二人點名單、驗傷單、供單、堂諭及七月十五日青陽縣給差役李得等查明調息稟復行稿

（二）

據楊萬卉供：小的老籍宿松的人，年五十四歲。小的先
在陝西居住，後下來到治下廿一都樓屋冲口居住。
小的有兩個兒子，大兒子未下來，還在高上陝西教
書，他也是廩生。第二的兒子全小子跟小的下來。小的
于十二日往木鎮去了，未回。昨日早飯後，被陶家一
春華戲班子全他兒子、陶興發們把小的豬牽去
了。豬約重一百二三十觔，還拿了小的兩床夾被、連雞
子、銅瓢、碗盞。小的兒子攔阻，豬子他們就把小的兒子
辮子一拖，頭顱都擦傷了。先前小堂兄欠他一塊洋錢

（三）

四

清光緒九年七月十四日青陽縣提訊楊萬卉等二人點名單、驗傷單、供單、堂諭及七月十五日青陽縣給差役李得等查明調息稟復行稿

小的店允八月交还小的並去別的情由昨日小的到木
領稟保甲委員老爺他不肯问小的再為小的[illegible]
抬來案下求驗伸冤是实
接受傷楊蘭坤供小的年十五歲陶家班々昨日早
飯後来章小的家裏々說小的老々欠他的米小的
阻擋他们扭倒小的辮々一拖小的頭上还受有擦的
傷小的老々將小的抬來案下求驗是实
堂諭查询楊萬卉所供陶万来去帮人牽擋
抵不反悔楊蘭坤阻擋受傷殊屬乱

（四）

（五）

清光緒九年七月十四日青陽縣提訊楊萬卉等二人點名單、驗傷單、供單、堂諭及七月十五日青陽縣給差役李得等查明調息稟復行稿

正堂隨帶加三級紀錄婁華為
仰值日頭役立即前往協同鄉約查
明楊萬卉賦控陶萬春至伊家牽
猪抵欠伊子楊蘭坤阻被毆傷賦
叩驗究等情是否屬實如果情真
同約即飭陶萬春將猪歸還楊
姓於從中調息免滋訟累仍
將查明調息緣由限明日內赴
縣稟覆以憑核銷去役毋得延干咎速速

（六）

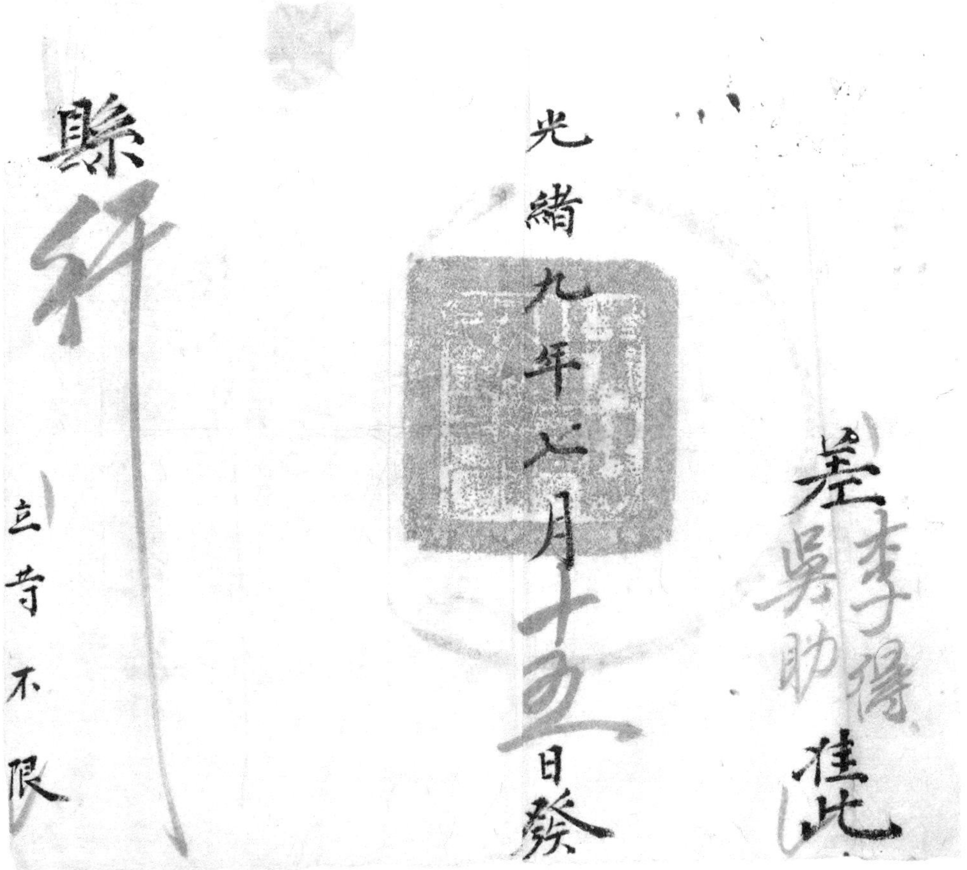
差李得
吳助 准此
光緒九年七月十五日發
縣行
立等不限

（七）

清〔光緒九年七月十四日〕〔宿松縣楊萬卉〕失單

許閏失單

肥豬一條百二三十斤

夾被二床

鷄子二個

銅瓢一個

大小碗二三同

小鍋一口

銅錢一串八百文

〔二〕清光緒年間青陽縣審理客民田萬春錢債糾紛案殘卷

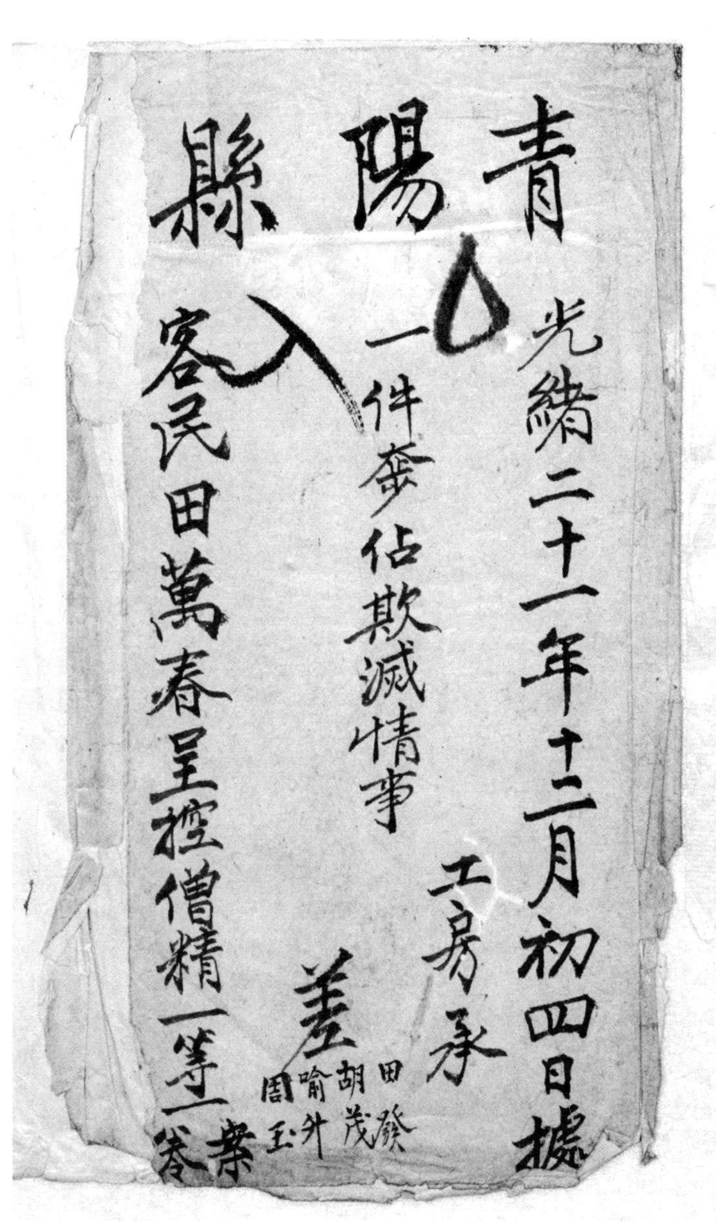

光緒二十一年十二月青陽縣審理客民田萬春控僧精一等奪佔欺滅情事案案卷封面

四

清光緒二十一年十二月初四日青陽縣朝陽庵田萬春控僧精一等奪佔欺滅抗背肆横訴狀加青陽縣正堂批及十二月初六日票仰差役胡茂等查明稟復行稿

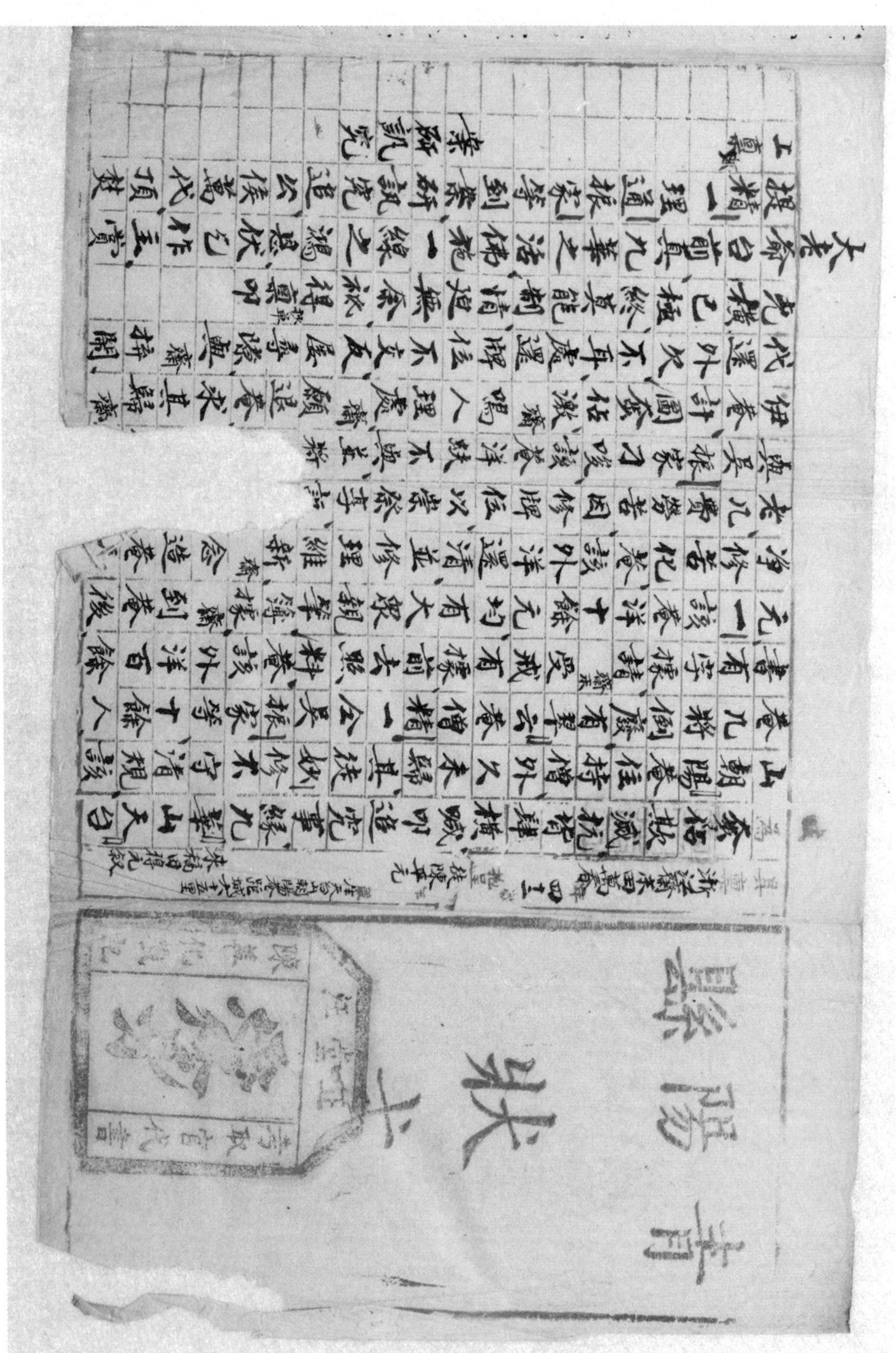

（一）

四

清光緒二十一年十二月初四日青陽縣朝陽庵田萬春控僧精一等奪佔欺滅抗背肆横訴狀加青陽縣正堂批及十二月初六日票仰差役胡茂等查明稟復行稿

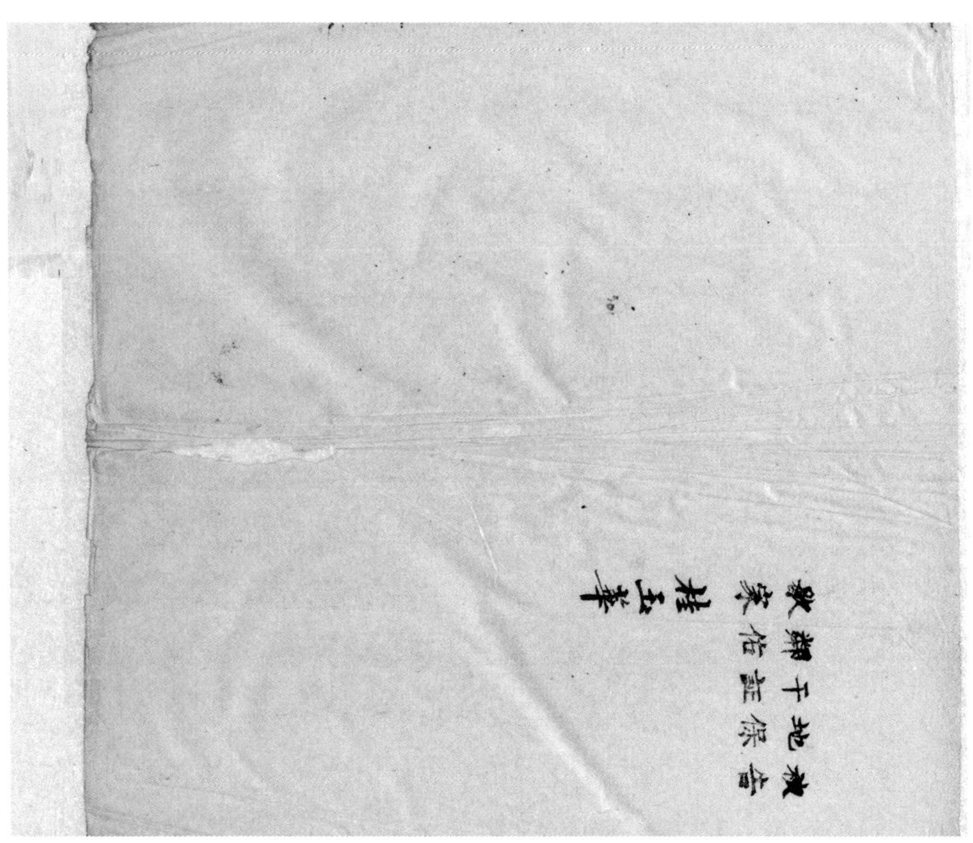

（二）

四

清光緒二十一年十二月初四日青陽縣朝陽庵田萬春控僧精一等奪佔欺滅抗背肆橫訴狀加青陽縣正堂批及十二月初六日票仰差役胡茂等查明稟復行稿

（三）

清光緒二十一年十二月初四日青陽縣朝陽庵田萬春控僧精一等奪佔欺滅抗背肆横訴狀加青陽縣正堂批及十二月初六日票仰差役胡茂等查明稟復行稿

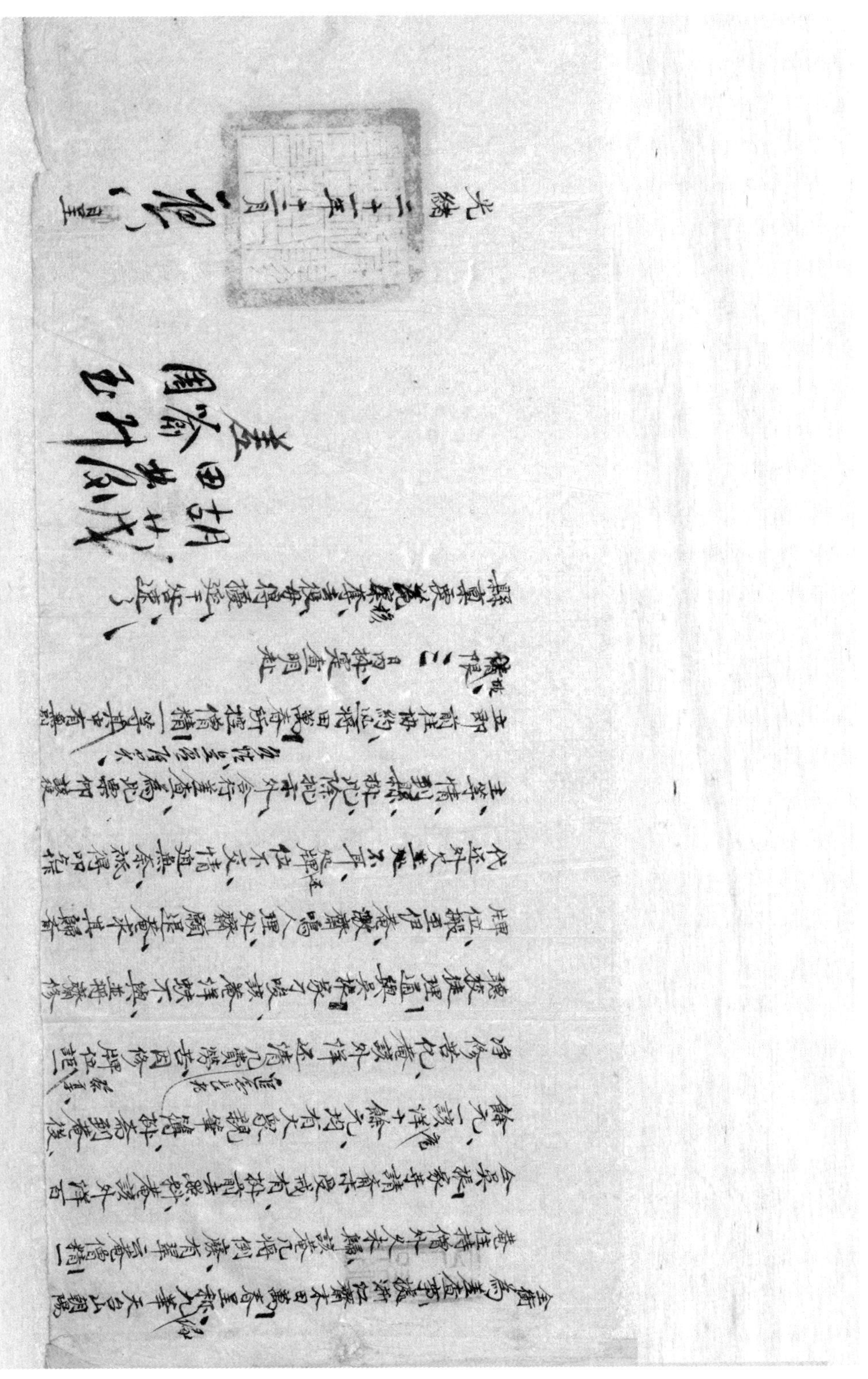

（四）

四

清光緒二十一年十二月十八日青陽縣翠雲庵住持僧精一控田萬春挾隙詐索揑控拖累訴狀加青陽縣正堂批

（一）

清光緒二十一年十二月十八日青陽縣翠雲庵住持僧精一控田萬春挾隙詐索捏控拖累訴狀加青陽縣正堂批

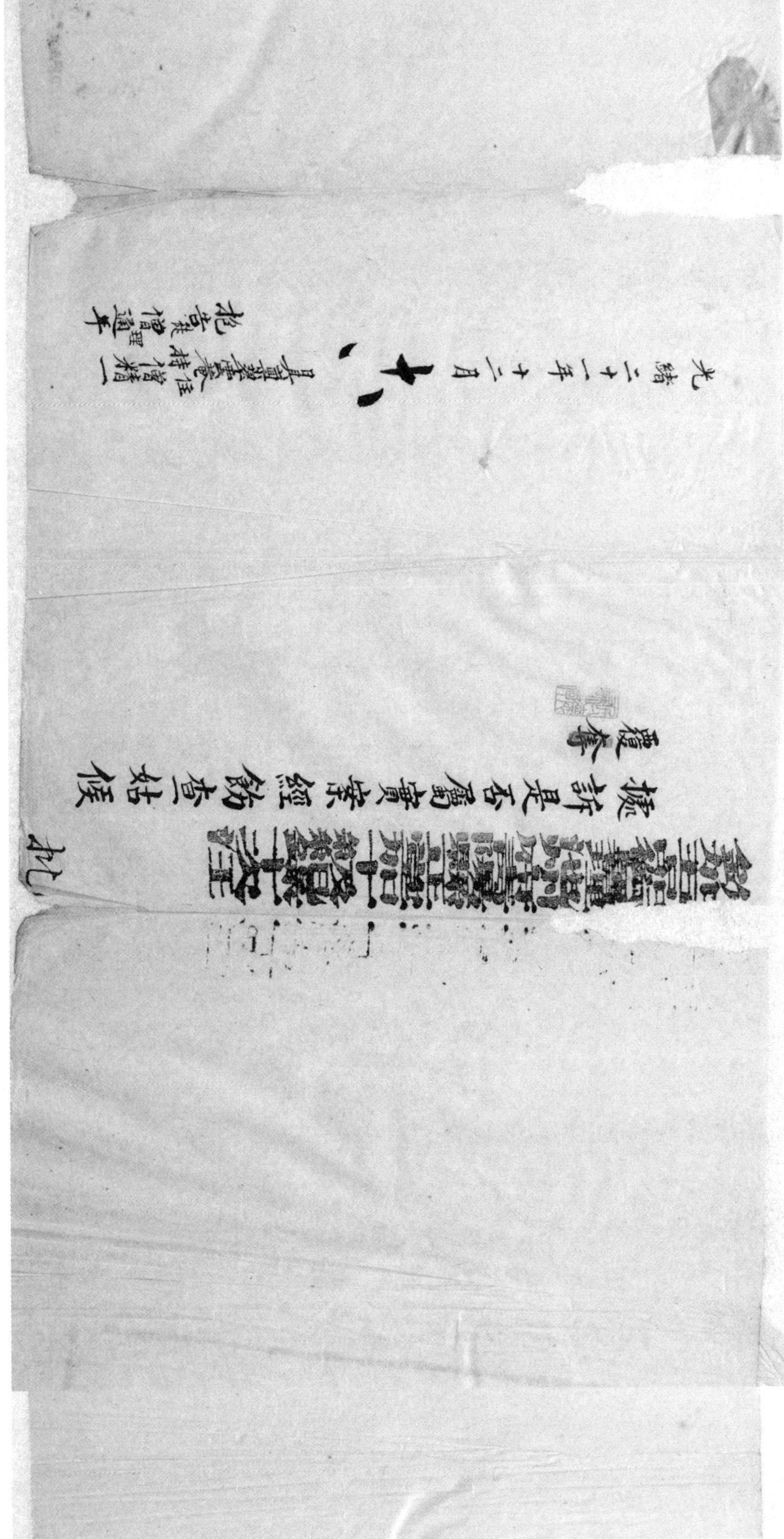

批
據訴是否屬實，案經飭查，姑候覆奪。

光緒二十一年十二月十八日具訴翠雲庵住持僧精一
抱告徒僧迥年

（二）

四

清光緒二十二年正月初八日青陽縣正堂飭提田萬春僧精一訟案原被告及鄉約行稿

（一）

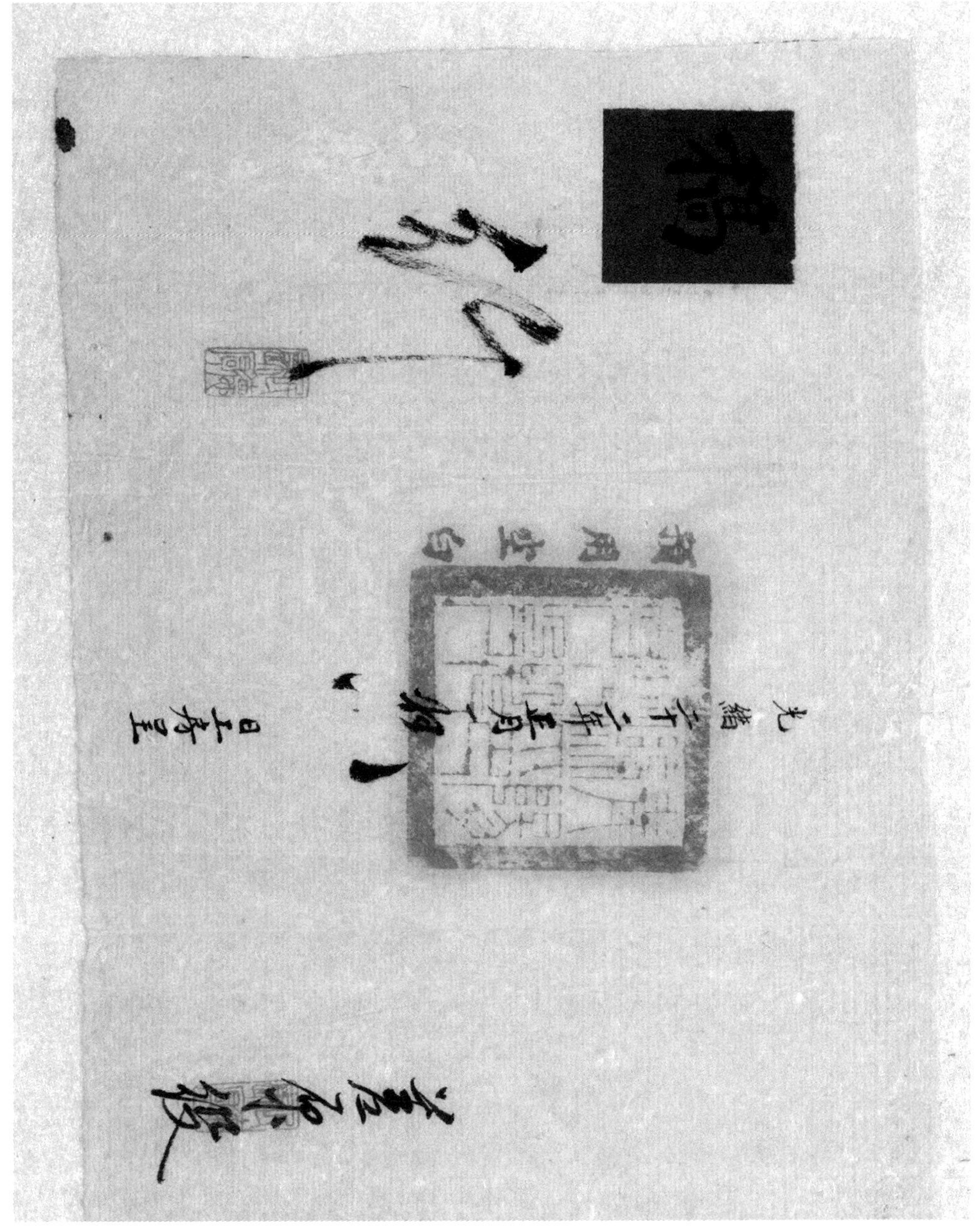

（二）

清光緒二十二年正月初八日青陽縣正堂飭提田萬春僧精一訟案原被告及鄉約行稿

稟

案下原役胡茂、同玉、田發、喻升　叩

稟

大老爺台下：爲稟到事。緣役等奉票前往飭提田萬春呈控僧精一、吳振家請伊受戒等情一案，現已提到被告僧精一、吳振家、原告田萬春、鄉約吳新城四名，在外候訊，理合稟到，伏乞

憲主鑒核，並將金票呈銷，施行。上稟。

正堂汪批

光緒二十二年正月　日稟

清光緒二十二年正月廿五日青陽縣提訊田萬春等點名單加批、吳新城等供單含青陽縣堂諭、二月初三日提訊田萬春等點名單、僧精一等供單含青陽縣堂諭

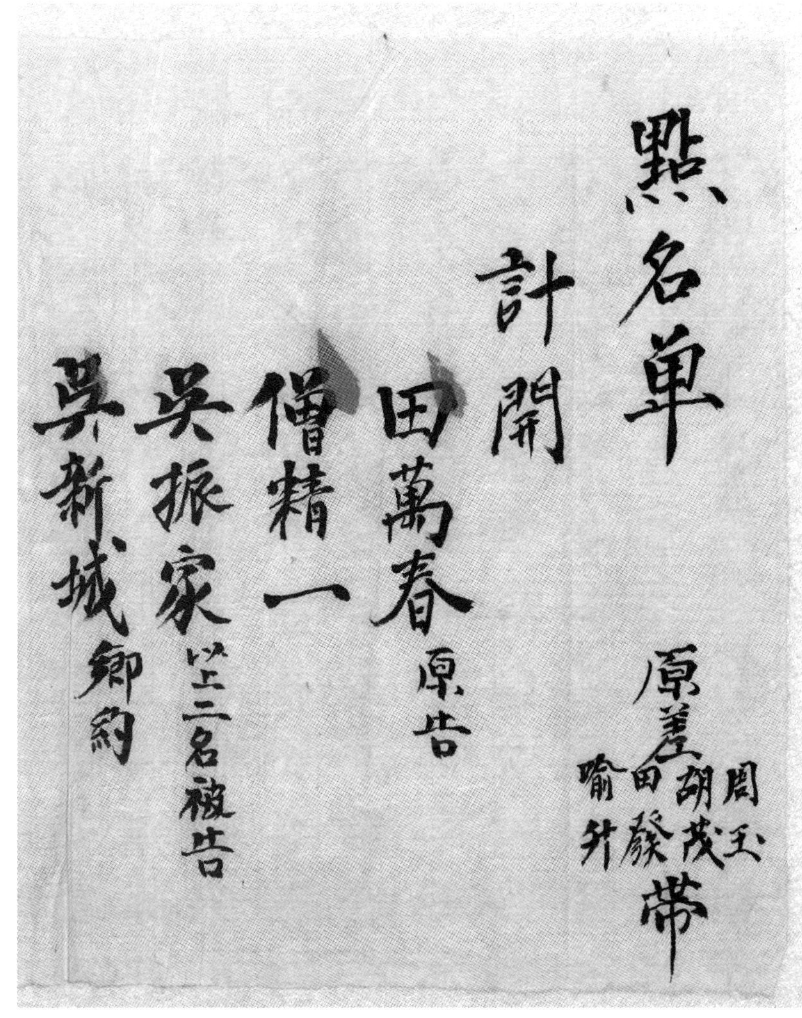
點名單

計開

原差 周玉 胡茂 田發 喻升 帶

田萬春 原告

僧精一

吳振家 以上二名被告

吳新城 鄉約

（一）

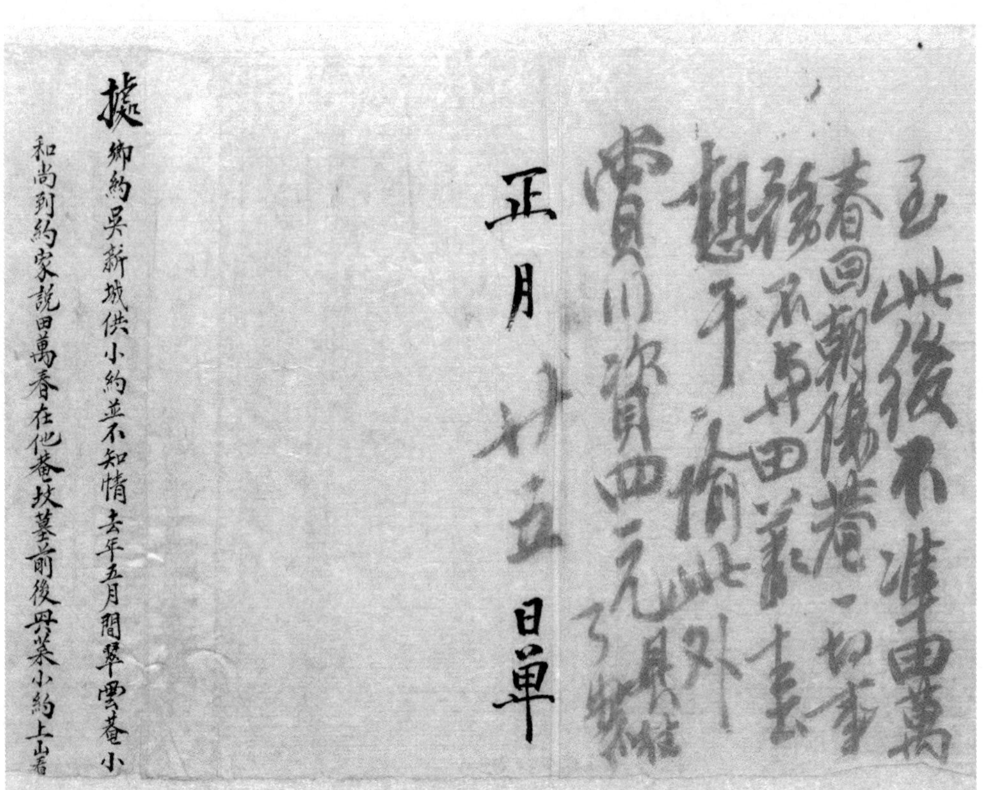
至此後不准田萬
春回朝陽菴一切事
務不與田義吉
相干預。此外
賞川資四元了結，具結

正月廿五日單

據鄉約吳新城供小約並不知情去年五月間翠雲菴小
和尚到約家說田萬春在他菴坟墓前後毋菜小約上山看

（二）

僧精一菴办了一樟斋接人説話與種的菜吃後不可與
田萬春反説僧精一只他洋僟未還只祥僟小約不知求恩

據
斋未田萬春供小的是江蘇六合縣人于光緒年間来治下帮
朝陽菴做工嗣後又帮犁云菴五六年後朝陽菴常松
師仝僧精一（出外）化緣常松尚未回来有徒妙修在菴照料乃妙修
不守清規逐出下山僧精一同吳振家等叫小的照料外
方化来之洋己將常松手只外之洋还了人又修路用了僧
精一只小的洋僟不還小的难（以）動身求斷還小的洋僟應
具結完案求　恩典

據
僧精一供朝陽菴常松乃是祇園子孫来（住）倩田萬春做帮出
外挑担子化緣於光緒十四年常松和尚出外化緣未歸
山来是伊徒妙修照看乃妙修不守清規赶出下山就

（三）

是田萬春照應並不曾有洋錢在小僧菴裡，所小僧拔
墓前後被田萬開挖種菜地，舊年五月間投鳴鄉約陰佑
看明，乍伊非是起見，反説僧叫他洋錢，求
恩典
堂諭
至此以不准田萬春再回彭陽菴一切事務
不與田萬春相干，倘此外嘗川資回
元，具結完案。
正月廿五日供單

（四）

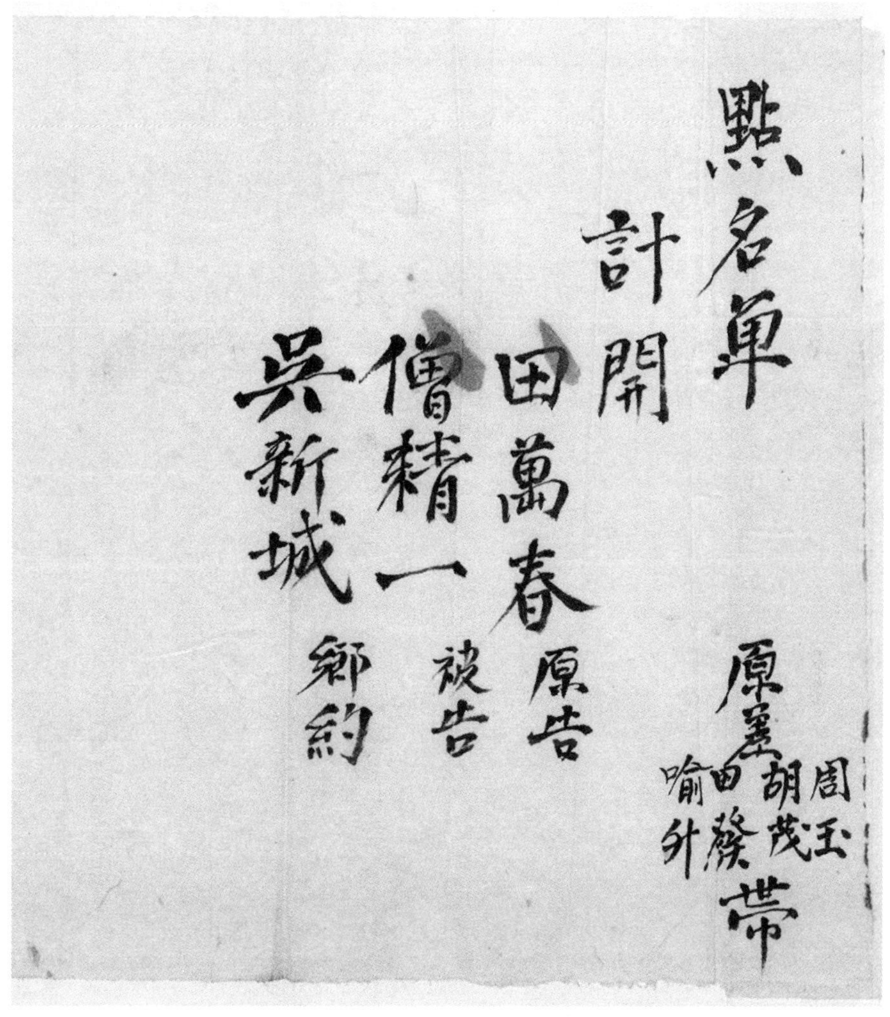

點名單

原差 周玉 胡茂 田發 喻升 帶

計開

田萬春 原告

僧精一 被告

吳新城 鄉約

（五）

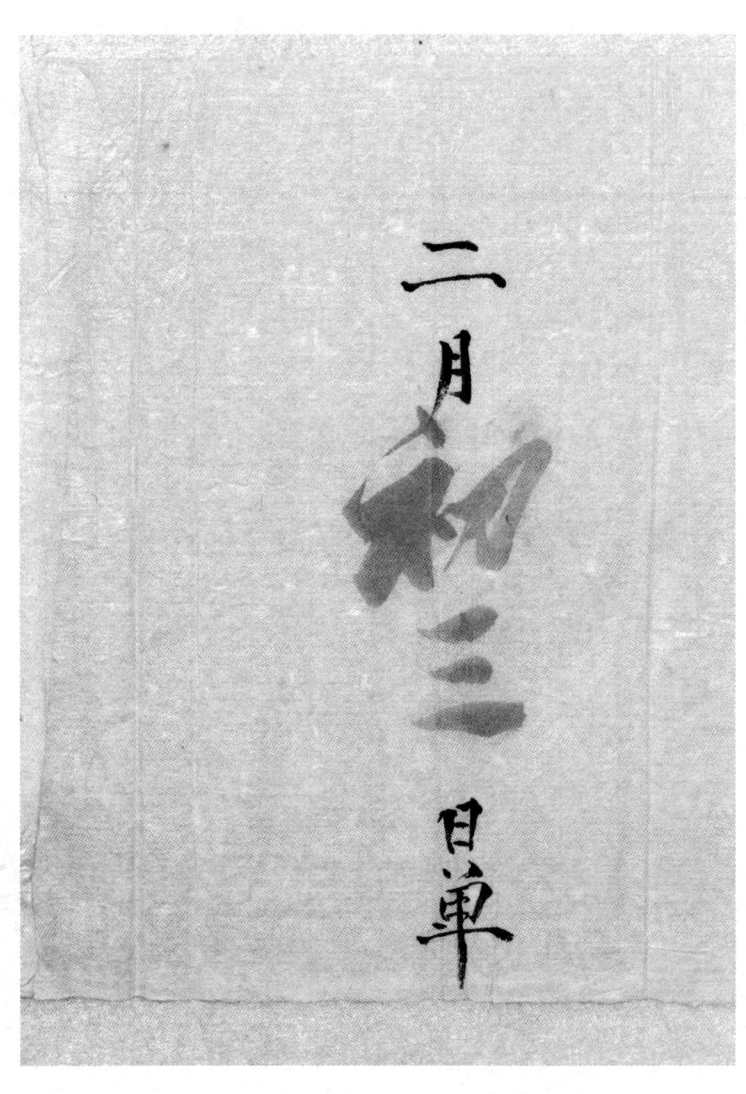
二月初三日單

（六）

據僧精一供僧人欠田萬春洋錢十五元允已還過僧亦
有清賬並不欠他洋錢只求　恩作主是實
據田萬春供小的家裡沒有親人就剩小的一人僧精
一欠小的一百多洋錢他不還小的不能下山出境
求　恩典

堂諭

（七）

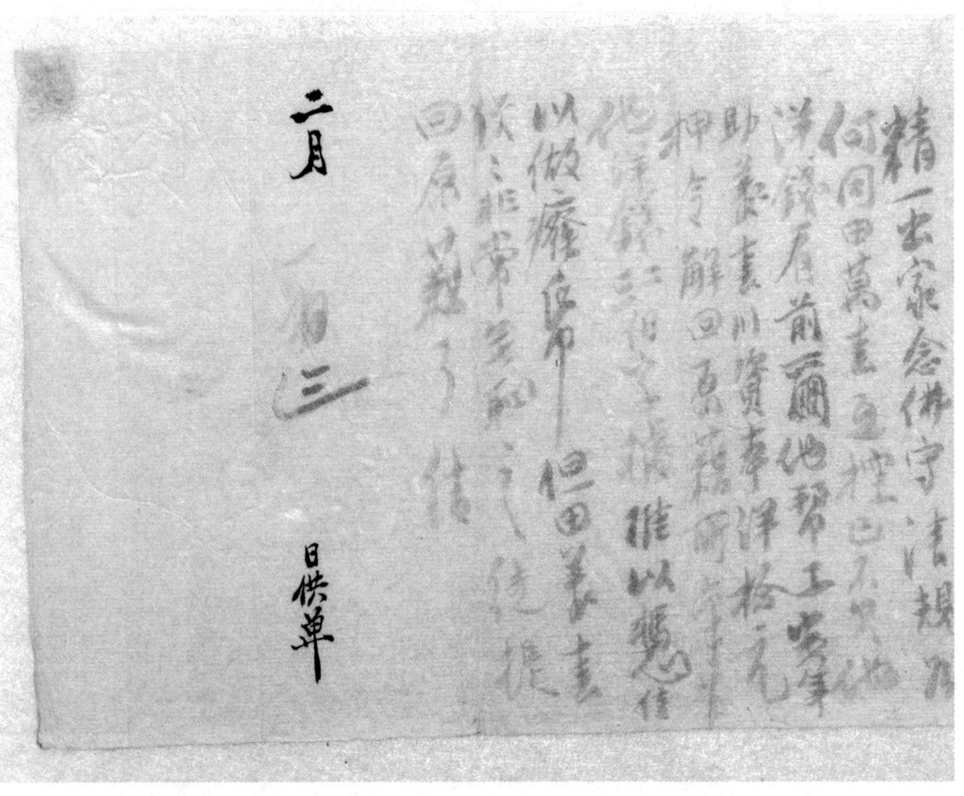

精一出家念佛守清規，因
何同田萬春互控，已不與他
洋錢有前爾他幫工[illegible]筆
助義春川資奉洋拾元
押令解回原籍爾[illegible]
他洋錢二三拾元，據誰以憑信
以做癖病帶。但田萬春
從之非常要知道，提
回原籍了結

二月初三日供單

（八）

清光緒十五年十二月青陽縣天臺山各庵僧儒人等立願舉田萬春侍奉香燈等事公議字附無用廢紙批

立公議字僧儒人等，今有天臺山朝陽庵住持
僧常松屢年在外指緣，運特不濟。吴因前年
途中收轉拜徒一名妙修，不能恪守清規，數行
不法，擀東賣西，樣項物件私賣干消，所有
廟鄰靚視不忍，聚会集議，愿牽一人，姓田名
萬春，江寧六合縣人氏，其人懦弱，憑道公請侍奉
香灯外，有一切債項，另有一紙標單列后。倘
後來僧常松回庵至庙，照單還賬，照帋執
管。現承公議外批，倘常松不回山，徒妙修不能
復庵。倘日後凭上下各庵僧儒等立此公議字存據。

無用廢紙

光緒拾伍年十二月中浣詰朝日　立字僧妙修（押）　徒寶亮　寶海（押）

鄰庵　拜經台僧覺清（押）
翠雲庵僧隆一（押）
觀音峯僧龍華（十）
常生洞僧明道（押）
淨華嶺僧松林（押）
華雲庵僧古訓（押）

憑中　孫大成（押）
吴瑜嶸（押）
吴振宗（十）
葛高耀（十）
李高福（十）

祁國榮代筆（押）

田萬春收執存照

四

清光緒某年青陽縣朝陽庵僧常松債項清單附無用批

朝陽菴僧常松所欠債項數目原中立華

陳大成　本洋肆拾乙元
田萬喜　貳拾弍元
鄭新宗　洋肆元
甯顯祥　洋肆壹乙元
劉姑娘　弍元四角
西人寺　捌元
陳全宗　洋半元
劉炳有　洋壹元
姜稼户　洋陸元
何石匠　弍元
劉五富　乙元
孟裕雅　弍元
方駿計　洋四元
裴伏年　洋叁元
連陞集團
鄒社魁　洋五元

貴池縣王利和乙元半
妙修新賬囗囗
陳弟針　洋弍元
小鲍　洋弍元
李駿計　洋五元四角
程長發　洋乙元
姜糧朝　洋乙元
恆昌　七千廿
鄒具　洋捌角
長生洞　洋半元
洋華庵　卡四角

陳平川

清光緒十九年十一月初二日僧本境立收田萬春本利本洋票

立收票人僧上本下境，今收到朝陽庵齋公田萬春
本利本洋捌元，將前後本利一併收清，
永無異説。日後如有紙票出見，以作費
紙。立此存照。

光緒十九年十一月初二日立收票人僧本境（十）
中　僧精一（十）
　　僧明道（十）
書　僧理正（押）

清光緒五年正月廿二日（青陽縣）萬榮耀等立杜賣民山契

立杜賣民山契人萬榮耀仝姪定傳，今將祖遺業山一號，坐落翠雲庵左右，土名陽山一號。其山東至觀音石為界，西至小溪流水吴姓山為界，南至大河，北至石硬分水為界。四至在册，下至脚下蓬石磡上水溝為界，上下并有陽磡。今憑中出賣與翠雲庵常住僧精一率徒理智名下為業，其值山價洋蚨二十八元正，其洋當日收足。自賣之後，其山柴薪樹木并草聽其買主蔭蓄砍拚，與賣主絲毫無涉。所有親房喜扎一併交白，無得異説。自賣之後，倘有四至山隣不白，一應賣主承當，不干買主之事。恐口無憑，立此杜賣山契為據，永遠為照。

光緒五年己卯正月廿二日　立杜賣民山文契人　萬榮耀
仝姪　定傳　有押

憑中人　萬榮貴
吴振加
吴必廣
李士龍
吴坦如

四

清光緒某年某人呈驗青陽縣天臺山朝陽庵及翠雲庵等地形圖

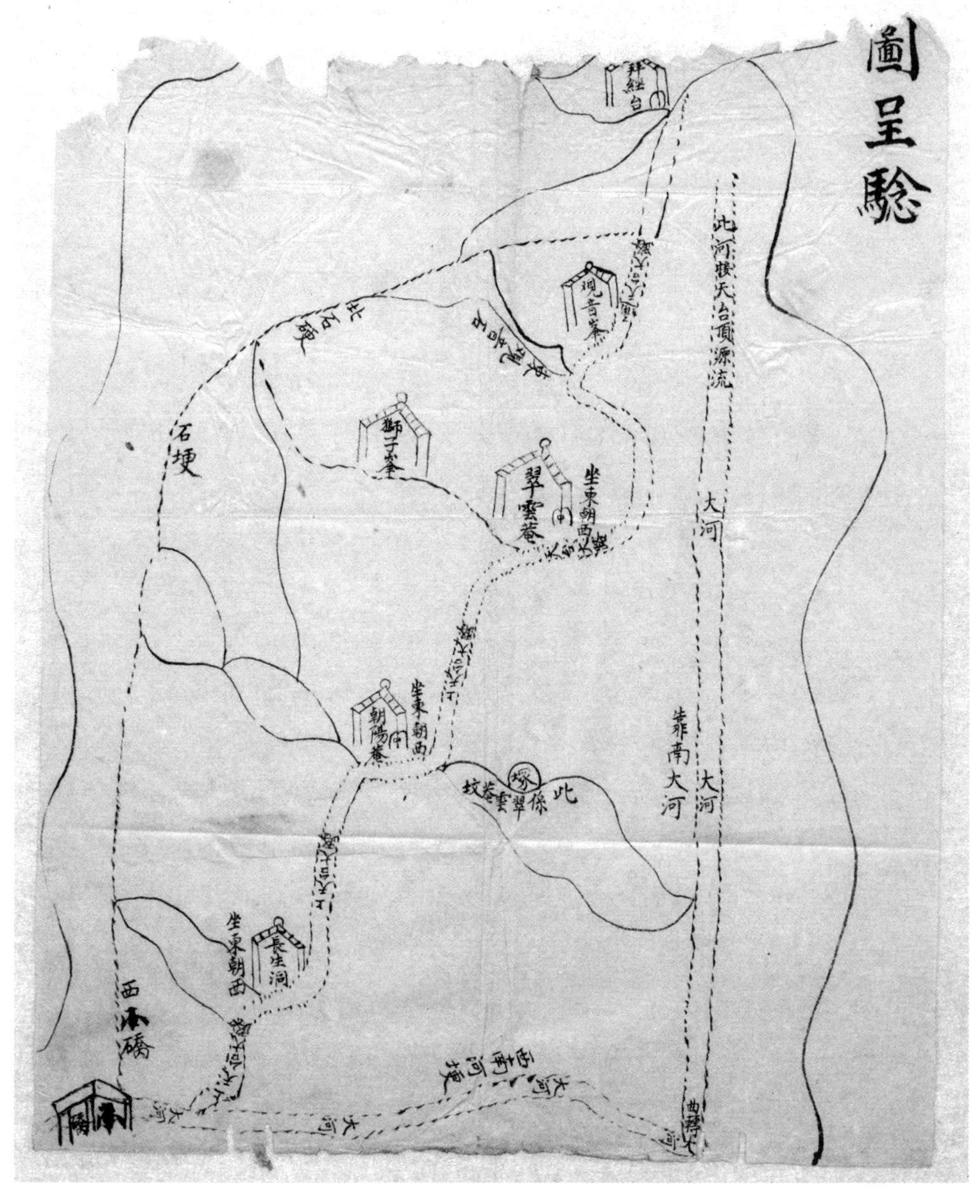

四

清光緒二十二年二月廿三日田萬春懇請開釋並討還帳簿具稟及二月廿九日僧精一具遵斷呈繳田萬春回籍川資完案遵依

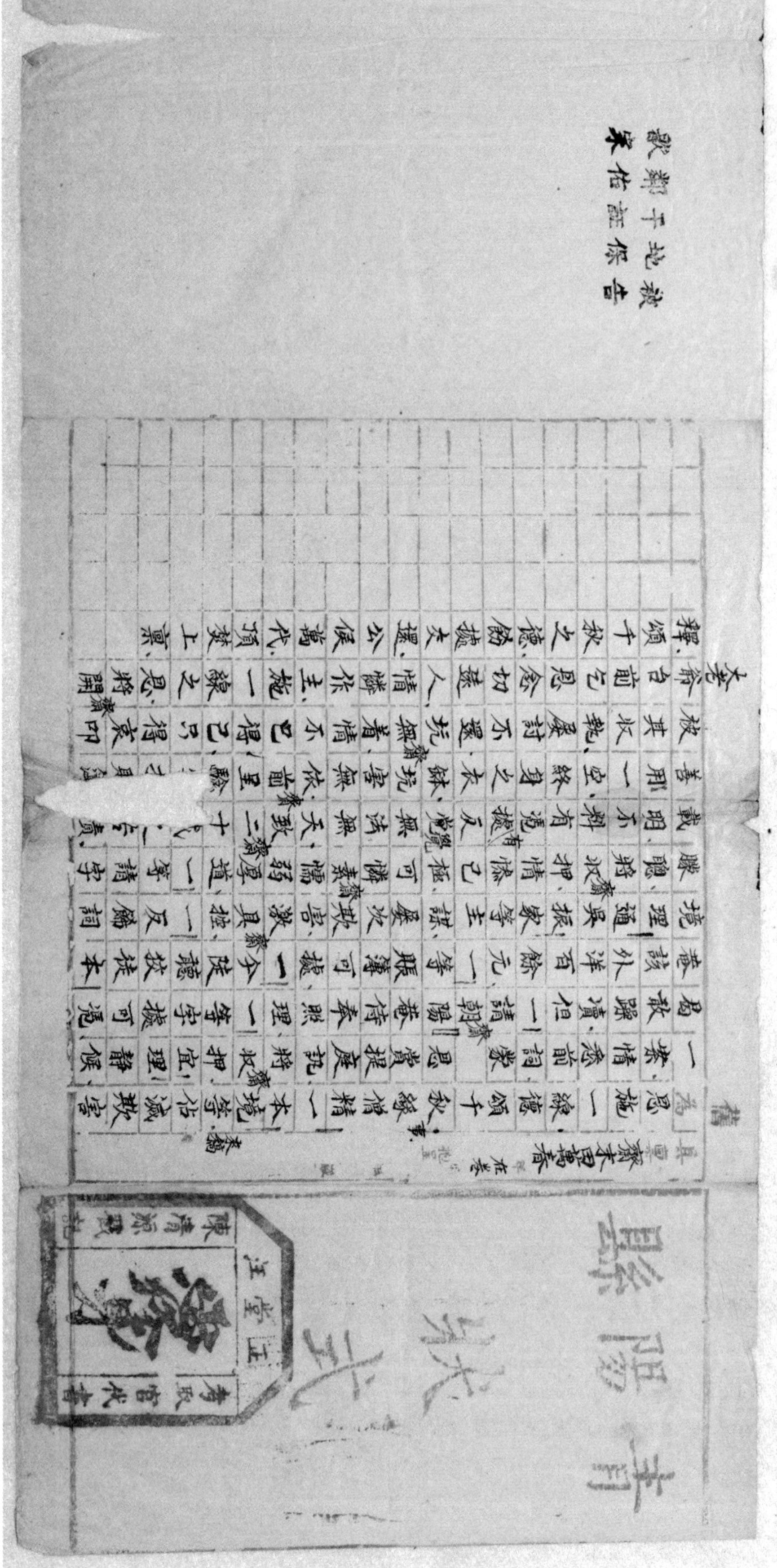

（一）

四

清光緒二十二年二月廿三日田萬春懇請開釋並討還帳簿具稟及二月廿九日僧精一具遵斷呈繳田萬春回籍川資完案遵依

批

光緒二十二年二月廿三日具稟齋末田萬春

（二）

四

清光緒二十二年二月廿三日田萬春懇請開釋並討還帳簿具稟及二月廿九日僧精一具遵斷呈繳田萬春回籍川資完案遵依

具遵依翠雲菴僧精一今在

大老爺台下，實遵得，僧被田萬春控僧侵佔數十年情一案，今蒙訊明，着僧出洋錢拾元，交田萬春回籍川資，僧遵斷設

法呈繳，恩具遵依完案，所具遵依是實。

光緒二十二年二月　日具遵依翠雲菴僧精一十

（三）

四

一 清光緒二十二年二月廿九日（青陽縣）翠雲庵僧精一具呈繳田萬春回籍川資狀

具呈繳狀翠雲庵僧精一今在

大老爺台下實繳得田萬春控僧奪佔寺情一案，前蒙 訊明，斷令給伊洋錢拾元，今設法如數呈繳，懇 恩發給與

田萬回籍川資，所具繳狀是實。

光緒二十二年二月廿九日具呈繳狀翠雲庵僧精一 十

四

清光緒二十二年三月初二日前任青陽縣知縣汪某爲移交田萬春案洋錢卷宗給新任知縣顧某移文附三月初三日洋照收批文

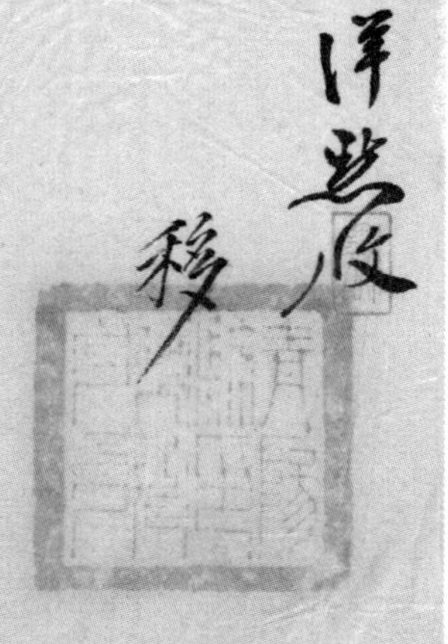

洋照

移

光緒二十二年三月初三到

前任青陽正堂汪　爲移交事竊據九華山朝陽巷畜末田萬春以蔑估欺滅等情

呈控僧精一等一案當經訊明田萬春所控情詞均属虛誣殊屬不合准念該畜末在菴

稱工有年斷令僧精一酌給川資本洋拾元即據該法呈繳取具遵結完案乃該畜末刁

狡異常並不遵斷領洋回籍諭令暫行管押在案茲值交卸相應檢同洋伐叁宗

備文移交爲此合移

貴任請煩查叁辦理望切須移

計移交

僧精一呈繳本洋伐拾元　叁一宗存房

右　移

新任青陽縣正堂顧

光緒貳拾貳年叁月　初二　日移

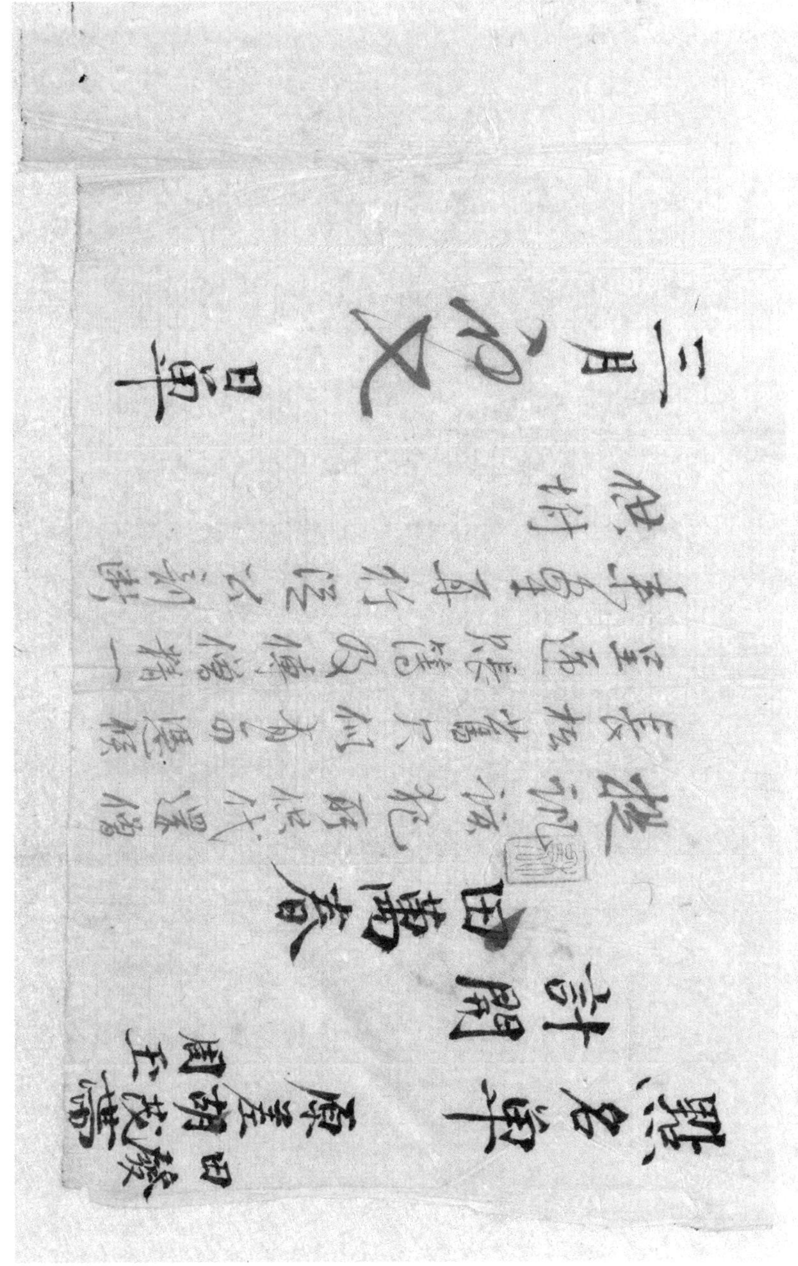
點名單
計開
提訊 田萬春
原差 胡發 田
周茂奎
三月 初七 日單

（一）

〔清光緒二十二年〕三月初七日青陽縣提訊田萬春點名單加批附田萬春供單含堂諭

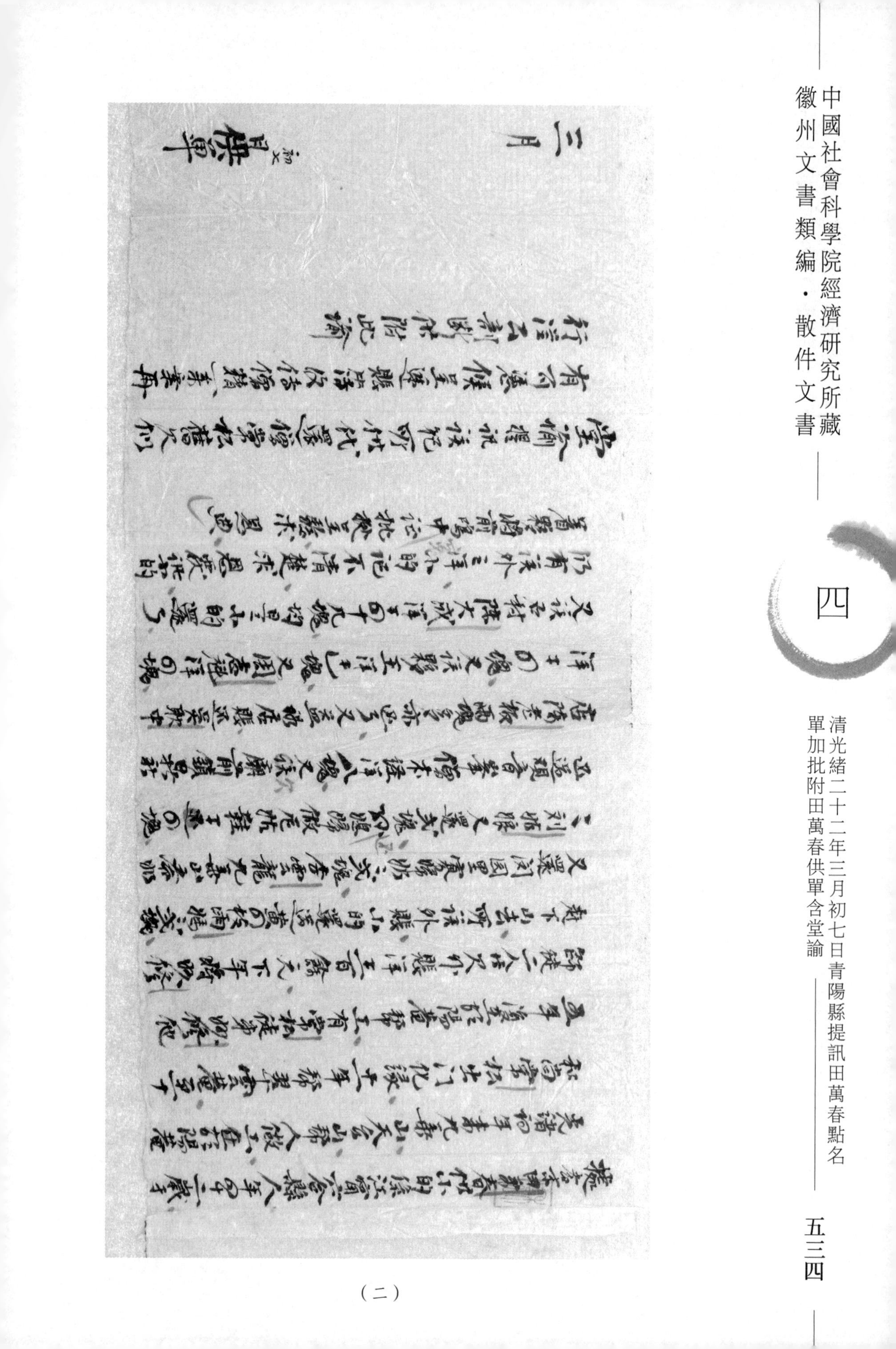

四

清光緒二十二年三月初七日青陽縣提訊田萬春點名單加批附田萬春供單含堂論

（二）

四

清光緒二十二年三月初八日王正興具保田萬春在外候訊保狀加批

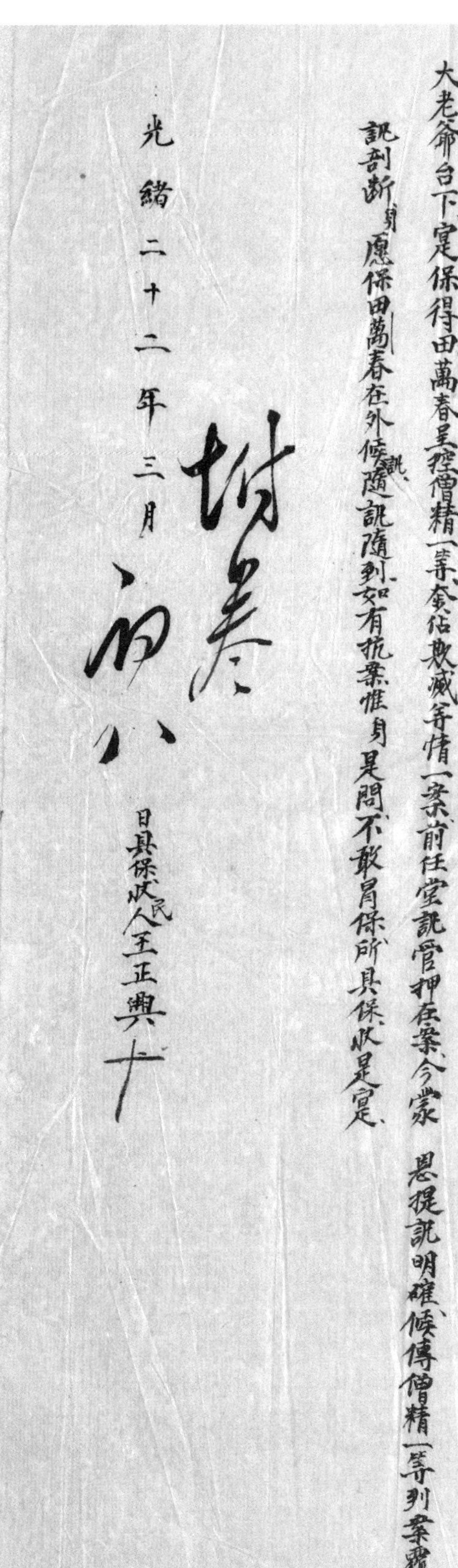

具保狀民人王正興今在

大老爺台下，實保得田萬春呈控曾精一等蠶佔欺滅等情一案，前任堂訊管押在案，今蒙 恩提訊明確，候傳曾精一等到案覆

訊剖斷，身愿保田萬春在外候訊，隨訊隨到，如有抗案，惟身是問，不敢冒保，所具保狀是實。

附卷

光緒二十二年三月 初八 日具保狀民人王正興十

〔清光緒二十二年〕三月初八日青陽縣胡茂等帶田萬春王正興點名單加准保候訊批

點名單

原差胡茂
周玉帶

計開

田萬春在押

王正興保人

准保候訊

三月初八日單

清光緒二十二年三月初十日青陽縣正堂傳飭原被告及鄰證鄉約復訊行稿暨三月初八日田萬春控僧精一等訴狀含青陽縣正堂批

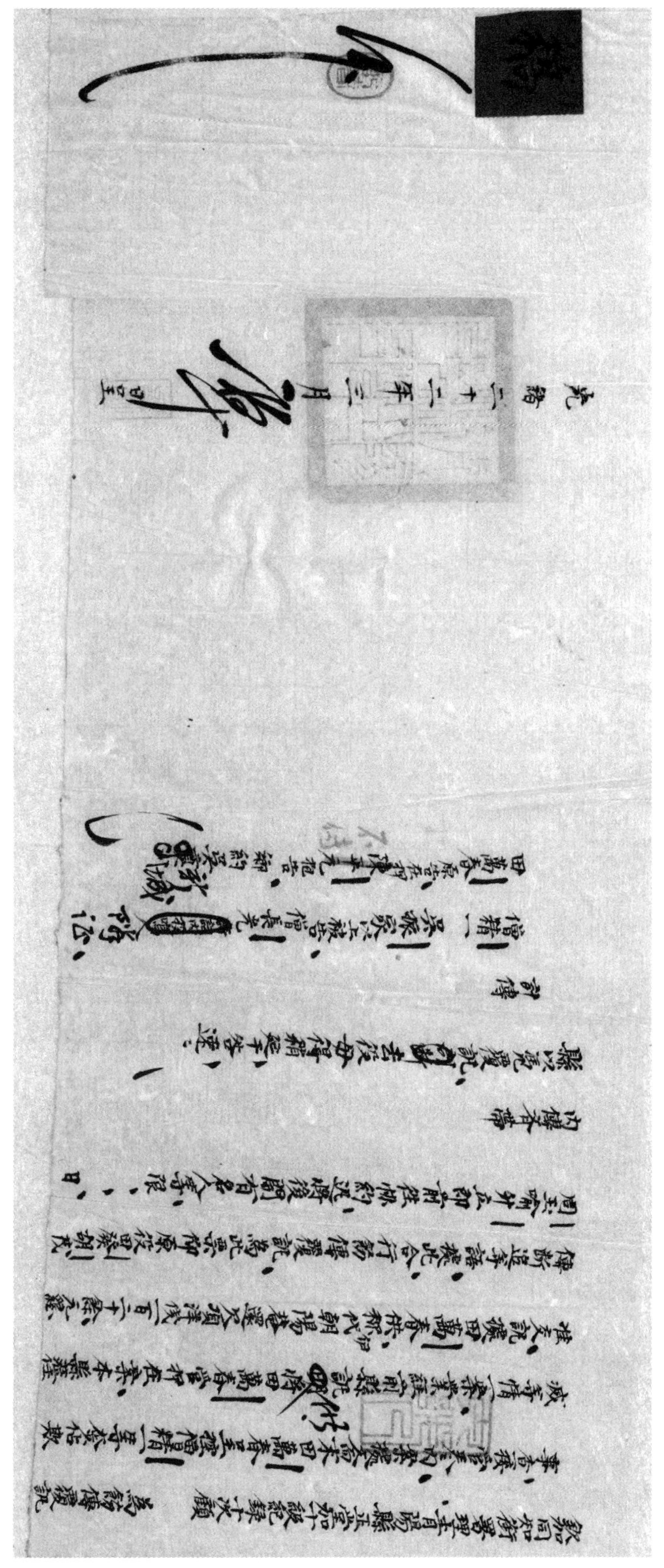

（一）

陽縣狀式

正堂 領

考取官代書

陳青源戳記

舊

具呈 齋末田萬春 年 歲 抱呈 年 歲

為冤深莫白叩懇伸冤事。緣僧精一本境理通吳

振家等謀佔欺害一案，情悉前詞，調閱而喻(齋)在九華

山二十餘年，苦積貲洋受戒，受(修)念戒帖，攬一莽十餘(請齋至朝陽菴)

人書有字據(齋)到該菴，代還外欠洋蚨百餘元，並是一

等賬簿據(齋)，復修理一切，又費百餘元，均有確據。詎一

聽狡徒本境等刁唆，見菴債已還清，菴更修新，陡起

梟心，屢次尋隙欺害，圖佔，鳴人理論莫制，激(齋)具控

前憲，而一䏍謀多端，飾詞朦聽，以致 前縣將(齋)責押，

可憐有憑有據之事，反覺無法無天，含冤已極，情慘

何安。茲 青天曜臨，明鏡高懸，無微不燭，愛民如子，

有冤皆伸，是以禀叩

大老爺台前，乞懇鑒核作主，賞提訊究，庶冤(齋)得雪，善念有

成矣。公侯萬代沾 恩上禀

來稿田玉春作

被告

地保

干證

鄰佑

歐家

清光緒二十二年三月初十日青陽縣正堂傳飭原被告及鄰證鄉約復訊行稿暨三月初八日田萬春控僧精一等訴狀含青陽縣正堂批

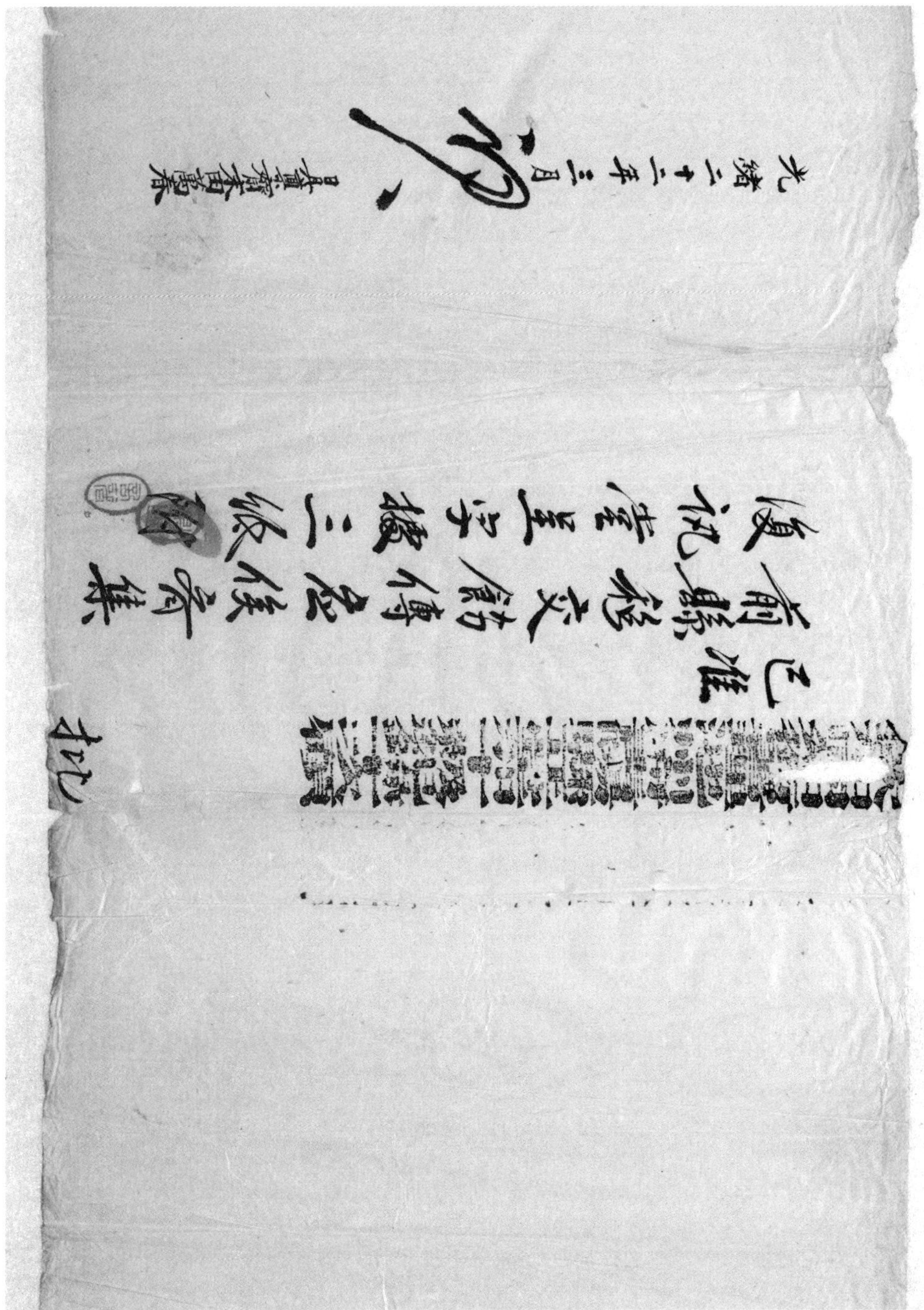

（三）

四

清光緒二十二年三月十八日（青陽縣）田發等爲傳到僧祥雲及田萬春稟文加批暨三月十八日提訊僧祥雲及田萬春點名單加批

稟

案下原差 田發 胡茂 周玉 喻升 叩

稟

大老爺台下，爲稟到事。役等奉票提齊來田萬春呈控僧精一等貪佔欺滅等情一案，役等前往飭傳衆訊，傳到僧精一徒孫僧祥雲，精一患病在床，吳振家係貴池縣人，去家清明祭墳，至今未回，所傳譚誕僧長光來案，田萬春攔阻不來，鄉約吳新城是上年派得吳奠川經手之事，亦患病難已行走，現傳到僧祥雲，原告田萬春二名在外候訊，役等無法傳集，理合稟到伏乞憲主鑒核呈繳全票一張施行上稟

正堂顧 批

（一）

即帶訊
票銷
光緒二十二年三月十八日稟

點名單
訊開
原差 胡茂 汪崇
僧祥雲 係僧精一徒孫 被告
田萬春 原告

（二）

清光緒二十二年三月十八日（青陽縣）田發等爲傳到僧祥雲及田萬春稟文加批暨三月十八日提訊僧祥雲及田萬春點名單加批

四

清光緒二十二年三月十八日（青陽縣）田發等爲傳到僧祥雲及田萬春稟文加批暨三月十八日提訊僧祥雲及田萬春點名單加批

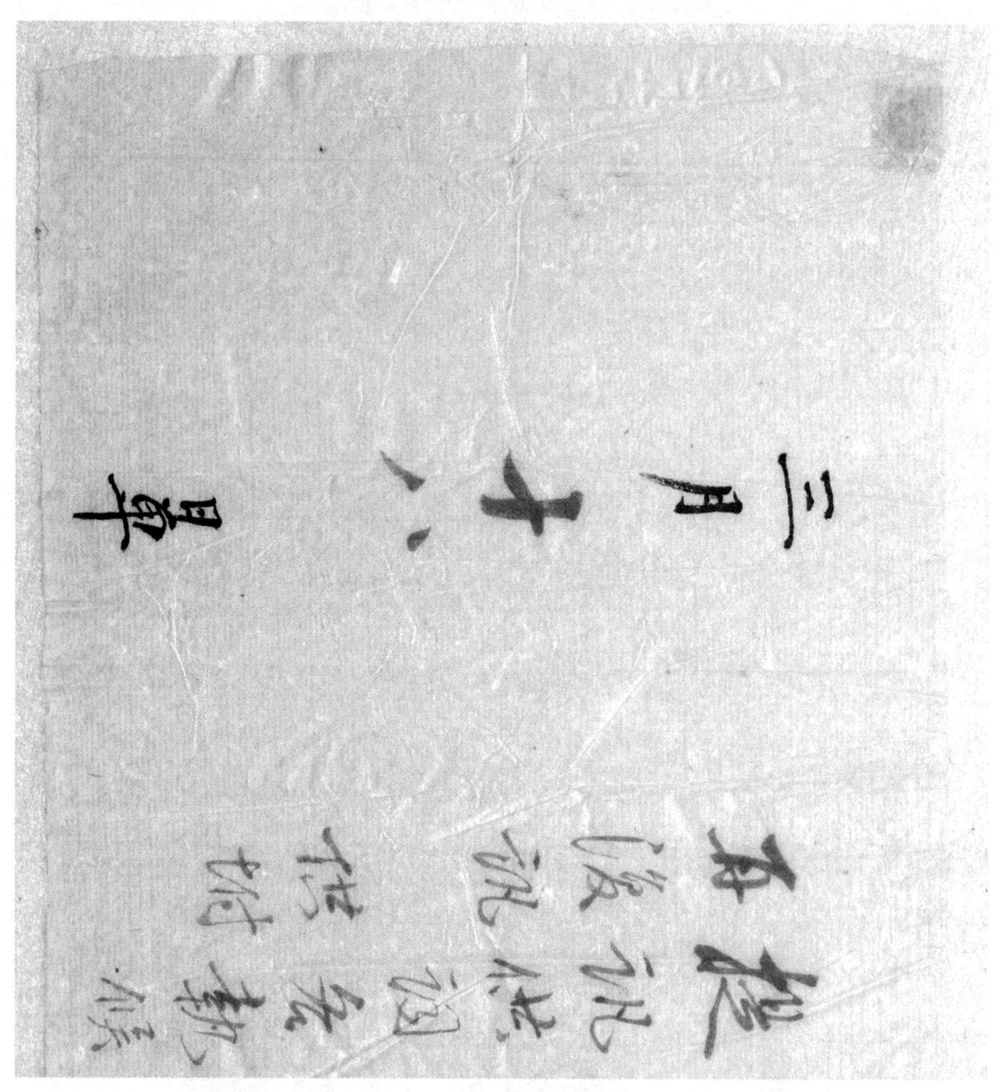
三月十八

（三）

〔清光緒二十二年〕三月十八日僧祥雲及田萬春供單含堂諭

據僧精徒孫祥雲供僧長光如何不来案小的不知
田萬春於這月初十日回山到小的庵中喊叫無法無
天所因伊在小的家坟上前後左右興種菜蔬真
汪坟分舊歲六月间請隣右說話勸伊坟上
不可興菜伊將常松師牌位送至小的庵中說
又伊佯俄不還伊徒弟陳平元已来山三四年
矣小的庵中廿三人僱工一人師公現在患病在
府師父理通出外化緣未回今奉公差提来堂
訊蒙　恩訊飭繪圖並呈赤契查核覈訊求
恩典
據田萬春供小的前蒙　恩提訊具保在外前縣爺
押兩个月於這月初八日保出落在保人家中挑水
做事糊口有徒弟陳平元素誠伊係本縣人被擄

（一）

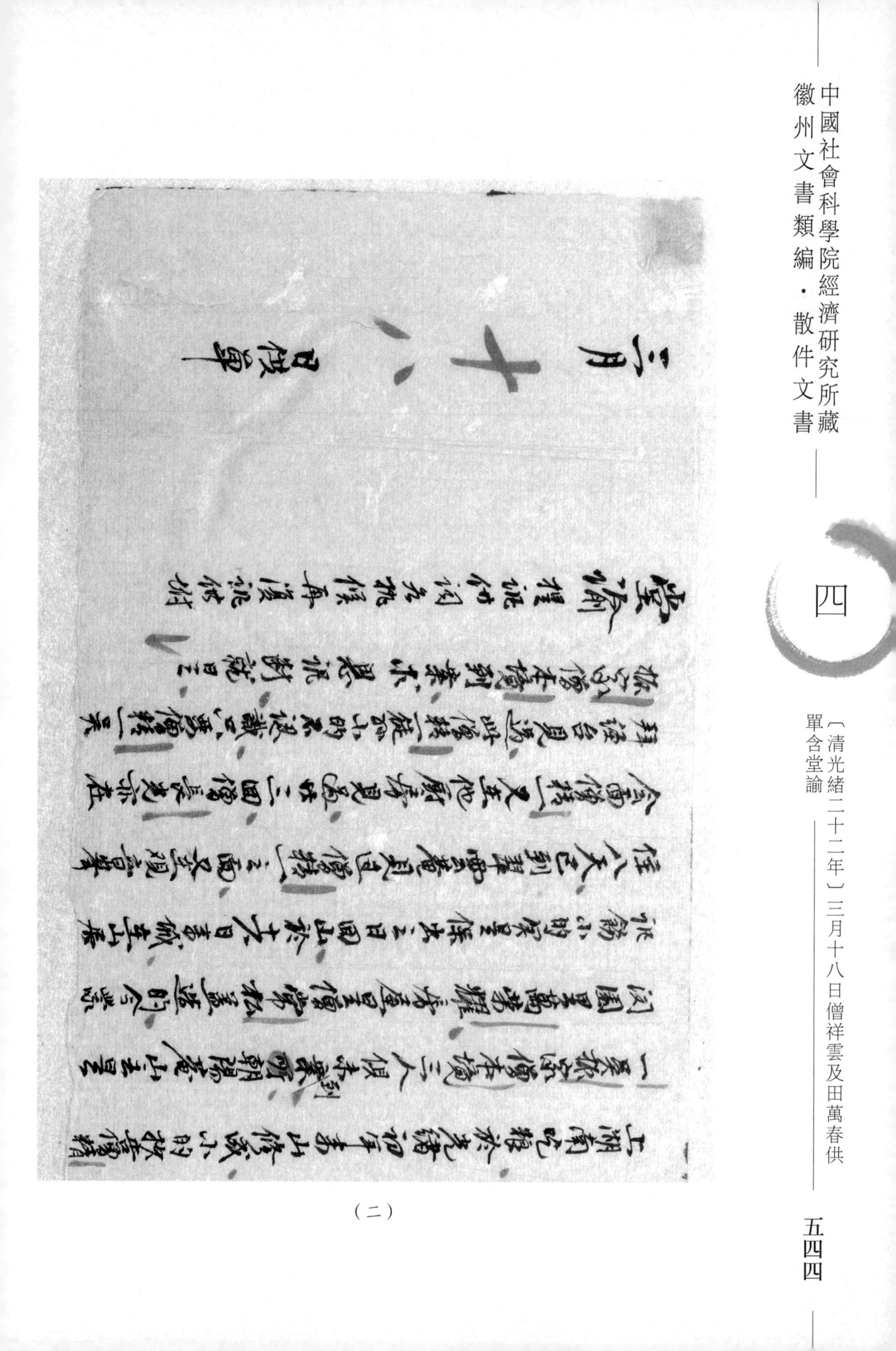

四

〔清光緒二十二年〕三月十八日僧祥雲及田萬春供單含堂諭

（二）

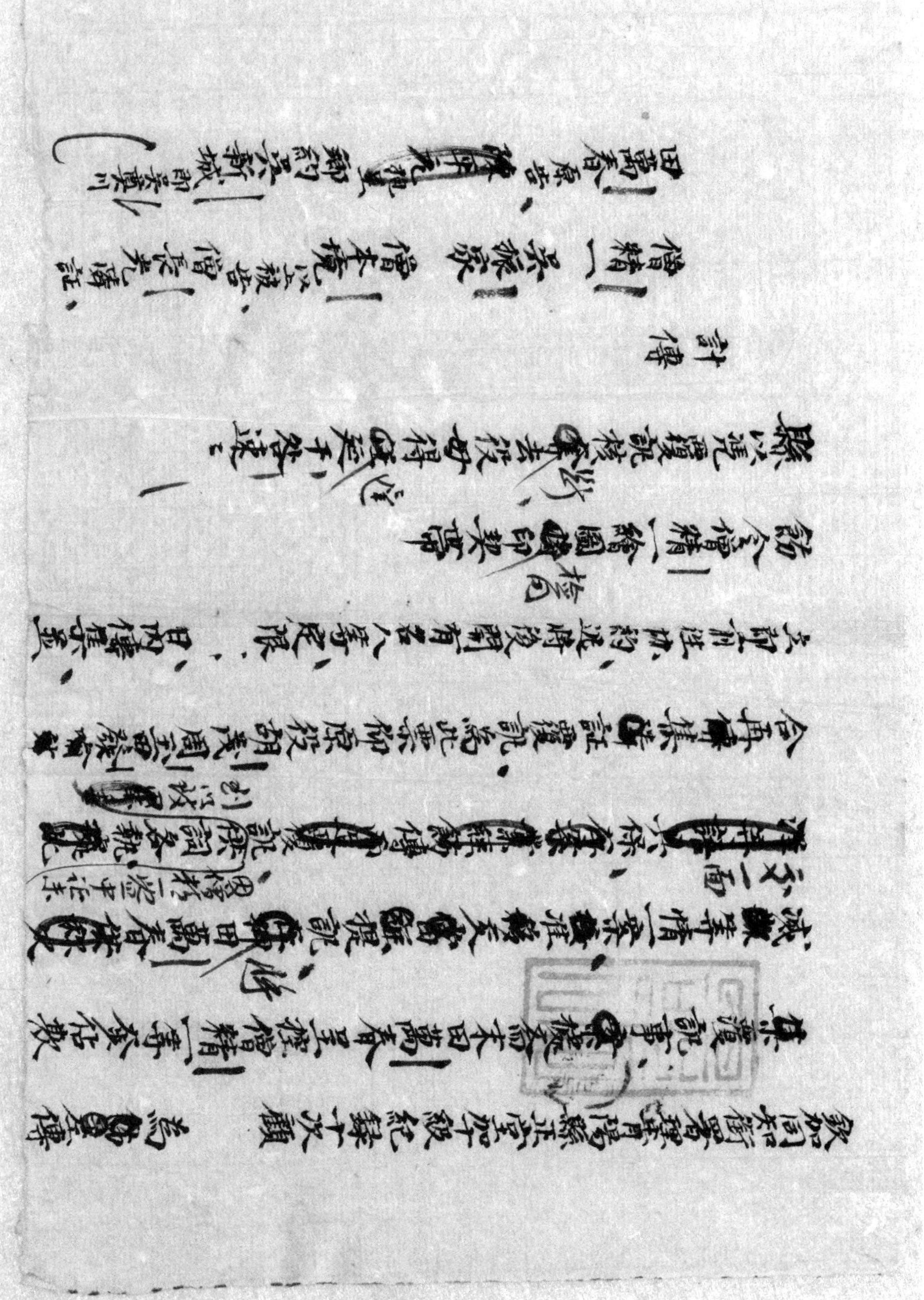

清光緒二十二年三月卅日青陽縣正堂復訊田萬春控僧精一案傳集原被告及鄰證鄉約行稿

（一）

稿

行

光緒二十二年三月卅日呈

（二）

稟

案下原差田發、胡茂、周玉叩

稟

大老爺台下：爲稟到事。緣役等奉票傳集覆訊，案據僉
末田萬春呈控僧精一等夥佔欺滅等情一案，役等協約
前往，現傳到被告僧精一、徒孫僧祥雲、吳振家，證僧
長光、鄉約吳新城、原告田萬春共五名，在外候訊。惟
有僧精一、僧本境二名出外化緣，尚未回山，役等無從傳
集。理合稟明，伏乞
憲主鑒核，並呈繳全票一張，施行上稟。

正堂顏　批

准訊

光緒二十二年四月初九日稟

清光緒二十二年四月初九日〔青陽縣〕田發等爲傳到僧祥雲等五名無從傳集僧精一等二名稟文加正堂批

四

清光緒二十二年四月初九日（青陽縣）田發等帶到僧祥雲等五名點名單附僧長光等供結含堂諭

（一）

（二）

四

清光緒二十二年四月初九日（青陽縣）田發等帶到僧祥雲等五名點名單附僧長光等供結含堂諭

（三）

四

清光緒二十二年四月初九日〔青陽縣〕田發等帶到僧祥雲等五名點名單附僧長光等供結含堂諭

（四）

四

清光緒二十二年四月初九日翠雲庵僧祥雲具領回給田萬春回籍川資領狀

具領收翠雲菴僧精一徒孫僧祥雲今在

大老爺台下寔領得原控田萬春呈控僧精一年蠻佔寺情一案前縣[illegible]

[illegible]陷給田萬春回籍川資本洋三拾元今蒙　恩覆訊斷令洋伍拾元領回

不敢具領所具領收是實

光緒二十二年四月　初九　日具領收翠雲菴僧精一徒孫僧祥雲十

具切結江蘇六合縣民人田萬春今在
大老爺台下實結得身控僧精一夥佔欺滅等情一案蒙 恩斷令身原在朝陽庵安分奉佛香燈身遵示嗣後如再在山不守本分設蓋開山另種滋生
事端及爭訟告法情事嚴提驅逐究辦所具切結是實
光緒二十二年四月初九日具切結江蘇六合縣民人田萬春十

清光緒二十二年四月初九日六合縣田萬春具在青陽縣朝陽庵安分奉佛香燈切結

四

清〔光緒二十一年〕四月初九日〔青陽縣〕批

三、其他

四

清嘉慶元年七月〔浮梁縣〕汪趙夏黃等姓立給趙黑子山憑執照附某姓漖立賣茶窠批

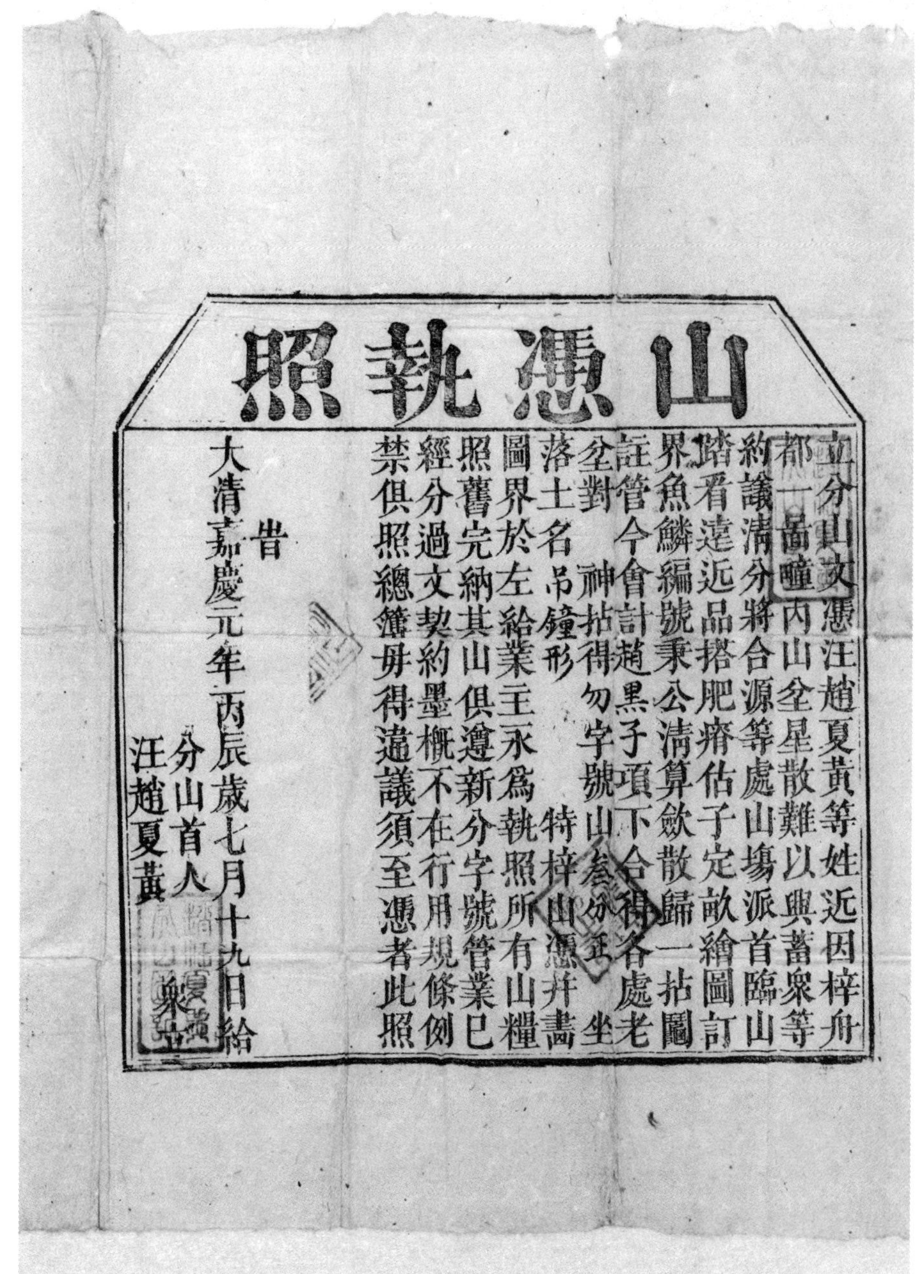

山憑執照

立分山文憑汪趙夏黃等姓近因梓舟
都一啚疃內山坌星散難以興蓄衆等
約議清分將合源等處山塲派首臨山
踏看遠近品搭肥瘠估子定畝繪圖訂
界魚鱗編號秉公清算歛散歸一拈鬮
註管今會計趙黒子頂下合得各處老
坌對神拈得勿字號山叁分坐
落土名吊鐘形特梓山憑幷畫
圖界於左給業王永爲執照所有山糧
照舊完納其山俱遵新分字號管業已
經分過文契約墨概不在行用規條例
禁俱照總簿毋得違議須至憑者此照
昔
大清嘉慶元年丙辰歲七月十九日給
分山首人
汪趙夏黃

（一）

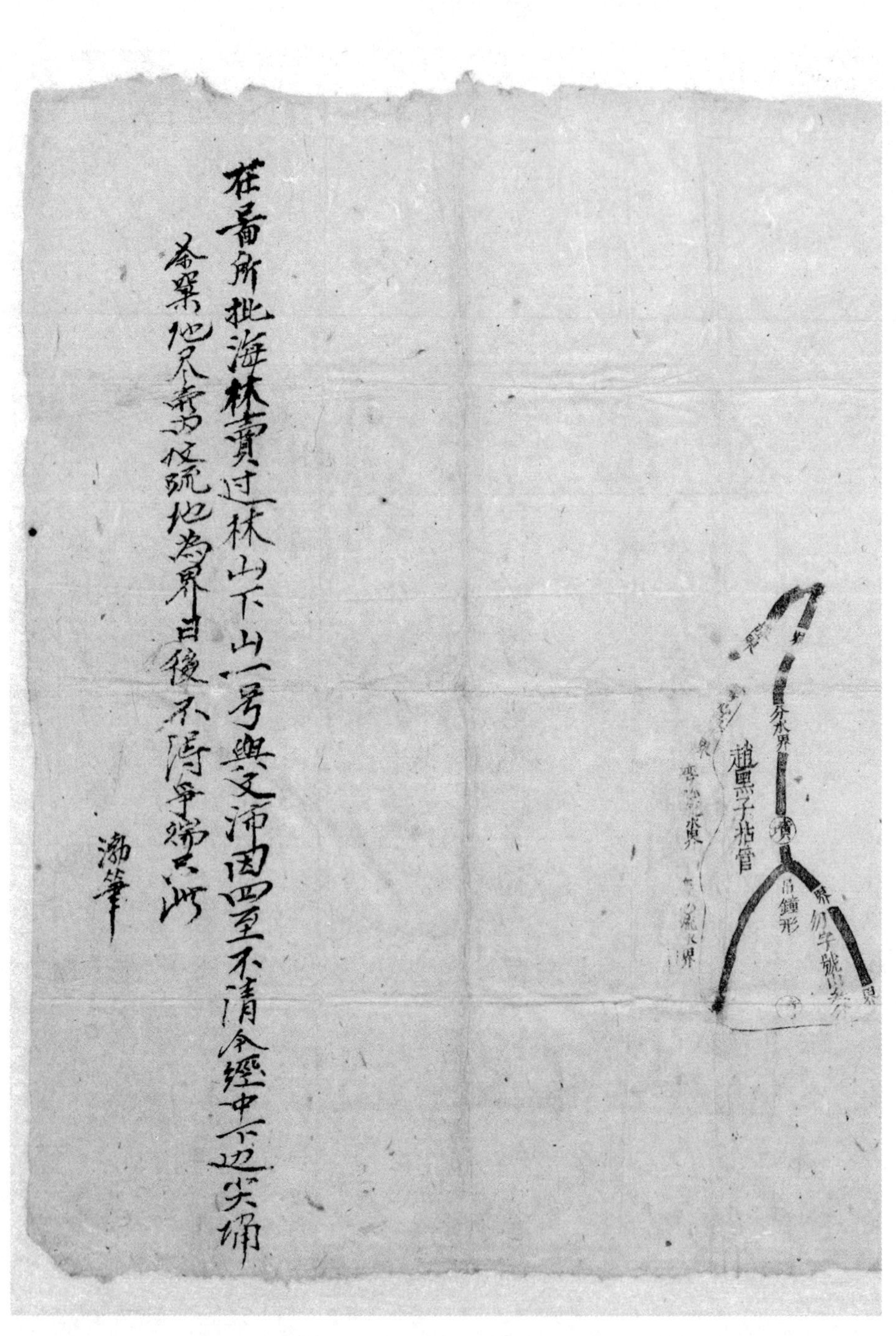
在畨所批海林賣过林山下山一号與文沛因四至不清今經中下边尖埔
茶窠地尽本身坟坑地為界日後不得争端只此
渤筆

（二）

清嘉慶十八年正月〔浮梁縣〕趙汪王朱等姓立給王舜十公分山文憑

（一）

山憑

立分山文憑趙汪王朱等姓近因艮禾源山坌星散難以興蓄衆等納議清分將本嶋等處山場派首臨山踏看遠近品搭肥瘠估子定畝繪圖訂界魚鱗編號秉公清算歛散歸一拈鬮註管今會計王舜十公項下合得各處老坌對 神拈得吹字號山〇畝叁分坐落土名西塢口

特梓山憑并刊圖界於左付業主永遠存照所有山糧照舊完納其山俱遵新分字號管業已經分過文契約墨概不在行用規條倒禁俱照總簿毋得違議須至憑者此照

嘉慶十八年孟春月　日分山首人趙汪王朱衆付

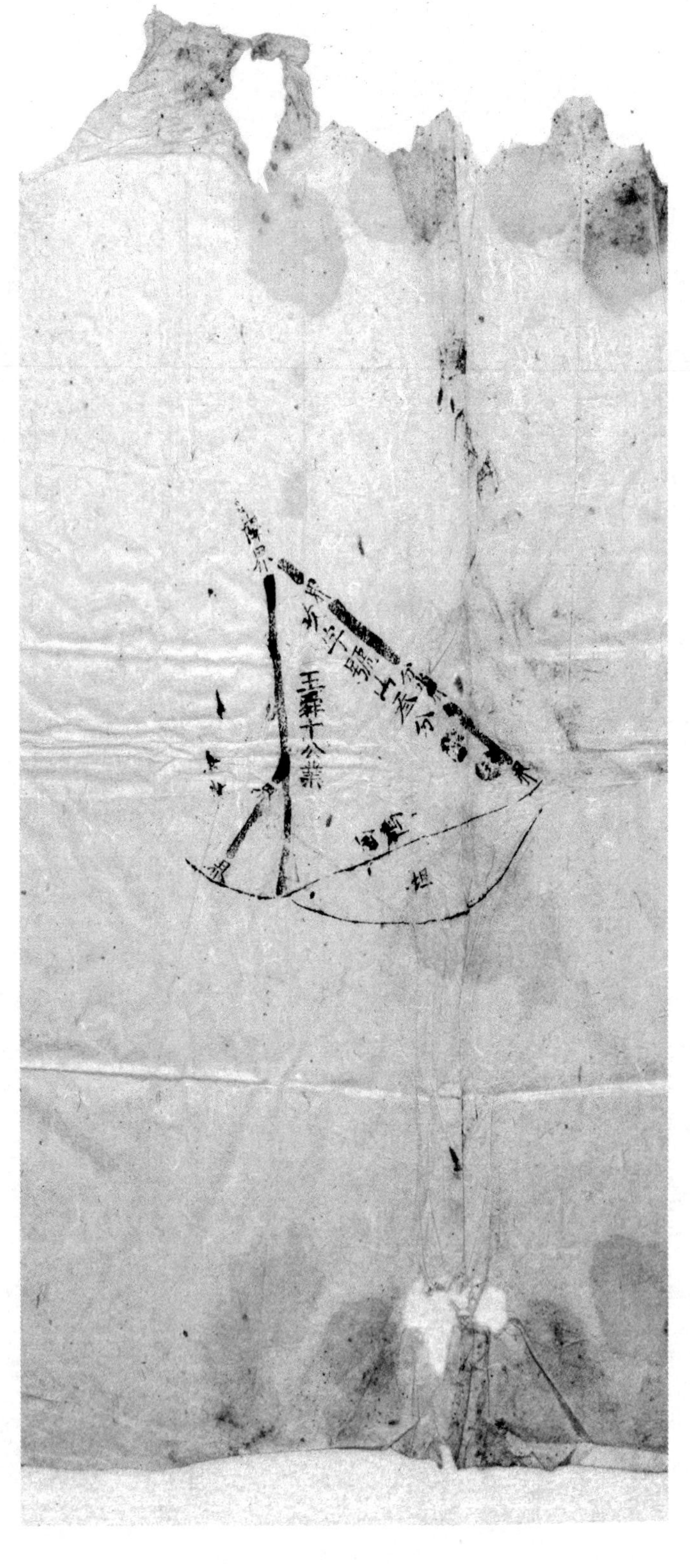

（二）

清道光二十三年正月池州幫李鏡禦等四十六船立籌款存公例貼頭船議約

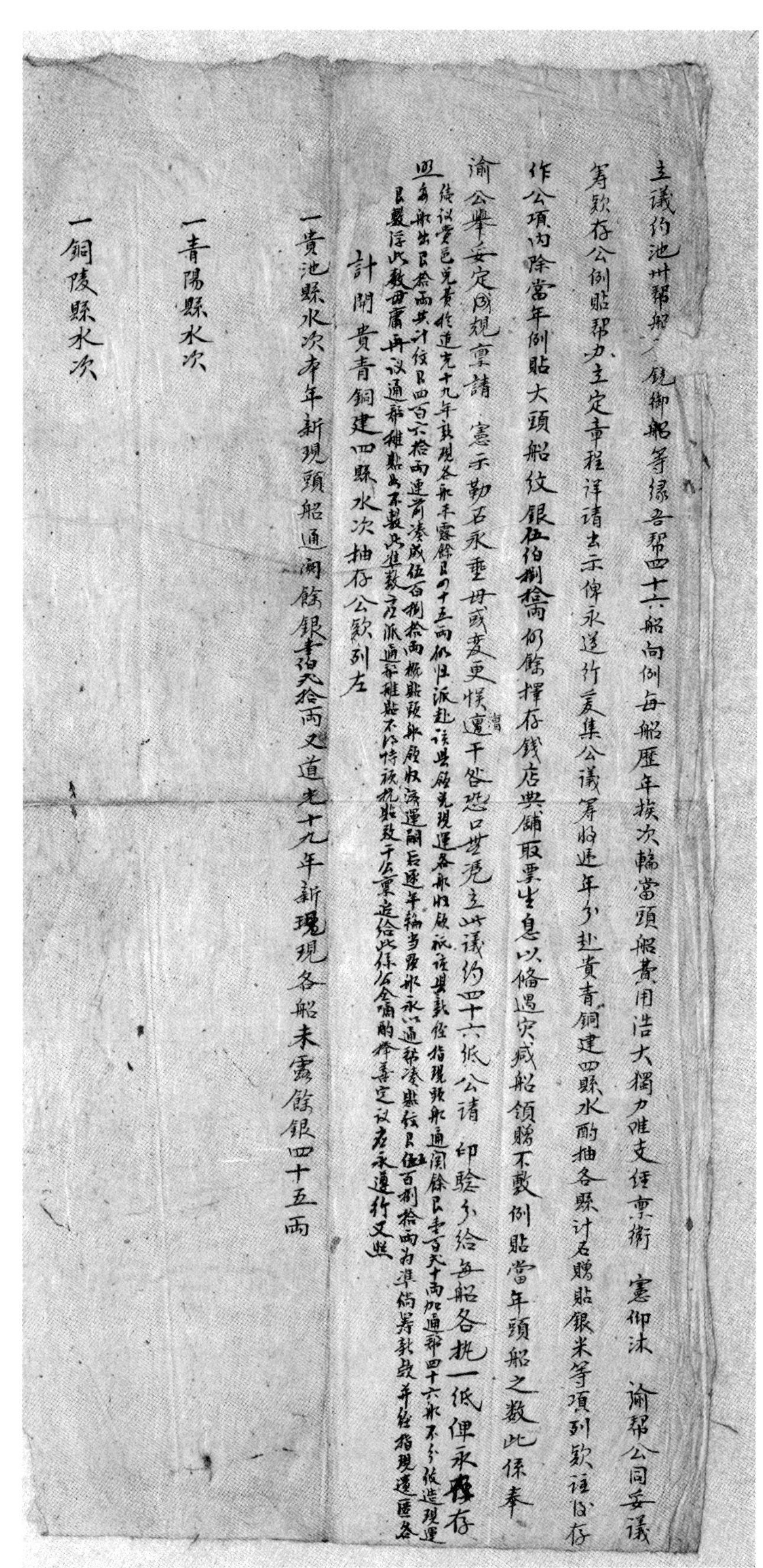
立議約池州帮船李鏡御船等缘吾帮四十六船向例每船歷年挨次輪當頭船費用浩大獨力唯支任禦衛 憲仰沐 諭帮公同妥議
籌款存公例貼帮力主定章程詳請出示俾永遵行爰集公議籌將逐年分赴貴青銅建四縣水酌抽各縣計名賻貼銀米等項列款註冊存
作公項内除當年例貼大頭船紋銀伍伯捌拾両仍餘擇存錢店典舖取票生息以備遇災械船領賻不敷例貼當年頭船之数此係奉
諭公舉妥定成規稟請 憲示勒石永垂毋或變更惧遵干咎恐口無憑立此議約四十六紙公请 印驗分给每船各執一紙俾永保存
緣议當邑先貴於道光十九年新現各船未露餘銀四十五兩仍归派赴該縣敢見現運各船收啟袛該縣款經指現頭船通閏餘銀壹百六十両加通帮四十六船不分後造現運
四無船出银拾兩共計紋銀四百六拾兩連前凑成伍百捌拾両概貼頭船收濟運關后逐年輪當頭船永以通帮凑貼紋銀伍百捌拾兩為準倘籌款數并經指現遠歷各
銀數浮此數毋庸再议通帮攤貼如不敷此準数应派通帮攤貼不得持執抗貼致干公稟追給此係公全酌酌善定议应永遵行又照
計開貴青銅建四縣水次抽存公款列左
一貴池縣水次本年新現頭船通閏餘銀壹伯六拾両又道光十九年新現現各船未露餘銀四十五兩
一青陽縣水次
一銅陵縣水次

（一）

一建德縣水次

以上各項逓年增減不能盡一，倘遇減船經費另事新增，並有遺匿，經查指現，概期四縣免撥，齊集公所主簿三本，內將各縣當年增減定數連前公存本息結算支存列註明白。該簿例歸大小三頭船輪流收執，以備四十六船公同照知。惟逓年款項分派四縣，恐難收齊，妥議各縣通閱，统歸當年大頭船經手領簿，藉便帶收各款，免致散落他手，延難歸清。又照

道光貳拾叁年正月廿九日立議約池州幫船

所右　李鏡御（押）　延鐘朋（押）　余汪和（押）　裴章德（押）　章程玉（押）　盛載盈　第四和（押）　鮑良吉（押）

王有和十　鮑富生（押）　李英慶（押）　施大同　蘆峯（押）　方聯三（押）

所左　汪錦（押）　孫馬王（押）　蕭金朋（押）　陳王查（押）　汪賜泰（押）　洪吳黃（押）　安香（押）　馬方（押）

余保隆（押）　霍成榮（押）　許貴玉　王聯鄭十　金進盈十　门泰（押）　王慶遠（押）　韓國榮（押）

所中　吳祿仙（押）　劉儒毛（押）　張畢俞（押）　吳記祥（押）　黃金印（押）　程仁甫十　江有訓（押）　方福壽十

胡朱金（押）　王帥興（押）　余廣通（押）　趙朋高（押）　汪永　黃法孫（押）　吳朋任（押）　鄭朋李

四

清光緒元年某月寧國縣爲清釐田糧給任廣才細號執照聯單

清釐田糧細號執照聯單

寧國縣正堂 爲清釐糧[illegible]

許開西鄉二十五都四甲 [illegible] 其基坐落土名界水村

律字一千四百二十九號 計合基 玖厘陸毛柒絲

現業 任廣才

光緒元年 月 日給

字第 八號

四

清光緒三年二月湖北省給潛江縣甘恒豐絲繭行牙帖

戶部頒

戶部爲頒發牙帖事湖廣司案呈咸豐五年十月二十六等日本部議覆
湖北巡撫奏湖北各行牙帖由部頒發該省軍營加用印信勸商捐輸承
領並准生監職銜人等一體捐充以廣招徠一摺奉
旨依議欽此欽遵到部爲此合行頒給牙帖並列條款以免州縣濫給牙帖之事
而地方光棍亦無持帖任意勒索之弊儻州縣仍有私行濫給牙帖者該
督撫大臣即行指名參辦各宜恪遵毋得違犯致干查究須至帖者

計開

一各衙門陋規盡行裁革算入正款即與額征正項無殊所有該商人捐輸銀兩自應按照上中下三則
核實征收如有征多報少及以上行爲中行中行爲下行朦混造報者查明參處並令各商將某爲上
行某爲中行某爲下行據實呈報即由該撫分晰名目另造確實清冊送部立案以備鉤稽

一各行商人捐領新帖係爲籌營兵餉缺乏急公報效之需其從前各衙門陋規一概刪除如有不肖官
吏及承辦局員復向該商人等需索使費許該商人等首告從嚴參處

一各行領帖納稅既分三則自應將捐輸銀數酌定以昭限制今擬各商承領上則行帖令其捐銀[illegible]
兩中則捐銀七百兩下則捐銀五百兩次下則捐銀三百兩永爲定額以裕經費如能踴躍輸將[illegible]捐負
多於額數者分別請獎並令各商於捐輸正項外每張加捐銀一錢以充帖本

一湖北宜特召商捐領牙帖該商人等持帖赴州縣衙門報明捐充緣由該州縣官不得留難即令速赴
集鎮開張如該牙戶不在帖示地方而私在別處開張與原報地方不合者照私充律問擬

一向例牙行者有定額本不得於額外增添現在擬令殷實良民及生監職銜人等取具隣佑同行互保
各結均准充補總不得私自增添其有新開集場必應設立牙行者亦准呈報開設由地方官確查詳
報核給如地方官朦混不報並侵蝕稅銀等弊分別參處

一原領牙帖商人物故如有伊之兄弟子孫仍願承充者許持原帖赴軍營或巡撫衙門呈明捐換部帖所捐之項即照新定章程數目減半輸納以示體恤如非嫡親兄弟子孫不准更換祇准捐充如有冒名頂充者照私充律治罪

一原領牙帖商人物故不報伊之子嗣兄弟仍持原帖承充牙行者經人告發官令退帖治以隱飾之罪另召新商捐充

一諸物牙行人等評估物價或以貴為賤以賤為貴令價不平及斛斗秤尺砝碼不由官司較勘印烙任意私造增減專取其利以致兩不相同並用強邀截客貨者均許買賣之人控告照把持行市例究治其罪

一各行交易遇買賣之人對面親勘貨物講定價值估辨銀色行戶酌量收取用錢如有從中侵吞欺飾不令三面授受及藉牙帖亂行把握別樣貨物者依把持行市例科罪

一牙行有私立行規高擡時價擾累商民等弊追帖治罪拖欠客本者勒限追比如非選有抵業人戶頂冒朋充霸開總行巧立集主包頭名色誆騙客貨者照例治罪

一商人承領牙帖後或因事故歇業及無力充當者准赴該管官衙門呈繳廢帖由該撫截角送部查銷如該商隱匿不繳通同舞弊及債入冒名頂替希圖影射漁利者照違制律科斷

一律載諸色牙行選有抵業人戶充應官給印信文簿私充者杖六十所得牙錢入官官牙容隱者笞五十各革去

一定例凡諸物牙行人評估物價或以貴為賤以賤為貴令價不平者計所增減之價坐贓論壹兩以下笞二十罪止杖一百徒三年入己者准竊盜論免刺

一定例凡買賣諸物兩不和同而把持行市專取其利及販鬻之徒通同牙行共為奸計賣己之物以賤為貴買人之物以貴為賤者杖八十若見人有所買賣在旁混以己物高下比價以相惑亂而取利者雖情非把持笞四十若已得利物計贓重於杖八十笞四十者准竊盜論免刺贓輕者仍以本罪科斷

一定例各處客商輻輳去處若牙行及無籍之徒用強邀截客貨者不論有無誆賒貨物問罪俱枷號一月如有誆賒貨物仍追比完足發落若追比年久無從賠還累死客商者發附近充軍

一交易行使什物務遵部頒鐵斛以二斗五升為一斛斗以十升為一斗戥以部頒砝碼十分為一錢秤以十六兩為一斤尺以部頒弓口尺寸以十寸為一尺充行人戶照式置備赴州縣較勘驗確於斗斛秤桿上官用烙印記秤錘牙人亦先鑄成某州縣較准字樣同秤桿一齊送較其戥尺秤砝碼州縣較勘各鑿記某州縣較准字樣若有私造在市行使及將官降之物作弊增減者照例杖六十工匠亦同

（二）

清光緒三年二月湖北省給潛江縣甘恒豐絲繭行牙帖

清光緒三年二月湖北省給潛江縣甘恒豐絲繭行牙帖

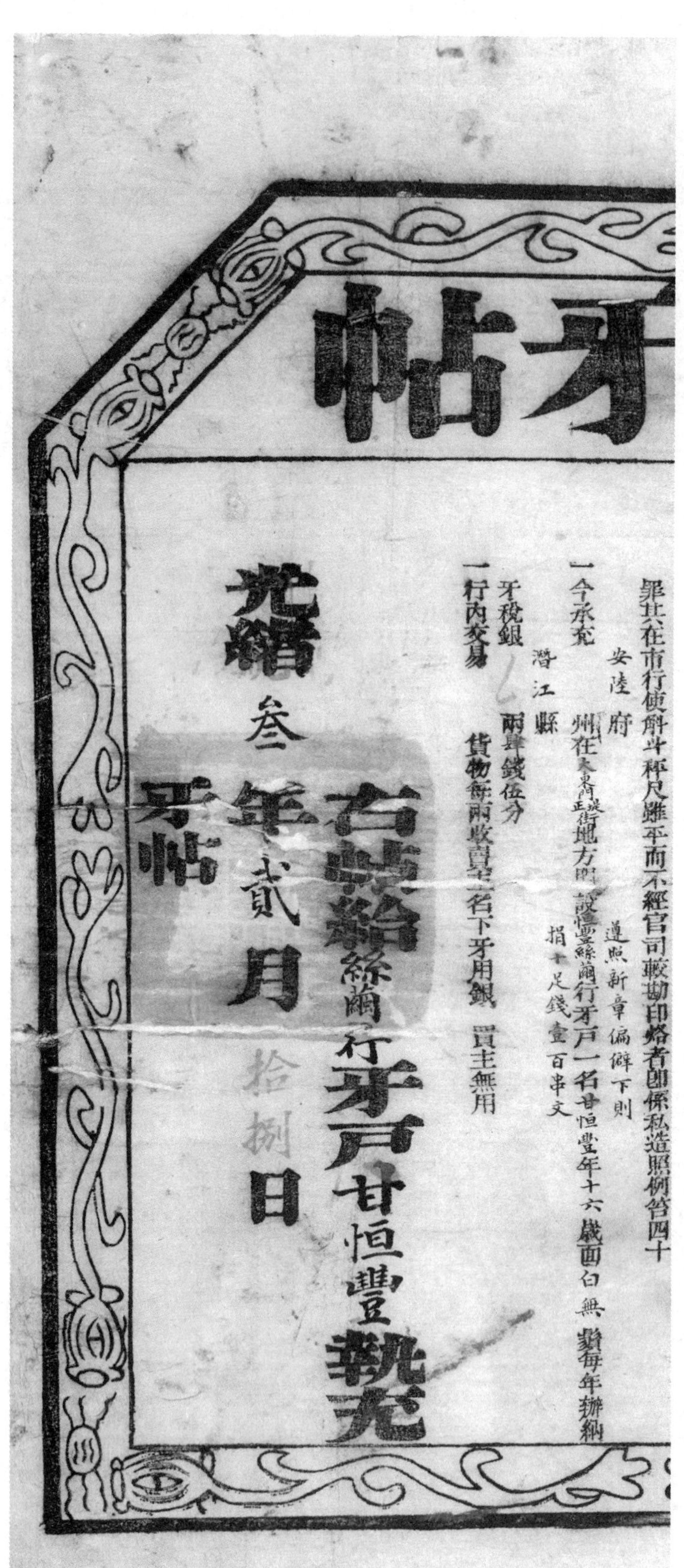
牙帖

罪。其在市行使斛斗秤尺雖平而不經官司較勘印烙者，即係私造，照例笞四十。

安陸府　　　遵照新章，偏僻下則

一　今承充　潛江縣　州　在東門正街地方開設恒豐絲繭行牙戶一名甘恒豐，年十六歲，面白無鬚，每年辦納

捐十足錢壹百串文

牙稅銀　兩肆錢伍分

一　行內交易貨物，每兩收頁（用）□名下牙用銀　買主無用

右帖給絲繭行牙戶甘恒豐執充

光緒叁年貳月拾捌日

牙帖

（三）

清光緒三年九月寧國縣給任廣亮承種官地應交本年租銀收條

收条

寧國縣正堂吳 爲給發收条事[illegible]
上憲 批示准將無主荒熟田地廣飭客佃承[illegible]交局給業繳價領
約執業無買者亦該佃赴局立約照章完租近則照民田每畝完官秤淨
穀壹伯貳拾觔遠則准照義學章程每畝折完租洋伍角執地[illegible]折扣
完赴 縣驗收茲據該佃戶 任廣亮 承種無主官 地〇畝壹分〇厘
應交本[illegible] 洋叁分正 除如數驗收外合給收条執照
爲此仰[illegible]租 請領收条安業須至收条者
光緒 三 年 九 月
縣

清光緒二十四年閏三月安徽鑄造銀圓總局劄旌德縣飭典商籌款解鑄領銷銀圓文

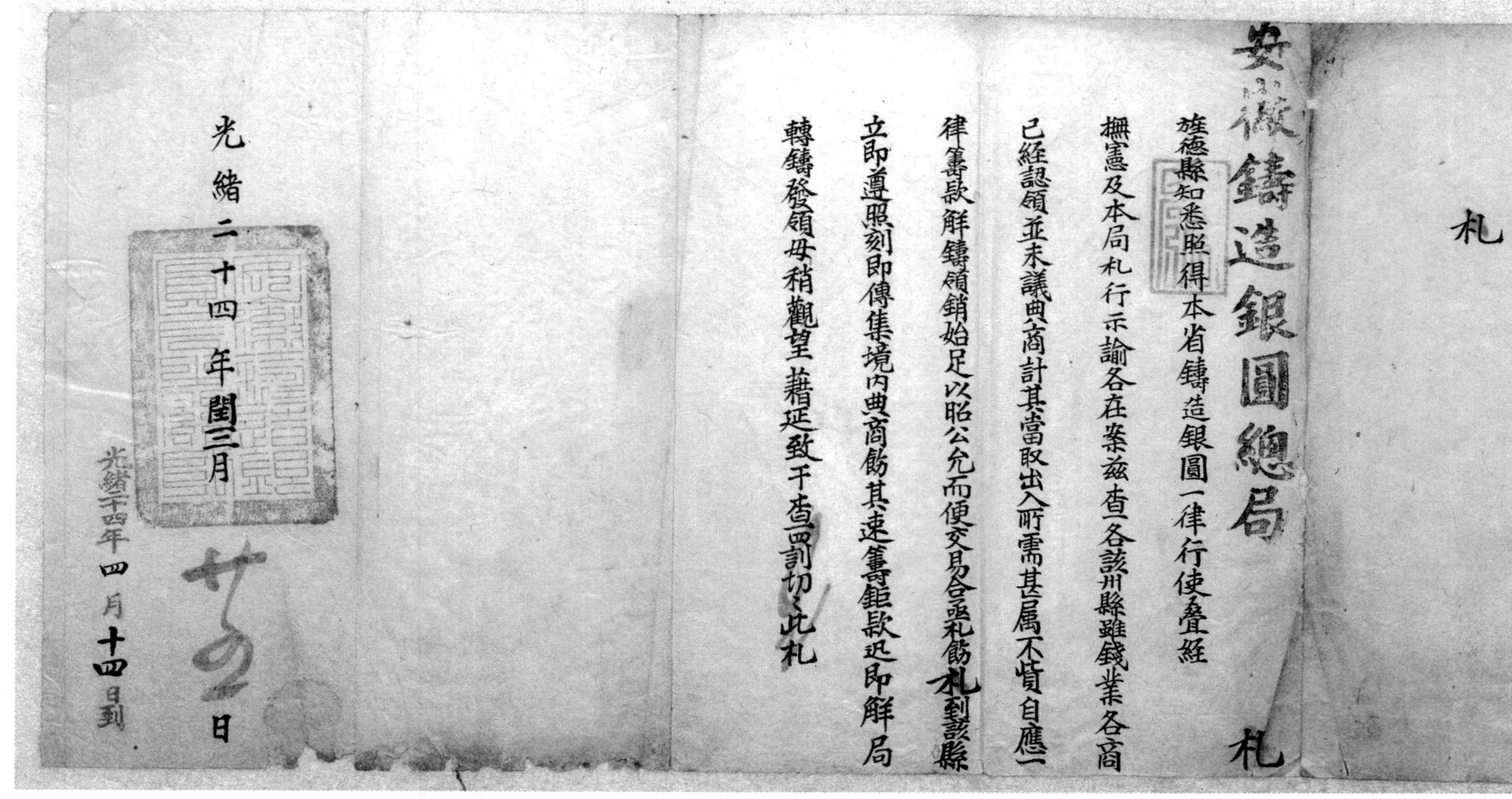

安徽鑄造銀圓總局　札

旌德縣知悉照得本省鑄造銀圓一律行使疊經
撫憲及本局札行示諭各在案茲查各該州縣錢業各商
已經認領並未議典商計其當敗出入所需甚屬不貲自應一
律籌款解鑄領銷始足以昭公允而便交易合亟札飭札到該縣
立即遵照刻即傳集境內典商飭其速籌鉅款迅即解局
轉鑄發領毋稍觀望藉延致干查究切切此札

光緒二十四年閏三月　廿四　日

光緒二十四年四月十四日到

札

四

清光緒二十四年十二月寧國府飭旌德縣出示嚴禁不准錢鋪壓低龍洋兌價劄

（一）

四

清光緒二十四年十二月寧國府飭旌德縣出示嚴禁不准錢鋪壓低龍洋兑價劄

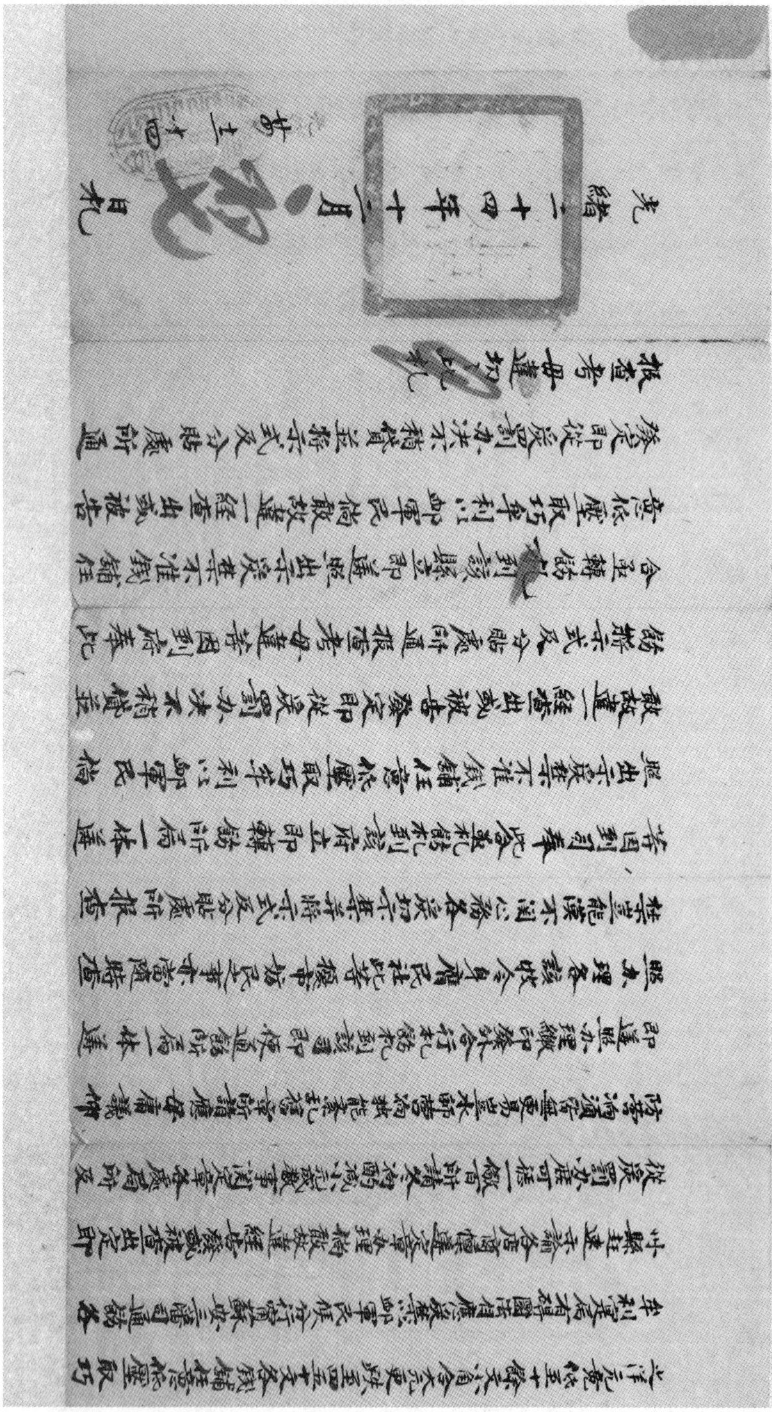

之洋元竟低至十餘文甚有合大元更跌至四五十文各錢鋪任意低壓取巧
牟利實屬有碍圖法自應嚴禁以卹軍民候分行寧蘇安三藩司通飭各
州縣赶速示諭各店商懍遵定章辦理倘敢故違經告發或被查出定即
從嚴罰辦庶可懲一儆百所請冬漕酌減小元戥事閱定章各處局所及
防營向須皆無更易豈水師營偏獨能紊亂舊章所請應毋庸議仰
即遵照辦理繳印發外合行札飭札到該司即便通飭所屬一体遵
照辦理各該收令身膺民社此等擾市妨民之事亦當隨時查
禁豈能漠不關心務各嚴切示禁並將示式及分貼處所報查
等因到司奉此咨並札飭札到該府立即轉飭所屬一体遵
照出示嚴禁不准錢鋪任意低壓取巧牟利以卹軍民倘
敢故違一經查出或被告發定即從嚴罰辦決不稍貸並
飭將示式及分貼處所通報查考毋違等因到府奉此
合亟轉飭札到該縣立即遵照出示嚴禁不准錢鋪任
意低壓取巧牟利以卹軍民倘敢故違一經查出或被告
發定即從嚴罰辦決不稍貸並將示式及分貼處所通
報查考毋違切切此札
光緒二十四年十二月　日札

（二）

〔清光緒三十二年某月〕虞廷等請飭金衢嚴三府官紳籌款選生赴日學習鐵路專科稟文含批文暨光緒三十二年七月遂安縣統計學費學生照會

具稟金衢嚴學生虞廷等
為浙路將次開工懇請均派學生以免向隅而期普及事竊學生等籍隸金衢嚴三府地處上游
風氣未開出洋游學之人甚少有力者或畏重洋之險阻有志者又苦學費之困難現當浙
贛鐵路開辦之際路線所經金衢嚴實占全部四分之三浙江留學生由日本撥送鐵路
學堂者四十名而金衢嚴三府竟無人得與其列其故由於財政薄弱不能貼買路
股鉅資因之三府官紳均未敢與參末議不知金衢嚴三府將來就道所經一切材料地價工
艮不能無三府人民交涉之事吾浙既以土地主權立爭自辦三府人民同此膚質豈無
地主之感情況鐵路敷設於三府之地面而三府之中無一人習其事將來民氣發
達之時未免因此而別生阻力扁財而謀之不難又恐為任之人學生等膽懷桑梓再
四思惟惟有仰懇 憲台矜矜視同仁之心為儲才待用之際趕速通飭三府官紳
合力籌款遴派一二十人咨送日本鐵路學堂學習鐵路專科畢業後即作為三府建
路之助現在財政支絀學生等亦知籌措為難惟以三府十九縣合力通籌似亦輕而易舉
為此不揣冒昧合詞公請伏乞 憲台大人俯賜察核批准飭府札縣協同紳士設法
通籌常年的款若干元以為三府學生資送出洋學習實業之用士民甚
幸上稟

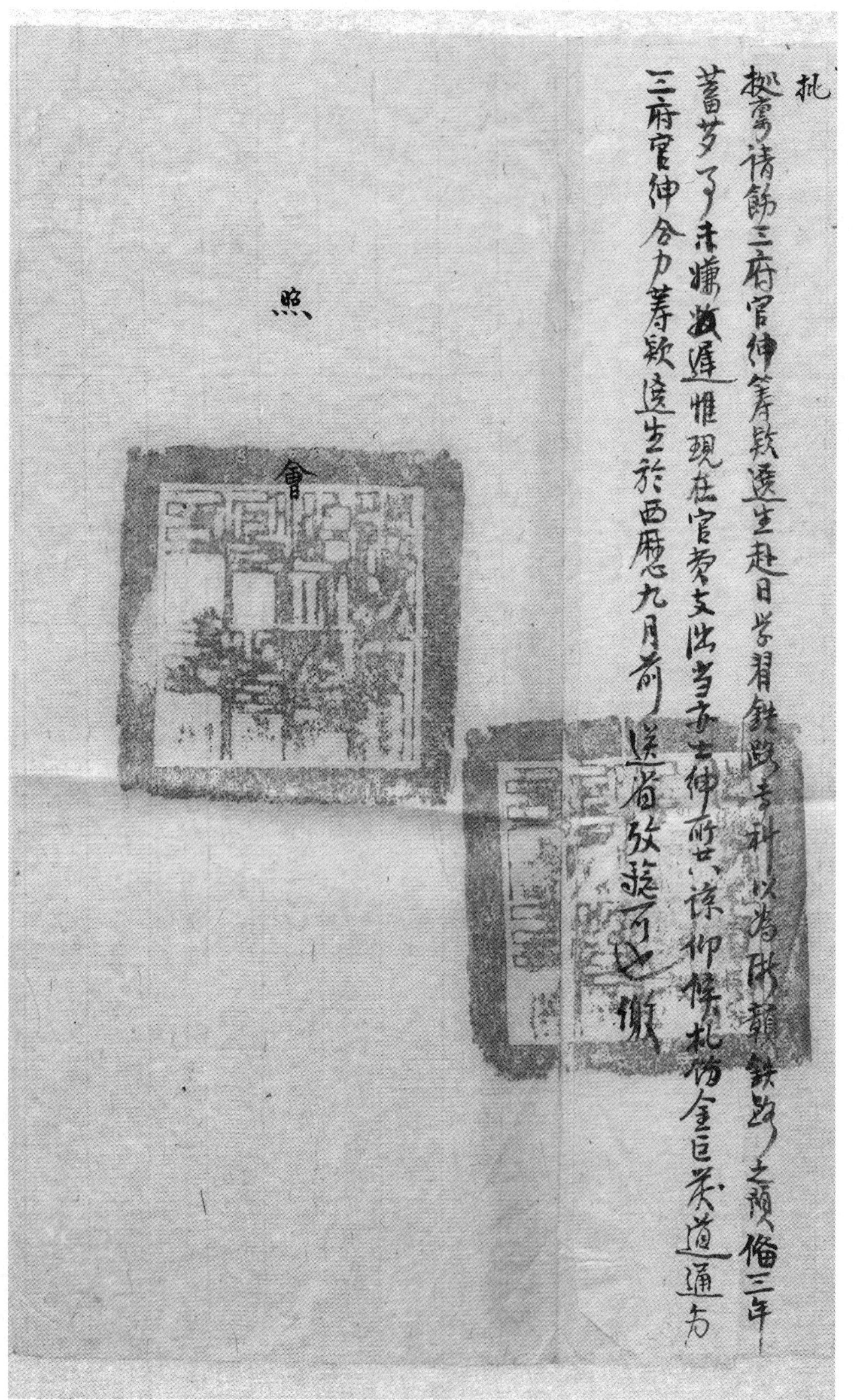
批
據稟請飭三府官紳籌款選生赴日學習鐵路專科以為辦理鐵路之預備三年
蓄〔艹〕了未嫌遲延惟現在官費支出當由士紳所出諒仰候札飭金巨嚴道通飭
三府官紳合力籌款選生於西曆九月前送省啟程可也繳

照

會

（二）

四

〔清光緒三十二年某月〕虞廷等請飭金衢嚴三府官紳籌款選生赴日學習鐵路專科稟文含批文暨光緒三十二年七月遂安縣統計學費學生照會

遂安縣為照會事本年六月二十五日奉
府憲啟　札開案奉
學務處憲札開本年五月初十日奉
撫憲張　札開據金衢嚴三府屬學生虞廷等具呈浙路將次開工請飭三府官紳籌款選派一二
十人咨送日本學習鐵路專科等情前來除批據呈外合將呈批抄錄札處迅即移行遵照辦理仍將
遵辦緣由尅日先行具報計抄稟并批等因奉此除移金衢嚴道飭遵外合逕札飭札府立即遵照查示
批事理速即會商官紳合力籌款選派學生先於西歷九月前取具願書履歷相片保結送省聽候考驗詳
請給資仍將遵辦情形尅日先行具覆毋違切切等因奉此除分行外合行排遞札飭札到該縣遵照迅即
會商紳董合力妥籌的款一面出示招考選派學生先於西歷九月前取具願書履歷相片保結送省聽候

（三）

學務處惠考驗詳請給資送學至選生出洋學習鐵路專科係為維持路政振興商業起見雖係金

衢嚴三府通屬公事而嚴郡緊接杭省地居上江下游為徽贛等省路線經由要站儲材待用尤不可緩嚴

屬六縣統計學費共有若干可籌學生共有幾名可以派出每名應給學費若干亟應責成貴邑各該令

公同妥議會商紳董察酌地方情形通力合籌限文到十日內會銜稟復以憑核明轉稟毋稍觀望捱延是

為至要特札計抄稟并批等因下縣奉此合行照會為此照會

貴紳董請煩查照妥籌具復須至照會者

計粘單

（四）

（五）

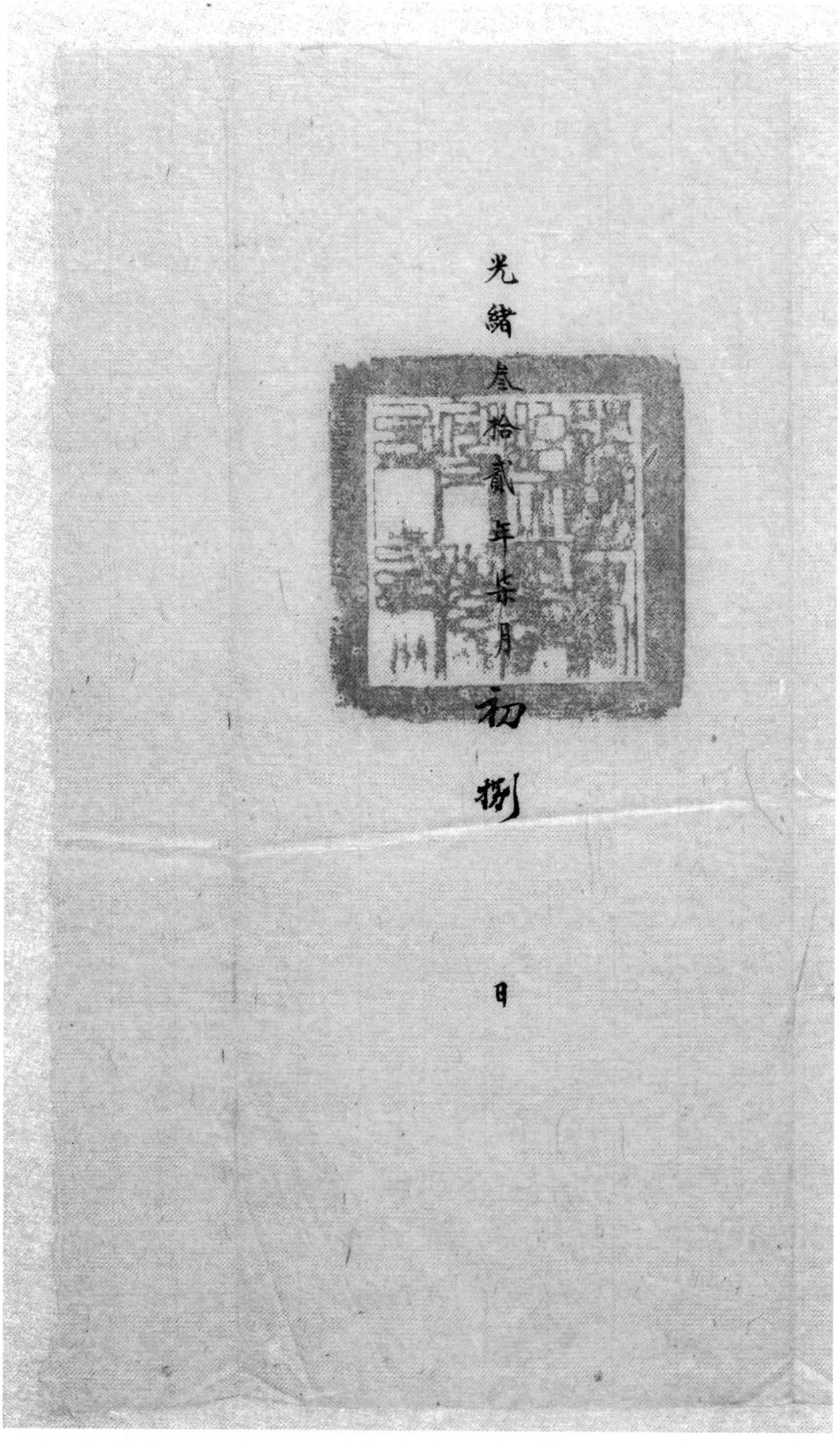

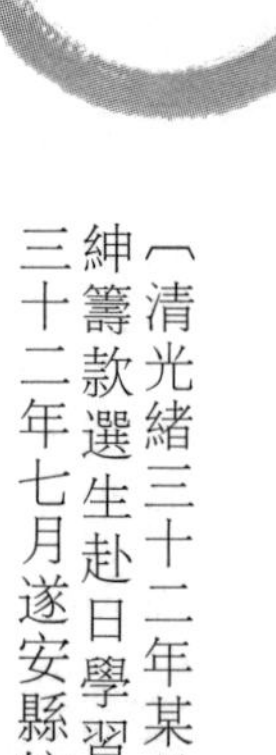

〔清光緒三十二年某月〕虞廷等請飭金衢嚴三府官紳籌款選生赴日學習鐵路專科稟文含批文暨光緒三十二年七月遂安縣統計學費學生照會

光緒叁拾貳年柒月初捌日

（六）

清宣統三年二月湖廣總督兼湖北巡撫瑞〔澂〕頒發復准湖北省變通牙帖章程

變通

頭品頂戴陸軍部尚書銜都察院都御史湖廣總督部堂兼管湖北巡撫事瑞 為
欽奉事咸豐六年四月十一日准
兵部火票遞到
戶部咨開湖廣司案呈所有本部議覆湖北巡撫奏頒牙帖勸商捐輸章程量為變通一摺咸豐六年四月初二日具奏本日奉
旨依議欽此相應抄錄原奏由四百里飛咨湖北巡撫轉飭遵照辦理可也等因咨移到鄂准此除未經覆准各條仍遵照原議辦理外相應
恭錄此次所奉
諭旨並將覆准變通各條分別摘要及酌增稅額刊刻清單粘連部帖鈐印頒發所有各條開列於左

四

清宣統三年二月湖廣總督兼湖北巡撫瑞〔澂〕頒發復准湖北省變通牙帖章程

牙帖章

計開

一湖北各集鎮情形繁盛偏僻彼此今昔不同凡接充添設改則移埠等項總以此次收捐體察地方實在情形填給部帖為斷

一議准繁盛上行捐制錢壹千串中行伍百串下行貳百串偏僻上行捐制錢柒百串中行叁百串下行壹百串照數交納准給部帖

一向例新開集場方准添設牙行今奏准無庸限額舊埠新集均准隨時捐給仍期限軍務告竣之後不准添設以示限制

一各牙行或由舊帖捐請移埠開設或捐請改業別行部議無論改行移埠總以舊帖為憑均准其照新則全數減二成捐換新帖仍期限軍務告竣之後不准移改以示限制

一議准各商原有藩司頒發之帖一律更換部帖各依新則錢數三分之一交納以示體恤舊帖遺失者按照新章捐充之例辦理本商兄弟子孫接充捐換者仍照原議依新則錢數減半輸納

（二）

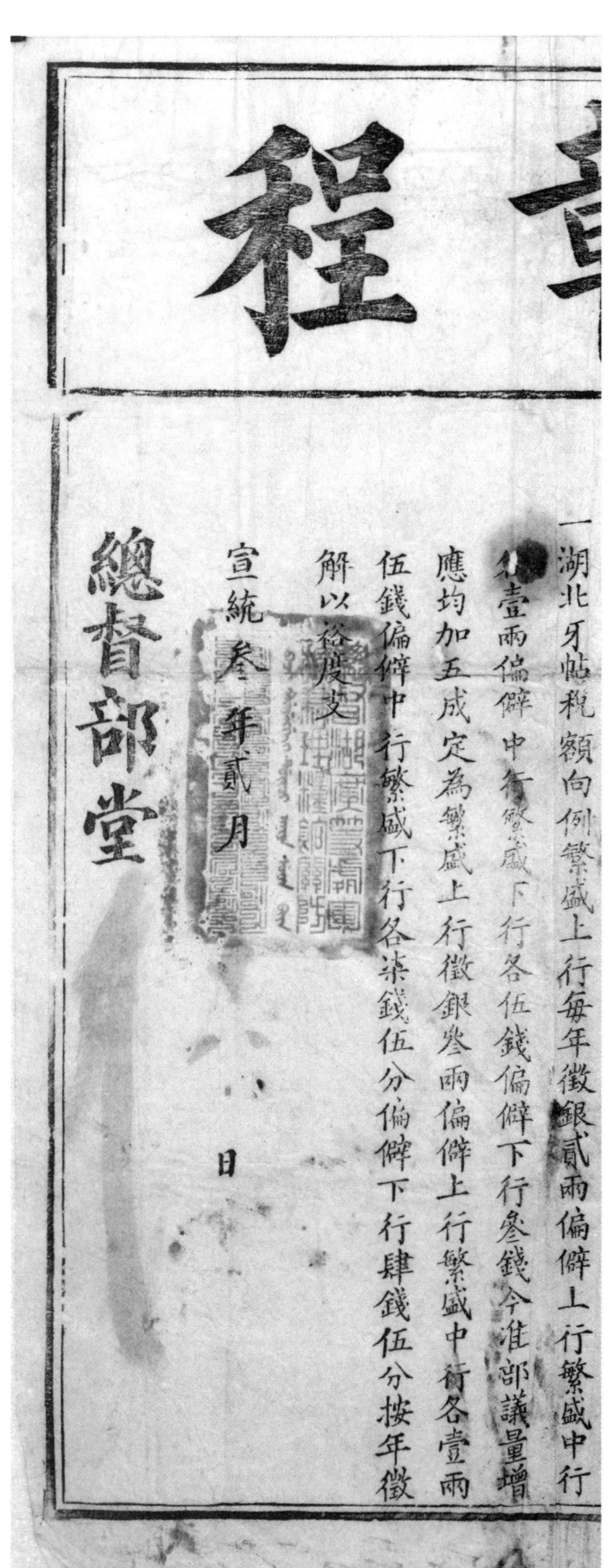

章程

一湖北牙帖稅額向例繁盛上行每年徵銀貳兩偏僻上行繁盛中行各壹兩偏僻中行繁盛下行各伍錢偏僻下行叁錢今准部議量增應均加五成定為繁盛上行徵銀叁兩偏僻上行繁盛中行各壹兩伍錢偏僻中行繁盛下行各柒錢伍分偏僻下行肆錢伍分按年徵解以裕度支

宣統叁年貳月　　日

總督部堂

（三）

附録　文書來源信息

文書來源信息

說明：中國社會科學院經濟研究所收藏的徽州文書多數保留有書店標簽或定價簽章；部分文書無書店價簽，但在正面或背面有鉛筆或紅色蠟筆所寫價格〔應係從北京中國書店購入，如『明正德至清乾隆年間分析墳山田地房屋合同』十二件，每件文書正面或背面有鉛筆或紅色蠟筆所寫價格1.00，前輩整理時注明『北京中國書店購』〕；部分文書則係一九四八年至一九四九年間在南京的中央研究院社會研究所（經濟所前身）由梁方仲先生經手購入，原收藏者據説係國立編譯館一職員。(一)因版面限制，部分散件文書無法將書店標籤放置於當頁，現將所有文書來源信息臚列於後，包括書店標籤、定價章、手寫價格或一九四八年至一九四九年間購入等信息。如無上述信息，則注爲無。

(一)據《契券票據簿記等史料》記載，此份目録是中國科學院社會研究所一九五二年底從南京遷至北京前所編，中國社會科學院經濟研究所圖書館藏。

卷一　買賣文書及加價增找契

一、明永樂至崇禎年間出賣山地契約

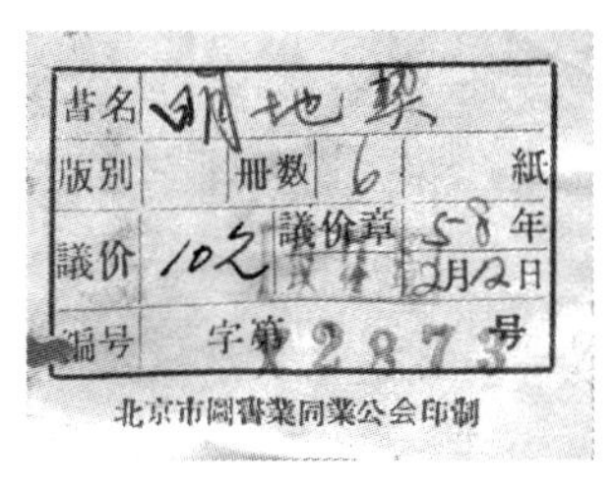

二、明嘉靖至清康熙年間出賣出當田地山塘契約

一九四八年至一九四九年間購入

三、明嘉靖至清乾隆年間出賣田地及分家等文書

每件文書正面或背面有鉛筆或紅色蠟筆所寫價格1.00

四、明隆慶至民國年間出賣田地屋宇及監照等文書

無

四

文書來源信息

五、明萬曆至天啓年間（休寧縣）三十三都汪氏斷骨出賣山地契約

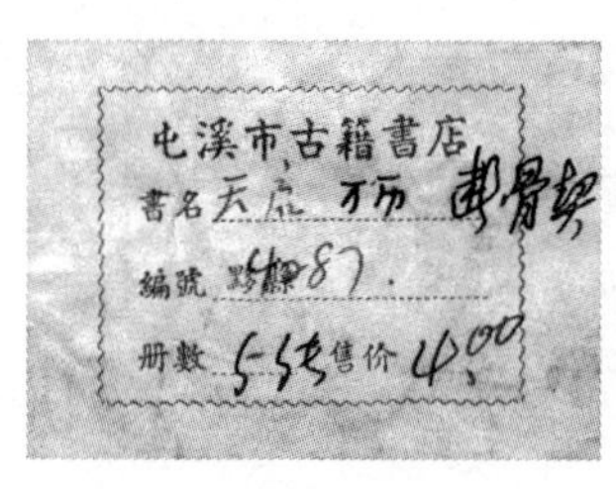
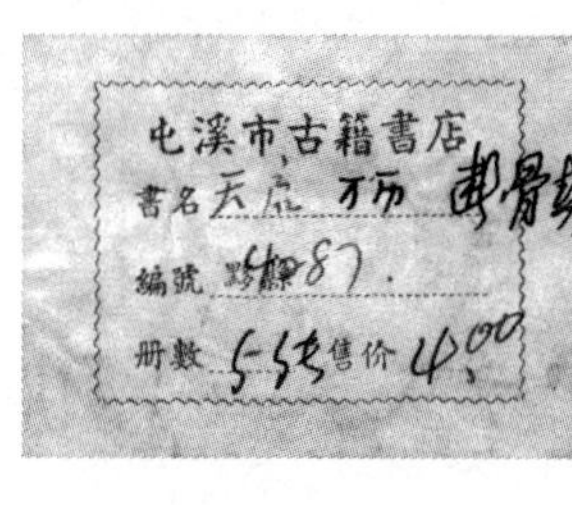

六、明萬曆年間休寧縣十二都汪氏買賣田地山林等契約

七、明崇禎至清道光年間出賣會社田租股份契約

八、清嘉慶至光緒年間加價增找契約

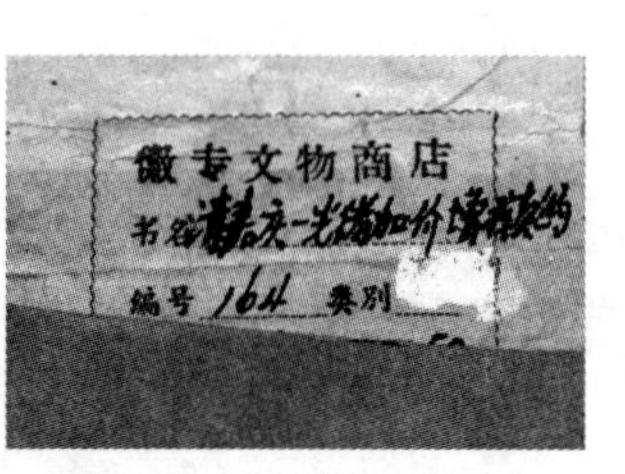

九、清光緒年間歙縣杜賣田地契約

《清光緒三十二年十月歙縣王門章氏等立賣地赤契》背面有紅色蠟筆所寫「1—8張4.00」

十、清光緒至宣統年間歙縣杜賣田地契約

《清宣統三年三月歙縣王門洪氏立杜賣地赤契》背面有紅色蠟筆所寫“1—9張4.50”

卷二　土地稅契憑證文書

一、清順治年間稅契憑證文書

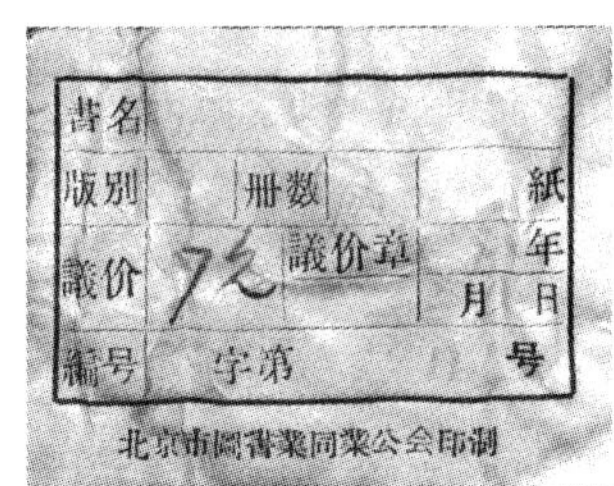

二、清乾隆至民國年間土地稅票憑證完租執票

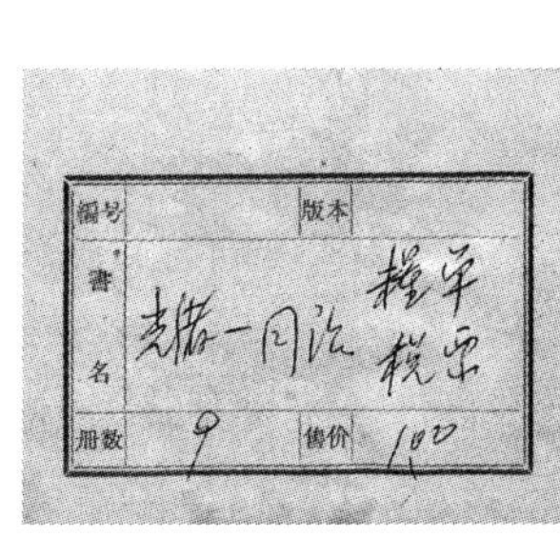

卷三　典當文書

一、明萬曆至清宣統年間典當田地房屋等契約

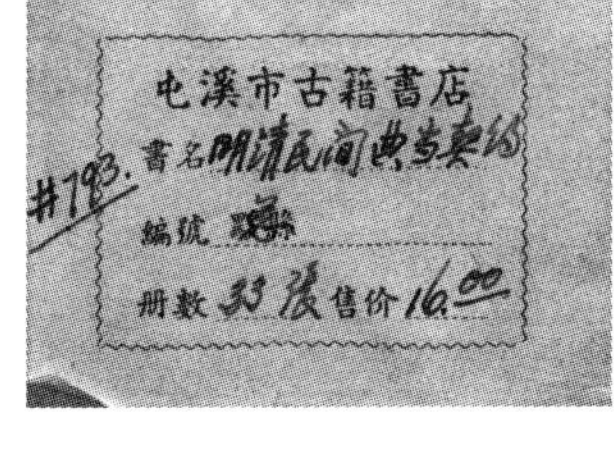

四 文書來源信息

二、清順治至道光年間休寧縣典屋契及禁革糧差陋規批

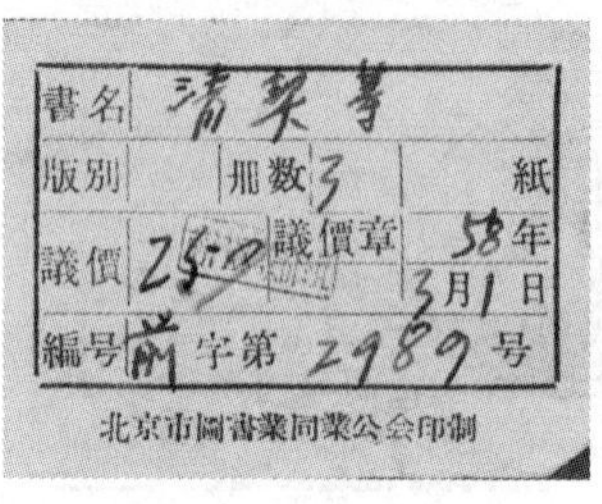

三、清乾隆至光緒年間轉當田地房屋契約

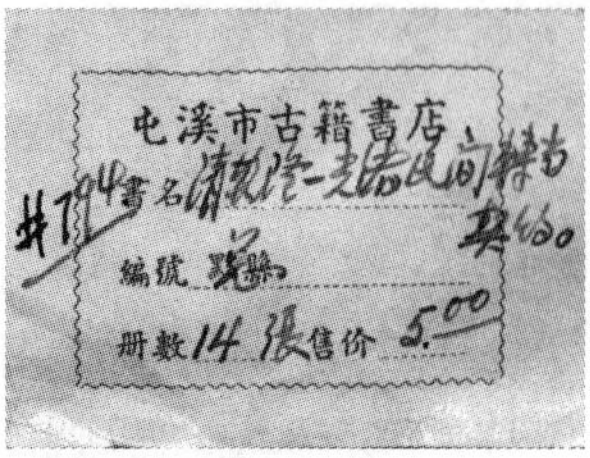

卷四 租佃文約

一、明天順至民國年間租田地山塘屋宇文書

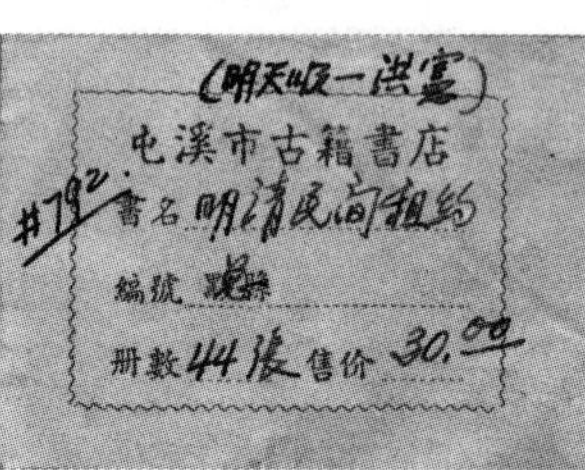

二、明正德至清宣統年間佃山地田皮等契約

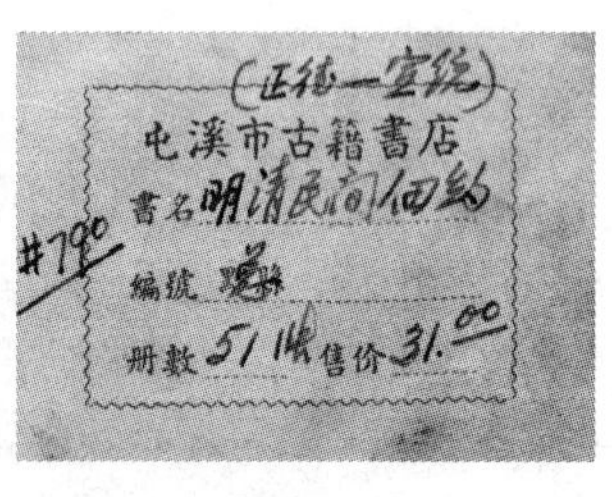

三、明嘉靖至崇禎年間租田地店屋牛麻等契約

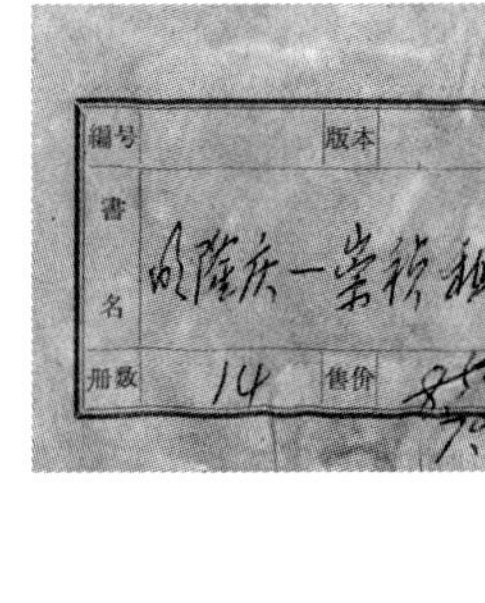

四、明嘉靖至民國年間租田地山場房屋等契約

五、明萬曆至民國年間租田地山場屋基契約

六、明萬曆至民國年間租佃田皮園地契約

四

文書來源信息

七、明萬曆至清順治年間租樓屋田地契約

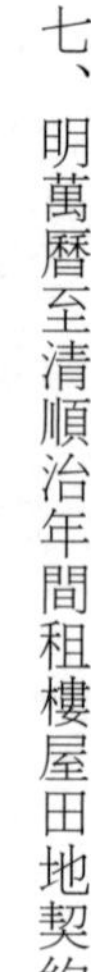

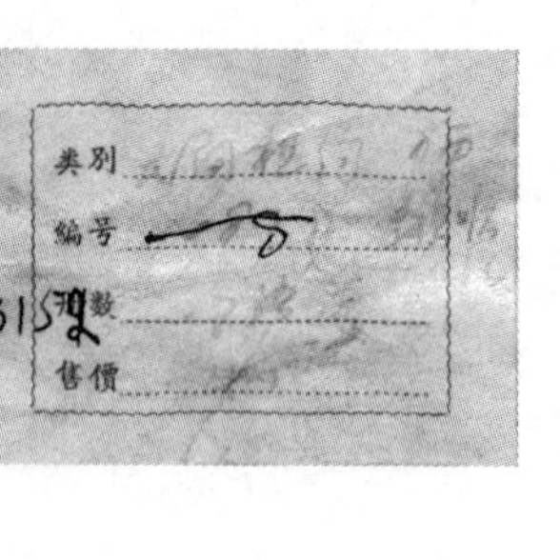

八、明萬曆至清光緒年間買賣租佃田地田皮加價契約

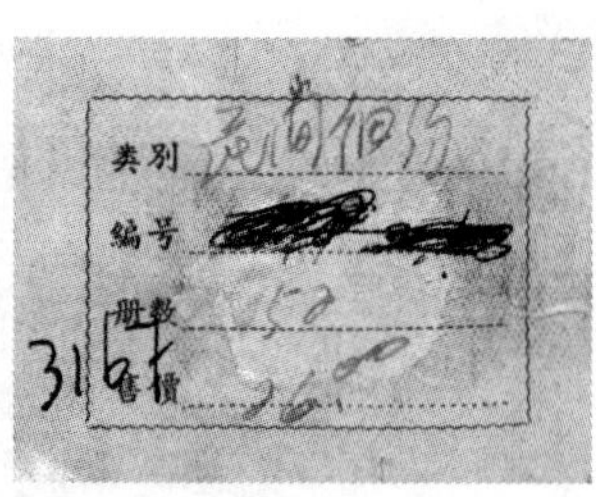

九、明崇禎至清光緒年間承佃田皮山場契約

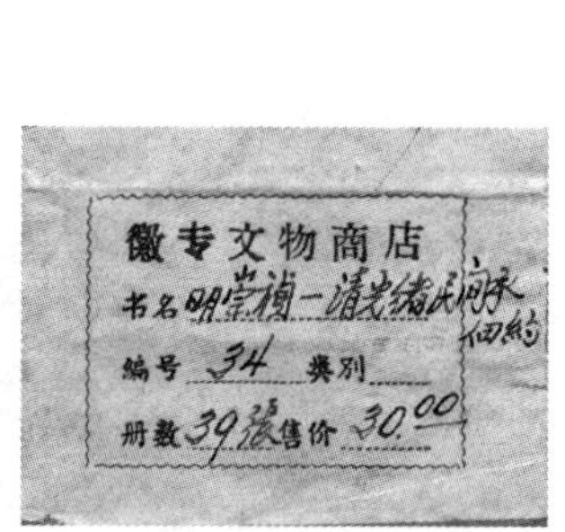

十、清康熙至民國年間租田地山場房屋等契約

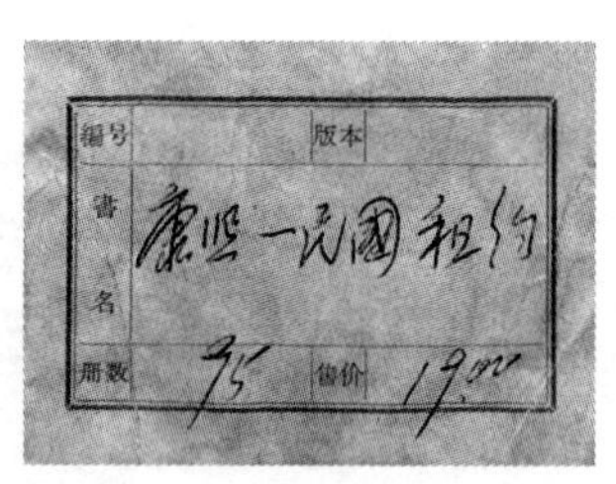

十一、清嘉慶至民國年間租田地房屋等契約

屯溪市古籍書店
書名 加庆一民国民间租约
編號 6491
册數 6份 售价 3.00

卷五　明景泰至民國年間佔用對換基地及合造房屋合同

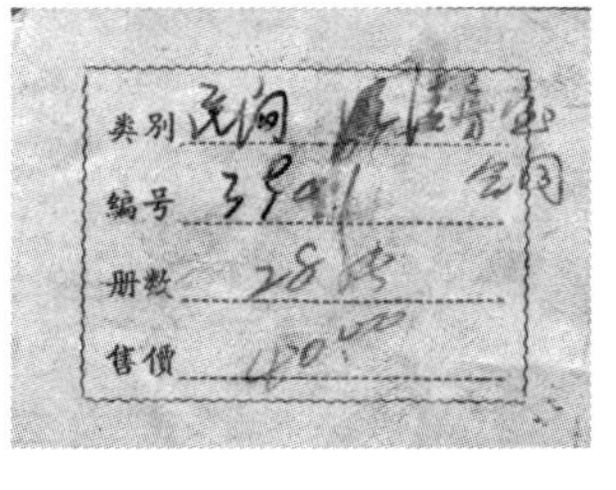

类别
编号 3901
册数 28
售價 40.00

卷六　借貸文書

一、明萬曆至清光緒年間借貸銀錢借田地等契約

徽专文物商店
书名 明万历一清光绪民间借约
编号 32　类别
册数 50張 售价 35.00

二、明崇禎至清宣統年間借貸契約

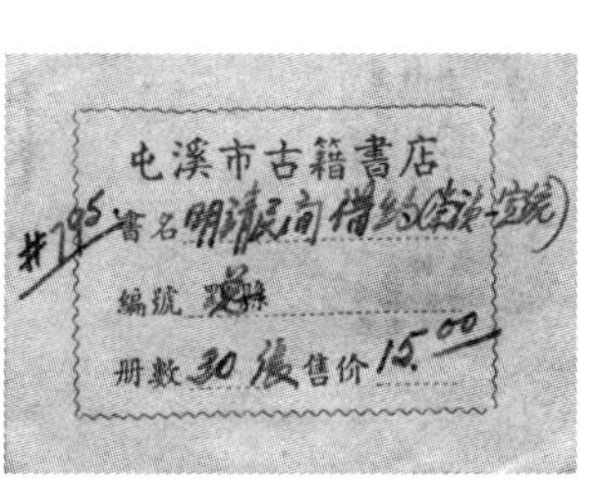

屯溪市古籍書店
#195 書名 明清民间借约
編號
册數 30張 售价 15.00

四

文書來源信息

三、清乾隆至民國年間抵押契約

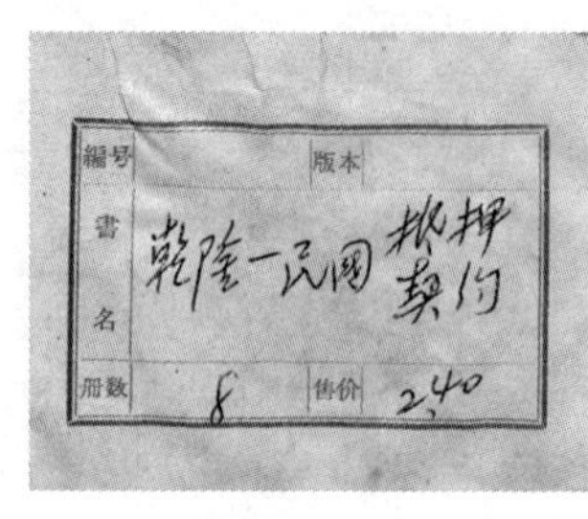

卷七　商業文書

一、明嘉靖至清光緒年間商業經營文書

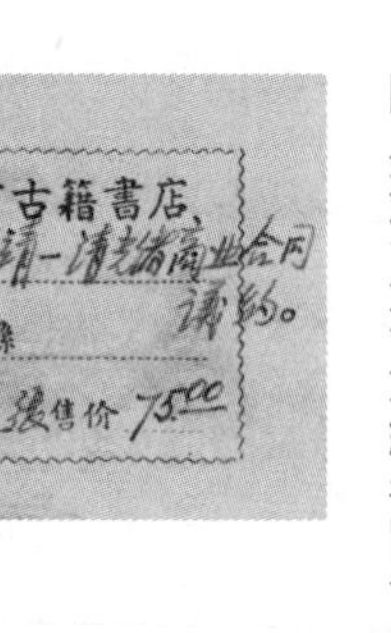

二、明萬曆至崇禎年間合股經營清算合同

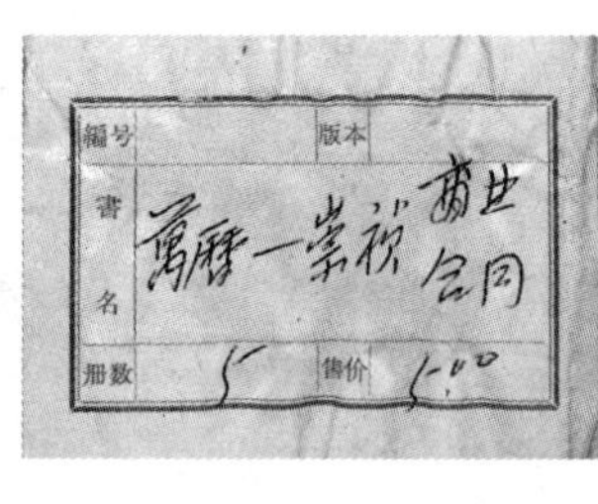

三、清康熙至民國年間商業合同

四、清道光至民國年間當票

五、清同治至光緒年間商號盤單

無

卷八　承攬文書

一、明萬曆至清宣統年間包攬田地包工等契約

無

二、明萬曆至清光緒年間承攬承管田地裝修賦役等文書

無

卷九　宗族財產和宗族事務文書

一、明正統至民國年間財產分割對換合同

二、明正德至清乾隆年間分析墳山田地房屋合同

每件文書正面或背面有鉛筆或紅色蠟筆所寫價格1.00

三、明嘉靖至清光緒年間祠堂祭祀等宗族事務文書

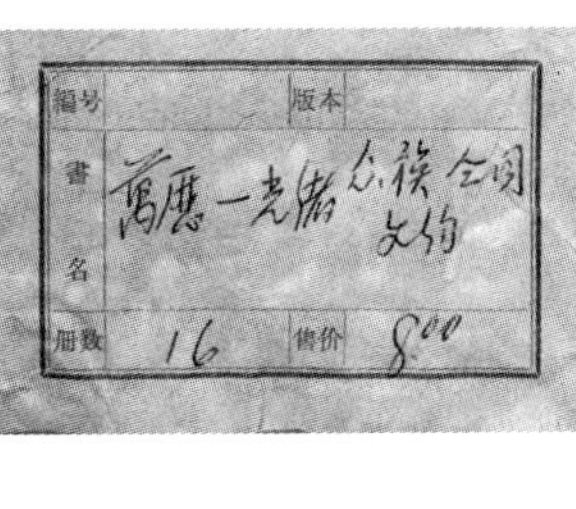

編号		版本	
書名	萬歷一光緒宗族合同文約		
冊數	16	售价	8.00

四、明隆慶至萬曆年間（休寧縣）奉正里朱氏分家合同及田契

每件文書正面左上角有紅色蠟筆所寫價格2.00

五、明萬曆至民國年間協力保産及訴訟束心合同文書

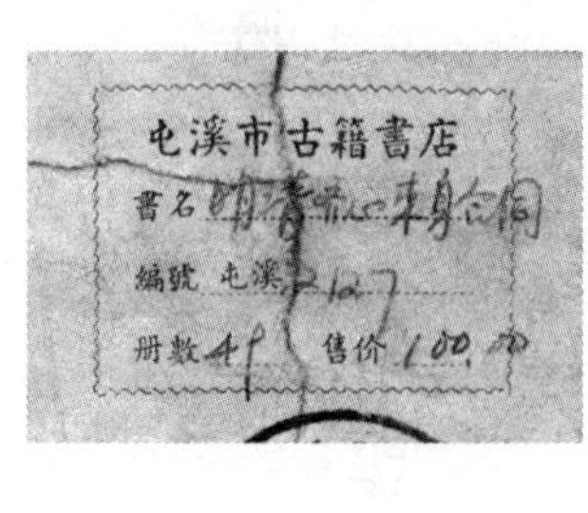
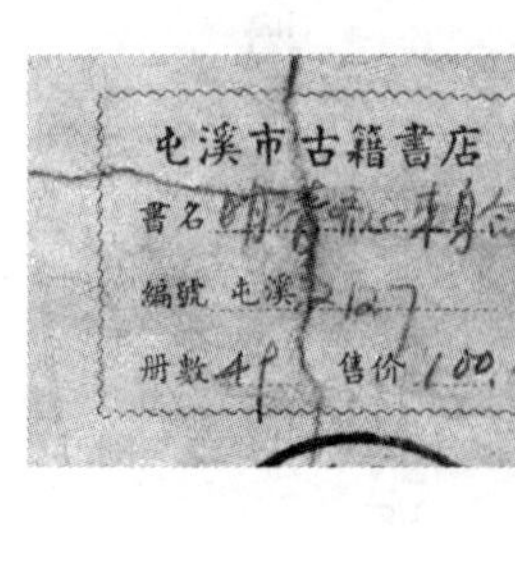
屯溪市古籍書店
書名
編號 屯溪
冊數 售价

六、清乾隆至咸豐年間保業合同

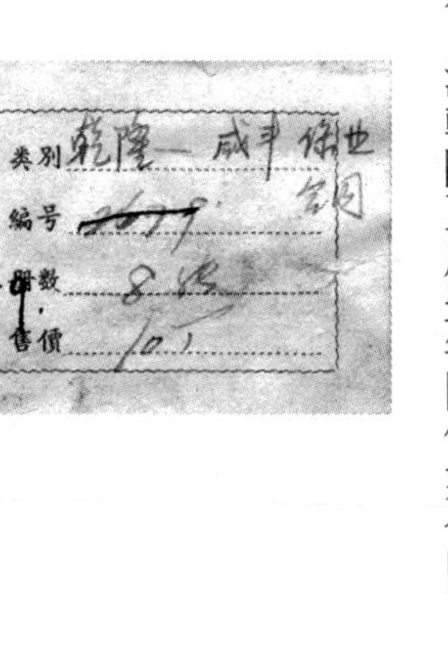
类別 乾隆—咸丰
编号
册数
售價

卷十　鄉規民約和社會關係文書

一、明正德至萬曆年間（祁門縣）桃源洪氏僕人應主文書

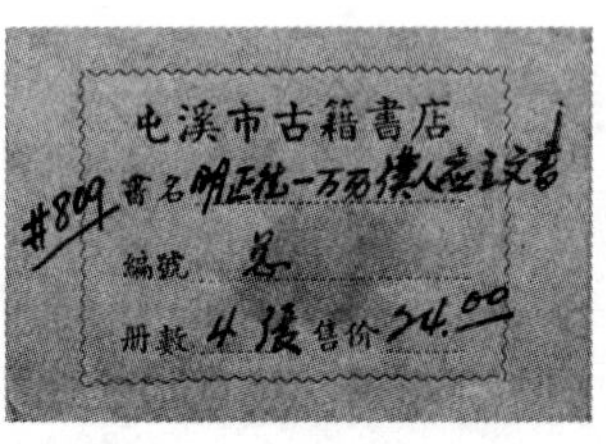
屯溪市古籍書店
#809 書名
編號
冊數 售价 24.00

二、明嘉靖至清乾隆年間（祁門縣）甘服還文約

三、明萬曆至民國年間禁山合同

無

四、清康熙至同治年間民間甘約及借貸承包契約

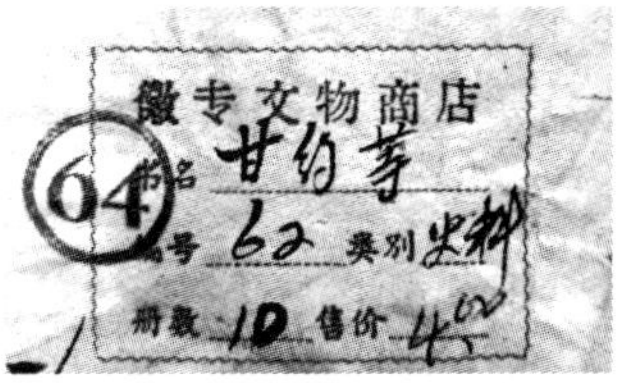

五、清康熙至民國年間禁約文書

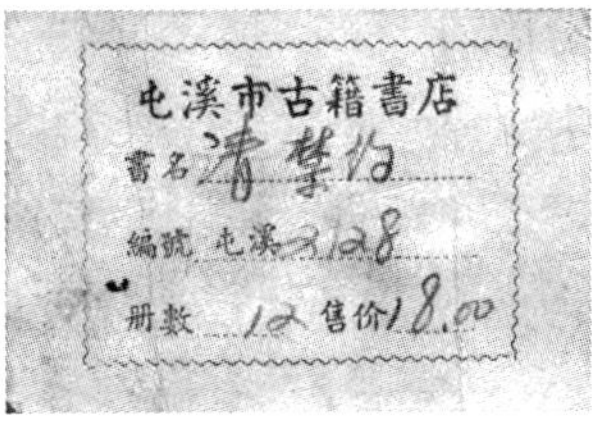

卷十一　官府公文告示

一、明成化至清康熙年間祁門縣工匠輪班勘合、對換合同、保甲門牌

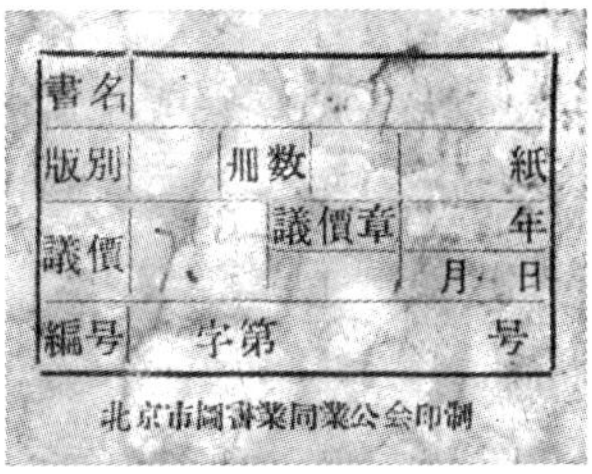

二、清嘉慶至光緒年間徽州府及休寧縣等官府告示

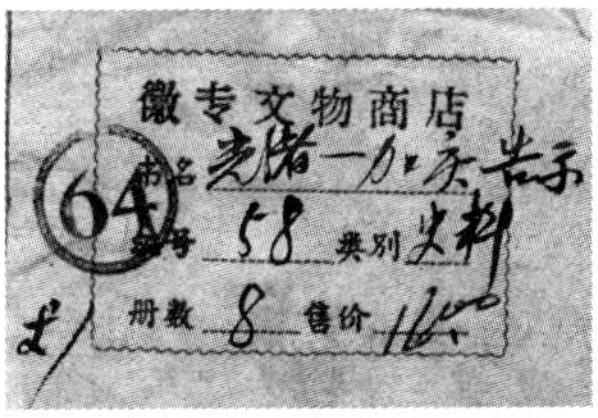

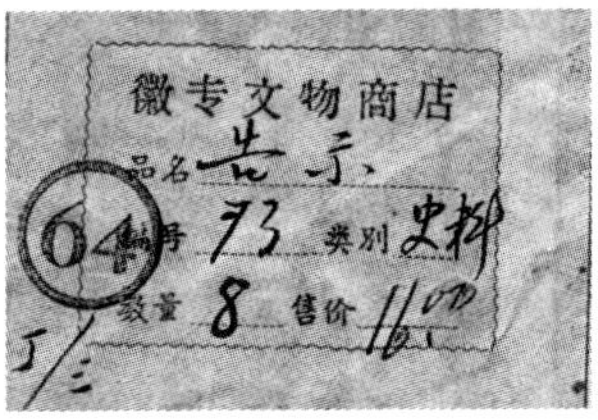

四 文書來源信息

三、清咸豐年間徽州府爲防禦太平軍公文
附清河縣八約抄稿

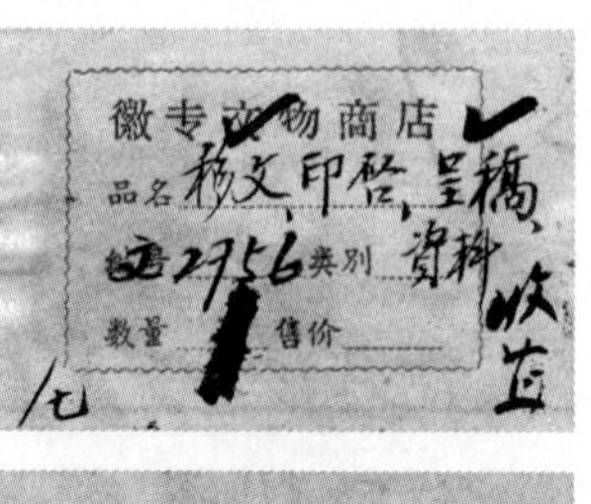

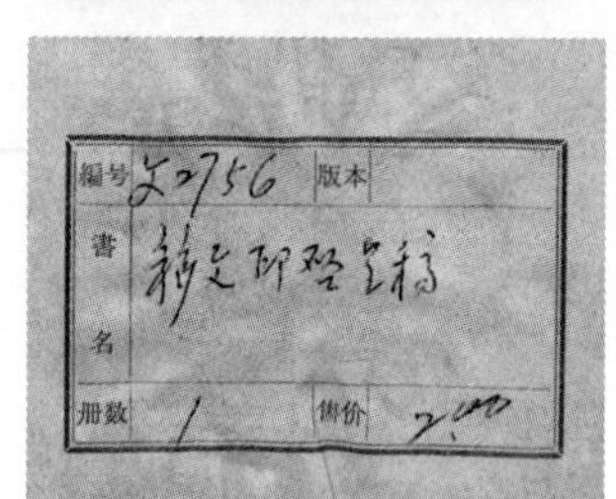

四、清同治至民國年間官府告示及出抵股份合同

五、清同治至光緒年間績溪縣諭

卷十二 其他成包文書

一、明成化至崇禎年間財産、宗族、商業、社會關係文書

四

文書來源信息

二、明弘治至萬曆年間休寧縣文書

書名	明契		
版別		冊数 2件	紙
議價	3.00	議價章	58年 3月1日
編号	前 字第 2988 号		

北京市圖書業同業公会印制

三、明嘉靖至崇禎年間財産及宗族文書

書名	明合同		
版別		冊数 9件	紙
議價	14元	議價章	58年 1月7日
編号	前 字第 2667 号		

北京市圖書業同業公会印制

四、清康熙至道光年間財産及税糧、承攬、宗族等文書

書名	清議合同等		
版別		冊数 14件	紙
議價	10元	議價章	58年 1月7日
編号	前 字第 2663 号		

北京市圖書業同業公会印制

五、清康熙年間輪充里役及合造窯業合同

每件文書正面或背面有紅色蠟筆所寫價格0.80

六、清康熙年間〔祁門縣〕赤橋方氏合同文書

每件文書正面有紅色蠟筆所寫價格0.80

四

文書來源信息

卷十三　其他散件文書

一、財産關係文書

（一）買賣對換分業税契約文書

明正統六年四月〔祁門縣〕汪魁立出賣墓地及山赤契

書名	正統契		
版别	冊数 1		紙
議價	4元	議價章	58年 2月15日
編号	前字第 2914 号		

北京市圖書業同業公会印制

明嘉靖二十一年六月祁門縣江瑄立賣莊田赤契附嘉靖廿一年七月徽州府給李繁昌税契號紙萬曆二年正月李尚孝賣田批

書名	明官契		
版别	冊数 1套		紙
議價	450	議價章	58年 4月3日
編号	前字第 3041 号		

北京市圖書業同業公会印制

明嘉靖四十一年八月休寧縣方元順等立賣田赤契附嘉靖四十一年九月休寧縣給契尾

書名	明官契		
版别	冊数 1套		紙
議價	450	議價章	58年 4月3日
編号	前字第 3043 号		

北京市圖書業同業公会印制

清同治二年十二月休寧縣給二十二都四圖税書爲編立孫志成户户丁玉堂收税完糧事信牌

屯溪市古籍書店
#1012 書名 清同治休宁县信牌
編號 丁
册数 1張 售价 1.50

四 文書來源信息

（一）租佃文約

明成化十七年二月（祁門縣）胡福興立承攬守山合同

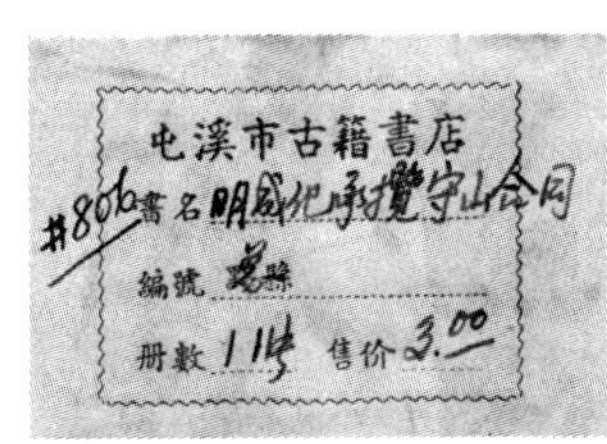

明正德四年十二月（祁門縣）謝云付立承攬守山文約

明嘉靖三十六年三月（祁門縣）徐七保等立承攬山林興養文約

屯溪市古籍書店
#796 書名 明嘉靖興山養合同
編號
冊數 1張 售价 3.00

明萬曆四十七年三月（祁門縣）洪鳳池等立承攬山林興養文書

屯溪市古籍書店
#798 書名 明万历興山養文約
編號
冊數 1張 售价 3.00

清康熙十四年十二月某某縣胡彩等立承山打石燒灰承約

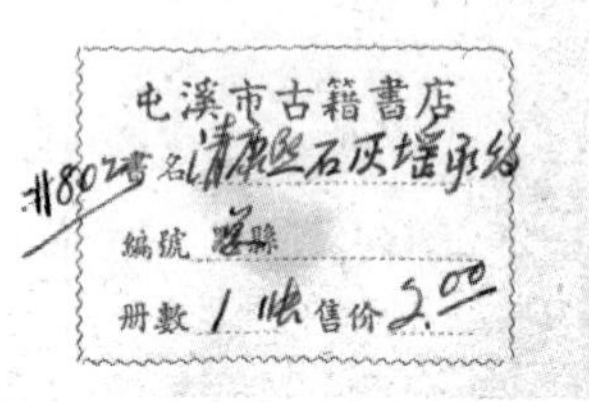

清乾隆三十四年十月（祁門縣）陳正璜立承攬山林興養文約附乾隆卅七年四月議納租等事照

清乾隆五十九年九月（祁門縣）奇峰（鄭氏）墩潡慶三門約立出佃山執照

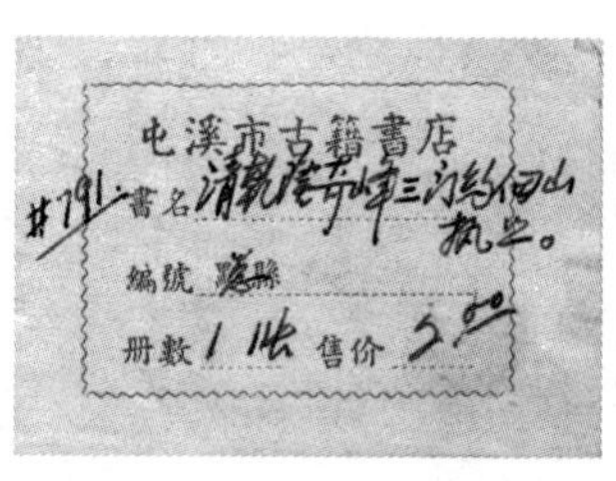

清道光二十七年十二月某某縣方長立領養耕牛字

清道光廿九年七月某某縣杭源人等
胡玉川等立合議租穀合文

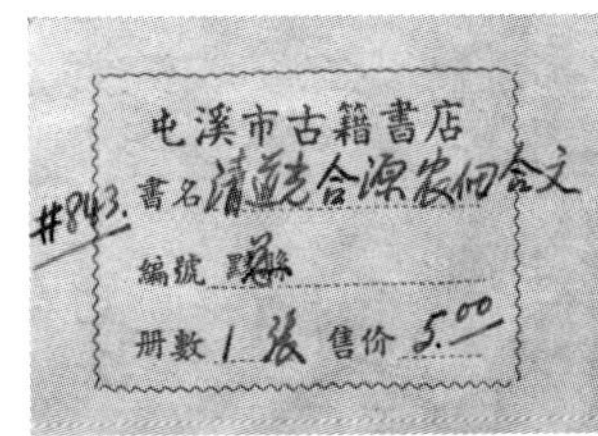
屯溪市古籍書店
#843 書名 清道光合源農佃合文
編號
冊數 1張 售价 5.00

二、商業借貸文書

（一）清乾隆年間（歙縣）王氏借貸文書

清乾隆三十八年三月（歙縣）
王扶清立抵樹借銀契

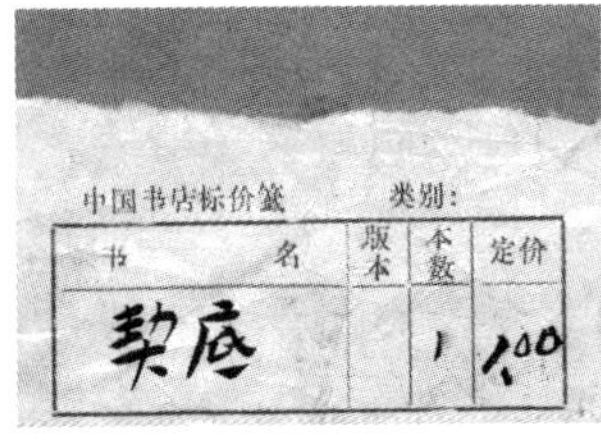
中国书店标价签 类别：

书名	版本	本数	定价
契底		1	1.00

清乾隆六十年七月（歙縣）
王家禄立抵地借錢票

書名 抵借票
版别 冊數 1紙
議价 議价章 年 月 日
編号 字第 226 号
北京市圖書業同業公会印制

（二）商業文書

明崇禎十二年七月某某縣孫廷表等
立各出本銀在丹陽同開雜貨紙店合夥文書

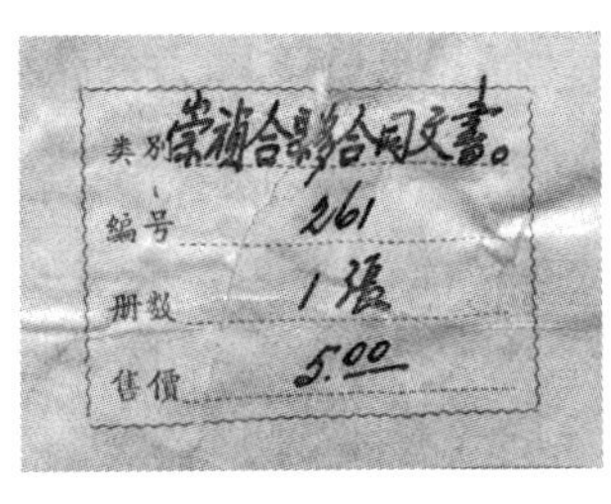
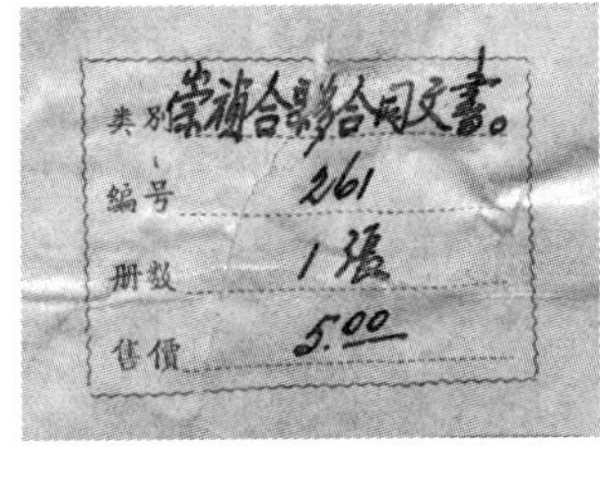
类别 崇禎合夥合同文書
编号 261
册数 1張
售價 5.00

四 文書來源信息

清乾隆四十八年六月（歙縣）
戴景棨立出替怡盛面坊替約附怡盛磨坊傢伙交單

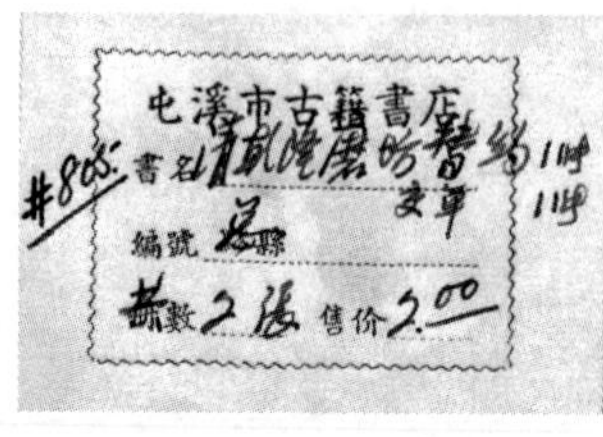

屯溪市古籍書店
書名
編號 歙縣
册數 2張 售价 2.00

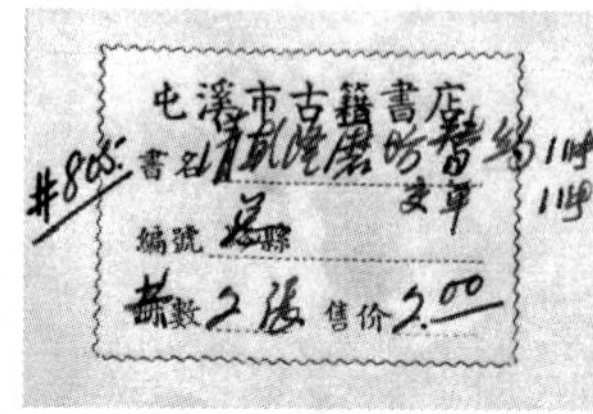

三、宗族文書

明萬曆三十二年四月某某縣吳錦立鄙語鬮書

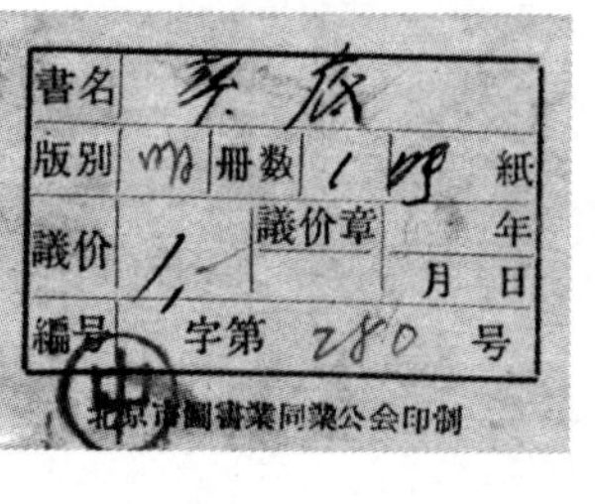

書名	契底		
版別	明	册数 1 份	紙
議价	1.	議价章	年 月 日
編号	字第 280 号		

北京市圖書業同業公会印制

清康熙二十九年八月（歙縣）
朱可遠等立侄光播繼嗣承繼文書

清道光六年十一月某某縣張寧時立家規

清道光廿五年二月某某縣姜學像等立學像長子士道承管長房佐松户承繼議據

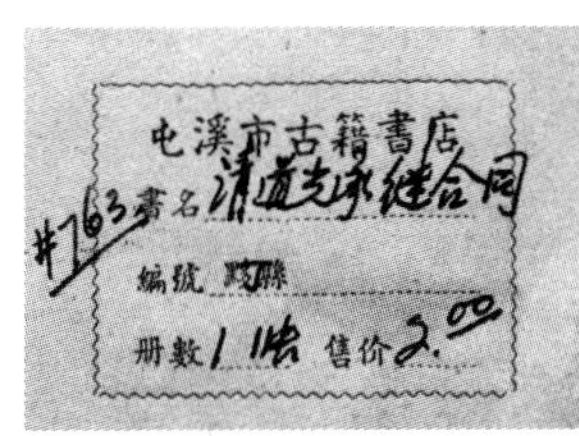

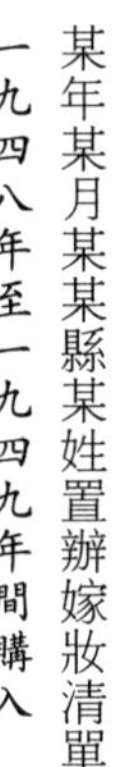
某年某月某縣某姓置辦嫁妝清單

一九四八年至一九四九年間購入

四、社會關係文書

（一）明萬曆至清康熙年間（祁門縣）洪氏規約

明萬曆三十一年七月（祁門縣）胡喜孫等蒙房東壽公六房造屋住歇立還應主文書

明萬曆卅八年六月（祁門縣）吴記富等照舊主永遠應付立應付文書

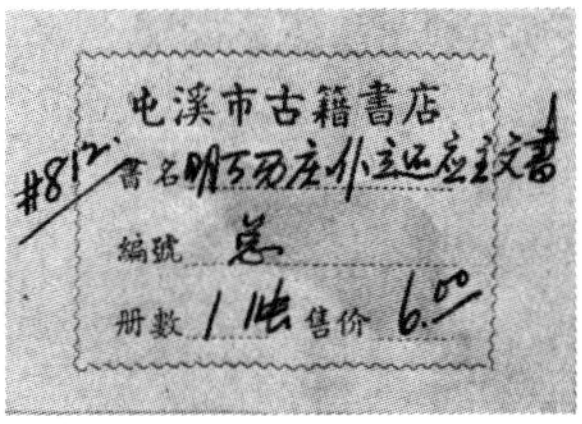

明萬曆四十年十二月（祁門縣）吴寄富等立照舊應付洪壽公六大房衆主聽用還應主文書

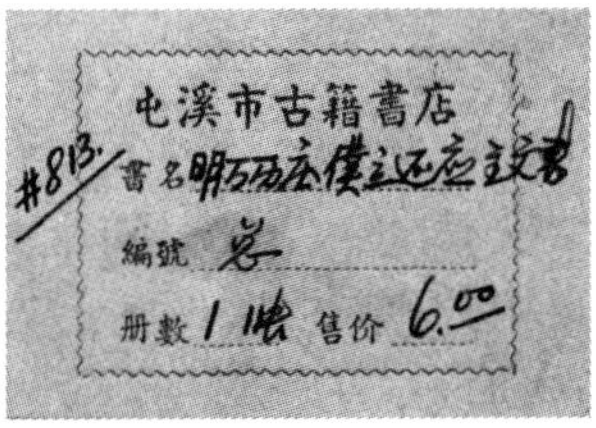

明崇禎四年十月〔祁門縣〕洪公壽等衆姓會議立復造石堨合同

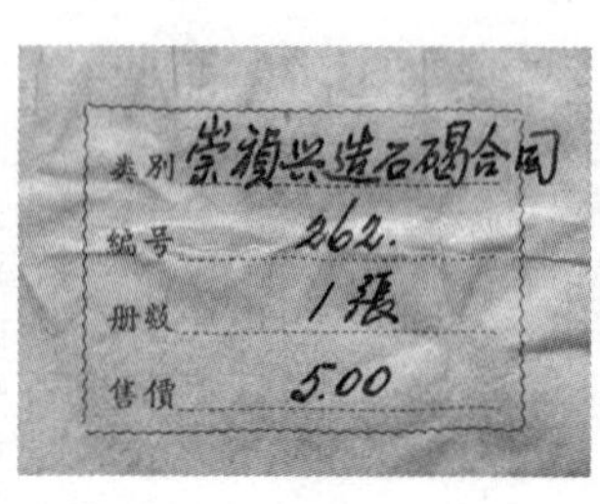

清康熙七年八月〔祁門縣〕洪族衆相一公等立修理塔兒堨并水圳照田征銀文書

〔二〕其他社會關係文書

明隆慶六年八月〔祁門縣〕朱仙保爲子初乞情願另配不應出贅立還文書

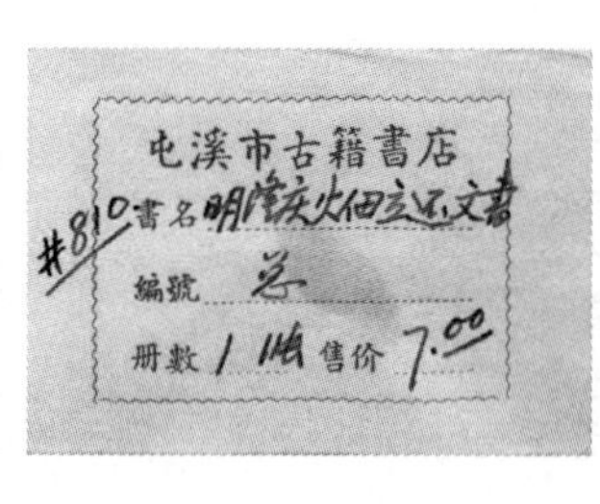

明萬曆五年二月〔祁門縣〕朱鈿因背主逃走立還限約

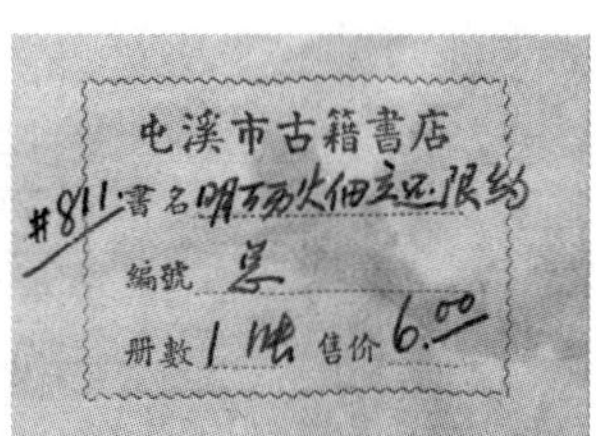

四 文書來源信息

明萬曆十七年六月某某縣方如春等集議塘租收支值年塘首照管蓄水放水合同

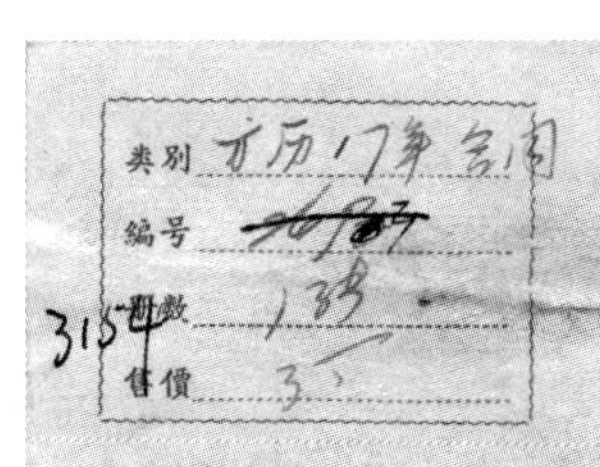

明萬曆四十二年十二月某某縣汪治等立津貼承充里役銀兩議單合同

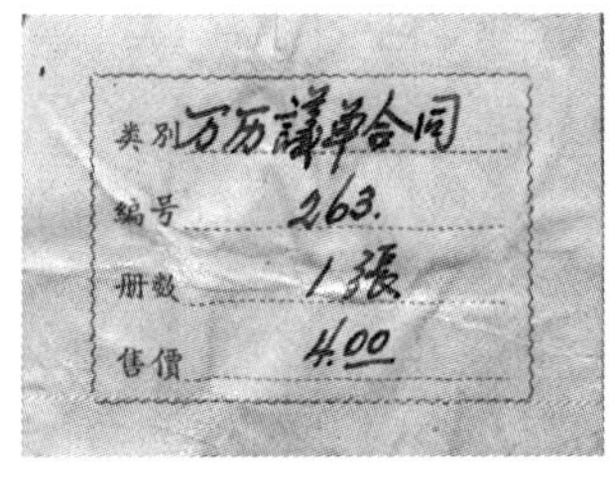

明崇禎九年三月某某縣倪興龍等投到房東胡宗本祠名下做造莊屋住歇立還應役文約

明崇禎十六年七月（祁門縣）陳汝正等立剿淫正法保産扶孤合同文約附『准照』批

四

文書來源信息

明崇禎十六年十一月某某縣程文祖爲乞到房東坦地安葬祖父交租應役立還文約

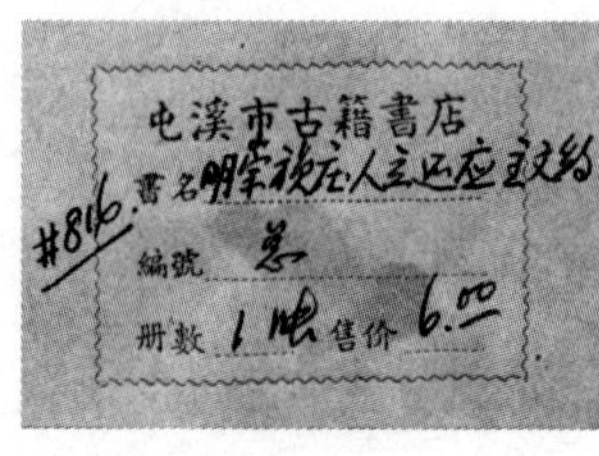

清乾隆三十五年四月〔祁門縣〕康良熠等立議康起松備銀歸祠永好合同文約

清乾隆四十六年二月某某縣汪文玉等立莊僕陳佑退役文約

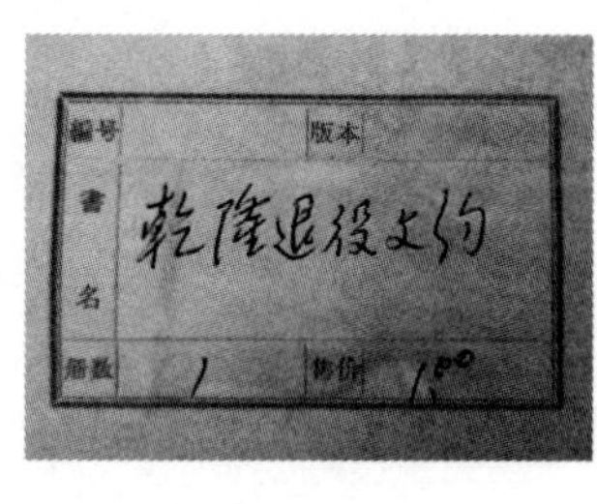

清嘉慶二年九月〔歙縣〕程善昇等立出雇乳母文書

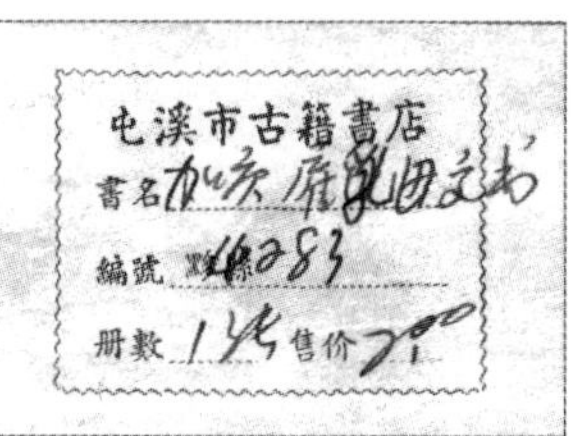

四 文書來源信息

清咸豐十一年某某縣堨長具打水應遵舊例毋許越界通知帖

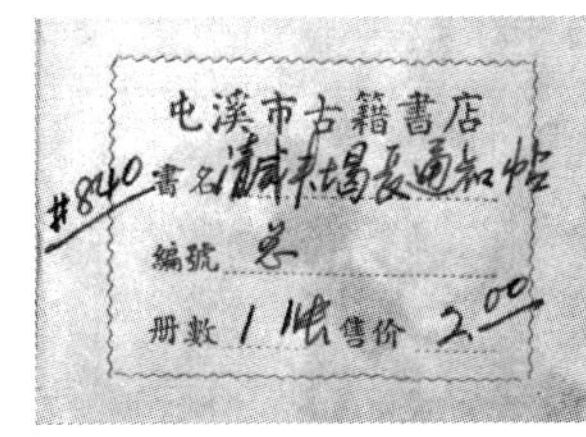

民國十三年七月某某縣呂鈞齋等立伐樹派費造堨灌田合同約議

某年某月某某縣二十一都桑茶各項禁會爲重申嚴禁以安民業立禁約字

五、官府文書

清乾隆八年祁門縣給二十都一二圖陳之驊等煙户總牌

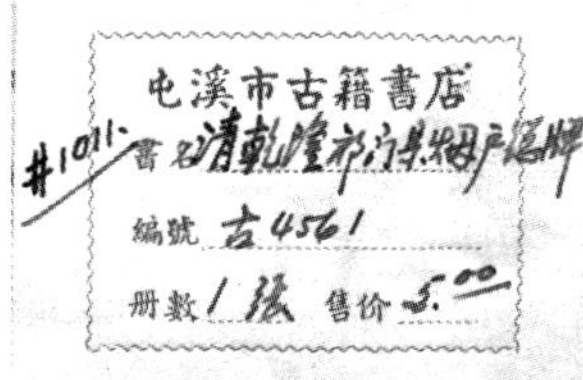

四

文書來源信息

清道光十六年正月歙縣諭程敬持充當二十二都七圖七甲程瑩璣柱稅書劄附户單

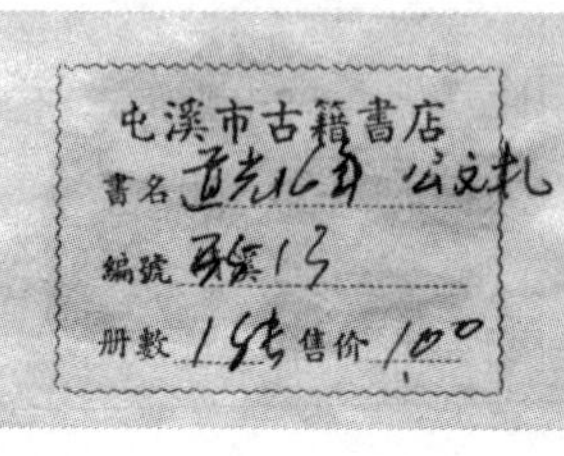

清同治四年某月休寧縣十家聯牌（空白）

一九四八年至一九四九年間購入

清同治六年三月屯溪茶引總局新定茶章

清同治六年七月休寧縣爲茶號暨藝業人等買賣交易應聽客便永禁把持壟斷告示

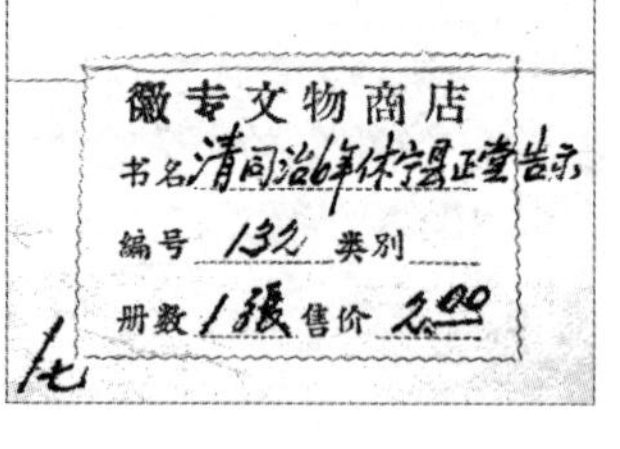

清同治十一年四月署兩江總督江蘇巡撫何（璟）給黟縣商人仁記販運皖茶落地稅照

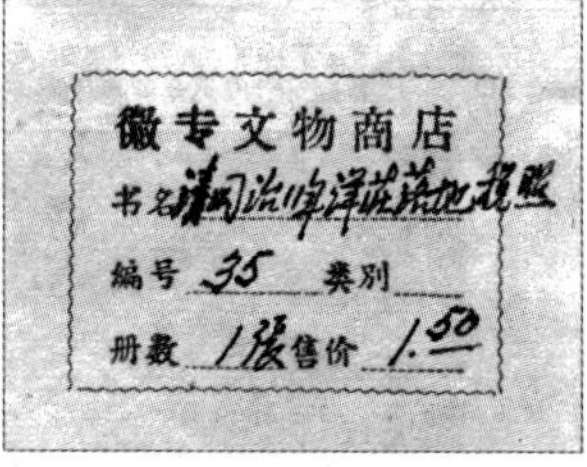

清同治十一年八月徽州府為休宁县屯溪李新成等八茶行照旧在榆村地方代客买茶他行毋得藉端阻误告示

清光緒五年四月祁門縣給十東都十西都禁種苞蘆告示

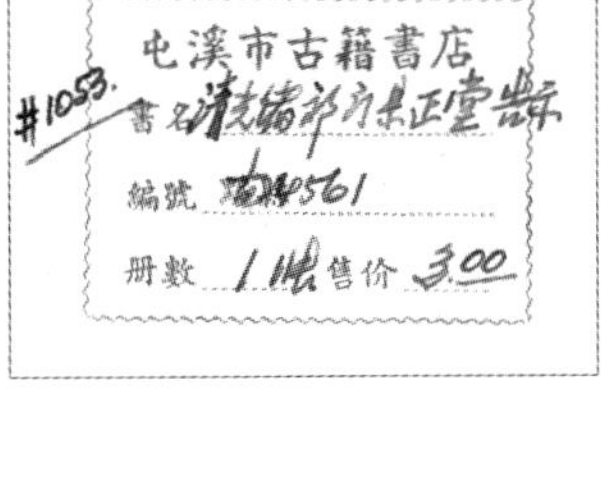
屯溪市古籍書店
#1053.
書名 清光緒祁门县正堂告示
編號 561
册數 1張 售价 3.00

清光緒五年十一月徽州府經廳曉諭歙縣鮑南堨業佃人等遵奉憲示按畝捐費重修坍損石磅告示

清光緒六年三月皖南牙厘總局給商人老姚販木完納厘金執照

一九四八年至一九四九年間購入

清光緒十四年六月徽州府曉諭（歙縣）鮑南堨業主佃户按畝派捐歸還修堨墊款應交水利之穀照常交納告示

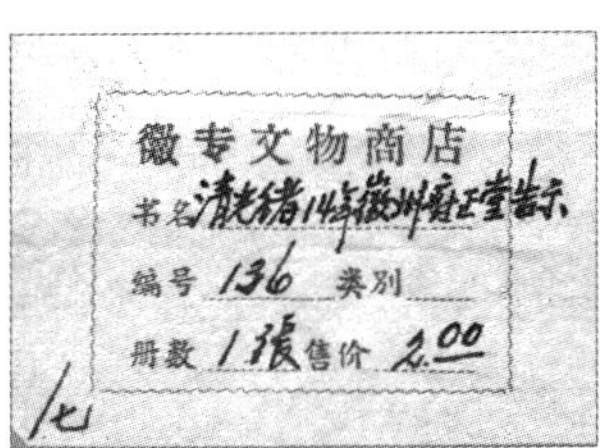
徽专文物商店
书名 清光绪14年徽州府正堂告示
编号 136 类别
册数 1張 售价 2.00

四 文書來源信息

清光緒二十四年某月婺源縣奉旨編查保甲一家門牌〔空白〕

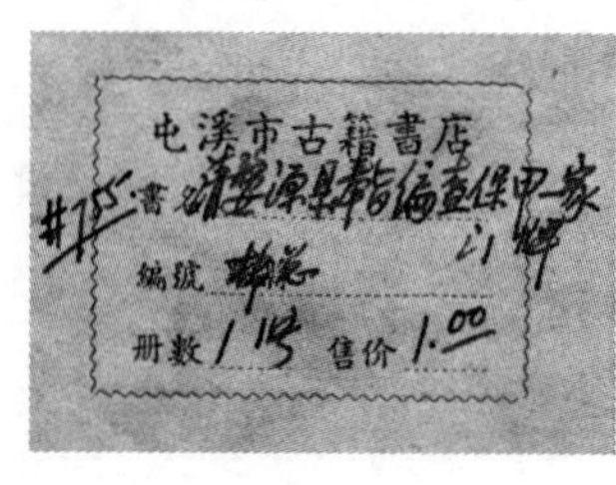
屯溪市古籍書店
書名 清婺源县奉旨编查保甲一家门牌
編號
冊數 1張 售价 1.00

清光緒二十七年五月皖南茶厘總局爲嚴禁各卡留難勒索給茶商汪集興護照

清宣統元年九月休寧縣不准私行開墾黄口河間沙洲告示

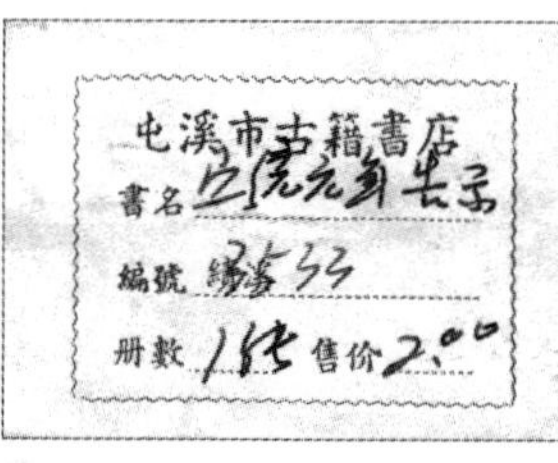
屯溪市古籍書店
書名
編號
冊數 1張 售价 2.00

清宣統二年三月祁門縣禁止交湖諸色人等不得於河道廬墓田畝有礙處挖蕨告示

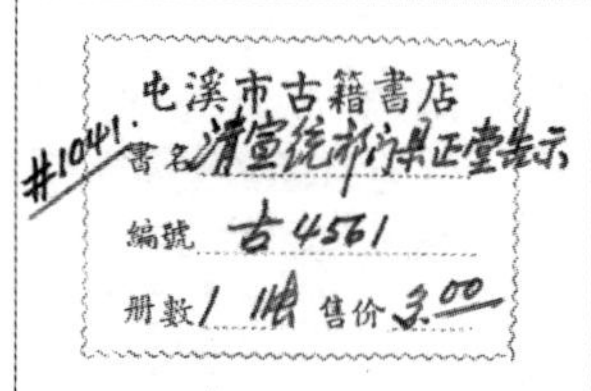
屯溪市古籍書店
書名 清宣统祁门县正堂告示
編號 古4561
冊數 1張 售价 3.00

六、訴訟文書

清乾隆二十二年十一月某某縣
汪美立具保領汪諭狀
一九四八年至一九四九年間購入

清道光九年九月廿七日徽州府檄催祁門縣
將汪志好等謀買山業案訊斷緣由詳府憲牌

清光緒元年十一月績溪縣胡裕廣控胡德
有成熟故荒案案卷

屯溪市古籍書店
#1083 書名
編號
册數 1份 售价 2.00

清光緒四年五月十九日績溪縣許建功
爲持強霸水向理逞凶事稟狀附績溪正堂檢呈並傳訊批

徽专文物商店
书名
编号 147 类别
册数 1張 售价 1.50

附編　徽州以外散件文書

一、清嘉慶至民國年間絶賣田蕩契約

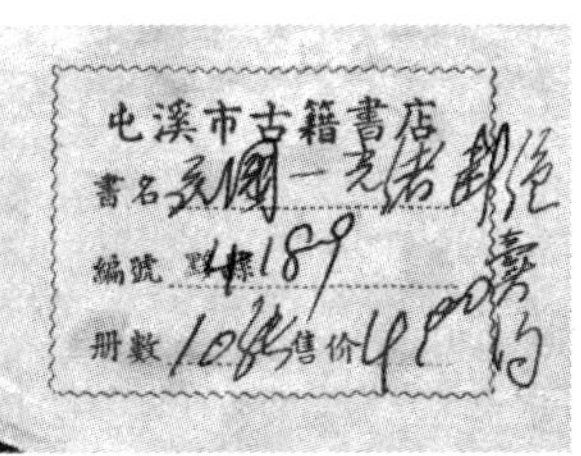

附録　徽州以外散件文書

二、訴訟文書

（一）清光緒九年青陽縣審理客民楊萬卉控陶萬春牽豬抵欠案案卷

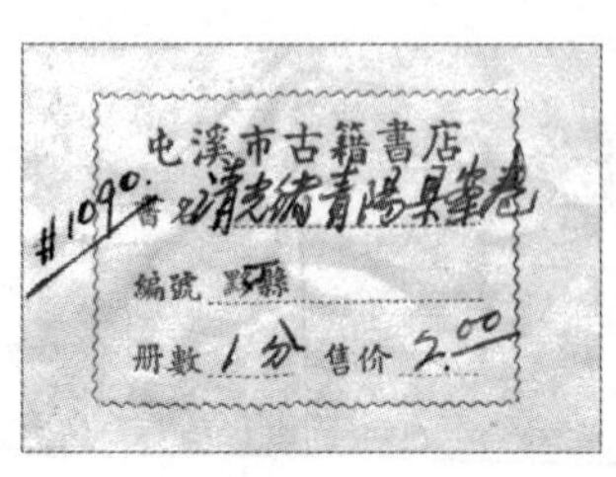

（二）清光緒年間青陽縣審理客民田萬春錢債糾紛案殘卷

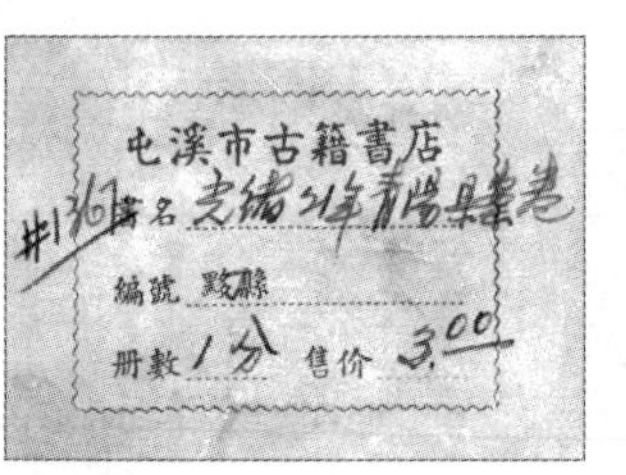

三、其他

清嘉慶元年七月（浮梁縣）汪趙夏黃等姓立給趙黑子山憑執照附某姓漖立賣茶窠批

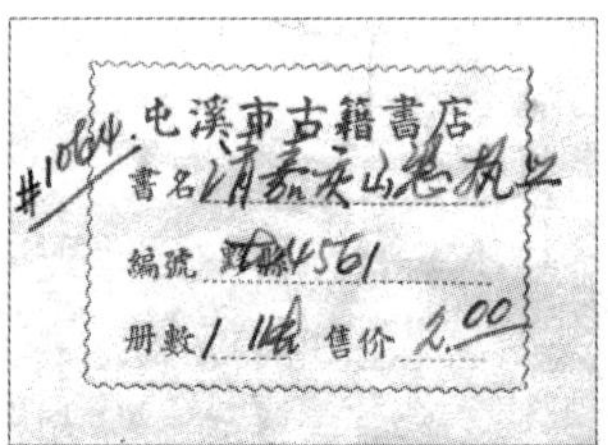

清嘉慶十八年正月（浮梁縣）趙汪王朱等姓立給王舜十公分山文憑

清道光二十三年正月池州幫李鏡禦等四十六船立籌款存公例貼頭船議約

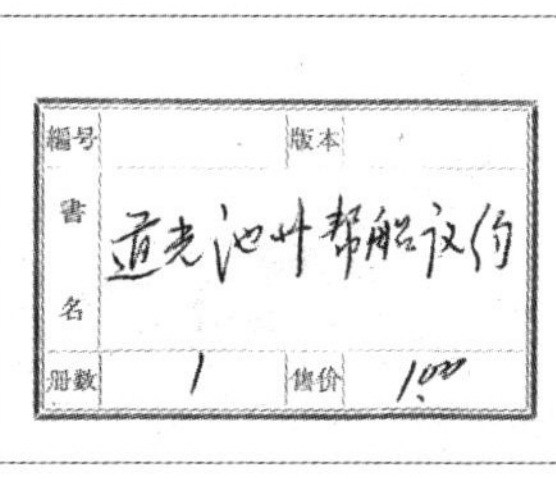

編号		版本	
書名	道光池州帮船议约		
册數	1	售价	1.00

清光緒元年某月寧國縣爲清厘田糧給任廣才細號執照聯單

清光緒三年二月湖北省給潛江縣甘恒豐絲繭行牙帖

清光緒三年九月寧國縣給任廣亮承種官地應交本年租銀收條

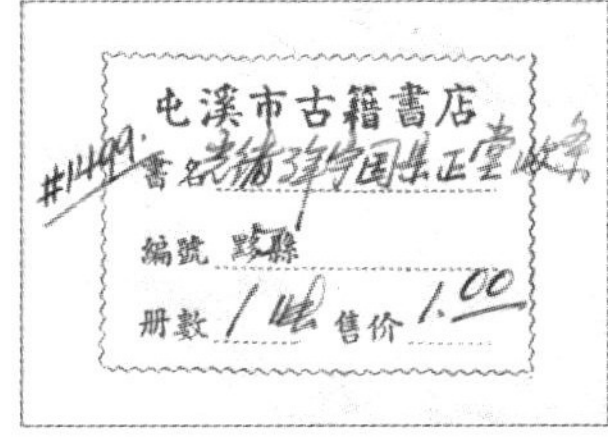

屯溪市古籍書店

#1499 書名 光绪3年宁国县正堂收条

編號

册數 1 售价 1.00

四　文書來源信息

清光緒二十四年閏三月安徽鑄造銀圓總局劄旌德縣飭典商籌款解鑄領銷銀圓文

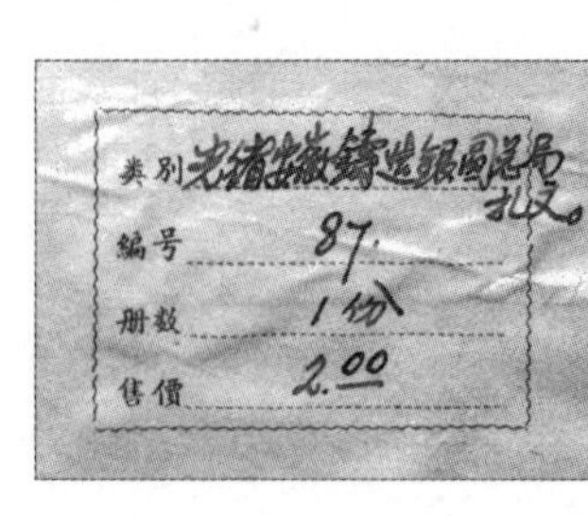

清光緒二十四年十二月寧國府飭旌德縣出示嚴禁不准錢鋪壓低龍洋兑價劄

类别 光绪寧国府正堂札文。
编号 86.
册数 1份
售价 2.00

（清光緒三十二年某月）虞廷等請飭金衢嚴三府官紳籌款選生赴日學習鐵路專科稟文含批文暨光緒三十二年七月遂安縣統計學費學生照會

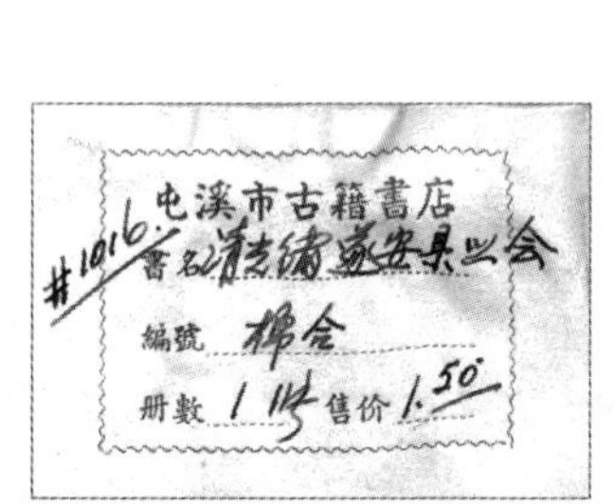

清宣統三年二月湖廣總督兼湖北巡撫瑞〔澂〕頒發復准湖北省變通牙帖章程

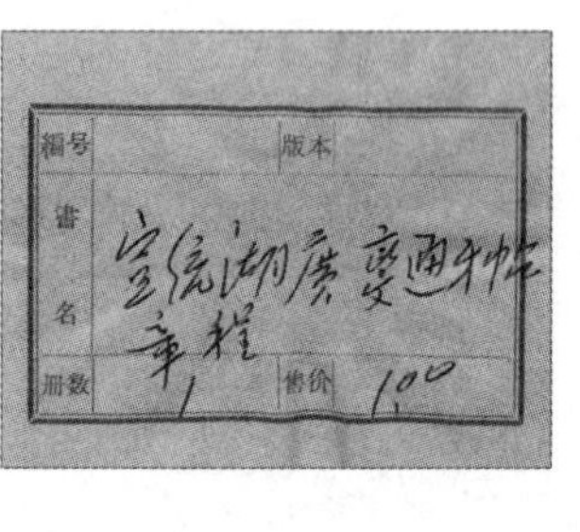